Ça Roule! 2

JUNIOR CYCLE FRENCH

GWYNNE DENNEHY ⚜ MARIA FENTON

The Educational Company of Ireland

First published 2018

The Educational Company of Ireland
Ballymount Road
Walkinstown
Dublin 12
www.edco.ie
A member of the Smurfit Kappa Group plc

ISBN: 978-1-84536-788-6

Development Editor: Úna Murray
Editorial Assistants: Shauna Kenneally and Martina Garvey
Design and Layout: Design Image
Cover Design: Design Image
Proofreaders: Véronique Gauthier and Diane Kennedy
Illustrators: Antony Evans, Laura McAuliffe and Linda Kavanagh
Studio: Sonic Recording Studios, Dublin
Video Interviewer: Diane Kennedy
Vlogs: Alison Kelly and Olivia Burns
Students: Enora Aspirot and Mikel Aspirot
Cameraman and Editor: Diarmuid O'Brien
Adult Speakers: Diane Kennedy, Cathy Pinel, Renaud Puyou, and Emmanuelle Toulliou
Student Speakers: Enora Aspirot, Mikel Aspirot, Vincent Gerbelot, Marilou Gerbelot, Juliette Kilcoyne, and Liam Ryan-Toulliou
Sound Engineer and Editor: Al Cowan
Images: Alamy, Getty Images, iStock, Shutterstock, Rex Features

The publisher would like to thank the following for permission to reproduce the following material:
Page 5, Vincent Bregevin, 'La France qualifiée pour la Coupe du Monde', www.eurosport.fr, 10 octobre 2017; Page 284, '"Breaking Bad" à la maison', www.parismatch.com, 11 septembre 2015; Page 303, L. R., 'Que font les adolescents de leur argent de poche?', www.20minutes.fr, 4 septembre 2012; Page 408, 'C'est quoi les DOM-TOM ?', www.education.francetv.fr, 19 mai 2016. **Le Parisien/ www.leparisien.fr –** Page 102, Olivier Arandel, 'Drake détrône Ed Sheeran sur Spotify', 12 mars 2017; Page 252, 'Irlande : huit jeunes footballeurs sauvés de justesse de la noyade', 16 juillet 2017 ; Page 258, Marine Durand, Maguelone Bonnaud, 'Québec, Mexique, Maroc : trois idées de voyages pour la Toussaint', 1 septembre 2017; Page 278, Elsa Mari, 'Vacances : trois familles nous racontent leur séjour à la Grande-Motte', 14 août 2017; Page 337, Vincent Gautronneau ,'A Beauvais, les enfants peuvent fêter leur anniversaire… au musée !', 3 juillet 2017; Page 352, Florence Méréo, 'L'incroyable anniversaire de Kevin, enfant autiste', 15 août 2017; Page 364, 'Ouragan Irma : un mort et un disparu en Haïti', 11 septembre 2017; Page 411, Anne-Charlotte Dancourt, 'Prince Harry : Son discours sur l'importance de la santé mentale dans l'armée', 9 octobre 2017; Page 413, 'Manchester City : Sergio Agüero blessé dans un accident de voiture aux Pays-Bas', 29 septembre 2017; Page 443, 'Cinq Français d'une même famille tués dans un accident de la route en Espagne', 5 septembre 2017.

Table de matières

Unité 1 : Mon voyage linguistique jusqu'à maintenant *Remember what you know about the French language and culture.* **1**

1.1 Qu'est-ce que c'est le thème ? 3
1.2 Comment dit-on… ? 4
1.3 Je comprends ! 6
1.4 Parlons ! 9
1.5 Mes connaissances 11

Unité 2 : La rentrée *Nicole is going back to school for a new school year with her exchange student, Katie.* **13**

2.1 Le premier jour 15
2.2 À la librairie-papeterie 21
2.3 Comment viens-tu à l'école ? 25
2.4 Journée européenne des langues 30
2.5 Le site web 32
2.6 Ma routine 36
2.7 La littérature 43
2.8 La francophonie – La Belgique 48
2.9 On parle français en classe 51
2.10 Tu es prêt(e) à pratiquer ? Allons-y ! 53
Classe tes connaissances 58

La culture française	Le vocabulaire	La grammaire	Les tâches langagières
• Le métro à Paris • Les cris d'animaux • La journée européenne des langues • La littérature et Jules Verne • Dossier francophone : La Belgique	• Dans la salle de classe • Le règlement intérieur • Ma routine	• L'adjectif interrogatif : quel • Les verbes irréguliers : prendre et devoir • L'adjectif interrogatif : quel • Le comparatif • Les verbes pronominaux • L'adjectif : tout	• Write and perform a role-play taking place in a stationery shop • Discuss language learning strategies • Carry out a survey on transport • Create a menu for the school week • Interview a classmate about their daily routine • Create an Instagram story on hobbies

Unité 3 : Faire le pont *Katie and her French friends plan activities for a long weekend.* **59**

3.1 Que fait-on ce week-end ? 61
3.2 Dans les montagnes 68
3.3 À la plage 72
3.4 Mon week-end sur Facebook ! 79
3.5 La francophonie – la Suisse 83
3.6 En ville 88
3.7 Tu es prêt(e) à pratiquer ? Allons-y ! 97
Classe tes connaissances 103

La culture française	Le vocabulaire	La grammaire	Les tâches langagières
• La carte de la France • Les randonnées dans les Pyrénées • Dossier francophone : La Suisse	• Le week-end • Dans les montagnes • À la plage • Les nombres • En ville	• Le futur proche • Les verbes irréguliers : envoyer, savoir, connaître	• Find out about other classmates' weekend plans • Describe an image • Make a brochure/slideshow about your town/village • Present the brochure/slideshow • Interview a classmate about their town • Give an opinion on different weekend activities

Unité 10 : Rendez-vous chez le médecin *Nicole gets injured while skiing and Christophe is sick.* 371

10.1 Allons faire du ski !	373	**10.6** À la pharmacie	400
10.2 Un accident	379	**10.7** Que savez-vous sur la francophonie ?	406
10.3 L'imparfait	384	**10.8** Tu es prêt(e) à pratiquer ? Allons-y !	409
10.4 Le corps	388	Classe tes connaissances	416
10.5 Chez le médecin	395		

La culture française	Le vocabulaire	La grammaire	Les tâches langagières
• Calling the emergency services • Ski resorts of the French speaking world • Le quiz sur la francophonie • La France d'Outre-Mer	• L'équipement de ski • Le corps • Je suis malade ! • À la pharmacie	• Les adverbes • L'imparfait	• Write an email of reservation for a ski holiday • Write a blog about a weekend away • Create flashcards on illness and body parts • Write and perform a role-play set at the doctor's surgery • Write and perform a role-play set at the pharmacy • Make a presentation on one of the DROM-COM

Unité 11 : La pratique est la clé du succès *Preparing for Junior Cycle Assessment* 417

11.1 Assessment of Junior Cycle Modern Foreign Languages	418	**11.4** Preparing for the Assessment Task	438
11.2 Preparing for Classroom-Based Assessment 1: Oral Communication	419	**11.5** Preparing for the Final Exam	441
11.3 Preparing for Classroom-Based Assessment 2: Student Language Portfolio	437	**11.6** Classe tes connaissances	453

CAFÉ PARIS
BOULANGERIE

Acknowledgements

The authors would like to thank everyone at Edco and particularly Emer, Declan, Angela, Gearóid and Shauna. Their patience and advice never wavered and we are very grateful for it. To Melanie, who was always there on the end of the phone or email. To Úna, who put us and kept us on the right track.

Last, but by no means least, to all of our family and friends – our thanks to you is the making of another book in itself! Our thanks to you all is immeasurable.

Preface

Bienvenue!

Welcome to ***Ça Roule! 2***, a Second and Third Year course for Junior Cycle French. ***Ça Roule! 2*** follows on from ***Ça Roule! 1*** comprehensively covering all Learning Outcomes from the three Strands of the Junior Cycle Specification for Modern Foreign Languages. ***Ça Roule!*** takes a task-based approach to language learning with a variety of communicative activities to develop the five skills of language (listening, reading, writing, spoken production and spoken interaction), to A1/A2 level of the Common European Framework of Reference for Languages.

The eleven units of ***Ça Roule! 2*** include an **introductory unit**, which consolidates skills acquired during the first year of learning French, and an **assessment unit**, which provides information and practice to prepare for the Classroom-Based Assessments, the Assessment Task and the Final Exam. Each unit has a strong **cultural focus** with up-to-date content from authentic texts, featuring topics such as sport, food, music, cuisine, tourism, literature and history.

Learning intentions at the beginning of each unit show you what you will be able to do by the end of the unit, and the *Prêt à pratiquer?* section at the end of each unit provides activities to practise the language acquired. The textbook is accompanied by a **free e-book and two free student CDs**, with native French speakers, so you can listen and repeat at home and complete the integrated listening comprehension exercises. A CD containing extra material for use in class is provided for your teacher.

Ça Roule! 2 is also accompanied by a ***Journal de bord*** *(learning diary)*, where you can compile a **portfolio** of your written work. The *Journal de bord* provides **keyword lists** for you to keep track of new vocabulary and space to note **essential grammar points** and cultural information. The exercises in the *Journal de bord* include success criteria and spaces for your teacher to give comments and feedback on your progress. The *Journal de bord* also contains reflection activities, allowing further opportunities for you to **monitor your progress** and set your own learning goals.

The digital resources with ***Ça Roule! 2*** include a **free student website** of interactive digital activities, including quizzes, puzzles and games to reinforce learning and practise language skills; **free PowerPoint presentations** demonstrating key grammar points and new vocabulary; and **free videos** with each unit, featuring native speakers and accompanied by video worksheets to focus comprehension.

Ça Roule! 2 will equip you with the skills to communicate with confidence in French and prepare you for the different types of assessment for Junior Cycle Modern Foreign Languages. *Bonne chance!*

Gwynne Dennehy & Maria Fenton

Les symboles dans *Ça Roule !* 1

	LIRE	*Reading*		APPRENDRE	*Learning*
	ÉCRIRE	*Writing*		CIVILISATION	*Culture*
	ÉCOUTER	*Listening*		JOURNAL DE BORD	*Learning Diary*
	L'INTERACTION ORALE	*Spoken Interaction*		INFORMATIQUE	*ICT*
	L'EXPRESSION ORALE	*Spoken Production*		DÉFI	*Challenging Exercise*

Digital Resources

The ***Ça Roule ! 2*** digital resources will enhance classroom learning by encouraging student participation and engagement. They support the New Junior Cycle Specification's emphasis on the use of modern technology in the classroom and are designed to cater for different learning styles.

To provide guidance for the integration of digital resources in the classroom and to aid lesson planning, they are [normal bold font]referenced throughout the textbook using the following icons:

- **Student website – www.edco.ie/caroule2** – with interactive grammar and language activities and quizzes

- A series of unique interview **videos** for each unit to support oral communication
- Easy-to-use, ready-made editable PowerPoints for the classroom.

Teachers can access the ***Ça Roule ! 2*** digital resources – which also include worksheets based on the interview videos – and the audio CD tracks in digital format via the ***Ça Roule ! 2*** interactive e-book, accessible at **www.edcolearning.ie**.

Please note that any links to external websites should not be construed as an endorsement by Edco of the content or view of the linked material.

Introduction : Mon voyage linguistique jusqu'à maintenant

Unité 1

Dear student!

It's now time to find out and remember what you know about the French language and culture. You already know a lot, so let's put it to use. Over the next few pages you will meet a variety of texts and tasks. Using your learning diary, (pages 1 to 5) make notes on your learning, how you feel about learning the language, what you remember from previous classes and any other interesting facts you have learned about the French-speaking world. At the end of your learning experience, you should use these pages in your learning diary to compare how far you have come! So, let's start.

La carte

Go to **www.edco.ie/caroule2** and try the interactive activities and quizzes to revise what you learned in first year.

Le saviez-vous ?
It has been proven that learning a foreign language boosts brain power, improves memory, keeps the mind sharper for longer and improves performance in other academic areas!

By the end of this unit you will have…

- Reflected on what you know about French culture
- Reflected on what you can do and what you want to be able to do in French
- Revised useful phrases to use in the classroom
- Made notes on what you would like to learn
- Reflected on what you already know about the French language
- Analysed how you learn French
- Considered what elements you find easy or more difficult about French
- Read a diary entry

Que saviez-vous de la langue et des cultures françaises ? Note tes idées dans ton Journal de bord.
What do you already know about the French language and the cultures of the French-speaking world? Note your ideas in your learning diary.

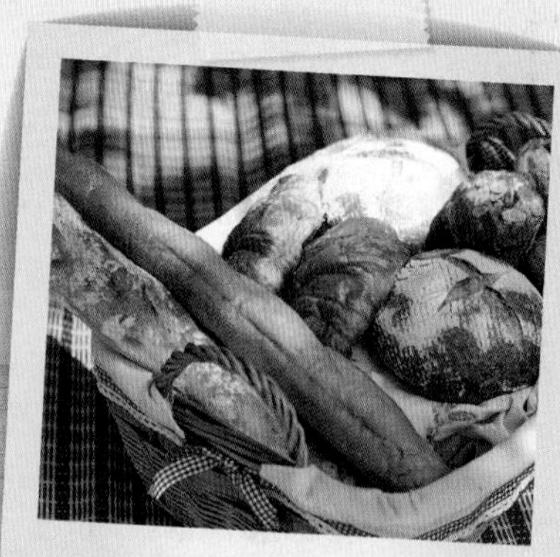
Du pain

Unité 1

1.1 Qu'est-ce que c'est le thème ?

1.1 A Travaillez à deux. Lisez les textes et reliez chaque texte à un des thèmes de la liste ci-dessous. Attention : Il y a plus de thèmes que de textes !

Work in pairs. Read the texts and match each text to a topic from the list below. Be careful! There are more topics listed than texts.

food	education
sport	cinema
dance	family
politics	transport
home	jobs
pets	art
festivals	music

(a)

École de musique
guitare · batterie · piano
Stage d'été
25/26/27 Juillet · 22/23/24 Août
Débutant · Intermédiaire · Avancé
Découverte & Perfectionnement
Rythmique · Technique
Improvisation · Matos
Renseignements et réservations
Jérémie Bouchard 06 80 54 11 22
www.courseguitareverite.fr

(b)

LES GRANDES VEDETTES FRANÇAISES SORTENT POUR L'AVANT PREMIÈRE DU FILM DE MARCELLA MELLIÈRE

Jeudi soir à Paris, les acteurs de Nuit Blanche, le nouveau film d'horreur de la réalisatrice Marcella Mellière, sont venus à l'avant-première. Le célèbre acteur Brad Pitt, connu pour ses rôles dans Esclave pendant douze ans et L'Inconnu de Las Vegas, est venu pour encourager son amie Mellière qu'il connait depuis deux ans quand ils ont travaillé ensemble dans le drame Ma Vie. Après le succès surprise de Ma Vie, les critiques s'attendent à un autre succès mondial avec Nuit Blanche.

(c)

COURS ET ATELIERS DE RUSSE
COURS ET ATELIER DE CINOIS LITTÉRAIRE
COURS INTENSIFS ATELIERS ET SAVOIRS CULTURELS
TROIS NIVEAUX DÉBUTANT INTERMÉDIAIRE AVANCÉ
UNIVERSITÉ INTERNATIONALE D'ÉTÉ DE MONTRÉAL
TROIS SESSIONS
JUIN • JUILLET • AOÛT
CAMPUS MIL
AVENUE DU PARC
MONTRÉAL

(d)

Activité touristique : Le Cimetière des Chiens et Autres Animaux Domestiques

Si vous cherchez une activité un peu différente une visite au Cimetière des Chiens pourrait t'intéresser. Le cimetière est ouvert en 1899 pour chiens et chats mais aujourd'hui on y trouve des autres animaux domestiques, tels que oiseaux, chevaux, moutons, poules, lions et un singe ! Le cimetière se trouve à Asnières-sur-Seine, dans la banlieue nord-ouest de Paris.

(e)

SNCF

Présence à quai obligatoire 2 mn avant départ.
BILLET à composter avant l'accès au train

DÉPART
MULHOUSE VILLE
12/05 11:45

>>>>>>>>>>>

ARRIV.
BASEL SBB
12/05 12:59

ITS
1 ADULT

CLASSE
1

Train No.
5027

D/
026389182264278

(f)

Sur Place · A Emporter

Destination Gourmande

Pavé de Saumon Riz 8€

Jambonnette de Dinde et les légumes 8€

Endive au Jambon 7€

Ficelle Picarde ou Saumon Salade Verte 6€

Assiette de la mer 8€

Salade crudités Roti 7€

(g)

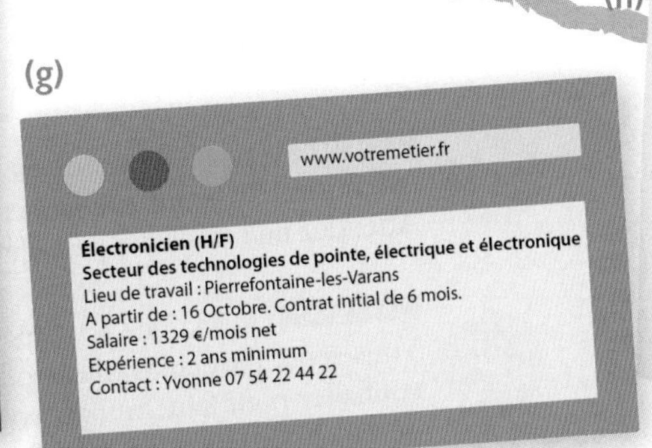
www.votremetier.fr
Électronicien (H/F)
Secteur des technologies de pointe, électrique et électronique
Lieu de travail : Pierrefontaine-les-Varans
A partir de : 16 Octobre. Contrat initial de 6 mois.
Salaire : 1329 €/mois net
Expérience : 2 ans minimum
Contact : Yvonne 07 54 22 44 22

(h)

Le chef d'État continue sa tournée européenne

Emmanuel Macron a retrouvé les premiers ministres belge et luxembourgeois, mercredi, au Luxembourg. « Nous avons le même but, c'est une volonté de relancer l'Europe » dit-il lors de sa visite. Pendant la dernière semaine, Macron a déjà rencontré les chefs d'État de gouvernement de la Slovaquie, de la République Tchèque, de l'Autriche, de la Roumanie et de la Bulgarie. La semaine prochaine, il recevra à l'Élysée les chefs de gouvernement allemand, italien et espagnol avec son épouse, Brigitte Macron. L'objectif de ces réunions est de créer des liens plus forts entre les chefs d'État. Ils parlent de l'économie européenne et du problème croissant de l'immigration.

1.1 B Regarde tous les textes au-dessus et réponds aux questions dans ton Journal de bord.

Look at all the texts above and answer the questions in your learning diary.

1.2 Comment dit-on… ?

When you land in a country where you only know a certain amount of the language, you have to try to figure out the meaning of words.

1.2 A Travaillez à deux. Lisez les textes et répondez aux questions.
Work with a partner. Read the texts and answer the questions.

1

Auchan

4 COKE ZERO 50CL	1,15	4,60
BIO XXL AMANDE 400G		7,05
3 CRÈME UHT LIQ ENT AUCHAN	1,57	4,71
AUCHAN BIO CHOCOLAT LAIT		2,47
BIO BOUILLON CUBE		1,44
AUCHAN PAPIER TOILETTE MAX		2,04
EAU AUCHAN		0,35
SALADE		9,99
BISCUIT FOUR		1,74

2

www.tartedelicieuse.fr

Recette de tarte tatin facile
Ingrédients :
- 8 pommes
- 1 rouleau de pâte feuilletée
- 2 sachets sucre vanillé
- un peu de cannelle
- 100g de beurre
- 100g de sucre en poudre

La recette :
Épluchez les 8 pommes entières et coupez-les en deux. Dans un moule à tarte rond antiadhésif, faites fondre le beurre sur le feu.

3

VERSEAU (21 janvier – 18 février)
Attention ! Acceptez de laisser de côté les problèmes du boulot. Attendez une meilleure période avant de parler avec votre chef.

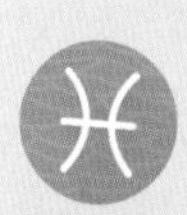

POISSON (19 février – 20 mars)
Vous serez particulièrement créatif cette semaine et vous avez la confiance pour faire avancer vos projets. Les réunions familiales se déroulent sans problèmes dans une très bonne ambiance.

BÉLIER (21 mars – 20 avril)
La nouvelle Lune vous promet une nouvelle histoire dans votre vie amoureuse. Tout le monde est content de passer du temps avec vous cette semaine.

4

QUALIFICATIONS COUPE DU MONDE

L'équipe de France a validé son billet pour la Russie et la Coupe du Monde 2018 en battant la Biélorussie (2-1) mardi au Stade de France. Griezmann et Giroud ont mis les Bleus à l'abri en six minutes mais n'ont pas chassé tous les doutes quant au fond de jeu des Bleus. Ils terminent en tête du Groupe A devant la Suède, battue aux Pays-Bas (2-0).

Le Mondial en Russie, ce sera avec l'équipe de France ! Les Bleus ont validé leur qualification directe pour la Coupe du monde 2018 avec une victoire sur la Biélorussie mardi soir au Stade de France (2-1), grâce à des buts d'Antoine Griezmann et Olivier Giroud en première période. Les hommes de Didier Deschamps ont finalement terminé assez confortablement en tête du groupe A avec quatre longueurs d'avance sur la Suède, qui disputera les barrages malgré sa défaite aux Pays-Bas (2-0).

5

TFI samedi 13 octobre

Programme du soir

18:00 **Sept à huit** *Magazine de société.*
19:00 **Téléfoot** *Football*
19:55 **Météo**
20:00 **Journal**
20:05 **Le grand entretien** *Emmanuel Macron*
21:00 **Danse avec les stars** *Culture*
22:35 **Esprits criminels** *Série policière*

Réponds en français.

Answer in French.

(a) À quelle heure peut-on voir du sport sur TF1 ?

(b) Identifie quatre ingrédients d'une tarte tatin.

(c) Quel est le prix du papier toilette Auchan ?

(d) Si mon anniversaire est le 5 avril, quel est mon signe astrologique ?

Réponds en anglais.

Answer in English.

(a) What type of programme is being shown on TF1 at 10:35pm?

(b) Name three items that were purchased in Auchan.

(c) Which players scored the goals for France in the match against Belarus?

(d) Look at the flags around these pages – all from French speaking countries. Identify four of them.

1.2 (B) Comment est-ce qu'on apprend le français ? Relis les textes de la section 1.2(A) et puis discute les questions suivantes avec tes camarades de classe.

How do we learn French? Examine the texts from section 1.2(A) again, and discuss the following questions with your class.

(a) For each question and answer, find the word or clues in the text that helped you find the answer.

(b) Which question and answer was the easiest to find and why? ....

....

(c) Individually, pick two texts. Underline all the words you know or recognise.

(d) If you had to give each text a hashtag, what would it be? Write two or three additional words that you know which you might link to this topic. ....

(e) When you were trying to get the answers, which of the following did you do?

- [ ] Check if there was a word that looks like a word in your own language.
- [ ] See if you could get any clues from the images in the text.
- [ ] Did you recognise some of the French words?
- [ ] Did you look at the text and say, 'That looks like a recipe or a TV listing, so it must be this or that topic'?

1.2 (C) Dans ton Journal de bord, résume comment tu as trouvé les réponses des activités à la page 5.

In your learning diary, write a short summary of how you went about figuring out the activities on page 5.

1.3 Je comprends !

As you work through these units and your knowledge of the French language increases, you will meet more and more words, which you may not have come across before or which you have forgotten the meaning of. This is a very normal occurrence when learning a foreign language. It is important, though, to develop strategies to enhance understanding. Thinking ahead and trying to anticipate what could come up in a written text or audio clip will help you. You will learn more strategies to help on these two pages.

1.3 A Comment rendre un texte français accessible.

How to make a French text accessible.

1 **Clues from the topic.**
Your teacher will often tell you what a clip or a text is about. In this case, you are going to read a text about a French girl on holidays. Before you read the text, you should THINK about what type of words you might meet. Brainstorm the types of vocabulary you would expect to see or hear. Write them in French or in English in your copy.

2 **Clues from images.**
Have a look at the images, which accompany the text. They most likely will give you an idea what the text is about. In your copy, write any words or associations that come to mind when you see these pictures. Answer in French or in English.

3 **Clues from the title.**
The title of a text is a further indicator. The title of the text on page 8 is *Vive les vacances en famille !* Does this give you any further clues? Make notes in your copy.

4 **Clues from the type of text:**
There are different types of texts: news articles, recipes, interviews, personal profiles, poems, to name just a few. The text you are going to read is a blog. What type of information do think you might find in this text? Tick which pieces of information might be relevant:

- Clothing brands
- Doctor's Appointments
- Literature
- Weather
- Leisure Activities
- Job Opportunities
- Sports
- Car Insurance

5 **Make a prediction.**
Based on the following key words, what do you think the text might be about? Write a short summary of the events of the text without reading it.

camping | *cyclisme* | *trop chaud* | *petit-frère* | *piscine* | *mon beau-père* | *rien en commun*

6 **Clues from questions.**
Now look at the questions being asked after the text. Are there any clues in the questions as to what the text is about?

7 **Underline familiar words.**
Skim the text and underline all the words you know. Concentrate on nouns and verbs, as they generally carry most meaning. Don't spend time trying to figure out the exact meaning. Ignore words you don't know. If you think you know a word, underline it. See if you can link up all the words you know to make sense of the text.

8 **Read the text.**
After you have gone through the steps above, read your text and answer the questions. You will find it easier to understand having spent time thinking about it in advance of reading.

1.3 B Lis le billet de blog de Sandrine et réponds aux questions.

Read Sandrine's blog and answer the questions.

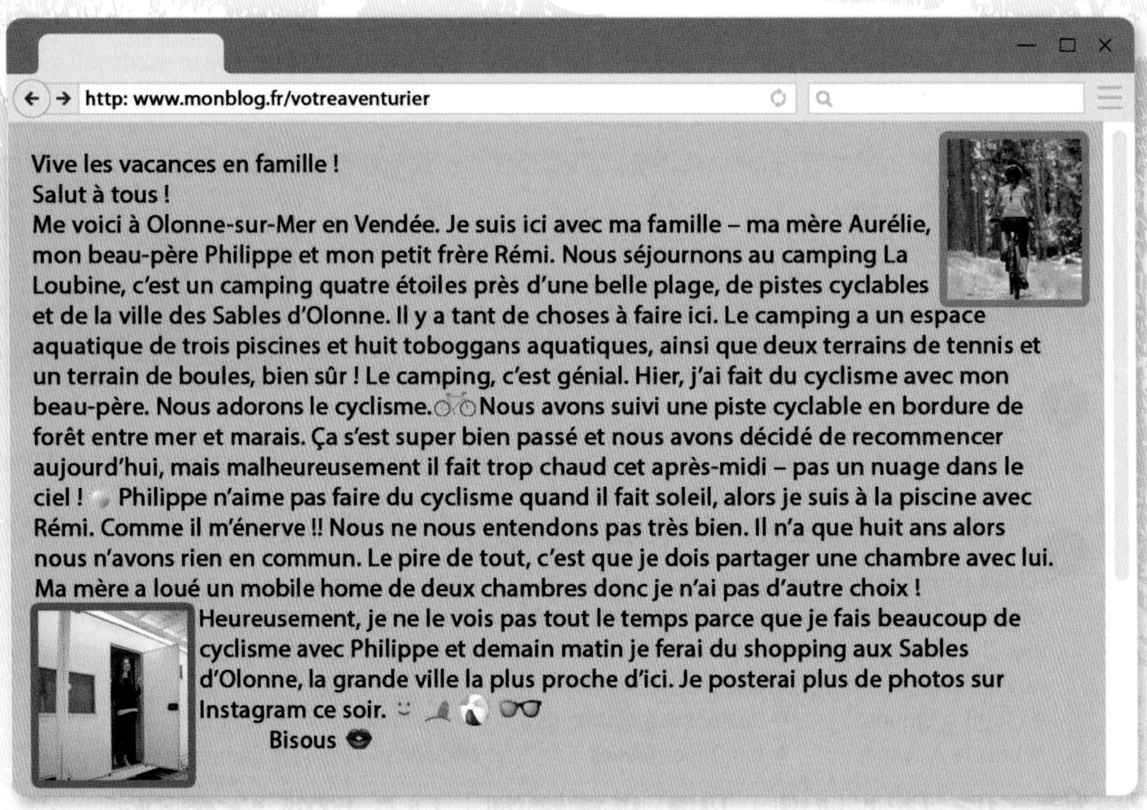

http: www.monblog.fr/votreaventurier

Vive les vacances en famille !
Salut à tous !
Me voici à Olonne-sur-Mer en Vendée. Je suis ici avec ma famille – ma mère Aurélie, mon beau-père Philippe et mon petit frère Rémi. Nous séjournons au camping La Loubine, c'est un camping quatre étoiles près d'une belle plage, de pistes cyclables et de la ville des Sables d'Olonne. Il y a tant de choses à faire ici. Le camping a un espace aquatique de trois piscines et huit toboggans aquatiques, ainsi que deux terrains de tennis et un terrain de boules, bien sûr ! Le camping, c'est génial. Hier, j'ai fait du cyclisme avec mon beau-père. Nous adorons le cyclisme. Nous avons suivi une piste cyclable en bordure de forêt entre mer et marais. Ça s'est super bien passé et nous avons décidé de recommencer aujourd'hui, mais malheureusement il fait trop chaud cet après-midi – pas un nuage dans le ciel ! Philippe n'aime pas faire du cyclisme quand il fait soleil, alors je suis à la piscine avec Rémi. Comme il m'énerve !! Nous ne nous entendons pas très bien. Il n'a que huit ans alors nous n'avons rien en commun. Le pire de tout, c'est que je dois partager une chambre avec lui. Ma mère a loué un mobile home de deux chambres donc je n'ai pas d'autre choix ! Heureusement, je ne le vois pas tout le temps parce que je fais beaucoup de cyclisme avec Philippe et demain matin je ferai du shopping aux Sables d'Olonne, la grande ville la plus proche d'ici. Je posterai plus de photos sur Instagram ce soir.

Bisous

Réponds en français.

Answer in French.

(a) Qu'est-ce qu'il y a près du camping? ....

(b) Quelles sont les installations au camping? (Mentionne trois) ....

(c) Quel temps fait-il? ....

(d) Quel âge a Rémi? ....

Réponds en anglais.

Answer in English.

(a) Who exactly is Sandrine on holiday with? ....

(b) Why is Sandrine not going cycling today? ....

(c) What accommodation have the family rented? ....

(d) Describe Sandrine's relationship with Rémi. ....

1.3 C Qu'est-ce qu'on doit faire avant de lire un texte ? Mets les étapes dans l'ordre.
What should you do when you are about to read a text? Number the steps in order.

- ☐ THINK about the topic.
- ☐ Make notes of the type of vocabulary I might meet based on the type of text.
- ☐ Predict the information which might be in the article.
- ☐ Read the questions.
- ☐ Look for clues in the title.
- ☐ Underline all the words I recognise.
- ☐ Read the text.
- ☐ Look at the images with the text.

Dans ton Journal de bord, écris les étapes dans l'ordre.
Note the steps above in order in your learning diary.

1.4 Parlons !

1.4 A Lis les bulles et réponds aux questions ci-dessous.
Read the speech bubbles and answer the questions below.

1 Enchanté !

2 Vous allez où ?

3 Bonjour Monsieur Fabron.

4 À demain !

5 Comment vas-tu ?

6 Salut !

(a) In which image is the speaker saying goodbye? ....

(b) In which image is the speaker addressing a group of people? ....

(c) In which image is the speaker addressing a teacher? ....

(d) In which image is the speaker meeting someone for the first time? ....

(e) In which image is the speaker addressing one person? ....

(f) In which image are the speakers friends? ....

Parlons en classe !

Let's talk in class!

When you are learning a language, it is important to be able to ask your teacher questions if you don't understand something or you need help. Here are some key phrases that you could use.

1.4 B Relie les expressions françaises à leur traduction.

Link the phrases in French to their English translation.

(a) J'ai fini.
(b) Pouvez-vous répéter s'il vous plaît ?
(c) Comment dit-on… ?
(d) Puis-je aller aux toilettes ?
(e) Il/elle est absent/e.
(f) Je ne comprends pas.
(g) Que veut dire… ?
(h) Puis-je ouvrir la fenêtre ?
(i) Je n'ai pas fait les devoirs.
(j) Puis-je aller à mon casier ?

1 What does … mean?
2 I don't understand.
3 Can I go to my locker?
4 I didn't do my homework.
5 Can I open the window?
6 I'm finished.
7 He/she isn't in.
8 How do you say … ?
9 Can I go to the bathroom?
10 Can you repeat that please?

(a)	(b)	(c)	(d)	(e)	(f)	(g)	(h)	(i)	(j)

1.4 C Dans ton Journal de bord, résume ce dont on doit se rappeler quand on parle français en classe.

In your learning diary, write a short summary of what you should remember when speaking French in the classroom.

Here are some helpful suggestions:

- How do you say please and thank you?
- What phrases in French have you used in the classroom?
- If you had to pick two phrases to learn and use in the classroom, what would they be? Why?

1.5 Mes connaissances

By the end of *Ça Roule! 2,* you will be able to do lots of things in the French language.

Have a look at the ***can do*** statements which are outlined below:

- How many of these can you do now?
- What ***can do*** statements would you like to be able to do by the end of this year?
- Are there any ***can do*** statements in which you are particularly interested? If so, which ones?

When flicking through *Ça Roule! 2*, you will see ***I can*** statements at the end of each unit. Like the list below, they are an important tool for you to monitor your progress and to take ownership of your learning. Make sure you spend time working through these when you complete a unit. They will also help you when it comes to revision.

1.5 A Que sais-je?

What do I know?

Que sais-je ?				
		I can!	I would like to be able to	I'm particularly interested in this
	I can recognise familiar words and very basic phrases concerning myself, my family and immediate concrete surroundings when people speak slowly and clearly.			
	I can catch the main point in short, clear, simple messages and announcements.			
	I can understand classroom instructions.			
	I can understand familiar names, words and very simple sentences, for example on notices and posters or in catalogues.			
	I can read very short, simple texts.			
	I can find specific information in simple everyday material such as advertisements, posters, menus and timetables etc.			
	I can pronounce words accurately and speak with appropriate intonation.			

I can use simple phrases and sentences to describe where I live and people I know.			
I can start and end a conversation.			
I can have a short conversation if the person speaks slowly on very familiar topics.			
I can use the correct form of address when talking to a person or people.			
I can ask for help to phrase something I am trying to say.			
I can ask and answer simple questions in order task for something in certain situations.			
I can handle very short conversations even though I can't usually understand enough to keep the conversation going myself.			
I can write a short, simple messages.			
I can fill in forms with personal details.			
I can write simple phrases and sentences.			
I can write a very simple personal letter, for example thanking someone for something.			
I can use phrases and sentences to describe in simple terms my personal and family information, shopping, local geography, any part-time jobs to my social life.			
I can write a series of simple phrases and sentences linked with simple connectors like *and, but* and *because*.			
I can say where French is spoken in the world.			
I can identify typical foods from French-speaking countries.			
I can identify well-known French artists, musicians, sports personalities, business people and politicians.			
I know a number of interesting facts about different countries where French is spoken			

1.5 B Dans ton Journal de bord, écris tes propres objectifs d'apprentissage pour cette année scolaire.

In your learning diary, write your own learning objectives for this school year.

La rentrée

By the end of this chapter you will have revised...

- The French school day and subjects
- French food and mealtimes
- Describing your school, subjects and items for class
- Talking about your hobbies
- Following conversations at the shops
- Designing a menu
- Writing your timetable in French
- Prepositions of place
- Question words, such as *où, quel, comment*
- Regular and irregular verbs in the present tense

Go to **www.edco.ie/caroule2** and try the interactive activities and quizzes.

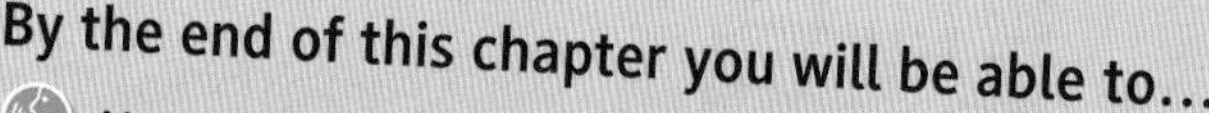

By the end of this chapter you will be able to...

- Name different means of transport
- Make animal sounds in French!
- Carry out a class survey on transport
- Talk about your daily routine
- Use more detailed classroom language
- Write the rules of your school
- Write an account of your daily routine
- Use all forms of the interrogative adjective *quel, quelle, quels, quelles*
- Use all forms of the qualifying adjective *tout, toute, tous, toutes*
- Use the irregular verbs PRENDRE and DEVOIR
- Follow an account of a daily routine
- Extract information from the results of a survey on transport
- Follow an extract from *Le tour du monde en quatre-vingts jours* by Jules Verne
- Make an Instagram Story in French
- Celebrate the European Day of Languages
- Find your way around the Paris metro system
- Complete your *Dossier Francophone* about Belgium

In this unit, Nicole is going back to school for a new school year with her exchange student, Katie. We will follow Katie's first day at school in France. What language do you already have that might be useful if you were on an exchange and starting in a French school?

Note tes idées dans ton Journal de bord.
Note your ideas in your learning diary.

2.1 Le premier jour

2.1 Ⓐ C'est la rentrée. Lis la bande dessinée et réponds aux questions en anglais.
It's the first day back at school. Read the comic strip and answer the questions in English.

Le saviez-vous ?
French and English are the only languages taught in every country in the world.

Aujourd'hui, c'est le premier jour de l'année scolaire – le jour de la rentrée. Nicole, Élodie et Christophe s'intègrent dans la classe de cinquième au collège. Katie, la correspondante de Nicole, est arrivée de l'Irlande. Elles font un échange linguistique. Nicole ira en Irlande au printemps.

(a) Who is Katie? ....

(b) When did she arrive in France? ....

(c) Where exactly does she come from? ....

(d) How long will she spend in France? ....

(e) When is Nicole going to Ireland? ....

(f) What school year are Nicole and her friends starting? ....

(g) Find two different ways to say *nice to meet you* in the comic strip above. Why is there a difference between the two ways? ....

2.1 B Lis la bande dessinée et réponds aux questions en français.

Read the comic strip and answer the questions in French.

(a) Katie va à quel cours ? ....

(b) Où est le laboratoire de chimie ? ....

(c) Où sont les escaliers ? ....

(d) Quelle heure est-il ? ....

(e) Christophe va à quel cours ? ....

(f) Comment dit-on *I'm lost* en français ? Trouve la phrase dans la BD*. ....

(g) Comment dit-on *See you later* en français ? Trouve la phrase dans la BD. ....

* une BD = une bande dessinée (a comic strip)

Un petit rappel

Où ?	*Where?*
Quel ?	*What?*
Comment ?	*How?*

2.1 C Christophe donne un plan du collège à Katie mais le nom de certaines salles n'est pas indiqué. Lis les indices et identifie les salles sur le plan pour Katie.

Christophe gives Katie a map of the school but some rooms are missing their labels. Read the clues and label the rooms on Katie's map.

Les indices

- La salle d'informatique est entre les escaliers et la bibliothèque.
- Le laboratoire de chimie est à côté du laboratoire de biologie.
- La salle des profs est en face de la salle d'informatique.
- Le gymnase est à côte de la cantine.
- La salle d'art est en face du bureau du directeur.
- La salle de musique est au premier étage.
- La salle de classe 4 est au rez-de-chaussée.

Le rez-de-chaussée

le laboratoire de biologie	....	salle de classe 1	l'entrée	
Le couloir				
la cantine	....	salle de classe 2	salle de classe 3	....

Le premier étage

....	salle de classe 5	la bibliothèque	....	
Le couloir				
.... le bureau du directeur	....	salle de classe 6	....	salle de classe 7

2.1 D Dans ton cahier, dessine un plan de ton collège comme le plan de Katie. Écris le nom des salles et des installations.

In your copybook, draw a map of your school, like Katie's map. Label the rooms and facilities.

2.1 E Katie parle de son premier jour dans un collège français. Écoute et réponds aux questions en anglais.

Katie talks about her first day in a French school. Listen and answer the questions in English.

(a) How does Katie say she is feeling? ....

(b) What is her impression of the French school? ....

(c) How does she say it is different to her school in Ireland? ....

(d) For what subject are Katie and Christophe in the same class? ....

(e) What classes does Katie have this afternoon? ....

(f) At what time do classes finish? ....

(g) Who is she meeting in the canteen now? ....

2.1 F Imagine qu'il y a un nouvel élève dans ton collège. Associe les questions du nouvel élève avec les réponses.

Imagine that there is a new student at your school. Match up the questions to the anwers.

1 Au premier étage, il y a deux laboratoires de sciences et la cantine.

2 Nous avons un gymnase et un terrain de football.

3 Au rez-de-chaussée, il y a une bibliothèque et les salles de classe.

4 Oui, bien sûr ! Il y a une chorale, un club de théâtre et un club de lecture.

5 Les profs sont très stricts !

6 Il y a neuf cours par jour.

7 Les casiers sont à côté de l'entrée.

(a) Où sont les casiers ? ....

(b) Comment sont les profs ? ....

(c) Qu'est-ce qu'il y a au rez-de-chaussée ? ....

(d) Qu'est-ce qu'il y a au premier étage ? ....

(e) Quelles sont les installations sportives ? ....

(f) Est-ce qu'il y a beaucoup d'activités extrascolaires ? ....

(g) Combien de cours y a-t-il par jour ? ....

2.1 G Parlons ! Travaillez à deux. Imaginez qu'il y a un nouvel élève dans votre collège. Faites un jeu de rôle entre le nouvel élève et son camarade de classe. Utilisez cinq questions de l'exercice 2.1(F).

Let's talk! Work in pairs. Imagine that there is a new student in your school. Act out a role-play between the new student and his/her classmate. Use five questions from exercise 2.1(F).

2.1 H Lis l'emploi du temps de Katie et réponds aux questions en français.

Read Katie's timetable and answer the questions in French.

	LUNDI	MARDI	MERCREDI	JEUDI	VENDREDI
8:00 – 9:00	Physique-Chimie	Français	Français	Musique	Histoire-Géo
9:00 – 10:00	Français	Anglais	Mathématiques	SVT	Anglais
10:00 – 10:15	RECRÉ	RECRÉ	RECRÉ	RECRÉ	RECRÉ
10:15 – 11:15	Arts Plastiques	Musique	EPS	Dessin	SVT
11:15 – 12:15	SVT	Mathématiques	EPS	Dessin	Français
12:15 – 2:00	DÉJEUNER	DÉJEUNER		DÉJEUNER	DÉJEUNER
2:00 – 3:00	Anglais	Histoire-Géo		Physique-Chimie	Mathématiques
3:00 – 4:00	Mathématiques	Informatique		Éducation Civique	Musique
4:00 – 5:00	Histoire-Géo	Physique-Chimie		Anglais	Informatique

(a) Quelle matière est-ce qu'elle étudie le mercredi à neuf heures ? ....

(b) À quelle heure est-ce qu'elle a un cours d'anglais le vendredi ? ....

(c) Combien de cours de musique a-t-elle chaque semaine ? ....

(d) Le cours d'éducation civique, c'est quel jour ? ....

(e) Quelle matière est-ce qu'elle étudie le mardi à huit heures ? ....

(f) Quel est le premier cours le lundi ? ....

(g) À quelle heure est-ce qu'elle a cours de dessin le jeudi ? ....

(h) Combien de cours d'histoire-géo a-t-elle chaque semaine ? ....

! Un petit rappel

Où ?	*Where?*
Quel ?	*What?*
Comment ?	*How?*

2.1 I Écris ton emploi du temps en français dans ton cahier.

Write your timetable in French in your copybook.

2.1 J Tous ensemble ! Parlez en groupes de trois ou quatre personnes. Faites un remue-méninges concernant les similarités et différences entre l'emploi du temps de Katie en France et votre emploi du temps en Irlande. Écrivez vos idées dans vos Journaux de bord.

Talk in groups of three or four. Brainstorm the similarities and differences between Katie's timetable in France and your class timetable in Ireland. Write your ideas in your learning diaries.

Par exemple : *Dans notre collège, les cours se terminent à quatre heures, mais dans un collège français les cours se terminent à cinq heures.*

un remue-méninges = *brainstorming*
mais = *but*

2.1 K L'adjectif interrogatif : QUEL

Interrogative adjective: QUEL

Take a closer look at these two questions from exercise 2.1 (H)

(a) *Quelle matière est-ce qu'elle étudie… ?*

(f) ***Quel** est le premier cours le lundi ?*

★ You may have noticed two different forms of *quel*. Study the examples above and complete the rule:

Use ………………………… before masculine singular nouns.
Use ………………………… before feminine singular nouns.

★ Similarly we use *quels* before masculine plural nouns and *quelles* before feminine plural nouns.

***Quels** films aimes-tu ?*
***Quelles** sont tes couleurs préférées ?*

You can see in the examples above that *quel* is sometimes directly followed by a noun (*quels films*), and sometimes *quel* is separated from the noun by the verb ÊTRE, (*quelles sont tes couleurs*). However, *quel* always agrees in gender and number with the noun it accompanies.

***Quelle** est la solution ?*
***Quels** sont les cours les plus intéressants ?*

2.1 L Complète les phrases avec la bonne forme de l'adjectif interrogatif.
Fill in the correct form of the interrogative adjective.

Exemple : ...Quel... jour sommes-nous ?

(a) .... film veux-tu voir ?
(b) .... heure est-il ?
(c) .... jour vas-tu à l'église ?
(d) .... ville est la plus jolie ? Paris ou Nice ?
(e) .... sont les cours les plus intéressants ?
(f) .... filles vont au match ?
(g) .... sont vos livres préférés ?
(h) .... chansons aimes-tu ?
(i) C'est .... page ?

Écris les mots-clés 1–9 de la section 2.1 dans ton Journal de bord.
Fill in the key words 1–9 for section 2.1 in your learning diary.

2.2 À la librairie-papeterie

En France, la rentrée, c'est le début septembre. À la fin du mois d'août, les élèves vont à la librairie-papeterie pour acheter toutes les fournitures pour l'année scolaire. Après les cours, Katie va au magasin avec Nicole pour acheter quelques cahiers, une trousse et des feutres.

2.2 A On va à la librairie-papeterie. Écoute les deux conversations et réponds aux questions en français.
Let's go to the bookshop. Listen to two conversations and answer the questions in French.

1

Vendeur : Bonjour, mesdemoiselles.
Nicole : Bonjour, Monsieur.
Vendeur : Vous désirez ?
Nicole : C'est combien cette trousse ?
Vendeur : C'est six euros.
Nicole : Est-ce que vous l'avez dans une couleur différente, s'il vous plaît ? J'aime la trousse mais je ne l'aime pas en bleue.

Vendeur : Oui. J'ai la même trousse en rouge, en jaune et en vert. Qu'est-ce que vous préférez ?

Nicole : Je vais prendre la rouge, s'il vous plaît.

Vendeur : D'accord. C'est tout ?

Nicole : Non. Je voudrais quatre cahiers et une pochette de feutres aussi.

Vendeur : Voilà les quatre cahiers et les feutres.

Nicole : Merci, Monsieur. Ça fait combien ?

Vendeur : Ça fait 13,20 €, s'il vous plaît.

Nicole : Merci, Monsieur. Au revoir.

Vendeur : Au revoir, mesdemoiselles.

(a) Quels sont les trois produits que Nicole achète ? ....

(b) Quelle couleur de trousse est-ce qu'elle n'aime pas ? ....

(c) C'est combien la trousse ? ....

2

Vendeuse : Bonjour, Mademoiselle.

Katie : Bonjour, Madame.

Vendeuse : Vous désirez ?

Katie : Je voudrais un dictionnaire anglais/français, s'il vous plait.

Vendeuse : Voilà. C'est tout ?

Katie : Je voudrais aussi deux stylos noirs.

Vendeuse : Alors, un dictionnaire et deux stylos. Ça fait 16,60 €, s'il vous plaît.

Katie : Merci. Au revoir, Madame.

Vendeuse : Au revoir.

(a) Qu'est-ce que Katie achète ? ....

(b) Quel type de stylo achète-elle ? ....

(c) Combien coûtent les produits ? ....

Un petit rappel

Remember that in polite situations like going shopping, we must use ***vous*** to address the shop assistant, and the ***vous*** parts of verbs.

To address someone in French, you use the following greetings :

Monsieur (M.) : Sir, to any man

Madame (Mme.) : To any woman

Mademoiselle (Melle.) : To a very young woman or teen. Used less frequently.

2.2 B Écoute ces deux conversations et puis réponds aux questions en anglais.

Listen to two more conversations and answer the questions in English.

1

(a) What is the boy buying? ....

(b) Why does he not want the schoolbag? ....

(c) What is the total price he must pay? ....

2

(a) Name all the items the woman is buying. ....

(b) What is her favourite colour? ....

(c) What is the total price for all the items she is buying? ....

2.2 C Travaillez à deux. Imaginez qu'une personne est vendeur/vendeuse dans une librairie-papeterie et l'autre personne achète des fournitures scolaires pour la rentrée. Écrivez un jeu de rôle à la librairie-papeterie pour acheter les fournitures, dans les images.

Work in pairs. Imagine that one person is the sales assistant in a book and stationery shop and the other is buying school supplies for going back to school. Write a role-play at the book and stationery shop to buy the supplies in the images.

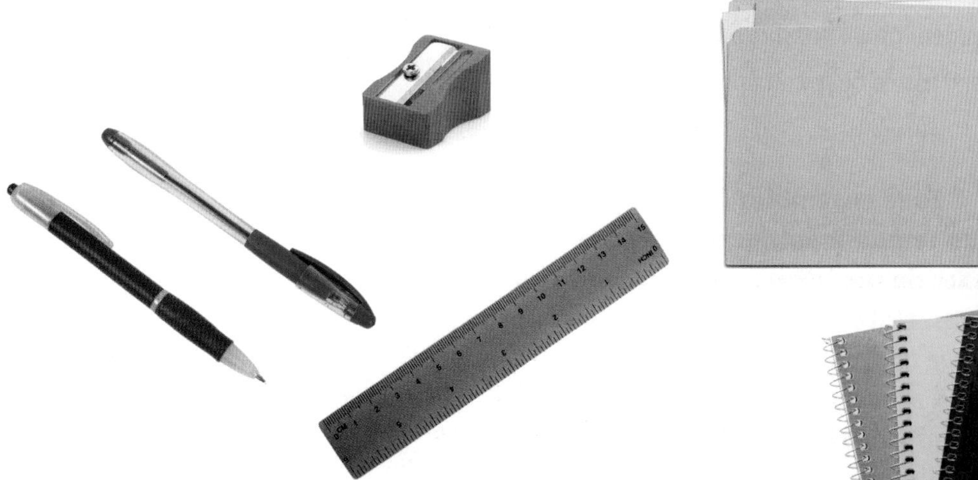

Parlons ! Travaillez à deux. Jouez votre jeu de rôle.

Work in pairs. Perform your role-play.

2.2 D Et toi ? Qu'est-ce que tu as acheté pour la rentrée ? Écris ta liste de courses avec tous les objets de ta trousse et de ton cartable.

What did you buy for going back to school? Write your shopping list to incude the items in your pencil case and in your schoolbag.

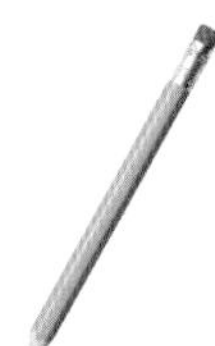

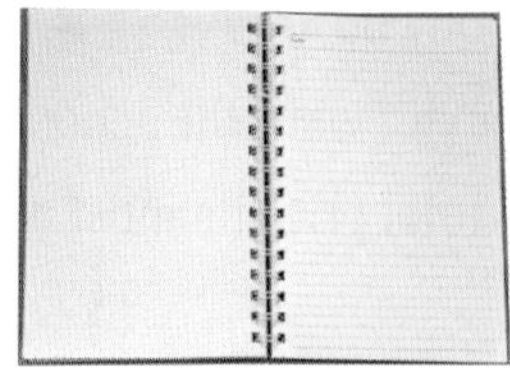

2.2 E Lis l'annonce d'une librairie-papeterie parisienne et réponds aux questions en français.

Read the advertisement from a Parisian book and stationery shop and answer the questions in French.

(a) Comment s'appelle la librairie-papeterie ? ....

(b) Où se trouve la librairie-papeterie ? ....

(c) Combien coûte un cartable ? ....

(d) Ça fait combien une calculatrice et deux gommes ? ....

(e) Quel produit coûte deux euros soixante-quinze ? ....

(f) Comment on dit *scissors* en français ? ....

(g) Quand est-ce qu'il y a la promotion de –10% ? ....

2.2 F Tous ensemble ! Comment apprendre le français ?

Faites un remue-méninges concernant les stratégies qui vous aident à apprendre de nouveaux mots. Travaillez en groupes de trois ou quatre personnes. Notez vos conclusions dans vos Journaux de bord.

How do we learn French? Brainstorm the strategies that help you to learn words and phrases. Work in groups of three or four. Note your conclusions in your Learning diaries.

Écris les mots-clés 10–15 de la section 2.2 dans ton Journal de bord.

Fill in the key words 10–15 from section 2.2 in your learning diary.

2.3 Comment viens-tu à l'école ?

2.3 A Lis la bande dessinée et réponds aux questions.

Read the comic strip and answer the questions.

Réponds en anglais.

Answer in English.

(a) Is Christophe's house near to or far from the school? ....

(b) How long does it take him to cycle to school? ....

(c) How does Katie travel to school back home in Dublin? ....

Réponds en français.

Answer in French.

(a) Le voyage de Katie à l'école dure combien de temps ? ....

(b) Comment est-ce que les élèves vont à l'école à Paris ? ....

(c) Trouve le mot français pour *traffic* dans la BD. ....

2.3 B Le Plan de Métro

The Métro in Paris

Nicole explique qu'à Paris beaucoup d'élèves prennent le métro pour aller au collège pour éviter la circulation.

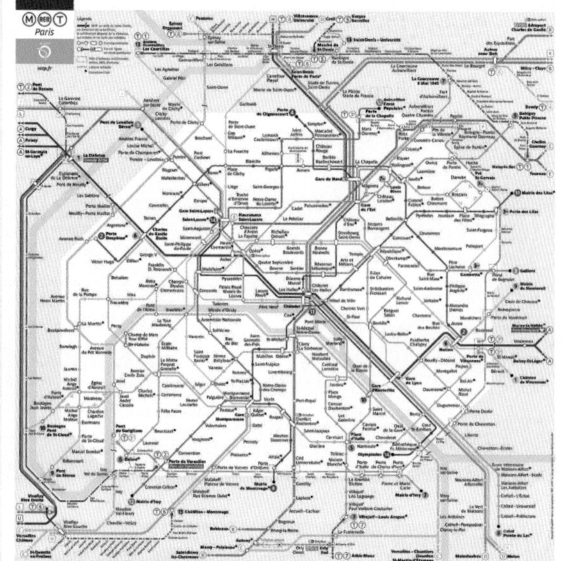

Travaillez à deux. Trouvez un plan du métro parisien sur internet et répondez aux questions.

Work in pairs. Find a map of the Paris metro online and answer the questions.

Répondez en français.

Answer in French.

(a) Trouvez la gare qui s'appelle Porte de Clignancourt (c'est dans le nord de la ville). Quelle ligne commence à Porte de Clignancourt ? (Quel est le numéro ?) ....

(b) Trouvez la gare qui s'appelle Château de Vincennes (c'est dans l'est de la ville). Quelle ligne commence à Château de Vincennes ? (Quel est le numéro ?) ....

(c) De quelle couleur est la ligne numéro 2 ? ....

(d) Quelles lignes desservent le musée du Louvre ? ....

Répondez en anglais.

Answer in English.

(a) Find the metro station Odéon in the city centre, just south of the river Seine. Which metro lines go to Odéon? ....

(b) Plot a route from Odéon to Musée du Louvre. How many metro stations will you pass through? How many times will you have to change line? ....

(c) Which metro line finishes at Créteil Pointe du Lac in the south east of the city? ....

(d) What are the names of the stations where line 14 starts and finishes? ....

2.3 C L'histoire du métro de Paris

The history of the Metro in Paris

On prend le métro pour aller partout à Paris. Le métro a été ouvert en juillet 1900 pendant l'Exposition Universelle. Au début, le projet de Fulgence Bienvenue a dix lignes. Aujourd'hui ces dix lignes correspondent aux lignes une à neuf, mais sa dixième ligne circulaire a été abandonnée.
Maintenant, il y a seize lignes avec plus de 1,5 milliards de passagers chaque année.

Réponds en anglais.
Answer in English

(a) When did the metro in Paris open?
(b) How many metro lines were originally built?
(c) How many lines are there now?
(d) How many passengers use the Paris metro every year?

! un milliard = *a billion*

2.3 D Comment vas-tu à l'école ?

Je vais à pied.

Je vais à vélo.

Je prends le bus.

Je prends le métro.

Je vais en train.

Je vais en voiture.

Je prends un taxi.

Je vais à moto.

2.3 E Écoute et répète le vocabulaire.

Listen and repeat the vocabulary.

2.3 F Le verbe PRENDRE

The verb PRENDRE

★ Let's take a closer look at some of the sentences from section 2.3D.

Je prends le bus. Je prends un taxi.

Both sentences use the irregular verb PRENDRE.

PRENDRE (to take)		
je	prends	*I take/I am taking*
tu	prends	*you take/you are taking*
Il/elle/on	prend	*he/she/one takes/he/she/one is taking*
nous	prenons	*we take/we are taking*
vous	prenez	*you (plural/formal) take/are taking*
ils/elles	prennent	*they take/they are taking*

Exemples :

Ils *prennent* un train.

Il *prend* une douche.

Je *prends* une photo.

Un petit rappel

Remember to form the negative, we must sandwich the verb with ne and pas.

Exemples :

Je prends. → Je ***ne*** prends ***pas.***

Nous prenons → Nous ***ne*** prenons ***pas.***

2.3 G Écoute et répète le verbe PRENDRE.

Listen and repeat the verb PRENDRE.

Complète le verbe irrégulier PRENDRE dans ton Journal de bord.

Fill in the irregular verb PRENDRE in your learning diary.

2.3 H Complète les phrases avec la bonne forme du verbe prendre.

Fill in the blanks with the correct form of the verb PRENDRE.

(a) Je .... mon petit déjeuner à 7h30.

(b) Les élèves .... des livres des étagères.

(c) L'équipe .... le bus pour aller au match.

(d) Comme boisson, je .... le jus d'orange.

(e) Pour le plat principal, les enfants .... les frites.

(f) Le chef .... les oeufs frais pour faire la quiche.

(g) Le footballeur .... une douche après l'entraînement.

(h) Le père .... la voiture pour aller au travail.

(i) À Paris, on .... le métro chaque jour.

(j) Nous .... de l'argent avec nous pour faire du shopping.

un graphique circulaire = a *pie chart*
% = pour cent

2.3 I Un sondage sur le transport.

A survey on transportation.

Pendant le cours de maths, Nicole et ses amis font un sondage au sujet des moyens de transport. Regarde le graphique circulaire avec les résultats du sondage.

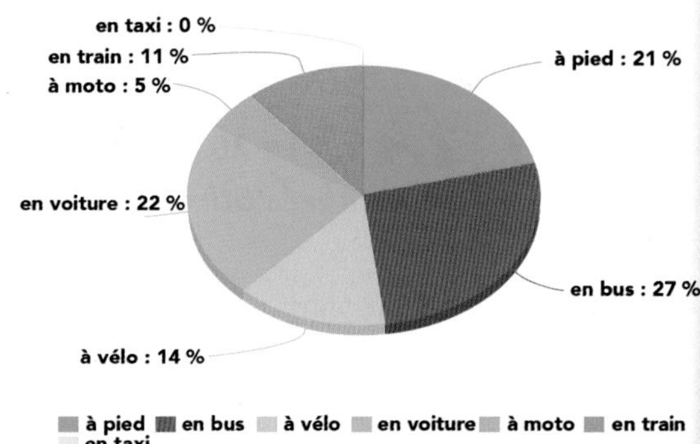

Fais un sondage avec tes camarades de classe sur la même question : « Comment vas-tu à l'école ? »

Carry out a survey of your classmates with the same question: 'How do you get to school?'

Dessine un graphique circulaire avec les résultats de ton sondage.

Draw a pie chart with the results of the survey.

Tous ensemble ! Parlez en groupes de trois ou quatre personnes. Faites un remue-méninges des similarités et des différences entre les résultats de votre sondage et les résultats de la classe de Nicole. Écrivez vos idées dans vos Journaux de bord.

In groups of three or four, brainstorm the similarities and differences between the results of your surveys and the results of Nicole's class survey. Write your ideas in your learning diaries.

Exemple : 43% d'élèves dans ma classe viennent à l'école en voiture mais seulement 22% d'élèves dans la classe de Nicole viennent en voiture.

2.3 Ⓘ Un sondage au sujet des moyens de transport. Écoute les résultats du sondage d'un collège parisien et réponds aux questions en anglais.
A survey on means of transport. Listen to the results of the survey carried out in a school in Paris and answer the questions in English.

(a) What percentage of students of this school walk to school? ....

(b) What percentage cycle to school? ....

(c) Why do most students not travel to school by car? ....

(d) Do more students travel to school by train or by bus? ....

(e) How do most students get to school? ....

Écris les mots-clés 16–24 de la section 2.3 dans ton Journal de bord.
Fill in the key words 16–24 for section 2.3 in your learning diary.

2.4 Journée européenne des langues

2.4 Ⓐ Le 26 septembre
September 26th

COUNCIL OF EUROPE
CONSEIL DE L'EUROPE

Depuis 2001, La Journée européenne des langues est célébrée chaque année le 26 septembre. C'est une initiative du Conseil de l'Europe. Chaque année il y a des événements dans toute l'Europe pour promouvoir la riche diversité culturelle et linguistique de l'Europe et encourager l'apprentissage des langues. La plupart des langues européennes appartiennent à trois groupes : les langues romanes, les langues germaniques et les langues slaves. L'anglais appartient aux langues germaniques et le français appartient aux langues romanes. Il existe environ deux cent vingt-cinq langues indigènes en Europe. En raison de l'immigration, l'Europe est plus multilingue, par exemple, à Londres environ 300 langues sont parlées (comme l'arabe, le turc, le hindi). L'anglais et le français utilisent l'alphabet latin. D'autres langues, comme le grec, ont leur propre alphabet, et certaines langues slaves utilisent l'alphabet cyrillique.

Journée européenne des langues, 26 septembre

La diversité linguistique entre les chiens
¡guau guau!
woof woof!
wuff!
ouaf ouaf !

2.4 B Crée un mème ou un poster pour promouvoir la diversité linguistique de l'Europe.

Create a meme or poster promoting language diversity in Europe.

Critères de réussite :

- Select images for your meme (or draw for your poster).
- Add some text in French and/or other European languages.
- Include the day and date of European Day of Languages in French.

2.4 C Les cris d'animaux en français.

French animal sounds.

Cocorico !

Piou piou !

Meuh !

2.4 D Quels cris sont similaires aux cris dans ta langue ? Quels cris sont complètement différents ? Note tes idées dans ton Journal de bord.

Which French animal sounds are similar to the sounds in your language? Which are completely different? Note your ideas in your learning diary.

Écris les mots-clés 25–29 de la section 2.4 dans ton Journal de bord.

Fill in the key words 25–29 for section 2.4 in your learning diary.

2.5 Le site web

Kate consulte le site web du Collège Voltaire. Elle trouve le règlement intérieur et le menu de la semaine à la cantine.

2.5 A Katie lit le règlement intérieur. Lis le règlement et associe les règles aux images correspondantes.

Katie reads the school rules. Read the rules and match the rules to the images.

Règlement intérieur			
(a)	Il est interdit de fumer dans le collège.	1	
(b)	Il est interdit de faire des graffitis.	2	
(c)	Il est interdit d'utiliser un téléphone portable ou un baladeur (mp3) pendant les cours.	3	
(d)	La violence physique, verbale ou psychologique est interdite.	4	
(e)	Les bonbons, les chewing-gums, les sucettes et les boissons sucrés sont interdits.	5	
(f)	Il faut arriver à l'heure.	6	
(g)	Il faut être calme et respectueux.	7	
(h)	Il faut faire ses devoirs.	8	
(i)	Il faut mettre les chaises sur les tables en fin de journée.	9	
(j)	Il ne faut pas introduire d'objets dangereux (couteaux, lasers etc) à l'école.	10	

(a)	(b)	(c)	(d)	(e)	(f)	(g)	(h)	(i)	(j)
						7			

2.5 B Regarde les structures utilisées pour décrire les règles.

Look at the structures used to describe the rules.

★ **Il est interdit de/d' + INFINITIVE** *Il est interdit de manger dans la salle de classe.* It is forbidden to eat in the classroom.

★ **Il faut + INFINITIVE** *Il faut porter un uniforme.* You must wear a uniform.

★ **Il ne faut pas + INFINITIVE** *Il ne faut pas arriver en retard.* You must not arrive late.

Mon collège est plus strict que Collège Voltaire. Dans mon collège, il faut porter un uniforme et il est interdit de porter du maquillage

! Remember the infinitive is the name of the verb. ALLER, ÊTRE, MANGER, and FAIRE are all examples of infinitives.

2.5 C Identifie le règlement intérieur de ton école.

Écris les règles dans ton Journal de bord. Utilise les structures *il est interdit de/il faut/il ne faut pas.*

What are the rules in your school? Write the rules in your learning diary. Use the structures il est interdit de/il faut/il ne faut pas.

2.5 D Katie trouve le menu de la semaine de la cantine du collège sur le site web. Lis le menu et réponds aux questions en anglais.

Katie finds the weekly menu for the school canteen on the school website. Read the menu and answer the questions in English.

COLLÈGE VOLTAIRE – MENU DE LA SEMAINE DU 14 AU 21 SEPTEMBRE

	Pour commencer	Le plat	Et pour finir
lundi	• Concombres à la vinaigrette	• Rôti de boeuf au jus Haricots verts	• Fromage de chèvre • Ananas
mardi	• Salade de pâtes aux tomates	• Sauté de canard à l'orange • Chou-fleur au gratin	• Edam • Yaourt sucré
jeudi	• Oeuf dur mayonnaise • Sardines et beurre	• Poulet roti • Frites	• Gouda • Pêches au sirop
vendredi	• Crêpe au fromage	• Jambon fumé	• Camembert • Compote de pomme

(a) On which day are eggs served as the first course? ....

(b) What is the second course on Friday? ....

(c) When is roast beef served? ....

(d) What is the dessert on Tuesday? ....

(e) Find the names of three types of cheeses on the menu. ....

(f) Find and circle the words in the menu for *goat, pasta, pineapple* and *peaches.*

(g) Which dish or dishes on the menu would you not likely find on a school canteen menu in Ireland? ....

2.5 E Écoute la conversation entre Katie et Christophe et complète la transcription.

Listen to the conversation between Katie and Christophe and fill in the blanks.

Katie : Allô !

Christophe : Salut Katie, c'est moi, Christophe !

Katie : Salut, Christophe. Ça va ?

Christophe : Oui. Je te téléphone pour t'inviter à déjeuner chez-moi ce (a) .... Ça te dit de (b) .... ?

Katie : Oui, bien sûr. Merci pour l'invitation.

Christophe : De rien ! Alors, dis-moi, qu'est-ce que tu n'aime (c) .... ?

Katie : Je n'aime pas les (d) .... mais j'adore la cuisine française. À l'école aujourd'hui j'ai mangé du (e) .... à l'orange. C'était délicieux ! En (f) .... , on ne mange pas souvent du canard. Nous mangeons de la (g) .... ou du (h) .... avec des (i) .... mais pas de canard. J'aime bien le grand choix de (j) .... ici. Ce soir, j'ai goûté au fromage de chèvre. Chez-nous, on ne mange que du cheddar et on n'en mange pas tous les jours.

Christophe : En (k) .... on mange du fromage tous les jours. Est-ce que tu aimes le rôti d'agneau ?

Katie : Oui.

Christophe : Bien ! On en mangera samedi. Je dois faire mes (l) .... maintenant. À demain.

Katie : Merci, Christophe, au revoir.

Réponds en anglais.

Answer in English.

(a) Christophe invites Katie to have lunch in his house on what day? ....

(b) What does Katie not like to eat? ....

(c) What does Katie say is not typically eaten in Ireland? ....

(d) What type of cheese does Katie's family eat? ....

(e) Why does Christophe have to hang up? ....

Trouve les expressions suivantes dans la conversation. Réponds en français.

Find the following expressions in the conversation. Answer in French.

(a) *I'm calling to invite you for lunch in my house.* ....

(b) *Thanks for the invitation.* ....

(c) *Roast lamb* ....

(d) *I have to do my homework.* ....

2.5 F Parlons! Travaillez à deux. Pensez au menu idéal de la semaine pour votre école. Faites un rémue-meninges des plats que vous aimez.

Work in pairs. Think about the ideal weekly menu for your school. Brainstorm the dishes you like.

Écrivez le menu dans vos Journaux de bord.
Write the menu in your learning diaries.

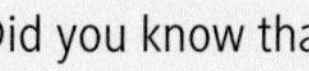

Le saviez-vous ?
Did you know that France is the world's largest consumer of cheeses? French people eat on average more than 25 kilos of cheese every year. Emmental and Camembert are the most popular varieties in France.

2.5 G Le verbe DEVOIR

The verb DEVOIR.

Let's take a closer look at what Christophe said at the end of his conversation with Katie.

Je dois faire mes devoirs.
Dois is from the irregular verb DEVOIR.

DEVOIR (to have to)		
je	dois	*I must/have to*
tu	dois	*you must/have to*
Il/elle/on	doit	*he/she/one must/has to*
nous	devons	*we must/have to*
vous	devez	*you (plural/formal) must/have to*
ils/elles	doivent	*they must/they have to*

Exemples : Ils *doivent* finir le projet.
They must finish the project.
Elle *doit* lire le roman.
She has to read the novel.

! When DEVOIR is followed by another verb, that second verb must be in the infinitive form.
Exemples :
Je *dois aller* à la banque. — *I have to go to the bank.*
Nous *devons parler* avec la directrice. — *We have to talk to the principal.*

2.5 H Écoute et répète le verbe DEVOIR.

Listen and repeat the verb DEVOIR.

If the verb DEVOIR means *must* or *have to*, why, do you think, does *les devoirs* mean homework?

Complète le verbe DEVOIR dans ton Journal de bord.
Fill in the irregular verb DEVOIR in your learning diary.

2.5 I Complète les phrases avec la bonne forme du verbe DEVOIR.
Fill in the blanks with the correct form of the verb DEVOIR.

(a) Nous .... faire nos devoirs.
(b) Vous .... faire des courses.
(c) Il .... acheter de la viande chez le boucher.
(d) Claudine .... acheter du pain à la boulangerie.
(e) Je .... travailler dur pour avoir de bonnes notes.
(f) Tu .... téléphoner à ta mère.
(g) Le bus .... partir à 14h pile.
(h) Les filles .... jouer du piano chaque jour.
(i) Nous .... faire des exercices pour être en forme.
(j) Je .... me réveiller tôt le matin pendant la semaine.

Écris les mots-clés 30–47 de la section 2.5 dans ton Journal de bord.
Fill in the key words 30–47 for section 2.5 in your learning diary.

2.6 Ma routine

2.6 A Katie écrit un mél à ses camarades de classe de français à Dublin. Lis le mél et réponds aux questions en anglais.
Katie writes an email to her classmates from her French class in Dublin. Read the email and answer the questions in English.

De : ktkenny123@eir.ie
À : 2afrench@stcormacs.ie
Objet : Nouvelles de Biarritz

Salut à toutes et à tous !

Comment allez-vous ? J'espère que ça va. Je suis ici chez Nicole. J'ai de la chance parce que je m'entends très bien avec Nicole et sa famille est super sympa. Je vais à l'école avec elle et je pense que c'est un bon moyen d'améliorer mon niveau de français mais c'est difficile de suivre les cours en français.

Les cours commencent très tôt ici – à huit heures, alors je me réveille à sept heures moins dix et je me lève à sept heures. Je me douche et je m'habille. Ici on ne porte pas d'uniforme scolaire - c'est super ! Je prends le petit déjeuner avec la famille de Nicole. D'habitude, je prends du jus d'orange, un bol de céréales et un fruit. Nicole et moi quittons la maison à huit heures moins vingt et nous allons à l'école à pied. Nicole habite près du collège et nous arrivons vers huit heures moins dix.

Les cours durent une heure. À dix heures, il y a une récréation de quinze minutes et la pause déjeuner est à midi et quart. Nous allons à la cantine prendre un repas chaud. D'habitude, on prend une entrée, un plat principal, du fromage et un dessert. Comme entrée, on mange de la soupe ou une salade, le plat principal est de la viande ou du poisson avec des légumes et comme dessert, nous mangeons un yaourt, un fruit ou une petite pâtisserie, comme un éclair au chocolat.

L'après-midi, il y a des cours jusqu'à 17h. Je rentre à la maison avec Nicole et nous faisons nos devoirs. Le soir, nous dînons en famille à 20h. Après le repas, je joue aux jeux vidéo avec Nicole ou j'envoie des snaps sur Snapchat. Je vais publier une story plus tard ! J'écoute de la musique ou je lis avant de me coucher. Je dois lire le roman *Le tour du monde en 80 jours* pour le cours de français. C'est très dur ! Je me couche vers 22h30. Voilà ma journée typique !

C'est tout pour l'instant.

Amitiés

Katie

Un petit rappel
Dînons is from the regular –ER verb DÎNER. What do you think the verb DÎNER means?

Réponds en français.
Answer in French.

(a) Que mange Katie pour le petit-déjeuner ? ....
(b) Comment Nicole et Katie vont-elles à l'école ? ....
(c) La famille dîne à quelle heure ? ....
(d) Que fait Katie après le dîner ? ....

Trouve les expressions suivantes dans le mél :
Find the following expressions in the email:

(a) I'm lucky because I get on very well with Nicole. ....
(b) Classes start very early. ....
(c) Usually ....
(d) At around ten to eight ....
(e) It's hard! (Find two ways to say it) ....
(f) That's all for now. ....

Réponds en anglais.
Answer in English.

(a) At what time does Katie get up in the morning?
(b) At what time does she leave the house in the morning?
(c) What two examples of starters does Katie mention when she describes lunch?
(d) What three examples of desserts does she give?
(e) What do Nicole and Katie do immediately after returning home from school?

2.6 B Tous ensemble ! Parlez en groupes de trois ou quatre personnes. Faites un remue-méninges concernant les similarités et différences entre la routine de Katie chez Nicole et vos propres routines. Écrivez vos idées dans vos Journaux de bord.

In groups of three or four people, brainstorm the similarities and differences between Katie's routine in Nicole's house and your routines in Ireland. Write your ideas in your learning diaries.

Exemple : La famille de Nicole dîne à 20h mais ma famille dîne à 18h.

2.6 C Le comparatif

The Comparative

★ When you compared school life in France to school life in Ireland, you may have made the following observations:

La journée scolaire en France est ***plus*** *longue* ***que*** *la journée scolaire en Irlande.*
The French school day is longer than the Irish school day.

La récréation en France est ***aussi*** *longue* ***que*** *la récré en Irlande.*
Breaktime is as long in France as it is in Ireland.

Les cours en Irlande sont ***moins*** *longs* ***que*** *les cours en France.*
Classes in Ireland are shorter than classes in France.

★ These examples demonstrate the three ways in which adjectives can be compared in French.

- *Plus (adjectif) que* — More… than
- *Aussi (adjectif) que* — As… as
- *Moins (adjectif) que* — Less… than

Noah et ***plus*** *grand* ***que*** *Vincent.*
Noah is taller than Vincent.

Marie est ***aussi*** *grande* ***que*** *Louise.*
Marie is as tall as Louise.

Les fraises sont ***moins*** *grosses* ***que*** *les pommes.*
Strawberries are smaller (less big) than apples.

- Did you notice in the above examples, when making comparisons, the adjective must agree with the noun in gender and in number?
- The following adjectives are irregular in the comparative.

bon (good)	*meilleur* (better)
mauvais (bad)	*pire* (worse)

Le prof de maths est ***meilleur que*** *le prof d'histoire.*
The maths teacher is better than the history teacher.

La pollution est ***pire que*** *l'année dernière.*
Pollution is worse than last year.

Regarde le diaporama sur le comparatif.
Watch the PowerPoint presentation 'Unité 2.6 (C)' on the comparative.

2.6 D Écris la bonne forme des adjectifs au comparatif. Write the correct form of the adjectives in the comparative.

Exemple: Les pommes sont aussi grosses que les oranges.

(a) Un éléphant est .... qu'une souris. (grand)
(b) Une souris est .... qu'un éléphant. (grand)
(c) Une voiture est .... qu'une moto. (cher)
(d) Les fraises sont .... que les oranges. (petit)
(e) Les chevaux sont .... que les chiens. (petit)

2.6 E Écris quatre phrases en comparant les objets.
Il faut accorder les noms et les adjectifs.
Write five sentences comparing the objects.
Remember the adjectives must agree with the nouns.

Exemples: *La maison et la voiture sont* ***plus*** *chères* ***que*** *la guitare et le stylo.*

Le stylo est ***moins*** *grand* ***que*** *le portable.*

2.6 F Un petit rappel : les verbes pronominaux

A little reminder: reflexive verbs

In Katie's email, she uses reflexive verbs to describe her routine « *Je me réveille… je me lève… je m'habille* ». We recognise that these are examples of reflexive verbs because they have a reflexive pronoun before them (*me, m'*). Can you remember all the reflexive pronouns? Fill in the verb SE RÉVEILLER *(to wake up)* in the table below.

	SE RÉVEILLER	La forme négative
Je	*Je me réveille.*	*Je ne me réveille pas.*
Tu		
Il/elle/on		
Nous		
Vous		
Ils/elles		

2.6 G Complète avec les pronoms réfléchis.

Fill in the reflexive pronouns.

me	*te*	*se*	*nous*	*vous*	*se*

(a) Nous .... amusons bien.
(b) Elles ne .... maquillent pas.
(c) Je ....'entraîne le lundi.
(d) Lucie .... brosse les dents.
(e) Vous ne .... amusez pas ?
(f) Tu ....'habilles vite le matin.
(g) Je .... lave dans la salle de bains.
(h) Enzo et Thomas .... promènent.
(i) Nous .... réveillons vers six heures.
(j) Il ne .... couche pas avant minuit.

2.6 H Complète les phrases avec la bonne forme des verbes entre parenthèses.

Fill in the blanks with the correct form of the verbs in brackets.

Exemple : Je *me douche* (SE DOUCHER) après le match.

(a) Hugo .... (SE RASER) dans la salle de bains.
(b) Nous .... (SE LEVER) à six heures et demie.
(c) Elles .... (SE RÉVEILLER) à sept heures et quart
(d) Tu .... (SE LAVER) dans la salle de bains.
(e) Je .... (SE COUCHER) à onze heures.
(f) Vous .... (S'HABILLER) très vite.
(g) Louise .... (S'ENTRAÎNER) avec l'équipe de tennis.
(h) Les filles .... (SE MAQUILLER) avant de sortir.
(i) Nous .... (SE DOUCHER) après le match.

2.6 I Philippe parle de sa journée typique. Écoute et réponds aux questions en français.

Philippe talks about his typical day. Listen and answer questions in French.

(a) À quelle heure se lève-t-il? ....

(b) Qu'est-ce qu'il mange au petit-déjeuner? ....

(c) Comment va-t-il à l'école? ....

(d) À quelle heure commencent ses cours au collège? ....

(e) Que fait-il après les cours le mercredi? ....

(f) À quelle heure dîne-t-il? ....

(g) Que fait-il après le dîner? ....

(h) À quelle heure se couche-t-il? ....

2.6 J Imagine que tu es le nouveau correspondant/la nouvelle correspondante de Christophe. Écris un mél à Christophe dans ton Journal de bord.

Imagine that you are Christophe's new pen-pal. Write him an email in your learning diary.

2.6 K Parlons! Prépare tes réponses aux questions de l'exercise 2.6L dans ton Journal de bord.

Let's talk. Prepare your answers in your learning diary.

2.6 L Interviewe un/une camarade de classe au sujet de sa routine et enregistre l'entretien.

Interview a classmate about their daily routine and record the interview.

(a) À quelle heure te lèves-tu en semaine?

(b) Qu'est-ce que tu manges au petit-déjeuner?

(c) Que fais-tu avant d'aller à l'école?

(d) Comment vas-tu à l'école?

(e) À quelle heure commencent les cours?

(f) À quelle heure est la récréation?

(g) Qu'est-ce que tu fais pendant la récréation?

(h) Qu'est-ce que tu prends pour le déjeuner?

(i) À quelle heure se terminent les cours?

(j) Que fais-tu après les cours?

(k) À quelle heure est-ce que tu dînes?

(l) D'habitude, qu'est-ce que tu manges au dîner?

(m) À quelle heure te couches-tu?

2.6 M Tous ensemble ! En groupes de quatre personnes, écoutez les entretiens et identifiez les questions qui posent des difficultés et les questions auxquelles il est facile de répondre. Notez vos conclusions dans vos Journaux de bord.
In groups of four, listen to your interviews and identify the questions that posed difficulty and the questions that were easy to respond to. Note your conclusions in your learning diaries.

2.6 N Un petit rappel des verbes au présent. Relie les pronoms personnels aux verbes correspondants et complète le tableau avec l'infinitif des verbes.
Revision of verbs in the present tense. Match the personal pronouns to the verbs and fill in the infinitives of the verbs.

				Infinitif
(a)	nous	1	lis	*lire*
(b)	je	2	va	
(c)	tu	3	ont	
(d)	il	4	fais	
(e)	je	5	buvez	
(f)	vous	6	manges	
(g)	elles	7	sommes	

2.6 O Un petit rappel des verbes. Complète les phrases avec la bonne forme des verbes entre parenthèses.
A little revision of verbs. Fill in the blanks with the correct form of the verbs in brackets.

(a) Je .... (être) irlandaise.
(b) Nous ne .... (pouvoir) pas faire les exercices.
(c) Tu .... (sortir) avec Michelle ?
(d) Elles ne .... (aller) pas à la piscine.
(e) Vous .... (avoir) faim ?
(f) Claire .... (voir) les oiseaux dans le jardin.
(g) On .... (faire) de la planche à voile.
(h) Vous .... (lire) beaucoup de livres ?
(i) Mes amis .... (écrire) des méls.
(j) Je ne .... (vouloir) pas sortir ce soir.
(k) Clément et moi .... (manger) des frites.
(l) Il .... (venir) à l'école avec nous.

Écris les mots-clés 48–64 de la section 2.6 dans ton Journal de bord.
Fill in the key words 48–64 for section 2.6 in your learning diary.

2.7 La littérature

Dans le mél à sa classe, Katie explique qu'elle doit lire le roman *Le tour du monde en 80 jours.* C'est un roman de Jules Verne.

2.7 A Lis le texte sur Jules Verne et réponds aux questions en anglais.

Read the text about Jules Verne and answer the questions in English.

Jules Verne est né le 8 février 1828 à Nantes. L'aîné d'une famille de cinq enfants, il a étudié le droit à Nantes et plus tard à Paris pour devenir avocat. Tout en continuant ses études à Paris, Verne écrivait de nombreuses pièces de théâtre. Il fréquentait la Bibliothèque nationale et il s'intéressait aux sciences et à la géographie. L'intérêt que Verne portait aux pays étrangers et à la géographie l'a mené à écrire des récits de voyage. Il s'est lancé dans un travail d'écriture et il a abondonné le métier d'avocat. En 1852, il est devenu secrétaire du Théâtre Lyrique. Il a eu un certain succès comme écrivain mais en 1857, il a épousé une jeune veuve Honorine Meurel, mère de deux filles et il a de nouveau changé de métier pour travailler à la Bourse de Paris. Leur fils Michel est né en 1861. Il a continué à écrire pendant cette période et son premier roman *Cinq semaines en ballon* a été publié en 1863. Le roman a été un grand succès donc Verne a démissionné de son emploi à la Bourse pour devenir écrivain à temps plein et la famille s'est installée à Amiens. Pendant sa vie, il a écrit beaucoup de romans d'aventure et de science-fiction. Il est mort le 24 mars 1905 à Amiens mais il est connu dans le monde entier pour ses nombreux livres.

(a) When and where was Jules Verne born? ....

(b) How many children were in his family? ....

(c) In what two cities did he study law? ....

(d) Apart from law and writing, what were his two major interests? ....

(e) In what year did he become secretary of the Théâtre Lyrique? ....

(f) What was his wife's name? ....

(g) What was his son's name? ....

(h) What was the name of his first novel? (answer in French) ....

(i) What were two genres of novel did he write?

....

(j) When and where did he die? ....

Un petit rappel

L'aîné	*The eldest*
Le droit	*Law*
Un avocat	*A lawyer*
Une veuve	*A widow*
Un écrivain	*A writer*

2.7 B Relie les titres des romans de Jules Verne aux descriptions correspondantes. Fais des recherches sur internet pour trouver les réponses.

Match the names of these novels by Jules Verne to the summaries of their stories. Look them up online.

(a)

Cinq semaines en ballon

(b)

(c)

(d)

(e)

1 Un roman de science-fiction. Un Allemand découvre un manuscrit ancien et commence un voyage avec son neveu vers le centre de la Terre.

2 L'histoire de Phileas Fogg et sa tentative de navigation autour du monde.

3 Un roman qui se déroule aux États-Unis. Les personnages sont membres du Baltimore Gun Club.

4 L'histoire de trois hommes anglais qui décident de survoler l'Afrique orientale à bord d'un ballon. Le voyage commence à Zanzibar et passe au-dessus du lac Victoria pour finir dans une colonie française qui s'appellait Saint-Louis. Aujourd'hui Saint-Louis fait partie de Sénégal.

5 L'histoire des aventures à bord du sous-marin Nautilus.

Un petit rappel
L'histoire = *history and story*

2.7 C Dans ton Journal de bord, dessine une couverture pour un des romans ci-dessus.

In your learning diary, design a cover for one of the books above.

Un petit rappel
une couverture = *a cover*

2.7 D Lis les premiers paragraphes du roman *Le tour du monde en quatre-vingts jours* et réponds aux questions en anglais.

Read the opening paragraphs of Around the World in 80 Days *and answer the questions in English.*

Le tour du monde en quatre-vingts jours

En l'année 1872, la maison portant le numéro 7 de Saville Row, Burlington Gardens – maison dans laquelle Sheridan mourut en 1814 –, était habitée par Phileas Fogg, esq., l'un des membres les plus singuliers et les plus remarqués du Reform Club de Londres, bien qu'il semblât prendre à tâche de ne rien faire qui pût attirer l'attention.

À l'un des plus grands orateurs qui honorent l'Angleterre, succédait donc ce Phileas Fogg, personnage énigmatique, dont on ne savait rien, sinon que c'était un fort galant homme et l'un des plus beaux gentlemen de la haute société anglaise.

On disait qu'il ressemblait à Byron – par la tête, car il était irréprochable quant aux pieds –, mais un Byron à moustaches et à favoris, un Byron impassible, qui aurait vécu mille ans sans vieillir.

(a) In what year is this story set? ....

(b) At what address did the character Phileas Fogg live? ....

(c) In what city was the Reform Club that he was a member of? ....

(c) What nationality was Phileas Fogg? ....

(d) How is he described? ....

(e) Do you think you would like to read more of this book? Why or why not? ....

2.7 E Lucas adore lire. Il parle de ses autres passions aussi. Écoute et reponds aux questions en anglais.

Lucas loves reading. He talks about his other hobbies too. Listen and answer the questions in English.

(a) When does Lucas like to read? ....

(b) What is his favorite book? ....

(c) What are his other hobbies? ....

(d) When does he have training? ....

(e) What does he do on Saturday mornings? ....

(f) Who is Virginie? ....

2.7 F Lis le billet de blog de Théo et réponds aux questions.

Read Théo's blog and answer the questions.

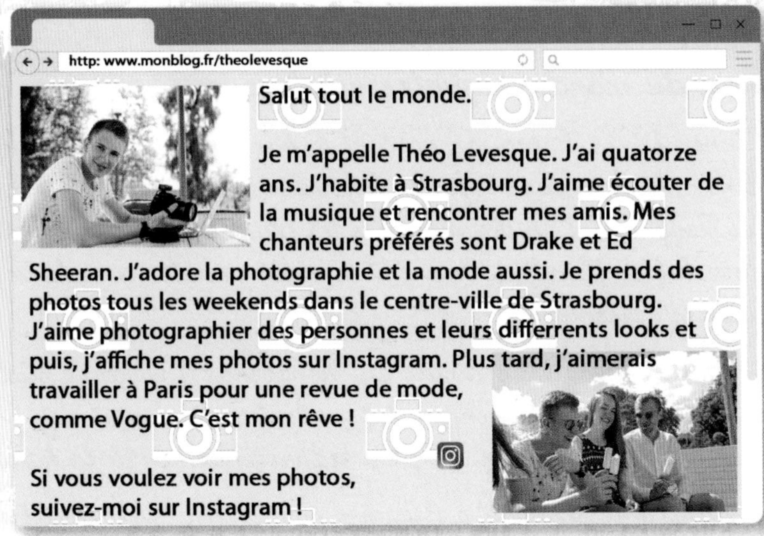

http: www.monblog.fr/theolevesque

Salut tout le monde.

Je m'appelle Théo Levesque. J'ai quatorze ans. J'habite à Strasbourg. J'aime écouter de la musique et rencontrer mes amis. Mes chanteurs préférés sont Drake et Ed Sheeran. J'adore la photographie et la mode aussi. Je prends des photos tous les weekends dans le centre-ville de Strasbourg. J'aime photographier des personnes et leurs differents looks et puis, j'affiche mes photos sur Instagram. Plus tard, j'aimerais travailler à Paris pour une revue de mode, comme Vogue. C'est mon rêve !

Si vous voulez voir mes photos, suivez-moi sur Instagram !

Réponds en français.

Answer in French.

(a) Quel âge a Théo ? ....

(b) Où habite-il ? ....

(c) Que fait-il pendant son temps libre ? ....

(d) Qui sont ses chanteurs préférés ? ....

Réponds en anglais.

Answer in English.

(a) Where does Théo like to take photographs? ....

(b) What does he like to take pictures of? ....

(c) What does he do with the pictures he takes? ....

(d) What would Théo like to do in the future? ....

Comment dit-on en français ? Trouve les phrases suivantes dans le billet de blog de Théo.

How do you say it in French? Find the following phrases in Théo's blog.

(a) I post my photos on Instagram ....

(b) It's my dream ....

(c) A fashion magazine ....

(d) Follow me on Instagram. ....

2.7 G Fais un petit rappel des loisirs dans ton Journal de bord.

Revise hobbies in your learning diary.

2.7 H Crée une story sur Instagram (ou une diaporama) qui montre tes loisirs.

Create an Instagram Story (or a presentation) that demonstrates your hobbies.

Pour vous inspirer, regardez le blog vidéo sur les passe-temps.
Watch the vlog on hobbies as an example to get you started.

Critères de réussite :

- Use images or video of your interests to create your story.
- Add at least five sentences in French to narrate your story.
- Show your story to the class.

2.7 I L'adjectif tout

In Théo's blog, he uses the phrase *tous les weekends* (every weekend). *Tous* is the plural form of *tout*. *Tout* (meaning all or every) is an adjective and so it must agree in gender and number with its noun.

Masculin	Féminin	Masculin Pluriel	Féminin Pluriel
Tout	Toute	Tous	Toutes

Exemples :

Exemples :	**Tout** le monde	*everybody*
	Toute la classe	*all the class*
	Tous les livres	*all the books*
	Toutes les filles	*all the girls*

2.7 J Complète les expressions avec la forme correcte de tout.

Fill in the blanks with the correct form of tout.

(a) .... mes amis
(b) .... le monde
(c) .... la famille
(d) .... les garçons
(e) .... la classe
(f) .... le village
(g) .... les équipes
(h) .... les filles
(i) .... les cahiers
(j) .... les weekends

Écris les mots-clés 65–75 de la section 2.7 dans ton Journal de bord.
Fill in the key words 65–75 for section 2.7 in your learning diary.

2.8 La francophonie – La Belgique

2.8 A Les Aventures de Tintin. Lis le texte et réponds aux questions en français.
The Adventures of Tintin. Read the text and answer the questions in French.

Tintin est un personnage de fiction crée par le dessinateur belge Hergé. La première bande dessinée de Tintin, *Tintin au pays des Soviets*, a paru en 1929 dans *Le Petit Vingtième,* un supplément pour enfants du journal belge *Vingtième Siècle*. Le personnage de Tintin habite au 26 rue du Labrador à Bruxelles jusqu'à son déménagement au Château de Moulinsart, où il habite avec ses amis le Professeur Tournesol et le Capitaine Haddock. Tintin est un jeune reporter qui résout toutes sortes de mystères. Son métier de journaliste d'investigation lui donne l'ocassion de voyager dans des pays étrangers, comme le Tibet, le Congo, les États Unis, et l'Australie. Dans chacune de ses aventures, il est accompagné par son petit chien blanc, Milou. Après le succès de Tintin dans *Le Petit Vingtième*, Hergé a écrit vingt-trois albums de Tintin. Tintin est devenu un succès mondial et des millions d'albums ont été vendus dans plusieurs langues. On a plusieurs fois adapté *Les Aventures de Tintin* au cinéma, il y a aussi des jeux vidéo de Tintin et trois séries d'animation. Il y a six magasins consacrés à Tintin, un à Londres, deux en Belgique et trois en France.

(a) Quelle est la nationalité du dessinateur Hergé? ....
(b) Comment s'appelle la première bande dessinée de Tintin? ....
(c) Qui habite au Château de Moulinsart? ....
(d) Quel est le métier de Tintin? ....
(e) Identifie trois pays où Tintin est allé. ....
(f) Comment est le chien de Tintin? ....
(g) Où sont les six magasins Tintin? ....

Le saviez-vous?
Tintin is one of a number of famous comic book series to come from Belgium. You may be familiar with The Smurfs? The Smurfs is the English name given to Les Schtroumpfs, the little blue comic book characters, who were originally created by the Belgian comic artist Peyo (pen name of Pierre Culliford). Belgium actually has more comic makers per square mile than any other country in the world!

2.8 B La Belgique – un profil.

Belgium – a profile.

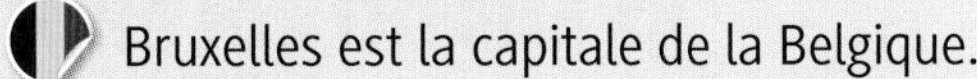

- Bruxelles est la capitale de la Belgique.
- La Belgique est divisée en trois régions, the Flemish region (where Flemish is spoken), the Walloon region (where French is spoken) and the Brussels capital region (which is bilingual).
- La Belgique a trois langues oficielles; le français, le flamand et l'allemand, qu'on parle le long de la frontière avec l'Allemagne.
- 98% des belges habitent dans les villes.
- Belgium is famous for la bière, le chocolat les frites et les gaufres (waffles). The national dishes are moules frites (mussels and chips) and steak frites (steak and chips)
- Brussels is the most international city in Europe, home to the headquarters of NATO and the EU, as well as 120 international governmental organisations, 1,400 non-governmental organisations, 181 embassies, 2,000 multinational organisations and approximately 3,000 diplomats.
- Belgium is one of the most densely populated countries in the world. It is about half the size of Ireland but the population is close to 11.5 million!
- French fries are believed to have been invented in Belgium not France.
- Belgium has more châteaux per kilometre than any other country in the world
- Belgian motorways can be seen from the moon!

2.8 C La Belgique. Écoute et réponds aux questions en anglais.

Belgium. Listen and answer the questions in English.

(a) Name three countries which border Belgium. ....

(b) What is the King of Belgium's name? ....

(c) Name two well-known brands of Belgian chocolate. ....

(d) How much chocolate does the average Belgian eat per year? ....

(e) Why is Brussels airport mentioned? ....

(f) What is Quick? ....

2.8 D Lis le texte et réponds aux questions en français.

Read the text and answer the questions in French.

LE BEAU CADEAU D'ELÉONORE POUR LES 57 ANS DU ROI PHILIPPE

A l'occasion de l'anniversaire de son père le roi des Belges Philippe, la princesse Eléonore, qui fêtait le lendemain ses 9 ans, a pris son violon pour lui jouer « Happy Birthday ».

Leurs anniversaires se suivent. Le 15 avril pour le roi des Belges Philippe, le 16 avril pour sa plus jeune fille, la princesse Eléonore.

Tandis que le premier fêtait en cette année 2017 ses 57 ans, la seconde soufflait ses 9 bougies. L'occasion de les retrouver tous les deux à l'honneur sur la page Facebook et le compte Twitter du Palais.

(a) Quel âge a le roi Philippe? ....

(b) C'est quand son anniversaire? ....

(c) Qui est Eléonore? ....

(c) Quel âge a-t-elle? ....

(d) Quel est la date de son anniversaire? ....

(e) Quel instrument joue-t-elle? ....

(f) Où peut-on voir les photos d'Eléonore et Philippe? ....

2.8 E Voici des marques belges. Est-ce que tu connais ces marques? Que font ces entreprises? Relie les marques aux bons produits.

Here are some Belgian brands. What do these companies do? Match the brands to the products.

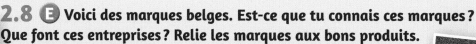

(a) Quick	1 Le chocolat
(b) Agfa	2 Les cinémas
(c) Leonidas	3 Le matérial de sport
(d) Stella Artois	4 Les fast-foods
(e) Kinepolis	5 Les appareils photo
(f) Donnay	6 La bière

Regarde le diaporama sur la Belgique.

Watch the PowerPoint presentation 'Unite 2.8 (E)' on Belgium.

2.8 F Dossier francophone! Écris tous les renseignements sur la Belgique dans ton Journal de bord.

Fill in all the information about Belgium in your learning diary.

Écris les mots-clés 76–82 de la section 2.8 dans ton Journal de bord.

Fill in the key words 76–82 for section 2.8 in your learning diary.

2.9 On parle français en classe

2.9 A En classe. Lis la bande dessinée.

In class. Read the comic strip.

2.9 B Comment dit-on en français ? Trouve les phrases dans la BD.

How do you say it in French? Find the phrases in the comic strip.

(a) I have to leave class at eleven to go to the dentist. ....

(b) Sorry I'm late. ....

(c) Excuse me. ....

(d) Can I open the window? ....

(e) I need help. ....

(f) I don't understand the exercise. ....

(g) Turn to page 143. ....

(h) You have to hand in your copies. ....

(i) My tablet isn't working. ....

(j) You have to learn the verbs off by heart. ....

2.9 C Écoute les phrases et répète.

Listen to the phrases and repeat.

2.9 D On parle français en classe ! Relie les images aux phrases correspondantes.

Match the images to the sentences.

(a)

(b)

1 Ma tablette ne marche pas.
2 Allez à la page 56
3 Puis-je ouvrir la fenêtre ?
4 Je ne comprends pas l'exercice.
5 Nous rendons les cahiers au prof.
6 Je suis désolé d'être en retard

(c)

(d)

(e)

(f)

2.9 E Qui parle ? Le prof ou l'élève ?

Who is speaking? Teacher or pupil?

		Le prof	L'élève
(a)	Travaillez en groupes.		
(b)	Je suis désolé d'être en retard, Madame.		
(c)	Je dois apprendre le vocabulaire par cœur.		
(d)	Je ne comprends pas la question.		
(e)	Allez à la page 32.		
(f)	Écrivez les devoirs.		
(g)	Travaillez à deux.		
(h)	Puis-je ouvrir la fenêtre ?		
(i)	Ma tablette ne marche pas.		
(j)	Regardez le tableau.		

What do the teacher's phrases have in common? Can you remember why the teacher uses these forms?

2.9 F Remets les phrases dans le bon ordre dans ton cahier. Unscramble the sentences and write them in your copybook.

(a) d'aide peu besoin J'ai d'un

(b) pas marche Ma ne tablette

(c) fenêtre? ouvrir Puis-je la

(d) pas ne question Je la comprends

(e) retard désolée en suis Je d'être

(f) heures chez dois à Je le onze aller partir dentiste pour

Écris les mots-clés 83–89 de la section 2.9 dans ton Journal de bord.
Fill in the key words 83–89 for section 2.9 in your learning diary.

2.10 Tu es prêt(e) à pratiquer ? Allons-y !

2.10 A Complète les mots croisés.
Fill in the crossword.

Across

2 *Lawyer* en français.

4 Où je garde mes stylos, crayons, ma gomme et ma règle.

5 Où je fais le cours d'EPS.

9 Où on achète des livres.

10 Où on a les cours de sciences.

11 Le premier jour de l'année scolaire c'est le jour de la ______.

Down

1 Écrivain qui a écrit *Le tour du monde en 80 jours*.

3 La langue de l'Angleterre.

4 Personnage très connu d'une BD belge.

6 J'écris avec un ________.

7 Pays d'origine de Tintin.

8 Où je mange pendant la pause déjeuner à l'école.

2.10 B Complète avec la forme correcte de l'adjectif interrogatif QUEL.

Fill in the correct form of QUEL.

(a) .... âge as-tu ?

(b) .... est le meilleur restaurant à Biarritz ?

(c) .... jour sommes-nous aujourd'hui ?

(d) .... est ton film préféré ?

(e) .... entrée vas-tu prendre ?

(f) .... est le résultat du calcul ?

(g) .... histoire de Tintin préfères-tu ?

(h) .... fournitures scolaires est-ce que tu achètes ?

(i) .... surprise !

(j) .... sont tes projets pour le weekend ?

(k) .... est ta matière préférée ?

(l) .... exercice fais-tu ?

2.10 C Christophe fait des courses pour acheter des fournitures scolaires. Regarde son chariot et écris la liste de courses.

Christophe goes shopping for school supplies. Look at his trolley and write out his shopping list.

2.10 D Décris la journée typique d'Antoine.

Describe Antoine's daily routine.

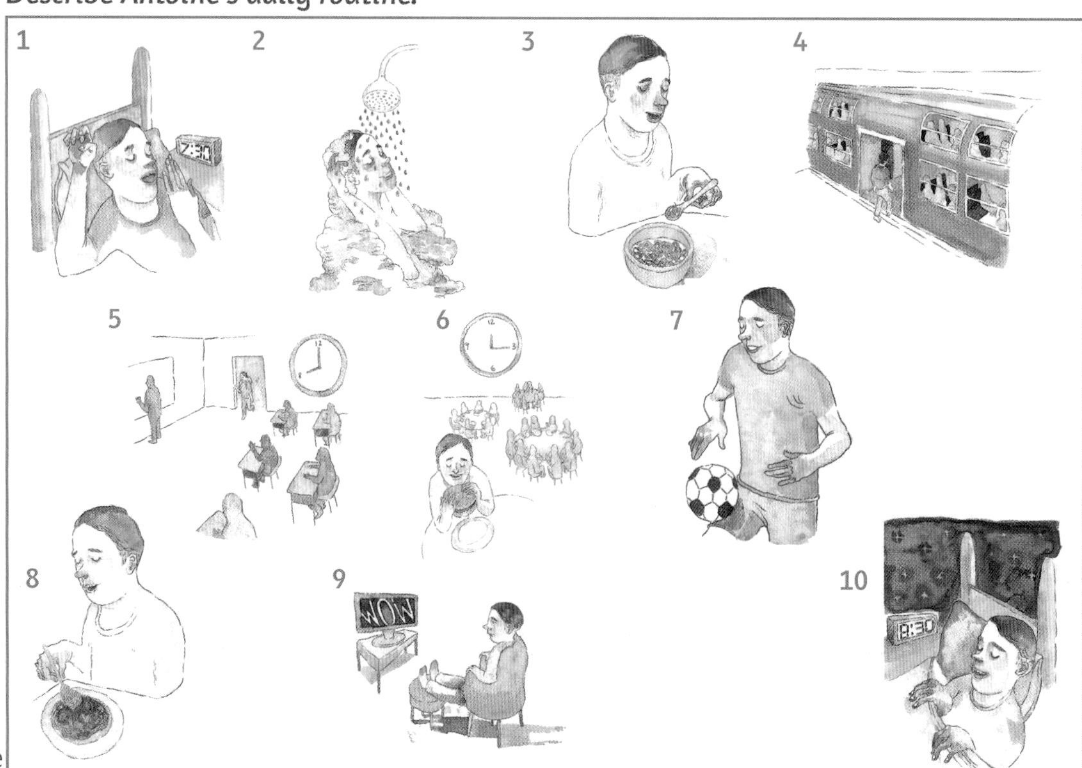

2.10 E Complète avec la forme correcte de l'adjectif tout.

Fill in the correct form of tout.

(a) .... le monde regarde ce match important.

(b) Le garçon mange .... la pizza.

(c) .... les enfants sont en vacances.

(d) Il faut mettre .... les papiers dans la poubelle.

(e) Je lis .... les livres de Jules Verne.

(f) Il travaille .... le temps.

(g) Il ne faut pas compléter .... les phrases.

(h) Je vais à l'école .... les jours.

(i) À .... à l'heure !

(j) .... les desserts sont délicieux.

(k) Ma mère fête son anniversaire avec .... sa famille.

(l) Elles parlent .... la nuit.

2.10 F Les amis de Christophe et de Nicole se présentent à Katie. Écoute et complète le tableau en français.

Christophe and Nicole's friends introduce themselves to Katie. Listen and fill in the table in French.

Prénom	David	Zoé	Noah	Christelle
Âge				
Comment on va au collège				
Loisirs				
Matière préférée				

2.10 G Tous ensemble ! Que fais-tu pendant ton temps libre ? Parlez de vos loisirs en groupes de trois ou quatre personnes. Donnez vos opinions sur les activités suivantes.

What do you do in your free time? Talk about your hobbies in groups of three or four. Give your opinion of the following activities.

Je préfère…
J'aime…
J'aime beaucoup…
J'adore…
Je suis un(e) fana de…
Je suis un(e) fou/folle de…

Je n'aime pas…
Je déteste…
C'est barbant
C'est ennuyeux
C'est trop difficile

Jouer au foot

Jouer au basket

Faire de la natation

Écouter de la musique

Danser

Jouer du piano

Jouer aux jeux vidéo

Aller au cinéma

Lire

Envoyer des photos sur Snapchat

2.10 H Complète les phrases avec la forme correcte du verbe entre parenthèses.

Fill in the correct form of the verbs in brackets.

J'adore faire de la natation
mais je déteste lire.
C'est barbant !

(a) Camille .... (prendre) le métro tous les jours à Paris.
(b) Les élèves .... (devoir) travailler dur à l'école.
(c) Je .... (aller) à l'école en voiture.
(d) Claudine et moi .... (se promener) avec le chien.
(e) Il .... (être) dix heures moins le quart.
(f) Martin .... (prendre) beaucoup de photos en vacances.
(g) Ludovic .... (jouer) au foot le weekend.
(h) Les enfants .... (lire) des bandes dessinées.
(i) Je ne .... (comprendre) pas la question.
(j) J' .... (écrire) des textos à mes amis le soir.
(k) Marcel .... (avoir) soif, il boit de l'eau.
(l) Caroline et Ann .... (sortir) à la discothèque vendredi.
(m) La mère de la famille .... (se lever) tôt le matin.

Je suis un fana de
sport. J'aime jouer au
basket et au foot.

Écris les mots-clés 90–110 de la section 2.10 dans ton Journal de bord.
Fill in the key words 90–110 for section 2.10 in your learning diary.

Le métro

Le chien

Revision
Go to **www.edco.ie/caroule2** and try the interactive activities and quizzes.

Unité 2 Mets tes connaissances à l'épreuve

Coin grammaire !

Revise the grammar in Unit 2 in your learning diary.

Watch the video for Unité 2.

Évalue-toi dans ton Journal de bord.

Use your learning diary to see how much you have learned in Unit 2.

Que sais-je ?

	I can follow a Paris metro map.			
	I know at least five interesting facts about Belgium			
	I am familiar with the European Day of Languages.			
	I recognise at least two novels by author Jules Verne.			
	I can name different means of transport.			
	I can say how I get to school.			
	I can make animal sounds in French!			
	I can carry out a class survey on transport.			
	I can talk about my daily routine.			
	I can use at least three new classroom language phrases.			
	I can write the rules of my school.			
	I can write an account of my daily routine.			
	I can use all forms of the interrogative adjective *quel, quelle, quels, quelles*.			
	I can use all forms of the qualifying adjective *tout, toute, tous, toutes*.			
	I can use the irregular verbs *prendre* and *devoir.*			
	I can follow an account of a daily routine.			
	I can extract information from the results of a survey on transport.			
	I can follow an extract from *Le tour du monde en 80 jours.*			
	I can make a short video or Instagram Story in French.			

Faire le pont

By the end of this unit you will be able to...

Go to **www.edco.ie/caroule2** and try the interactive activities and quizzes.

- Say what you are going to do this weekend
- Describe views of the sea and the mountains
- Name different buildings and places in a city
- Make a presentation about a sports star
- Pronounce the verbs ENVOYER, SAVOIR and CONNAÎTRE accurately
- Ask a classmate about what he/she is going to do this weekend
- Give your opinion on different weekend activities
- Interview a classmate about his/her town or city
- Write an email saying what you are going to do this weekend
- Write a blog about your typical weekend
- Write a description of the area where you live
- Identify buildings in a town or city
- Identify items typically seen at the beach or in the mountains
- Use the *futur proche* (ALLER + infinitive)
- Use future expressions, such as, *demain, ce week-end, l'année prochaine*
- Use the irregular verbs *envoyer*, *savoir* and *connaître*
- Use numbers up to one million
- Follow basic descriptions of people's weekend plans
- Follow basic descriptions of towns and cities
- Read Facebook posts about weekend activities
- Follow an email about plans for the weekend
- Read newspaper articles about music festivals and Spotify
- Find a French sports star on Twitter
- Make a set of online flash-cards
- Record an interview of a classmate and analyse it for strengths and weaknesses
- Create a slideshow on a French-speaking sports star
- Design a tourist brochure about your town or city
- Fill in a map of France
- Describe leisure activities in the Pyrenees
- Complete your *dossier francophone* about Switzerland

The title of this unit means 'taking a long weekend'. In this unit, Katie and her French friends plan activities for a long weekend. Katie will go hiking in the Pyrenees, try surfing on the beach in Biarritz, go for a walk around the town and go to the cinema. What language do you know already that might be useful to talk about weekend plans?

Note tes idées dans ton Journal de bord.
Note your ideas in your learning diary.

3.1 Que fait-on ce week-end ?

3.1 A Qu'est-ce que tu fais ce week-end ? Lis la BD.

What will we do this weekend? Read the comic strip.

Réponds aux questions en anglais.
Answer the questions in English.

(a) How does Nicole explain *un jour de congé*? ....
(b) When is the day off? ....
(c) What does Christophe want to do on the day off? ....
(d) Where are Nicole and Katie going on the day off? With whom? ....
(e) When will they all go to the beach? ....
(f) *Ça marche!* is a synonym of *Ça roule!* What do the two expressions mean? ....

Trouve les phrases suivantes dans la BD.
Find the following phrases in the comic strip

(a) Next Friday ....
(b) What are you going to do? ....
(c) I am going to go to the beach. ....
(d) We are going to the Pyrenees. ....
(e) We are going to go hiking. ....
(f) On Saturday morning ....

3.1 B Le futur proche
The near future

- Let's take a closer look at the following phrases from the comic strip:
  Je vais aller à la plage. *I am going to go to the beach.*
  Nous allons faire de la randonnée. *We are going to go hiking.*
- Both of these phrases are expressing something that is going to happen in the future. Which verb do you see in both of the phrases?
- The simplest way to form the future tense is with the present tense of the verb ALLER plus the infinitive. This is how we say we are 'going to' do something.

Present tense of ALLER + infinitive

Je vais lire le roman.	*I am going to read the novel.*
Nous allons jouer un match.	*We are going to play a match.*
Ils vont sortir avec Pierre.	*They are going to go out with Pierre.*

3.1 C Complète avec la bonne forme du verbe ALLER.
Fill in the blanks with the correct form of the verb ALLER.

(a) Je .... faire mes devoirs ce soir.
(b) Nous .... jouer aux jeux vidéo.
(c) Tu .... venir avec moi ?
(d) Serge .... prendre une douche.
(e) Vous .... jouer du violon ?
(f) Mes cousins .... aller en Espagne cet été.
(g) Je .... jouer un match demain.
(h) Elles .... prendre le train samedi prochain.
(i) Nous .... acheter des livres ce week-end.
(j) Inès .... manger au restaurant demain.

3.1 D Lis le mél de Katie et souligne toutes les expressions qui expriment le futur proche avec ALLER.

Read Katie's email and underline all the phrases that express the future with ALLER.

De :	ktkenny123@eir.ie
À :	2afrench@stcormacs.ie
Objet :	Nouvelles de Biarritz

Salut à tous !

Merci pour les méls. Vous m'avez demandé ce que je fais le week-end. Alors ce week-end, je vais faire beaucoup de choses. J'ai hâte d'être au week-end ! Vendredi, c'est un jour de congé et je vais aller dans les Pyrénées avec la famille de Nicole. Samedi matin, nous allons aller à la plage et faire du surf (dans l'océan Atlantique) avec Élodie et Christophe et samedi soir, nous allons rendre visite aux grands-parents de Nicole qui habitent à Bayonne. Nous allons prendre le train de Biarritz à Bayonne. La grand-mère de Nicole va faire une tarte tatin pour nous. C'est une tarte aux pommes traditionnelle. Dimanche matin, je vais faire une promenade en ville et dimanche après-midi, je vais au cinéma avec Christophe voir un film d'aventures. Nicole ne vient pas avec moi parce qu'elle va étudier pour un examen de biologie-chimie lundi. Et vous ? Quoi de neuf ? Qu'est-ce que vous faites ce week-end ? Vous me manquez !

Répondez-moi vite.

Bisous,

Katie

Réponds aux questions en français.

Answer the questions in French.

(a) Que va faire Katie vendredi ? ....

(b) Que va faire Katie samedi matin ? ....

(c) Où va-t-elle samedi soir ? ....

(d) Comment va-t-elle voyager ? ....

(e) C'est quoi une tarte tatin ? ....

(f) Où va Katie dimanche après-midi ? ....

(g) Quel type de film vont voir Katie et Christophe ? ....

(h) Pourquoi est-ce que Nicole ne va pas aller avec eux ? ....

(i) C'est quand l'examen de Nicole ? ....

(j) Comment dit-on *I can't wait for the weekend* en français? Trouve l'expression dans la BD. ....

3.1 E Expressions pour parler au futur

Expressions for speaking about the future

cet après-midi	*this afternoon/this evening*
ce week-end	*this weekend*
ce soir	*tonight*
demain	*tomorrow*
demain matin	*tomorrow morning*
mardi prochain	*next Tuesday*
la semaine prochaine	*next week*
l'année prochaine	*next year*

3.1 F Paul parle de ce qu'il va faire. Écoute et complète en français.

Paul talks about his plans for the future. Listen and fill in the table in French.

	Que fait-il ?	Quand ?
(a)	Il va finir ces devoirs	cet après-midi
(b)		
(c)		
(d)		
(e)		
(f)		
(g)		

Regarde le diaporama sur le futur proche.

Watch the PowerPoint presentation 'Unité 3.1 (F)' on the futur proche.

3.1 G Comment ça se dit en français ? Écris la réponse en français.

How do you say it in French? Write the sentences in French.

(a) We are going to play basketball tomorrow. ....

(b) I am going to watch a film tonight. ....

(c) Are you going to read the novel? ....

(d) They are going to eat all the pastries. ....

(e) He is going to wash the car this afternoon. ....

(f) My sister is going to study history this Saturday. ....

(g) Are you going to go out this weekend? ....

(h) I am going to learn the verbs tonight. ....

3.1 H Qu'est ce qu'on va faire ce week-end?

What are we going to do this weekend?

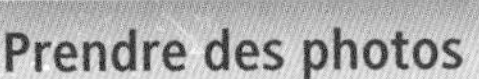

Prendre des photos

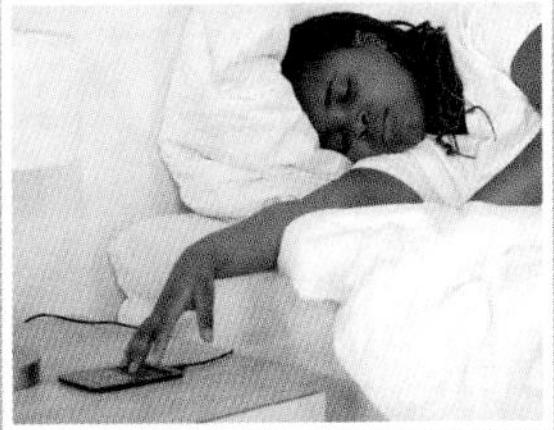

Faire la grasse matinée

Faire des promenades

Faire les magasins

Faire de la musculation

Faire du roller

Faire de la randonnée

Faire une promenade à vélo

Sortir le chien

Surfer sur internet

Envoyer des textos

Faire du parapente

3.1 I Écoute et répète le verbe ENVOYER.

Listen and repeat the verb ENVOYER.

Le verbe ENVOYER

ENVOYER (to send)		
j'	envoie	*I send/am sending*
tu	envoies	*you send/are sending*
il/elle/on	envoie	*he/she/one sends/is sending*
nous	envoyons	*we send/are sending*
vous	envoyez	*you (plural/formal) send/are sending*
ils/elles	envoient	*they send/are sending*

Exemples :

Il *envoie* un texto.

Elle *envoie* un tweet.

Ils *envoient* des méls.

Un petit rappel

Remember to form the negative, we must sandwich the verb with ne and pas.

J'envoie. → Je ***n'***envoie ***pas.***

Nous envoyons. → Nous ***n'***envoyons ***pas.***

Complète le verbe irrégulier ENVOYER dans ton Journal de bord.

Fill in the irregular verb ENVOYER in your learning diary.

3.1 J Tu fais quoi ce week-end ? Pose la question à cinq camarades de classe et complète le tableau.

What are you doing this weekend? Ask five classmates and fill in the table.

	QUI ?	FAIT QUOI ?
1		
2		
3		
4		
5		

3.1 K Dans ton Journal de bord, écris un mél à Christophe. Explique ce que tu vas faire ce week-end.

In your learning diary, write an email to Christophe.
Explain what you are going to do this weekend.

3.1 L Écoute la conversation entre Christophe et Élodie et réponds aux questions en anglais.

Listen to the conversation between Christophe and Élodie and answer the questions in English.

(a) What are Christophe and Élodie going to do on the day off? ....

(b) Where and when will they meet?

(c) What will Élodie bring with her?

(d) Why does Christophe have to be home by 5:00?

(e) Where will they have lunch?

(f) How will they get home?

Un petit rappel
le coup d'envoi = *kickoff*

3.1 M Lis le profil Facebook de Raphaël Varane et réponds aux questions.

Read Raphaël Varane's Facebook profile and answer the questions.

Vendredi soir, Christophe s'installe devant la télé pour regarder un match de foot entre la France et l'Angleterre. Avant le coup d'envoi, il regarde les tweets et les messages Facebook des joueurs français.

Raphaël VARANE
Né le 25 avril 1993 à Lille
35 sélections (2 buts)
Défenseur

Réponds en français.
Answer in French.

(a) Quelle est la date de naissance de Raphaël Varane?

(b) D'où vient-il?

(c) Comment dit-on *goals* en français?

Réponds en anglais.
Answer in English.

(a) What position does Raphaël Varane play?

(b) How many goals has he scored?

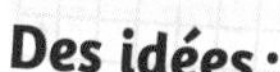

Des idées:
- *Where is he living?*
- *What team does he play for?*
- *What is he tweeting about recently?*

3.1 N Trouve le site web officiel de Raphaël Varane et trouve-le sur Twitter. Qu'est-ce qu'il fait ces temps-ci? Écris trois phrases.

Find the official website of Raphaël Varane and find him on Twitter. What is he up to these days? Write three sentences.

Christophe Bruno
@christophebruno
Abonné
@equipedefrance Bonne chance pour le match ce soir. Alleeeeeez les Bleus !!!
Tweeter votre réponse

3.1 O Écoute et répète le vocabulaire.
Listen and repeat the vocabulary.

surfer sur internet	un blogueur
tchatter en ligne	les réseaux sociaux
un site web	envoyer un texto
une appli	télécharger de la musique
un profil	suivez-moi sur instagram !

Écris les mots-clés 1–36 de la section 3.1 dans ton Journal de bord.
Fill in the key words 1–36 for section 3.1 in your learning diary.

3.2 Dans les montagnes

3.2 A Écoute et répète le vocabulaire.
Listen and repeat the vocabulary

Dans les montagnes

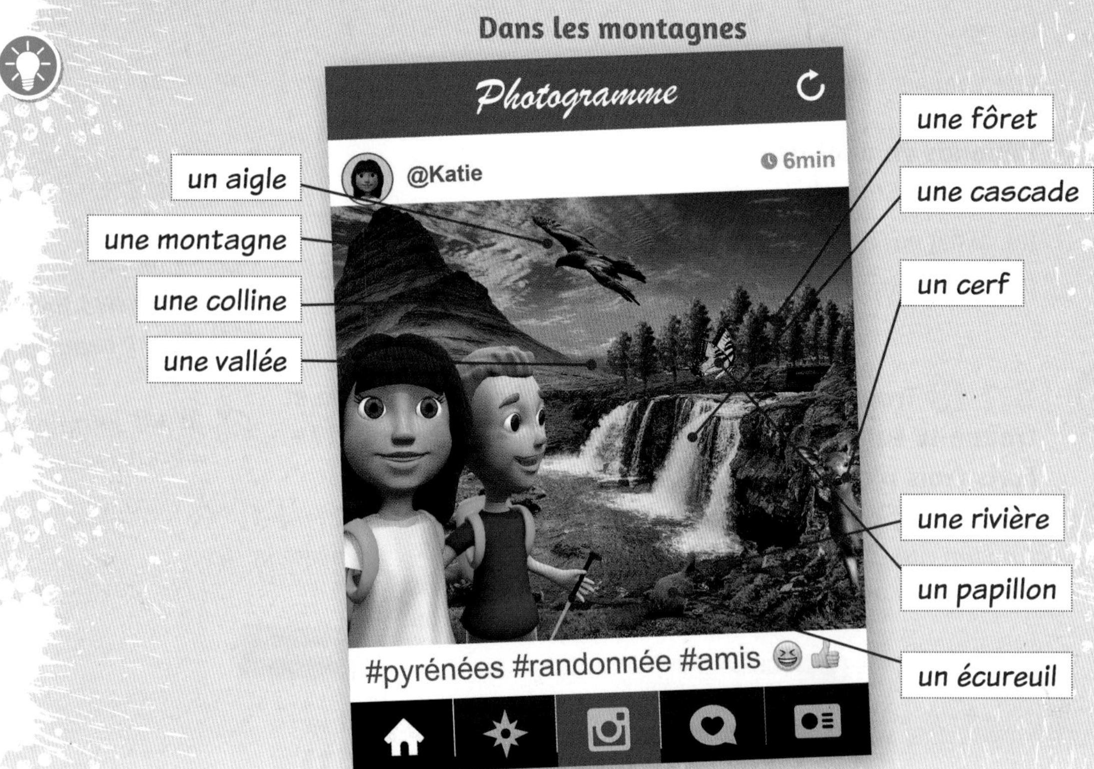

Katie fait de la randonnée avec Nicole, sa famille et son frère Jérôme. Ils sont dans les Pyrénées – les montagnes près de Biarritz entre la France et l'Espagne. Connais-tu la géographie de la France ? Où sont les lacs, les fleuves et les montagnes ?

3.2 B Complète la carte géographique de la France dans ton Journal de bord.

Complete the map of France in your learning diary.

Un petit rappel
un fleuve = une rivière

3.2 C Fais les mots-croisés.

Fill in the crossword.

1↓ 2↓ 3→ 4↓ 5↓ 6→ 7↓ 8↓ 9→

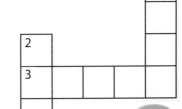

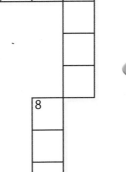

3.2 D Les randonnées dans les Pyrénées. Lis le texte et réponds aux questions en français.

Hiking in the Pyrenees. Read the text and answer the questions in French.

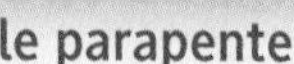
le parapente

le kayak

le snowboard

faire du VTT

! Un petit rappel
VTT = Vélo Tout Terrain

Été comme hiver, les Pyrénées vous offrent de nombreuses activités. En hiver, vous pourrez profiter des sports d'hiver, comme le ski ou le snowboard, dans les quarante et une stations de ski, où vous pourrez apprendre à faire du ski et apprécier un bon vin chaud. En été, vous pourrez profiter de la nature en faisant des randonnées dans les montagnes. Vous découvrirez un air pur, une faune et une flore superbe, des lacs, des rivières, des sommets et des vallées secrètes.

Pour partir en randonnée en toute confiance, les professionnels de la montagne offrent des randos accompagnées. Les guides connaissent bien la montagne : où trouver le panorama exceptionnel, où pique-niquer, où prendre les meilleures photos. Ces experts peuvent vous conseiller sur quelle nourriture, quelles boissons et quel équipement choisir.

Pour les familles, l'office du tourisme des Hautes Pyrénées peut organiser des balades pas trop longues, pas trop loin et pas trop raides, mais quand même jolies. Les guides trouveront une randonnée sur mesure adaptée au niveau de vos enfants.

Venez profiter de beaux paysages et faites le plein de beaux souvenirs !

Réponds en français.

Answer in French

(a) Quelles sont les activités qu'on peut faire en hiver? ....

(b) Combien de stations de ski y a-t-il dans les Pyrénées? ....

(c) Qui organisent des randonnées pour des familles avec enfants? ....

Trouve les expressions suivantes dans le texte:

(a) to enjoy ....

(b) ski resort ....

(c) lakes ....

(d) beautiful scenery ....

Réponds en anglais.

Answer in English

(a) What type of drink is mentioned in the first paragraph? ....

(b) Name three things that can be enjoyed on a hike, according to the first paragraph.

....

(c) What is said about the guides in the second paragraph? ....

(d) What kinds of advice can the guides offer? ....

3.2 E Décris ce que tu vois sur les images de la page 70 pour un/une camarade de classe.

Describe what you see in the images on page 70 to a classmate.

à l'arrière-plan	*in the background*
au premier plan	*in the foreground*
au milieu	*in the middle*
à gauche	*on the left*
à droite	*on the right*
à côté de	*beside*
il y a	*there is/there are*

3.2 F Lis le poster et réponds aux questions.

Read the poster and answer the questions.

Réponds en français.

Answer in French

(a) C'est quand la fête de la randonnée ? ....

(b) Les balades familiales sont pour les enfants de quel âge ? ....

(c) À quelle heure commencent les randonnées accompagnées ?

....

(d) Où peut-on réserver d'autres activités ? ....

Réponds en anglais.

Answer in English

(a) What is recommended to bring on a hike? ....

(b) What other activities can you do as part of the festival? ....

(c) How long is the hike to Quirbajou?

....

(d) What is taking place at 4pm?

....

FETE DE LA RANDONNÉE
21 juin
des Pyrénées Audoises

- Balades familiales pour les enfants de 5 à 16 ans. (duration : 2h)
- Balade sportive en chemin vers Quirbajou (duration : 6h30)
- Les randos accompagnés sortent de Saint-Ferriol à 9h30. Il faut apporter une bouteille d'eau et un snack.
- Animations sportives dès 16h.
- Soirée de musique
- Pour faire des autres activités (kayak, VTT, escalade, parapente) il faut réserver au Syndicat d'initiative de Saint-Ferriol.

Écris les mots-clés 37–58 de la section 3.2 dans ton Journal de bord.

Fill in the key words 37–58 for section 3.2 in your learning diary.

3.3 À la plage

3.3 A Christophe et les filles vont à la plage. Écoute et identifie les différents éléments.

Christophe and the girls go to the beach. Listen and label the objects.

le transat	*le parasol*	*le jet-ski*	*la mouette*	*la serviette*	*la crème solaire*
le bateau	*le yacht*	*le dauphin*	*le phare*	*la mer*	*le sable*

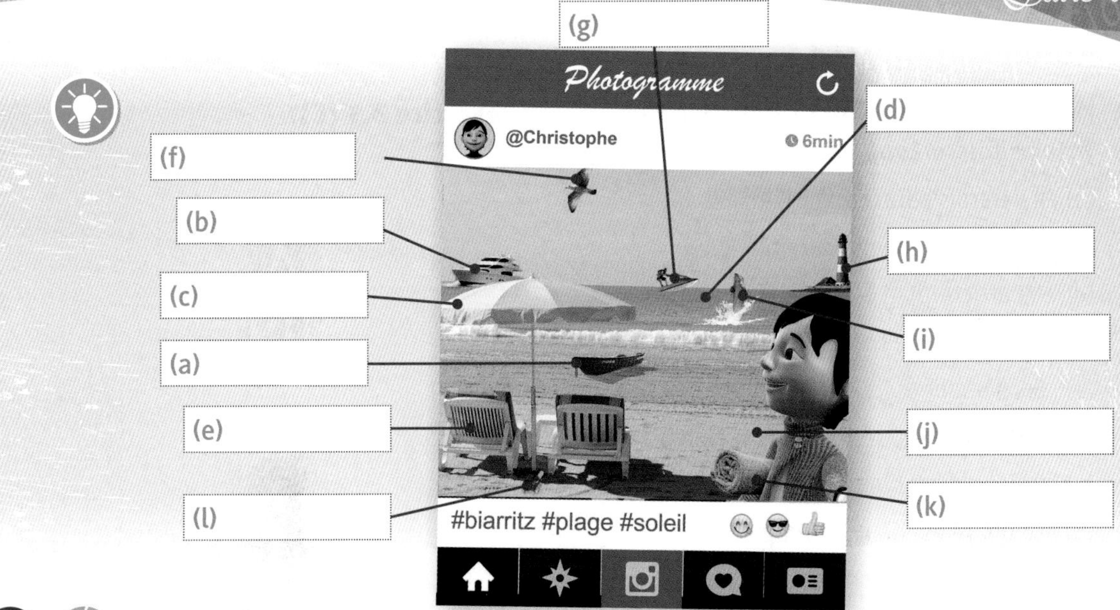

3.3 B Écoute encore et répète le vocabulaire.

Listen again and repeat the vocabulary.

3.3 C Décris ce que tu vois sur l'image pour un/une camarade de classe.

Describe to a classmate what you see in the image

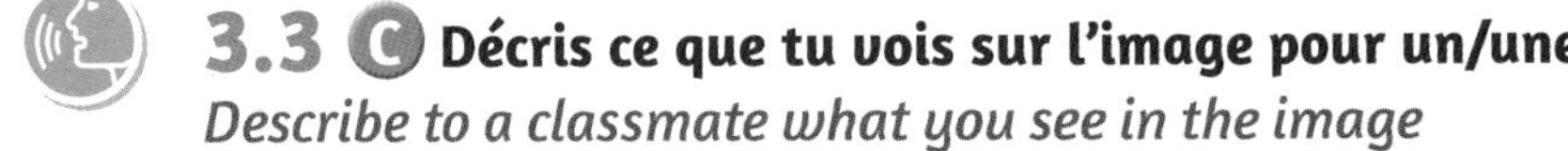

3.3 D Vrai ou faux ? Regarde l'image de l'exercice 3.3 (C).

True or false? Look at the image from exercise 3.3 (C).

(a) Il y a trois parasols sur l'image. ....

(b) Il y a un dauphin au premier plan. ....

(c) À l'arrière-plan à droite, il y a un phare. ....

(d) Il n'y a pas de bateau dans l'image. ....

(e) Six personnes jouent au volley. ....

(f) Il y a une mouette à l'arrière-plan. ....

(g) Le jet-ski est bleu. ....

(h) Le phare est blanc et rouge. ....

(i) Il y a un château de sable à gauche. ....

3.3 E Faire du surf à Biarritz. Consulte le site web et réponds aux questions.

Surfing in Biarritz. Read the website and answer questions.

https: //www.surfbiarritz.com

ÉCOLE DE SURF BIARRITZ

Sur la plage de Biarritz, notre école de surf vous accueille depuis 1998. Nous organisons des cours de surf tous les samedis, tout au long de l'année. Avec vingt ans d'expérience, nos moniteurs diplômés partagent leur passion pour le surf avec les adultes, les enfants, les garçons et les filles. Il faut juste savoir nager. Tout le matériel est inclus dans nos cours (planche et lycras).

Formules débutant
Les moniteurs sont toujours avec vous dans l'eau. Pas de panique ! Nos moniteurs vous aideront à apprendre les techniques fondamentales. 8 personnes maximum pour 1 moniteur.

Formules intermédiaire
Vous commencerez sur des vagues plus avancées mais toujours avec le moniteur dans l'eau avec vous.

Formules perfectionnement
Vous perfectionnerez votre style et placement dans l'eau. Vous apprendrez où trouver les meilleures vagues. Analyse vidéo incluse !

Cours collectif
1h30 de surf, maximum 8 personnes, matériel inclus. 45€
N'oubliez pas votre crème solaire et une serviette.

Cours particulier
1h de surf, matériel inclus. 95€
N'oubliez pas votre crème solaire et une serviette.

Appelez-nous pour toute question au 06 28 47 23 17

Réservez en ligne

Réponds en français.
Answer in French

(a) Quel jour de la semaine offrent-ils des cours de surf? ....

(b) Combien de temps durent les cours collectifs? ....

(c) Combien coûte un cours particulier? ....

(d) Comment peut-on réserver un cours? ....

Réponds en anglais.
Answer in English.

(a) What skill must you have to take a surf class? ....

(b) What is included in the most advanced level class? ....

(c) What two items should you bring with you to classes? ....

(d) Comment dit-on ....? Find the words for *instructor* and *waves*. ....

3.3 F Cherche l'intrus.
Find the odd one out.

Exemple: lundi, mardi, mars, mercredi

(a) la serviette, la crème solaire, le sable, la vallée

(b) l'escalade, le surf, la voile, la natation

(c) le yacht, la voiture, le jet-ski, le bateau

(d) un aigle, un papillon, une mouette, un phare

(e) le lac, le parasol, la mer, la rivière

(f) le parapente, le snowboard, le VTT, la plage

(g) une colline, un chien, un écureuil, un cerf

(h) vendredi, mardi, samedi, dimanche

(i) une appli, un profil, un transat, un blogueur

3.3 G Dessine des flashcards en ligne pour apprendre le vocabulaire des sections 3.2 et 3.3 – dans les montagnes et à la plage.
Make a set of online flashcards to learn the vocabulary from sections 3.2 and 3.3.

Critères de réussite :
- Use an app like Quizlet
- Create digital flashcards
- Practise the vocabulary

3.3 H Classe les mots dans les colonnes.
Classify the words into the correct columns.

le cerf | *le transat* | *le phare* | *le VTT* | *la fôret* | *la cascade* | *le surf* | *la mouette* | *le bateau* | *l'escalade* | *le lac* | *le kayak* | *le parasol* | *l'écureuil* | *le parapente*

À LA PLAGE	À LA MONTAGNE	LES ACTIVITÉS

3.3 Les verbes SAVOIR et CONNAÎTRE

The verbs SAVOIR and CONNAÎTRE

★ On the surf school webpage we read *Il faut juste savoir nager* (You must know how to swim). SAVOIR is one of two verbs meaning 'to know' in French. The other is CONNAÎTRE. Read the following examples and see if you can figure out when to use each verb.

Je **sais** conduire.	*I know how to drive.*
Vous **savez** nager.	*You know how to swim.*
Je **sais** où elle est.	*I know where she is.*
Nous **savons** la réponse.	*We know the answer.*
Je **connais** Enzo.	*I know Enzo. (Enzo is familiar to me.)*
Ils **connaissent** mon frère.	*They know my brother.*
Je **connais** cette chanson.	*I know this song. (I am familiar with this song.)*
Il **connaît** bien Nice.	*He knows Nice well. (He is very familiar with Nice.)*

★ SAVOIR ou CONNAÎTRE ?

.... + infinitive	*To know how to do something*
....	*To know a fact*
....	*To know a person*
....	*To be familiar with a place or thing*

SAVOIR (to know)		
je	sais	*I know*
tu	sais	*you know*
il/elle/on	sait	*he/she/one knows*
nous	savons	*we know*
vous	savez	*you (plural/formal) know*
ils/elles	savent	*they know*

CONNAÎTRE (to know)		
je	connais	*I know*
tu	connais	*you know*
il/elle/on	connaît	*he/she/one knows*
nous	connaissons	*we know*
vous	connaissez	*you (plural/formal) know*
ils/elles	connaissent	*they know*

Exemples :

Je *sais* danser.

Nous *connaissons* Gareth Bale.

Un petit rappel

Remember to form the negative, we must sandwich the verb with ***ne*** and ***pas***.

Je sais. → Je ***ne*** sais ***pas.***

Elles connaissent. → Elles ***ne*** connaissent ***pas.***

3.3 J Écoute et répète les verbes SAVOIR et CONNAÎTRE.

Listen and repeat the verbs SAVOIR and CONNAÎTRE.

Complète les verbes irréguliers SAVOIR et CONNAÎTRE dans ton Journal de bord.

Fill in the irregular verbs SAVOIR and CONNAÎTRE in your learning diary.

3.3 K Complète les phrases avec la bonne forme des verbes SAVOIR et CONNAÎTRE au présent.

Fill in the correct form of the verbs SAVOIR and CONNAÎTRE in the present tense.

SAVOIR

(a) Paul .... nager.

(b) Nous .... conduire.

(c) Je .... la réponse.

(d) Elles ne .... pas leurs résultats.

(e) Vous .... lire ?

(f) Tu .... où Marie habite ?

CONNAÎTRE

(g) Elle .... mon ami Brice.

(h) Je ne .... pas Paris.

(i) Ils .... ton père.

(j) Tu .... Sylvie ?

(k) Nous ne .... pas très bien les États-Unis.

(l) Vous .... Lyon ?

Le saviez-vous?

To say someone is famous/well known, you can say *Il est bien connu* or *Elle est bien connue.* Note that *connu* (from the verb CONNAÎTRE) is treated like an adjective so must have the correct ending to agree with whoever is well known.

Écris les mots-clés 59–73 de la section 3.3 dans ton Journal de bord.

Fill in the key words 59–73 for section 3.3 in your learning diary.

3.4 Mon week-end sur Facebook !

Beaucoup de jeunes publient sur Facebook les détails de ce qu'ils font le week-end.

3.4 Ⓐ Lis les publications de quatre jeunes et relie les publications aux images correspondantes.

Read the posts of four young people and match the posts to the images.

(a)

Luc Dufour
avril 10, à 15h • Villeneuve, France

Moules frites dans un resto super sympa ! Restaurant La Ferme de Villeneuve. Discothèque à La Roche-sur-Yon ce soir.
J'adore le week-end !

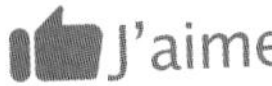

J'aime Commenter Partager

(b)

Aurélie Fontaine
juin 14, à 19h • Lyon, France

Coucou ! Allez les Rouges ! Notre équipe de foot est en train de gagner le match. 3-0. Nous allons célébrer chez Delphine après le match.
À bientôt x

J'aime Commenter Partager

(c)

Alice Meunier
février 4, à 13h • Lucerne, Suisse

Vive le week-end ! Je suis dans les Alpes avec ma famille. Nous passons l'après-midi ici. Nous faisons de la randonnée. Les vues sont incroyables. Ce soir, je vais voir le nouveau film d'Emma Roberts. J'ai hâte !

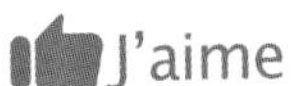

J'aime Commenter Partager

(d)

Vincent Morin
septembre 21, à 22h • Nîmes, France

Salut tout le monde ! Je vais à la répétition avec mon orchestre tout de suite. Je vous invite au concert de notre école de musique. C'est ce soir à 20h dans la salle de concert de Nîmes. Venez nous écouter.

J'aime Commenter Partager

1

....

2

....

3

....

4

....

Réponds aux questions en français avec des phrases complètes.

Answer the questions in French with full sentences.

(a) Qui est dans les Alpes? ……………

(b) Où mange Luc? ……………

(c) Que fait Aurélie après le match? ……………

(d) Où est le concert de l'école de musique de Vincent? ……………

(e) Que va faire Alice ce soir? ……………

(f) Que va faire Luc ce soir? ……………

3.4 B Publie les détails de ton week-end dans ton Journal de bord.

Post the details of your weekend in your learning diary.

3.4 C Enzo passe le week-end à Paris. Complète le message avec les mots ci-dessous.

Enzo is spending a weekend in Paris. Fill in the blanks in the message with the words below.

à	*mes*	*très*	*vais*	*suis*
allons	*demain*	*dimanche*	*week-end*	*musée*

Moi avant les 1710 marches au sommet!

Enzo Gautier

juillet 06, 23h

Salut tout le monde! Je (1) Vais …………… en voyage scolaire (2) à …………… Paris. Je (3) …………… passer le (4) …………… ici avec (5) mes …………… camarades de classe. J'adore l'ambiance en ville, c'est hyper cool! Il fait beau et chaud. (6) …………… nous (7) allons …………… visiter le (8) …………… du Louvre. Je m'amuse (9) …………… bien. Nous retournerons à Genève (10) …………….

Enzo's photo at the Eifel Tower is taken *'avant les 1710 marches pour arriver au sommet'* (before the 1710 steps to the top).

1710 c'est mille sept cent dix.

3.4 D Les nombres

Numbers

101	cent un
102	cent deux
103	cent trois
150	cent cinquante
200	deux cents
300	trois cents
400	quatre cents
500	cinq cents
1000	mille
1026	mille vingt-six
1883	mille huit cent quatre-vingt-trois
2000	deux mille
2019	deux mille dix-neuf
3000	trois mille
1,000,000	un million

To say a year, we say the full number (so 1999 is one thousand nine hundred and ninety nine).

Exemple: 1999 → *mille neuf cent quatre-vingt-dix-neuf.*
2017 → *deux mil dix-sept*

We never translate 'and' in years.

Exemple: Two thousand AND seven (2007) → *deux mille sept*

***Les joueurs de cartes*, Paul Cézanne. 259 millions de dollars.**

***Nafea Faa Ipoipo*, Paul Gaugin. 300 millions de dollars.**

3.4 E Écris les nombres en lettres.

Write out the numbers.

Exemple : 231 deux cent trente et un

(a) 649 ....

(b) 1994 ....

(c) 5310 ....

(d) 369 ....

(e) 716 ....

(f) 1400 ....

(g) 381 ....

(h) 911 ....

(i) 2018 ....

(j) 6875 ....

3.4 F Écoute et écris les nombres en chiffres.

Listen and write the numbers.

2020	493								

3.4 G Calcule et écris les réponses en lettres.

Figure out the sums and write out the answers in words.

Exemple : cinquante-deux + cent un = cent cinquante-trois

(a) sept cents – trente-quatre = ...

(b) mille trois cent quarante + vingt-huit = ...

(c) deux mille ÷ dix = ...

(d) soixante-quatre + cent trente = ...

(e) sept cent cinquante-cinq – onze = ...

(f) quatre-vingt-quinze + deux cents = ...

(g) mille six cent soixante-treize – cinquante-trois = ...

(h) cinquante et un x quatre = ...

(i) cent x dix = ...

! Un petit rappel

+ et

- moins

X fois

÷ divisé par

= font

3.4 H Écris six sommes pour un/une camarade de classe.
Write six sums for your partner to calculate.

Écris les mots-clés 74–82 de la section 3.4 dans ton Journal de bord.
Fill in the key words 74–82 for section 3.4 in your learning diary.

3.5 La francophonie – la Suisse

In exercise 3.4 (C), Enzo posted that he was returning to *Genève* after a weekend in Paris. *Genève* (Geneva in English), is a city in Switzerland. It is home to many international organisations, including the headquarters of the Red Cross, UEFA, FIFA and many United Nations agencies, despite not being the capital or the largest city in Switzerland.

3.5 A Le saviez-vous ? La Suisse.
Did you know? Switzerland

- La Suisse est divisée en vingt-six cantons. Each canton has its own government, constitution, parliament and courts.
- Berne est la capitale de la Suisse mais Zurich est la ville la plus grande.
- La Suisse a quatre langues officielles; l'allemand (la langue la plus répandue), le français (parlé dans l'ouest du pays, l'italien (parlé dans le sud du pays) et le romanche (parlé par seulement 0,8% de la population).
- Il y a plus de 1500 lacs en Suisse !
- The official currency of Switzerland is the Swiss Franc.
- Switzerland is a neutral country and it is not a member of the European Union.
- Switzerland is one of the wealthiest countries in the world with one of the highest qualities of living.
- Switzerland makes half of the world's luxury watches, including Rolex, Tag Heuer and Tissot.
- The Swiss consume more chocolate per head of capita than any other nationality in the world.
- Switzerland is famous for le fromage, *le chocolat, le ski, les banques et les montres* (watches). Traditional dishes are cheese fondue and raclette

3.5 B La Suisse. Écoute et réponds aux questions en anglais.

Switzerland. Listen and answer the questions in English.

(a) In what year did Switzerland become an independent country? ....

(b) Name three countries which border Switzerland. ....

....

(c) In what year did Switzerland vote not to join the European Union? ....

(d) What is the most spoken language in Switzerland? ....

(e) What percentage of the population speaks this language? ....

(f) Which international sports star is Swiss? What sport does he play? ....

3.5 C Voici des marques suisses. Est-ce que tu connais ces marques ? Que font ces entreprises ? Classe les produits dans les colonnes.

Here are some Swiss brands. What do these companies do? Classify the brands into the correct column.

Lindt	*Rolex*	*Novartis*	*Nescafé*
Nestlé	*Davidoff*	*Swatch*	*Nespresso*

LES MONTRES	LE CHOCOLAT	LE CAFÉ	AUTRES

3.5 D Lis le texte et réponds aux questions en anglais.
Read the text and answer the questions in English.

MUSIQUE : DES ARTISTES DANS LES STATIONS DE SKI

DES FESTIVALS DANS LES STATIONS DE SKI, C'EST POSSIBLE. L'UN COMMENCE CE DIMANCHE. LES AUTRES DÉMARRERONT DANS QUELQUES JOURS AVEC, AU PROGRAMME, JULIEN DORÉ, STING OU VIANNEY.

Musiciens, spectateurs, tous ceux qui ont goûté à Rock The Pistes vous en parlent avec des flocons dans les yeux. Ce festival insolite créé en 2011 se déroule jusqu'au 25 mars en haut des pistes dans cinq stations du domaine des Portes du Soleil, à cheval sur la Haute-Savoie et la Suisse. Matmatah joue ce dimanche à Morgins (Suisse), Chinese Man lundi à Châtel, Rag'n Bone Man jeudi à Avoriaz, Caravan Palace vendredi à Morzine, Julian Perretta samedi à Champéry (Suisse). Les concerts ont lieu à 13 h 30 et sont gratuits. Il suffit d'avoir un forfait de ski et de prendre une remontée mécanique pour y accéder. « On transfère les scènes et le matériel d'une station à l'autre avec hélicoptères, dameuses et motoneiges, explique Bruno Cherblanc, directeur de l'association des Portes du Soleil. L'événement grossit chaque année, car tout le monde adore cette expérience magique. » Il y a aussi un festival off avec une cinquantaine de concerts en stations tous les soirs.

(a) When do the ski resort music festivals start? ....

(b) Name two artists who will perform. ....

(c) Until what date will the music performances continue? ....

(d) Where and when will Rag'n Bone Man perform? ....

(e) Who is performing on Friday in Morzine? ....

(f) On what day is the concert in Champéry? ....

(g) At what time do the concerts take place? ....

(h) How much does it cost to attend the concerts? ....

(i) Name one way in which concert equipment is transported between different ski resorts.

....

3.5 E Un célèbre Suisse: Roger Federer. Lis le portrait de Roger Federer et réponds aux questions en français.
Roger Federer: A famous Swiss man. Read the profile of Roger Federer and answer the questions in French.

ROGER FEDERER

Métier : Sportif, joueur de tennis
Date de naissance : samedi 8 août 1981
Signe : Lion **Pays :** Suisse
Épouse : Miroslova Vavrinec
Enfants : Deux filles jumelles, nées le 24 juillet 2009, et deux fils jumeaux, nés en mai 2014

Le tennisman suisse Roger Federer est né en 1981 à Bâle, en Suisse. Il est devenu professionnel à l'âge de 17 ans, en 1998. Est-il le plus grand joueur de tennis de tous les temps ? Beaucoup pensent que oui ! Il détient le record de victoires du Grand Chelem avec dix-sept victoires, et il est le seul joueur à avoir gagné cinq fois consécutives l'US Open et Wimbledon. En outre, il est le tennisman à avoir été placé à la première place du classement mondial le plus longtemps. 302 semaines à la tête de l'ATP World Tour, entre 2004 et 2008. Pas mal, non ? Depuis le 11 avril 2009 il est marié à Miroslava Vavrinec, l'ancienne joueuse de tennis Suisse d'origine slovaque. Les deux sont rencontrés à Sydney pendant les Jeux Olympiques en 2000. Ses jumelles Charlene et Myla sont nées en 2009 et ses jumeaux Lenny et Leo sont nés en 2014.

Le saviez-vous?
Switzerland is one of only two countries in the world with a square flag; the other is the Vatican City.

(a) Quelle est la date de naissance de Roger Federer? ....
(b) Quel est son signe du zodiaque? ....
(b) Comment s'appelle sa femme? ....
(c) Quand est-ce qu'il est devenu professionnel? ....
(d) Combien de fois a-t-il gagné un Grand Chelem? ....
(e) Quel grand événement sportif a eu lieu en 2000? ....
(f) Comment s'appellent ses filles? ....
(g) Comment s'appellent ses fils? ....

Le saviez-vous?
In 2003, the organisers of the Swiss Open gifted Roger Federer a cow named Juliette when he returned to the competition after winning his first Wimbledon title.

3.5 F Travaillez en groupes de trois ou quatre personnes. Choisissez un sportif ou une sportive francophone. Créez un diaporama avec son portrait.
Work in groups of three or four people. Choose a francophone sports personality. Create a slideshow with a profile of them.

Critères de réussite :
- Use at least four slides with images.
- Write at least five simple sentences in French.
- Find out at least five pieces of information about them, such as their date of birth, country/place of origin, family, interests.

Exemple :

Il s'appelle Roger Federer. Il est tennisman. Son anniversaire est le 8 août.

Il est marié et il a deux filles et deux fils. Sa femme s'appelle Miroslova et ses enfants s'appellent Charlene, Myla, Lenny et Leo.

Federer est Suisse. Il vient de Bâle.

Il parle français, anglais, allemand et romanche.

3.5 G En groupes, présentez le diaporama à vos camarades de classe.
In groups, present your sideshow or presentation to the class.

3.5 H Dossier francophone ! Complète tous les renseignements sur la Suisse dans ton Journal de bord.
Fill in all the information about Switzerland in your learning diary.

Écris les mots-clés 83–93 de la section 3.5 dans ton Journal de bord.
Fill in the key words 83–93 for section 3.5 in your learning diary.

3.6 En ville

C'est dimanche matin et Katie fait une promenade en ville. Voici tous les bâtiments qu'elle voit.

3.6 (A) En ville. Écoute et identifie les éléments avec les mots ci-dessous.

In town. Listen and label the objects with the words below.

l'hôpital · *la poste* · *le musée* · *l'auberge de jeunesse* · *l'hôtel* · *le parking* · *le zoo*

l'aéroport · *la mairie* · *le stade* · *le poste de police* · *l'usine* · *l'église* · *la banque*

le château · *le théâtre* · *le parc* · *le syndicat d'initiative* · *le salon de coiffure* · *la gare*

(a) 

(b) 

(c) 

(d) 

(e) 

(f) 

(g) 

(h) 

(i) 

(j) 

(k) 

(l) 

(m) 

(n) 

(o) 

(p) 

(q) 

(r) 

(s) 

(t) 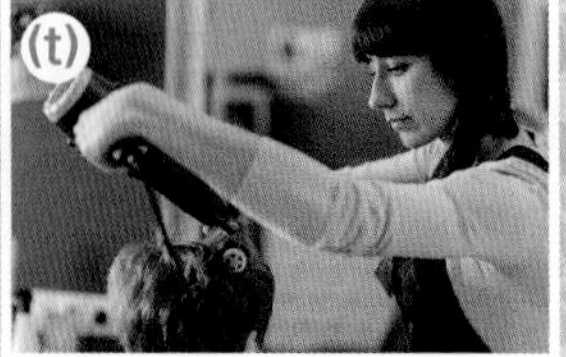

Regarde le diaporama sur les bâtiments en ville.
Watch the PowerPoint presentation 'Unité 3.6 (A)' on buildings in town.

3.6 B Écoute et répète le vocabulaire.
Listen and repeat the vocabulary.

3.6 C Relie les mots des deux colonnes selon leur signification.
Join the words from the two columns according to their meaning.

1	la plage	(a)	le film
2	le château	(b)	faire du ski
3	la mer	(c)	les tableaux
4	le zoo	(d)	le transat
5	l'école	(e)	le train
6	le syndicat d'initiative	(f)	le professeur
7	le théâtre	(g)	les acteurs
8	la montagne	(h)	vingt euros
9	le musée	(i)	les touristes
10	le parking	(j)	les éléphants
11	la banque	(k)	les voitures
12	le cinéma	(l)	le bateau
13	la gare	(m)	le roi
14	l'hôpital	(n)	le médecin

3.6 D En ville. Complète les phrases et trouve les solutions dans les mots cachés.

Complete the sentences and find the solutions in the wordsearch.

(a) Nous avons faim. Nous allons à un _ _ _ _ _ _ _ _ _ _

(b) J'adore l'histoire. Je veux aller au _ _ _ _ _

(c) Ils vont aux États-Unis. Ils sont à l' _ _ _ _ _ _ _ _

(d) Ma voiture est dans le _ _ _ _ _ _ _

(e) Pour acheter du lait, des fruits et des céréales, je vais au _ _ _ _ _ _ _ _ _ _ _

(f) Les touristes dorment dans un _ _ _ _ _

(g) Le roi habite dans le _ _ _ _ _ _ _

(h) Ils vont voir un match au _ _ _ _ _

(i) Les enfants jouent dans le _ _ _ _

(j) Tu es très malade ? Tu dois aller à l' _ _ _ _ _ _ _

G	H	E	E	F	G	H	R	G	S	L	X	S	I	C
V	R	Ô	E	D	A	T	S	M	O	S	K	J	B	H
U	A	U	P	C	G	B	P	F	U	G	I	K	Y	G
A	J	G	A	I	U	Z	X	V	N	K	T	O	G	S
J	A	A	T	H	T	L	E	I	P	N	R	F	H	K
B	E	W	Ô	N	M	A	K	N	K	X	O	G	Z	X
K	G	T	W	X	A	R	L	S	N	L	P	F	C	U
S	E	N	X	G	A	R	B	P	P	U	O	M	U	I
L	X	N	Y	P	K	K	U	B	J	A	R	U	B	V
D	X	P	C	H	Â	T	E	A	U	X	É	S	Z	N
C	M	A	T	P	R	W	M	R	T	D	A	É	W	R
W	K	R	S	T	F	E	T	F	D	S	R	E	S	H
É	H	C	R	A	M	R	E	P	U	S	E	M	H	B
Y	M	L	N	P	V	D	Z	F	J	T	R	R	M	N
L	J	P	A	X	I	Y	O	X	W	Z	W	Z	Y	Z

3.6 E Nico décrit sa ville. Écoute et réponds en français.

Nico describes his town. Listen and answer the questions in French.

(a) Qu'est-ce qu'il y a à Genève pour les touristes ? ....

(b) Le lac a combien de noms ? ....

(c) Identifie un sport aquatique. ....

(d) Patek Philippe est célèbre pour quelle raison ? ....

(e) Qu'est-ce qu'on fait au parc des Bastions ? ....

(f) Le Palais des Nations abrite quelle organisation ? ....

(g) En quelle année le Musée international de la Croix-Rouge et du Croissant –Rouge a-t-il ouvert ses portes ? ....

3.6 F Regarde cette rue parisienne et fais les exercices suivant.

Look at this Parisian street and fill in the exercises below.

1 Complète les phrases avec les expressions ci-dessous.

Fill in the blanks with the phrases below.

entre	*près de*	*à droite de*	*loin de*	*à gauche de*
entre	*en face de*	*le musée*	*le supermarché*	*l'usine*

(a) La banque est .... l'église et le château.

(b) La gare est .... la banque.

(c) La banque est .... l'église.

(d) Le parc est .... l'usine.

(e) La gare est .... le parking et l'usine.

(f) Le supermarché est .... l'église.

(g) .... est à droite du château.

(h) .... est en face* du supermarché.

(i) .... est à gauche de l'église.

(j) L'usine est .... l'église.

à gauche

à droite

*en face de = opposite

2 Vrai ou faux?

True or false?

(a) Le supermarché est loin de l'église. ....

(b) Le parc est près du musée. ....

(c) Le musée est en face du parking. ....

(d) Le château est à gauche de la banque. ....

(e) L'église est entre le musée et le château. ....

(f) La gare est entre l'usine et le parking. ....

(g) Le parc est près du supermarché. ....

3.6 G Relie un segment de gauche à un segment de droite pour former les noms de dix bâtiments qu'on voit en ville.

Join one part from the left with one part from the right to make the names of ten buildings you can see in town.

! Un petit rappel
un bâtiment = *a building*

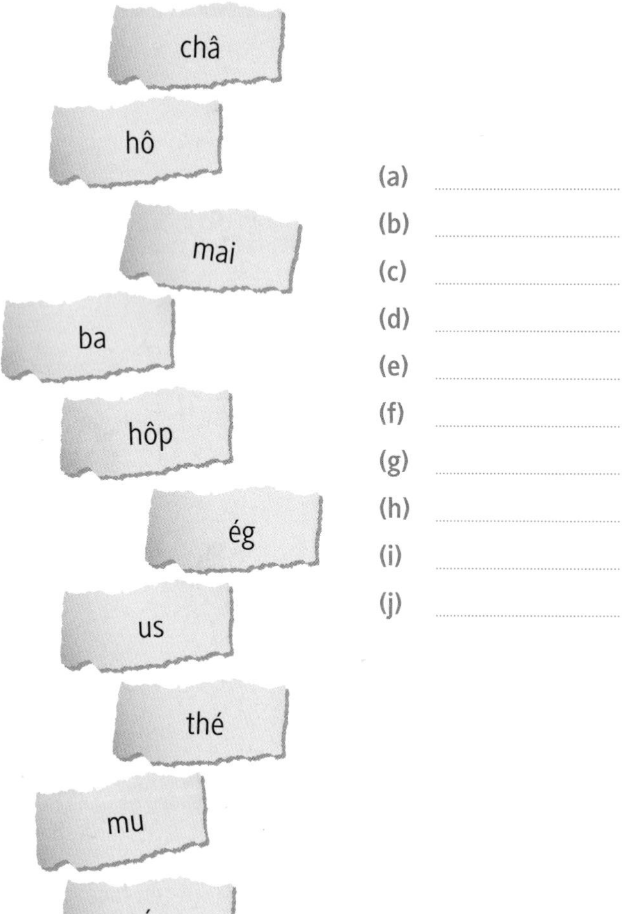

(a) ....

(b) ....

(c) ....

(d) ....

(e) ....

(f) ....

(g) ....

(h) ....

(i) ....

(j) ....

3.6 H Où sont-ils ? Écoute les quatre conversations et indique à chaque fois où se trouvent Christophe et Nicole.
Where are they? Listen to the four conversations and for each one say where Christophe is.

3.6 I Tous ensemble ! Parlez en groupes de trois ou quatre personnes. Faites un remue-méninges concernant les équipements dans votre ville ou village. Écrivez les renseignements dans votre Journal de bord.
Talk in groups of three or four. Brainstorm the facilities and amenities in your city or village. Write the information in your learning diary.

Dans ma ville…
Dans mon quartier…
Près de mon village…
Dans ma région…
…il y a…

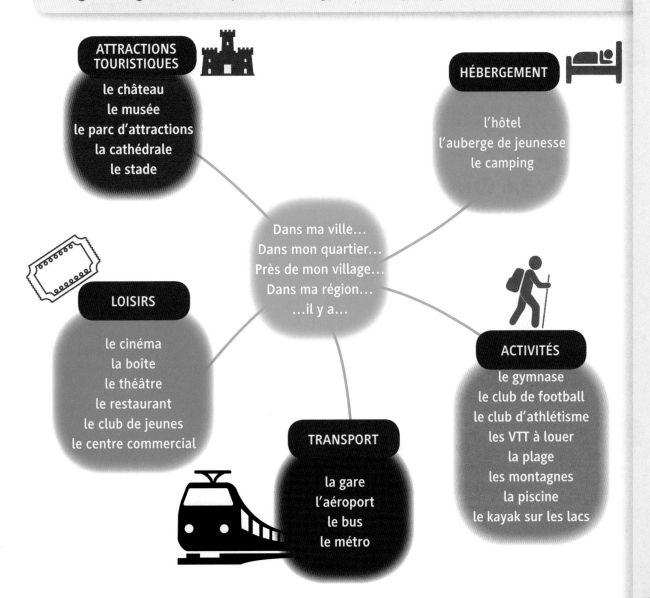

ATTRACTIONS TOURISTIQUES
- le château
- le musée
- le parc d'attractions
- la cathédrale
- le stade

HÉBERGEMENT
- l'hôtel
- l'auberge de jeunesse
- le camping

LOISIRS
- le cinéma
- la boîte
- le théâtre
- le restaurant
- le club de jeunes
- le centre commercial

ACTIVITÉS
- le gymnase
- le club de football
- le club d'athlétisme
- les VTT à louer
- la plage
- les montagnes
- la piscine
- le kayak sur les lacs

TRANSPORT
- la gare
- l'aéroport
- le bus
- le métro

3.6 J En groupe, faites une brochure ou un diaporama au sujet de ta ville ou de ton village pour des touristes français qui viennent passer un week-end dans votre ville ou village.
In your group, make a brochure or a slideshow about your town or village for French tourists coming to spend a weekend in your area.

Critères de réussite :
- Source images or take images of the attractions in your area.
- Include info for tourists such as opening hours, prices, etc.
- Include transport and accommodation ideas.
- Write as much as you can in French.

3.6 K Présentez la brochure ou le diaporama à vos camarades de classe.
Present the brochure or slideshow to the class.

3.6 L Parlons ! Prépare tes réponses aux questions dans ton Journal de bord.
Let's talk! Prepare your answers in your learning diary.

3.6 M Interviewe un/une camarade de classe au sujet de sa ville et enregistre l'entretien.
Interview a classmate about their town and record the interview.

(a) Comment est ta ville ? (grande ? petite ? historique ? touristique ? ennuyeuse ?)
(b) Qu'est-ce qu'il y a pour les touristes ?
(c) Qu'est-ce qu'il y a pour les ados ?
(d) Est-ce qu'il y a des transports publics ?
(e) Quelles sont les activités qu'on peut faire dans la région ?
(f) Quel type de logement trouve-t-on ?
(g) Où peut-on manger ?

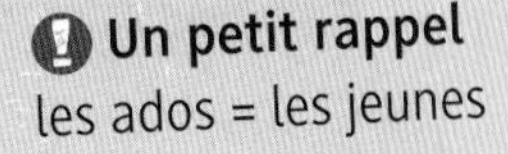

! Un petit rappel
les ados = les jeunes
logement = hébergement

3.6 N En groupes de quatre personnes, écoutez les entretiens et identifiez les questions qui posent des difficultés et les questions faciles. Notez vos conclusions dans vos Journaux de bord.
In groups of four, listen to your interviews and identify the questions that posed difficulty and the questions that were easy to respond to. Note your conclusions in your learning diaries.

3.6 **Dimanche après-midi, Katie et Christophe vont au cinéma. Lis les affiches de cinéma et réponds aux questions en français.**

Sunday afternoon, Katie and Christophe are going to the cinema. Read the notices and answer the questions in French.

Allociné Le Royal

8 Avenue Foch, 64200 Biarritz

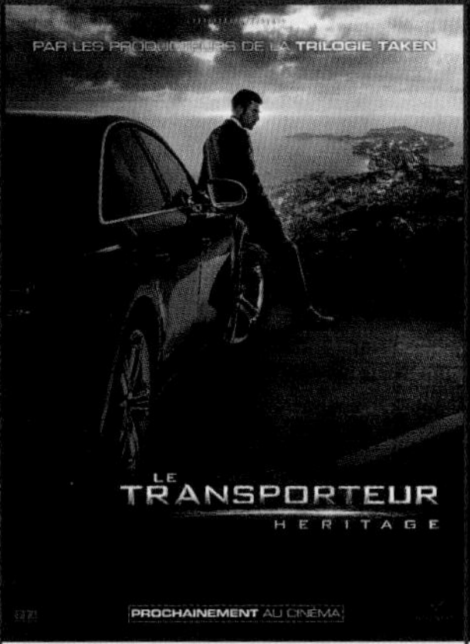

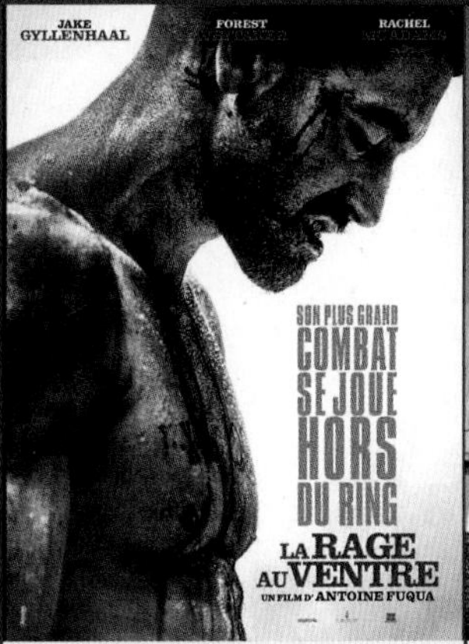

JOYEUSE FÊTE DES MÈRES	LE TRANSPORTEUR HÉRITAGE	LA RAGE AU VENTRE	EN ROUTE!
Genre : Comédie romantique Duré : 119 min Jennifer Aniston, Julia Roberts, Kate Hudson, Jason Sudeikis Le jour de la fête des mères arrive. Découvrez les destins croisés de plusieurs femmes. 18:00 | 20:15	Genre : Action Duré : 100 min Ed Skrein Frank Martin, un ancien mercenaire des forces spéciales aide une femme qui veut se venger d'un Russe sinistre. 19:20 | 21:05	Genre : Drame Duré : 124 min Jake Gyllenhaal, Rachel McAdams Billy Hope, champion du monde de boxe mène une vie fastueuse mais sa vie est ruinée lorsque sa femme est tuée. Billy doit reconstruire sa vie. 18:45 | 20:55 | 22:10	Genre : Animation Duré : 94 min Jim Parsons, Rihanna Des extra-terrestres arrivent sur Terre pour échapper à leurs ennemis. 15:30 | 17:25 | 19:10 | 21:00 |

Réponds en français.

(a) Quel genre de film est *En route !* ? ....

(b) Combien de temps dure le film *La rage au ventre* ? ....

(c) Qui sont les acteurs principaux dans le film *Joyeuse fête des mères* ? ....

(d) Quel est le titre du film d'action ? ....

(e) Quel genre de film est *Joyeuse fête des mères* ? ....

(f) Combien de temps dure le film *En route !* ? ....

(g) Qui sont les acteurs principaux dans le film *La rage au ventre* ? ....

(h) À quelle heure peut-on voir le film *Le Transporteur* ? ....

3.6 P Lis le billet de blog d'Yves et réponds aux questions.

Read Yves' blog and answer the questions.

http://www.bloggeroo.fr/lavietypique

Mon weekend typique

Salut tout le monde. Voici mon week-end typique. Le vendredi soir, je rentre chez-moi après les cours vers dix-huit heures. Je reste à la maison parce que d'habitude je suis épuisé après la semaine à l'école. Je regarde des films ou je tchatte avec mes copains sur Snapchat. J'aime bien surfer en ligne et partager des photos sur Instagram aussi. Le samedi matin, je joue au rugby pour le club du coin. Je prends le déjeuner chez mes grands-parents qui habitent juste à côté du club de rugby. Le samedi après-midi, je retrouve mes amis. Nous allons en ville ensemble prendre un café ou faire du shopping. Le samedi soir, je sors en boîte avec ma petite-amie Christelle. Je me couche très tard le samedi, alors le dimanche matin, je fais la grasse matinée. Le dimanche, je ne fais pas grand-chose. S'il y a un match de foot à la télé, je le regarde avec mon père, sinon je fais une promenade avec Christelle. Le dimanche soir, je fais mes devoirs, je dîne avec ma famille et j'essaie de me coucher de bonne heure. Voilà mon week-end !

Réponds en anglais.

Answer in English.

(a) At what time does Yves get home from school on Fridays? ....

(b) What does he like to do on Friday nights? ....

(c) Where does he have lunch on Saturdays? ....

(d) What does he do on Saturday afternoons? ....

(e) What does he do on Sundays? ....

(f) When does he usually do his homework? ....

Trouve les phrases suivantes dans l'article de blog d'Yves.

Find the following phrases in Yves' blog.

(a) I'm usually exhausted after the week at school.

(b) The local club

(c) I meet up with my friends.

(d) I go clubbing with my girlfriend

(e) I have a lie-in

(f) I try to go to bed early.

3.6 Écris un billet de blog sur ton week-end typique dans ton Journal de bord.

Write a blog about your typical weekend in your learning diary.

Écris les mots-clés 94–148 de la section 3.6 dans ton Journal de bord.

Fill in the key words 94–148 for section 3.6 in your learning diary.

3.7 Tu es prêt(e) à pratiquer ? Allons-y !

3.7 A Fais les mots-croisés.

Fill in the crossword.

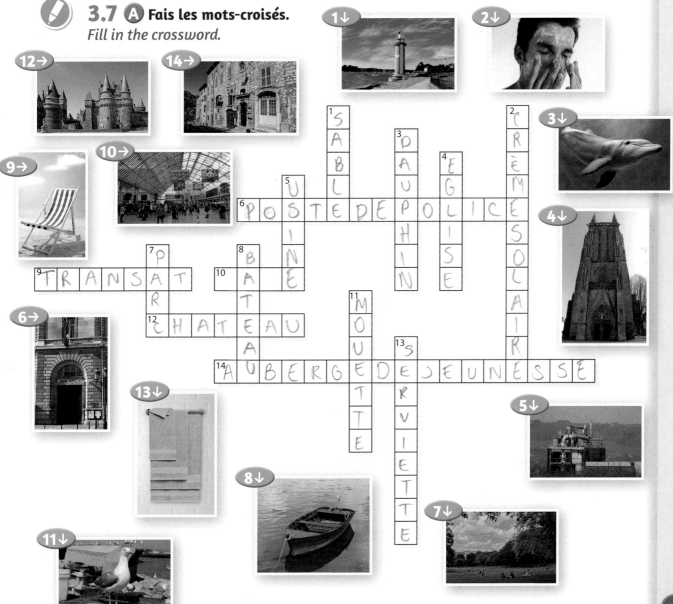

1↓ 2↓ 3↓ 4↓ 5↓ 6→ 7↓ 8↓ 9→ 10→ 11↓ 12→ 13↓ 14→

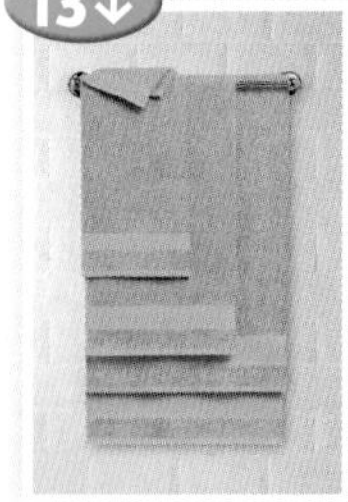

3.7 B Où va Élodie ? Remets les lettres dans l'ordre pour découvrir six mots et après, mets les lettres numérotées dans le bon ordre pour découvrir où Élodie va.

Where is Élodie going? Put the letters in order and then put the numbered letters in order to find out where she is going.

Tous les mots sont des bâtiments en ville !

Exemple : A G E R   G A R E (6)

A P Ô T H L I .... (3)

P O T A R O É R .... (4)

E N A Q B U .... (2)

G I L É S E .... (5)

E S U M É .... (1)

1	2	3	4	5	6

Élodie va à la ....

3.7 C Comment ça se dit en français ?

How do you say it in French?

(a) Are you going to go out tonight? ....

(b) We are going to have dinner in a restaurant on Saturday night. ....

(c) I have to do my homework. ....

(d) Philippe doesn't know my cousin. ....

(e) I know that she is going to go to the party. ....

(f) Do you know how to swim? ....

(g) They are going to buy tickets to the match. ....

(h) I am going to go hiking tomorrow. ....

3.7 D Écris le présent des verbes entre parenthèses.

Write the present tense of the verbs in brackets.

(a) Qui .... (savoir) comment faire l'exercice ?

(b) Les amis .... (envoyer) des photos.

(c) Je .... (faire) du surf en mer à la plage.

(d) Sophie .... (jouer) au volleyball avec ses cousins.

(e) Nous .... (aller) au match au stade à 16 heures.

(f) Je ne .... (faire) pas grand-chose le vendredi soir.

(g) Mon père .... (sortir) le chien le samedi matin.

(h) Je .... (connaître) bien la famille Lejeune.

(i) Qu'est-ce que tu .... (faire) ce week-end ?

(j) Les touristes .... (aller) visiter le célèbre château.

30

3.7 E Nicole parle de son week-end. Écoute la conversation et réponds aux questions en français.

Nicole talks about her weekend. Listen to the conversation and answer the questions in French.

(a) Qu'est-ce que Nicole fait chez Élodie ? ....

(b) Elle rentre chez elle à quelle heure vendredi soir ? ....

(c) Où va-t-elle après le petit déjeuner ? Avec qui ? ....

(d) Qu'est-ce qu'ils vont faire ? ....

(e) Que regardent-ils à la télé ? ....

(f) Où va-t-elle dimanche matin ? ....

(g) Qui donne du chocolat à Nicole ? ....

3.7 F L'animal caché. C'est quel animal ? Remets les lettres dans l'ordre pour découvrir le nom des animaux et après, mets les lettres soulignées dans l'ordre pour savoir quel animal est caché.

The hidden animal. What animal is it? Unscramble the animals and then unscramble the highlighted letters to know what animal is hidden.

Tous les mots sont des noms d'animaux ou d'oiseaux.

F R E C	....	N O L A P I L P	....
L I G A E	....	H A N P É T É L	....
P A N D U H I	....	E T E O T M U	....

L'animal caché, c'est un ....

3.7 G Relie les mots aux images correspondantes.

Match the words to the images.

1 l'aigle

2 l'usine

3 l'église

4 le VTT

5 un papillon

6 le syndicat d'initiative

7 l'écureuil

8 l'auberge de jeunesse

9 la gare

10 le parapente

(a)

(b)

(c)

(d)

(e)

(f)

(g)

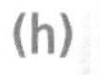

(h)

(i)

(j)

3.7 H Tous ensemble ! Que faites-vous le week-end ? Quelles sont vos activités préférées ? Parlez en groupes de trois ou quatre personnes de ces activités.

What do you do at the weekend? What are your favourite activities? Talk in groups of three or four about these activities

Je m'intéresse à
J'aime beaucoup…
J'adore…
Je suis un(e) fana de…
Je suis fou/folle de…
C'est super sympa

Je n'aime pas…
Je déteste…
C'est barbant
C'est ennuyeux
C'est trop difficile

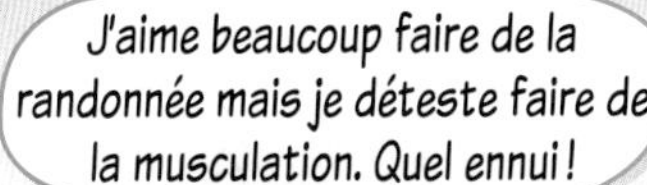

J'aime beaucoup faire de la randonnée mais je déteste faire de la musculation. Quel ennui !

Je m'intéresse à la photographie. J'adore publier mes photos sur Instagram.

3.7 I Tu aimes la musique ? Lis l'article et réponds aux questions.

Do you like music? Read the article and answer the questions.

DRAKE DÉTRÔNE ED SHEERAN SUR SPOTIFY

Le Canadien a battu le record d'écoutes pour le premier jour de sortie d'un album sur la plateforme de musique en streaming

Le Canadien a battu le record d'écoutes pour le premier jour de sortie d'un album sur la plateforme de musique en streaming.

La joie aura été de courte durée pour Ed Sheeran: le chanteur canadien Drake a battu le record du nombre d'écoutes pour le premier jour de sortie d'un album sur Spotify, établi il y a deux semaines seulement par le Britannique.

Drake a dévoilé samedi son nouvel album «More Life», qui s'apparente davantage à une «mixtape» de 22 chansons sur lesquelles d'autres stars du rap posent leur voix et qui fait une large part aux sonorités dancehall jamaïcaines.

« More Life » a été écouté 61.302.082 fois dimanche pour sa première journée complète sur la plateforme de musique en streaming. Soit quelque 4.5 millions d'écoutes de plus qu'Ed Sheeran le 3 mars pour la sortie de son album « Divide » (56.727.861). Le chanteur canadien a également battu le record des écoutes totales en streaming pour un artiste sur une journée, battant là encore Ed Sheeran.

De plus en plus d'utilisateurs

Spotify est la plus grande plateforme de musique en streaming au monde, avec environ 100 millions d'utilisateurs. Autrement dit et étant donné les 61 millions d'écoutes pour son premier jour, l'album de Drake a été écouté par une large majorité des utilisateurs dès dimanche.

Réponds en français.

Answer in French.

(a) Quelle est la nationalité de Drake ? ....

(b) Comment s'appelle son nouvel album ? ....

(c) Combien de chansons y a-t-il sur son nouvel album ? ....

(d) Quel record a-t-il battu ? ....

Réponds en anglais.

Answer in English.

(a) On what day did Drake release his new album? ....

(b) On what date did Ed Sheeran release his new album? ....

(c) What is said about Spotify in the last paragraph? ....

(d) What does the number 61 million refer to? ....

3.7 J Écris une description de la ville ou la région où tu habites.

Write a description of the town or area where you live.

Écris les mots-clés 149–164 de la section 3.7 dans ton Journal de bord.

Fill in the key words 149–164 for section 3.7 in your learning diary.

Revision
Go to **www.edco.ie/caroule2** and try the interactive activities and quizzes.

Unité 3 Mets tes connaissances à l'épreuve

Coin grammaire !

Revise the grammar in Unit 3 in your learning diary.

Watch the video for Unité 3.

Évalue-toi dans ton Journal de bord.

Use your learning diary to see how much you have learned in Unit 3.

Que sais-je ?			

 I can fill in a map of France with rivers, mountains and bordering countries.			
I know at least three different leisure activities I could do in the Pyrenées.			
I know at least five interesting facts about Switzerland.			
 I can say what I am going to do this weekend.			
I can describe views of the sea and the mountains.			
I can name different buildings and places in a city.			
I can make a presentation about a sports star.			
I can pronounce the verbs *ENVOYER*, *SAVOIR* and *CONNAÎTRE* accurately.			
 I can ask a classmate about what he/she is going to do this weekend.			
I can give my opinion on different weekend activities.			
I can interview a classmate about his/her town or city.			
I can write an email saying what I am going to do this weekend.			
 I can write a blog about my typical weekend.			
I can write a description of the area where I live.			

Que sais-je ?

 I can name different buildings in a town or city.			
I can name items typically seen at the beach and in the mountains.			
I can express the future using the *futur proche.*			
I can use future expressions, such as, *demain, ce weekend, l'année prochaine*.			
I can use the irregular verbs *ENVOYER*, *SAVOIR* and *CONNAÎTRE*.			
I can use numbers up to one million.			
 I can understand basic descriptions about what people are going to do at the weekend.			
I can understand basic descriptions of towns and cities.			
 I can understand basic Facebook posts about weekend activities.			
I can understand emails and blogs about weekend plans.			
I can follow short newspaper articles about music festivals and bands.			
 I can make a set of digital flash cards.			
I can record an interview of a classmate.			
I can create a slideshow on a French-speaking sports star.			
I can design a tourist brochure about my town or city.			

Faire des projets

CAFÉ PARIS

BOULANGERIE

By the end of this unit you will be able to...

- Identify items typically seen in hotel rooms and on campsites
- Give a weather report
- Check in for a flight
- Make a hotel reservation
- Ask what the weather is like
- Say what the weather is like
- Fill in the information on a boarding card
- Write an email making a reservation for a French campsite
- Write a role-play at a hotel reception
- Write an email booking a French hotel for a family holiday
- Write a role-play checking in for a flight
- Write formal letters
- Use the irregular verb *PARTIR*
- Express the future using the *futur simple*
- Use the *passé proche (VENIR de + infinitive)*
- Understand announcements in the airport
- Understand conversations at the check-in desk of an airport
- Follow weather forecast bulletins
- Understand the information on a boarding card
- Follow a plan of an airport
- Read brochures for hotels and campsites
- Read formal letters making or responding to reservations
- Follow newspaper articles about extreme weather
- Make a brochure for a hotel or campsite in your area
- Make a set of digital flashcards to learn the weather vocabulary
- Record a weather forecast bulletin
- Complete your *dossier francophone* about Tunisia

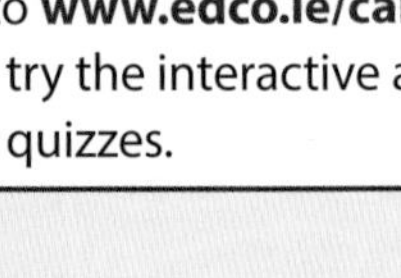

Go to **www.edco.ie/caroule2** and try the interactive activities and quizzes.

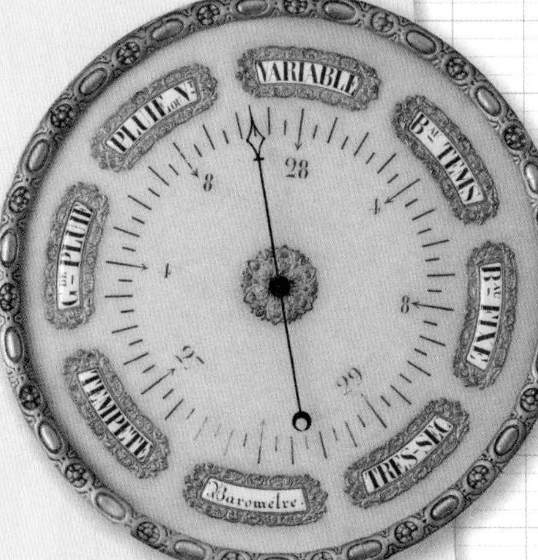

Le saviez-vous ?!
Le Mistral is a bitterly cold northwesterly wind that blows to the Mediterranean through the valleys of the Rhone and the Durance rivers.

The title of this unit means *Making plans.* In this unit, Katie will book a flight home and Nicole's family plan a family holiday. What language do you have already that might be useful for taking a flight in France or booking accommodation? Do you know any words or phrases that could describe the weather at a holiday destination?

Note tes idées dans ton Journal de bord.
Note your ideas in your learning diary.

4.1 Réserver un vol

4.1 A Lis la bande dessinée et réponds aux questions.

Read the comic strip and answer the questions.

Quand est-ce que tu retournes en Irlande ?
Je vais retourner en Irlande la semaine prochaine. Avant tout, je dois réserver un vol.

Nicole, tu peux m'aider à faire la réservation ?
Bien sûr.

Alors, tu partiras de Biarritz. Je vais chercher le vol le moins cher.
Merci.

Il y a un vol samedi prochain à dix-neuf heures du soir. Ça coûte quatre-vingt-treize euros. Ça te va ?
C'est parfait ! Ce n'est pas trop cher. Merci Nicole.

(a) Where will Katie's flight depart from?

(b) On what day and at what time will she fly?

(c) How much does the flight cost?

(d) Comment dit-on ça en français ? Trouve les expressions dans la BD.

To return	*First of all*	*To reserve*	*A flight*
The reservation	*The cheapest flight*	*Does that suit you?*	*It's not too expensive*

4.1 B Relie les mots du site web d'une compagnie aérienne aux images correspondantes.

Match the words from an airline's website to the images.

départ	*location de voiture*	*arrivées*	*transfert en bus*
un aller-simple	*passeport*	*un aller-retour*	*un vol*
	Bagages en soute de 23 kg		

(a) ....

(b) ....

(c) ....

(d) ....

(e) ....

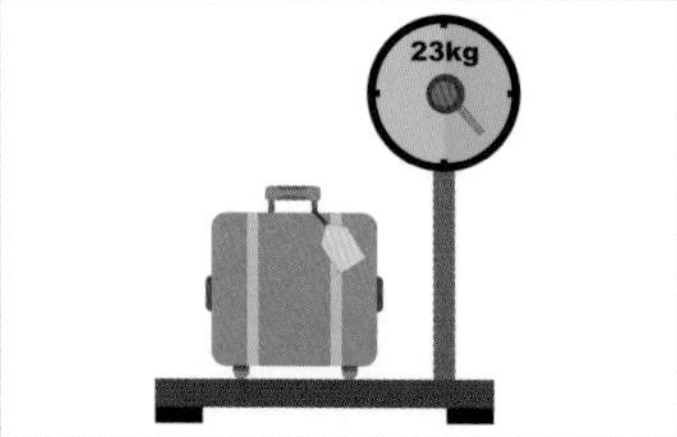

(f) ....

(g) ....

(h) ....

(i) ....

4.1 C Écoute la publicité d'une agence de voyage et réponds aux questions en anglais.

Listen to the advertisement from a travel agency and answer the questions in English.

(a) Name three destinations to which flights are on sale. ....

(b) By what percentage have the flights been reduced? ....

(c) What is one of the destinations of the special weekend package to the Alps? ....

(d) Name three groups of people who can get additional discounts. ....

(e) What is the website of the travel agency? ....

(f) What is the phone number of the travel agency? ....

(g) Until what date are the offers valid? ....

4.1 D Lis les cartes d'embarquement et réponds aux questions en français.

Read the boarding cards and answer the questions in French.

CARTE D'EMBARQUEMENT

COUPON DE VOL
VOL : AF 274 PORTE D'EMBARQUEMENT : 12
SIÈGE : 22A
DÉPART DE : Nice 16:35 ARRIVÉE À : Dublin

NOM : Dupont PRENOM : Cécile DÉPART : 16:35 DATE : 8 JANVIER
VOL : AF 274 PORTE D'EMBARQUEMENT : 12 EMBARQUEMENT : 16:10
SIÈGE : 22A DÉPART DE : Nice ARRIVÉE À : Dublin
AIRFRANCE

CARTE D'EMBARQUEMENT

COUPON DE VOL
VOL : EI 183 PORTE D'EMBARQUEMENT : 38
SIÈGE : 6F
DÉPART DE : Paris 11:05 ARRIVÉE À : Cork 12:55

NOM : Cordier PRENOM : Mohammad DÉPART : 11:05 DATE : 23 OCTOBRE
VOL : EI 183 PORTE D'EMBARQUEMENT : 38 EMBARQUEMENT : 10:40
SIÈGE : 6F DÉPART DE : Paris ARRIVÉE À : Cork
Aer Lingus

CARTE D'EMBARQUEMENT

COUPON DE VOL
VOL : SWR 31 PORTE D'EMBARQUEMENT : D
SIÈGE : 18B
DÉPART DE : Genève 21:20 ARRIVÉE À : Bruxelles 22:34

NOM : Dumas PRENOM : François DÉPART : 21:20 DATE : 15 JUIN
VOL : SWR 31 PORTE D'EMBARQUEMENT : D EMBARQUEMENT : 20:55
SIÈGE : 18B DÉPART DE : Genève ARRIVÉE À : Bruxelles
SWISS

(a) À quelle heure part le vol de Genève ? ....

(b) Où va le vol de Paris ? ....

(c) Qui va à Dublin ? ....

(d) Quelle est la date du vol qui part de Genève ? ....

(e) Quel est le numéro de siège de Cécile ? ....

(f) Quel est le numéro du vol qui part de Paris ? ....

Vrai ou faux?
True or false?

(a) Le vol de Nice part* à quinze heures trente. ....

(b) François Dumas va de Genève à Bruxelles. ....

(c) Le vol AF274 va à Cork. ....

(d) Mohammed Cordier voyage le vingt-trois octobre. ....

(e) Cécile Dupont voyage le dix-huit janvier. ....

(f) François Dumas va s'asseoir dans le siège 18B. ....

4.1 E Le verbe PARTIR

The verb PARTIR

PARTIR *(to leave)*		
je	pars	*I leave*
tu	pars	*you leave*
il / elle / on	part	*he/she/one leaves*
nous	partons	*we leave*
vous	partez	*you (plural) leave*
ils / elles	partent	*they leave*

★ *Part* is from the verb PARTIR (to leave or depart).

Exemples: Le train *part* à dix heures.

Nous *partons* en vacances.

Il *part* au Canada.

Un petit rappel

Remember to form the negative, we must sandwich the verb with ***ne*** and ***pas***.

Il part → Il ***ne*** part ***pas***

Vous partez → Vous ***ne*** partez ***pas***

4.1 F Écoute et répète le verbe PARTIR.

Listen and repeat the verb PARTIR.

Complète le verbe irrégulier PARTIR dans ton Journal de bord.
Fill in the irregular verb PARTIR in your learning diary.

4.1 G Katie est à l'aéroport. Écoute les annonces à l'aéroport et réponds aux questions en français.
Katie is at the airport. Listen to the announcements in the airport and answer the questions in French.

(a) Quel est le numéro du vol à destination de Montréal? ....
(b) De quelle porte d'embarquement part-il? (Quel numéro?) ....
(c) Quel est le numéro du vol en provenance de Luxembourg? ....
(d) À quelle heure va-t-il arriver? ....
(e) D'où vient le vol qui arrive à dix-neuf heures? ....
(f) Comment s'appelle la fille perdue? ....
(g) Quelle âge a-t-elle? ....
(h) Comment est la fille? ....

4.1 H Imagine que tu prends un vol de Paris à Dublin avec Air France. Complète la carte d'embarquement dans ton Journal de bord.
Imagine that you are taking a flight from Paris to Dublin with Air France. Fill in the boarding card in your learning diary.

Écris les mots-clés 1–16 de la section 4.1 dans ton Journal de bord.
Fill in the key words 1–16 from section 4.1 in your learning diary.

4.2 À l'aéroport

4.2 A Lis la conversation entre Katie et Christophe.
Read the conversation between Katie and Christophe.

18:45
Christophe
Salut Katie ! Tu es à l'aéroport ?
Oui je viens d'enregistrer mes bagages mais le vol a été retardé d'une heure. Il partira à 20h.
Zut ! Pas de bol.

Comment dit-on en français ? Trouve les phrases dans le texto.

Find the following phrases in the text.

(a) I've just checked in my luggage. ....

(b) The flight has been delayed by an hour. ....

(c) That's bad luck! ....

4.2 B Le passé proche

The recent past

★ In Katie's text chat with Christophe, she says, '*je viens d'enregistrer mes bagages*' (I have just checked in my luggage).

★ We use the structure **VENIR + de + infinitive** to say we have *just* done something.

Exemples:	*Je **viens de finir** mes devoirs.*	I **have just finished** my homework.
	*Il **vient d'arriver** chez-moi.*	He **has just arrived** at my house.

4.2 C Écoute les conversations au comptoir d'enregistrement et complète la transcription.

Listen to the dialogues at the check-in desk and fill in the blanks with the missing words.

1

– Bonjour, Madame.

– Bonjour.

– Vous allez pour Zurich ?

– Oui.

– Je suis désolée Madame mais le (a) .... à Zurich a (b) .... heures de retard.

– À quelle heure va-t-il arriver à Zurich ?

– À (c) .... heures trente au lieu de (d) ....

– Mince alors, j'ai déjà réservé un (e) .... qui partira de Zurich à dix-neuf heures. Je vais rater mon train et c'est le dernier train ce soir !

– Je suis désolée Madame mais il n'y a rien que je (f) .... faire.

Réponds en français.
Answer in French

(a) Où va la dame? ....
(b) Combien d'heures de retard y a-t-il? ....
(c) À quelle heure va-t-elle arriver à Zurich? ....
(d) Comment dit-on ça en français? (Trouve les expressions dans la conversation.)
I'm sorry. ....
The flight is delayed by two hours. ....
Instead of ....
I'm going to miss my train. ....

2

– Bonsoir, Monsieur.
– Bonsoir.
Votre (1) .... et votre
(2) .... s'il vous plaît.
Voilà mes documents.
Merci. Alors, vous allez à Londres?
– Oui.
– Vous voulez (3) .... des bagages?
– Oui j'ai une (4) ....
– D'accord. Avez-vous aussi un bagage à main?
– Oui. Ce (5) .... sac à dos.
– Je dois vous avertir que les liquides devront être transportés dans un petit sac en plastique fermé et la quantité d'un liquide ne peut pas être supérieure à (6) .... mililitres.
– D'accord.
– Voici votre carte d'embarquement. Le (7) .... pour Londres partira de la (8) .... A27 à (9) .... heures.
– Merci, Madame.
– (10) ....

Réponds en français.
Answer in French.

(a) Où va l'homme? ....
(b) À quelle heure part le vol? ....
(c) De quelle porte d'embarquement part-il? ....
(d) Comment dit-on en français? (Trouve les expressions dans la conversation.)
a suitcase ....
hand luggage ....
a rucksack ....

4.2 D Travaillez à deux. Imaginez qu'une personne travaille au comptoir d'enregistrement, l'autre personne prend un vol de Paris à Montréal. Écrivez un jeu de rôle au comptoir d'enregistrement dans ton Journal de bord.

Work in pairs. Imagine that one person is the check-in assistant; the other is taking a flight from Paris to Montréal. Write a role-play at the check-in desk in your learning diary.

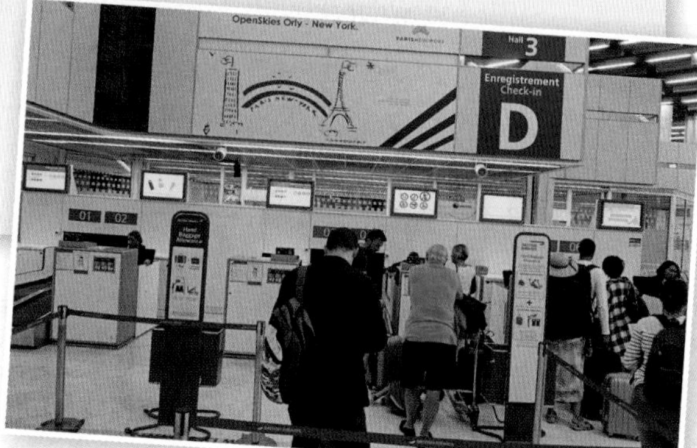

Parlons ! Travaillez à deux. Jouez votre jeu de rôle.

Work in pairs. Perform your role-play.

4.2 E Regarde le plan de l'aéroport de Biarritz.

Look at the plan of Biarritz Airport.

Le premier étage

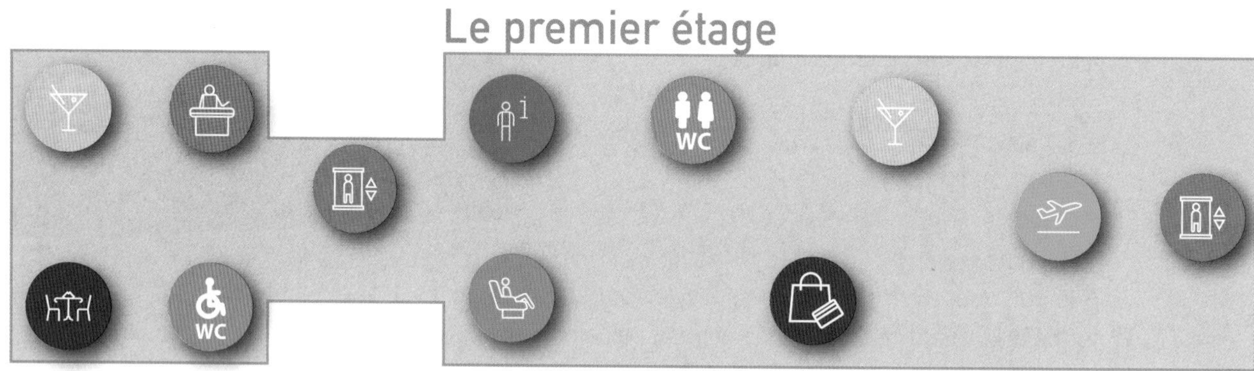

Le rez-de-chaussée

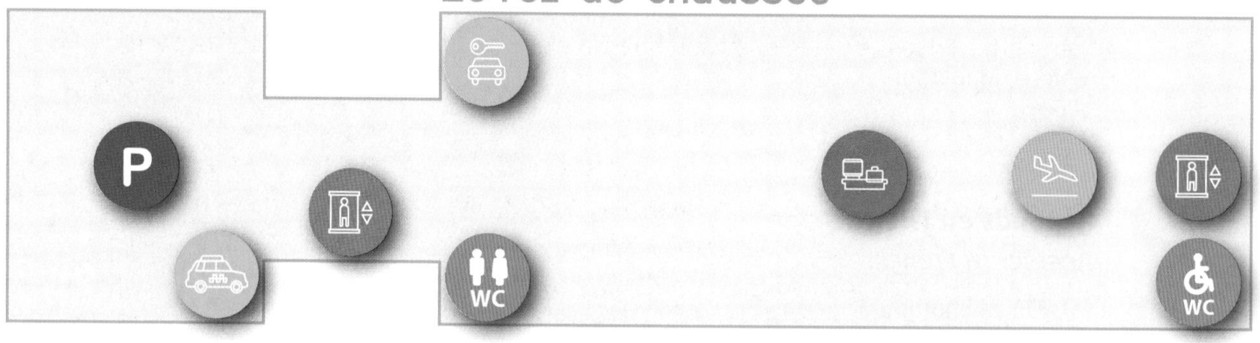

(a) Où sont les salles d'embarquement? ....

(b) Combien d'ascenseurs y a-t-il? ....

(c) Le restaurant est à quel étage? ....

(d) Les arrivées sont à quel étage? ....

(e) Combien de bars y a-t-il? ....

4.2 F Katie est à l'aéroport. Écoute les annonces à l'aéroport et réponds aux questions en anglais.

Katie is at the airport. Listen to the announcements in the airport and answer the questions in English.

(a) What is the number of the flight to Brussels? ....

(b) How long has it been delayed for? ....

(c) At what time will the flight to Nice depart? ....

(d) From what boarding gate does the flight to Nice leave? ....

(e) What is the name of the person being called? ....

(f) What gate does he have to go to? ....

4.2 G Les aéroports de Paris. Lis le texte et réponds aux questions au verso.

The airports of Paris. Read the text and answer the questions overleaf.

Il y a trois aéroports à Paris dont le plus grand est Roissy-Charles de Gaulle. Charles de Gaulle a été Président de la République française entre 1958 et 1969 après avoir combattu pendant la deuxième guerre mondiale. L'aéroport se situe à 25 kilomètres au nord-est de Paris. Des dizaines de millions de passagers utilisent l'aéroport chaque année. La construction de l'aéroport, à l'époque c'était l'Aéroport de Paris Nord, a commencé en 1966 et l'aéroport, maintenant nommé l'aéroport Charles de Gaulle, a ouvert en 1974. Avec ses trois aérogares, c'est facile pour la plupart des vols internationaux de décoller et d'atterrir ici.

Les deux autres aéroports sont Orly et Beauvais. Avant la construction et l'ouverture de l'aéroport Roissy-Charles de Gaulle, l'aéroport d'Orly était le premier aéroport à Paris. De nos jours, l'aéroport se concentre sur les vols intérieurs, ce sont des vols entre les villes françaises avec quelques vols entre Paris et les territoires d'outre-mer. L'aéroport d'Orly a ouvert en 1932 et pendant l'occupation de la France pendant la deuxième guerre mondiale, la *Luftwaffe*, l'armée de l'air des Nazis, l'a utilisé pour ses avions.

Le dernier des trois aéroports est l'aéroport de Beauvais-Tillé en Picardie à quatre-vingt-cinq kilomètres de Paris. Les compagnies aériennes à bas prix utilisent cet aéroport pour les vols entre Paris et les autres pays comme l'Irlande, la Pologne, l'Espagne, l'Italie et entre autres, la Bulgarie. En 2017, l'aéroport est en train d'être rénové avec la construction d'une nouvelle tour de contrôle.

Réponds en français.

Answer in French.

(a) Combien d'aéroports y a-t-il à Paris ? ....

(b) Lequel est le plus grand ? ....

(c) Où se situe l'aéroport Roissy-Charles de Gaulle ? ....

(d) En quelle année a été ouvert l'aéroport d'Orly ? ....

(e) D'où viennent les vols à Beauvais ? Identifie quatre pays. ....

Réponds en anglais.

Answer in English.

(a) Who was Charles de Gaulle? (give full details). ....

(b) What kinds of flights typically take off or land at Orly? ....

(c) Who used Orly airport during the Second World War? ....

(d) Where exactly is Beauvais airport situated? ....

(e) What kinds of airlines use Beauvais airport? ....

4.2 H Que veulent dire ces panneaux ? Relie les panneaux aux mots correspondants.

What do these airport signs mean? Match the signs to the meanings.

Défense d'entrer	*Eau potable*	*Stationnement interdit*	*Tirer*
Pousser	*Sortie de secours*	*Liquides interdits*	*Défense de fumer*

(a) (b) (c) (d)

....

(e) (f) (g) (h)

....

4.2 I Crée dix mots qu'on voit à l'aéroport à partir de ces bouts de papier.
Use these strips of paper to make ten words that you would see at the airport.

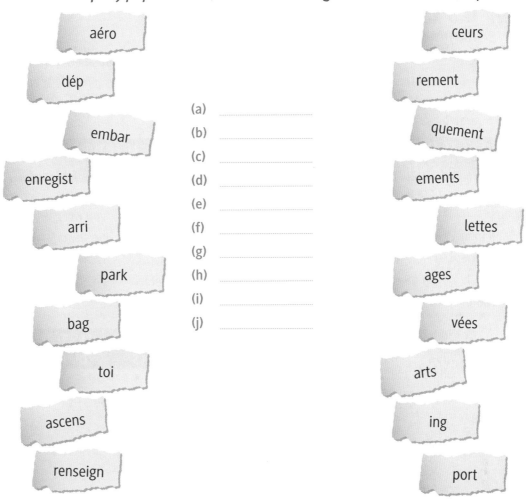

aéro		ceurs
dép		rement
embar	(a)	quement
enregist	(b)	ements
arri	(c)	lettes
park	(d)	ages
bag	(e)	vées
toi	(f)	arts
ascens	(g)	ing
renseign	(h)	port
	(i)	
	(j)	

4.2 J Regarde l'image pour une minute, ferme ton livre et décris l'image à un/une camarade de classe.
Look at the image for one minute, close your book and describe the image to a classmate.

Écris les mots-clés 17–50 de la section 4.2 dans ton Journal de bord.
Fill in the key words 17–50 for section 4.2 in your learning diary.

4.3 Parlons au futur !

4.3 A Le futur simple

The future tense

Katie texted Christophe from the airport and said '*le vol partira à 20h*'. *Partira* (it will leave) is an example of the *futur simple*. Just like English, French has two future tenses – a 'going to' future (known as *le futur proche*) and a 'will' future (known as *le futur simple*). Consider the following examples:

LE FUTUR PROCHE	
DONNER – to give	
je vais donner	*I am going to give*
tu vas donner	*you are going to give*
il/elle/on va donner	*he/she/one is going to give*
nous allons donner	*we are going to give*
vous allez donner	*you (plural/formal) are going to give*
ils/elles vont donner	*they are going to give*

LE FUTUR SIMPLE	
DONNER – to give	
je donnerai	*I will give*
tu donneras	*you will give*
il/elle/on donnera	*he/she/one will give*
nous donnerons	*we will give*
vous donnerez	*you (plual/formal) will give*
ils/elles donneront	*they will give*

★ To form the *futur simple* we take the infinitive (the name of the verb) and add the following endings:

LES PRONOMS PERSONNELS	LES TERMINAISONS DU FUTUR SIMPLE
je / j'	-ai
tu	-as
il / elle / on	-a
nous	-ons
vous	-ez
ils / elles	-ont

- The endings are the same for ALL verbs in French: –ER, –IR, –RE *and* irregular verbs too.
- We add the endings without removing the –ER and –IR, however, –RE verbs drop the final *–e*.

Exemples : Ils **joueront** au foot. — *They **will play** football.*
Nous **finirons** les devoirs. — *We **will finish** the homework.*
Elle **boira** le thé. — *She **will drink** the tea.*
Je ne **lirai** pas ce roman. — *I **will not read** that novel.*

- The stems of ALL future tense verbs end in *–r*. Knowing this will help you remember to drop the *–e* from –RE verbs!
- When forming *le futur simple* of reflexive verbs, we put reflexive pronouns before the verbs, just as we do with the present tense.

Exemples : **Je me lèverai** à sept heures. — *I will get up at seven o'clock.*
Ils se doucheront après le match. — *They will shower after the match.*

4.3 B Complète *le futur simple* des verbes suivants.

Fill in the futur simple of the following verbs.

PARLER	FINIR	VENDRE*	BOIRE*
je parlerai		je vendrai	
tu parleras	tu finiras		tu boiras
		il/elle/on vendra	
	nous finirons		
			vous boirez
		ils/elles vendront	

*Remember to drop the –*e* before adding the endings !

4.3 C Écoute et répète les verbes.

Listen and repeat the verbs

4.3 D Complète les verbes au futur simple dans ton Journal de bord.

Fill in the future tense verbs in your learning diary.

4.3 E Complète les phrases avec le futur simple des verbes entre parenthèses.

Fill in the future tense of the verbs in brackets.

Exemple : Nous **habiterons** (HABITER) à Lyon.

(a) Tu ne .... (VENDRE) pas le vélo ?

(b) Le professeur .... (PARLER) avec mes parents.

(c) Les garçons .... (JOUER) au basket.

(d) Mes parents .... (CHOISIR) une voiture.

(e) Je .... (FINIR) mes devoirs ce soir.

(f) Elle .... (ENTENDRE) les cloches à six heures.

(g) Christelle et Paul .... (MANGER) au resto.

(h) Philippe .... (SE LAVER) avant le dîner.

(i) Je ne .... (VOYAGER) pas l'année prochaine.

4.3 F Lis l'annonce et réponds aux questions en anglais.

Read the advertisement and answer the questions in English.

(a) On what date will this event take place? ....

(b) Where will the event take place? ....

(c) How much does it cost to enter? ....

(d) Who can enter for free? ....

(e) What do you get free with every ticket? ....

(f) What do you think *cadeaux* means? ....

4.3 G Le futur simple des verbes irréguliers

The future tense of irregular verbs

Look back at the poster in exercise 4.3 (F) and find the word *viendra*, which is from the verb VENIR. You may have noticed that it has an irregular stem in the *futur simple*. Some verbs like VENIR have an irregular stem, however, the endings are the same ones you already know for the futur simple.

Consider the following example:

VENIR *(to come)*	
je viendrai	*I will come*
tu viendras	*you will come*
il / elle / on viendra	*he/she/one will come*
nous viendrons	*we will come*
vous viendrez	*you (plural/formal) will come*
ils / elles viendront	*they will come*

★ You can see in the above example, that the endings are exactly the same as the endings for all other verbs in the future tense, but the stem of VENIR changes to viendr-

★ Here is a list of common verbs with irregular future stems.

Infinitive	*English*	Future Stem	Futur Simple	*English*
ALLER	*to go*	ir-	j'irai	*I will go*
AVOIR	*to have*	aur-	j'aurai	*I will have*
COURIR	*to run*	courr-	je courrai	*I will run*
DEVENIR	*to become*	deviendr-	je deviendrai	*I will become*
DEVOIR	*to have to*	devr-	je devrai	*I will have to*
ENVOYER	*to send*	enverr-	j'enverrai	*I will send*
ÊTRE	*to be*	ser-	je serai	*I will be*
FAIRE	*to do/make*	fer-	je ferai	*I will do/make*
POUVOIR	*to be able to*	pourr-	je pourrai	*I will be able to*
RECEVOIR	*to receive*	recevr-	je recevrai	*I will receive*
SAVOIR	*to know*	saur-	je saurai	*I will know*
TENIR	*to hold*	tiendr-	je tiendrai	*I will hold*
VENIR	*to come*	viendr-	je viendrai	*I will come*
VOIR	*to see*	verr-	je verrai	*I will see*
VOULOIR	*to want*	voudr-	je voudrai	*I will want*

★ To form the *le futur simple* of the above verbs, take the irregular stem and add the appropriate ending: -ai, -as, -a, -ons, -ez, -ont

Exemples: Claire **devra** aller à Paris. *Claire will have to go to Paris.*
Nous **ferons** l'exercice. *We will do the exercise.*
Je ne **serai** en classe. *I will not be in class.*

Regarde le diaporama sur le futur simple.
Watch the PowerPoint presentation 'Unite 4.3 (G)' on the futur simple.

196 **Complète les verbes irréguliers au futur simple dans ton Journal de bord.**
Fill in the irregular verbs in the future tense in your learning diary.

4.3 H Complète les phrases avec le futur simple des verbes entre parenthèses.

Fill in the blanks with the future tense of the verbs in brackets.

1

(a) Elles .... (POUVOIR) aller à la boîte ce soir.

(b) Je ne .... (FAIRE) pas beaucoup de sport cet été.

(c) Vous .... (VENIR) chez-moi ?

(d) Serge .... (ÊTRE) très content des résultats.

(e) Nous n' .... (AVOIR) pas de devoirs ce week-end.

(f) Tu .... (VOIR) mon ami Philippe demain ?

(g) Je n' .... (ENVOYER) pas de mél.

(h) Louise et Valentine .... (ALLER) au cinéma.

(i) Bernard et Léa .... (VENIR) au concert.

(j) Tu .... (FAIRE) les exercices ?

2

Demain, c'est l'anniversaire de mon père. Il (a) .... (avoir) cinquante ans. Pour préparer la fête, je (b) .... (faire) un gâteau, j' (c) .... (envoyer) les invitations et je (d) .... (courir) en ville pour acheter des bougies. Mon père (e) .... (rentrer) après sa journée de travail à dix-sept heures.
Il (f) .... (être) fatigué et il (g) .... (regarder) un film à la télé.
Nous (h) .... (prendre) le dîner à vingt heures le soir et nous (i) .... (chanter) « Joyeux anniversaire » et ensuite nous (j) .... (manger) du gâteau. Nous (k) .... (donner) des cadeaux à mon père et il les (l) .... (ouvrir) dans le salon. Nous (m) .... (s'amuser) bien. À minuit, la famille (n) .... (se coucher) après avoir passé une journée formidable !

38

4.3 I Mathilde et Antoine parlent de ce week-end. Écoute et réponds aux questions en français.

Mathilde and Antoine talk about this weekend. Listen and answer the questions in French.

1 Mathilde

(a) Que fera Mathilde vendredi soir ? ....

(b) Où ira-t-elle samedi matin ? ....

(c) À quelle heure commencera le match samedi après-midi ? ....

(d) Qui viendra chez elle dimanche ? ....

2 Antoine

(a) Où ira Antoine samedi après-midi? ....

(b) Que fera-t-il samedi soir? ....

(c) Qui est Manon? ....

(d) Que fera-t-il dimanche? ....

4.3 Katie envoie un mél à Nicole. Lis le mél et réponds aux questions au verso.

Katie sends an email to Nicole. Read the email and answer the questions overleaf.

De: ktkenny123@eir.ie

À: nicoledubois@yahoo.fr

Objet: Salut d'Irlande

Chère Nicole,

Je te remercie beaucoup pour ces merveilleuses vacances à Biarritz. Je me suis très bien amusée. Dis merci à tes parents pour mon séjour chez vous. Le voyage à Dublin était agréable. Malheureusement, j'ai eu une heure de retard et le vol est parti à 20h. Mes parents sont venus me chercher à l'aéroport de Dublin.

Tout va bien à l'école en ce moment. Je trouve les cours de français plus faciles après mon séjour en France. J'ai eu de bonnes notes dans un récent contrôle de français. Maintenant, mes camarades de classe veulent faire un séjour linguistique en France l'année prochaine!

Ce week-end, c'est l'anniversaire de mon père. Vendredi après-midi, j'irai en ville après les cours avec mes frères pour acheter un cadeau. Nous achèterons un maillot de Liverpool parce qu'il est fan de football et Liverpool est son équipe préférée. Vendredi soir, je vais aider ma belle-mère à faire un gâteau au chocolat. Samedi matin, je ferai la grasse matinée et l'après-midi, tous mes oncles, mes tantes et mes cousins viendront chez nous faire la fête. Dimanche matin, je vais jouer un match de camogie avec l'équipe de mon école. Après le match, j'irai chez mon amie Sarah. Je vais déjeuner avec sa famille. Sa mère est une super cuisinière.

J'attends les grandes vacances avec impatience. En juin, je vais faire un séjour linguistique dans un collège d'irlandais au Connemara. Au mois de juillet, ma famille et moi irons en Espagne. Nous passerons deux semaines dans un appartement sur la côte de Catalogne. J'ai hâte d'aller à la plage! En août, je vais rendre visite à mes cousins à Wexford. Ils ont une caravane à Rosslare.

Qu'est-ce que tu feras cet été? Tu sortiras avec Élodie et Christophe ce week-end? Je dois aller faire mes devoirs.

Amitiés,

Katie

Trouve dans le mél :
Find in the email:

Les phrase suivantes (Écris ces phrases dans les mots-clés de ton Journal de bord.)

(a) *Thanks for the great holidays.*
(b) *I had a great time.*
(c) *Say thanks to your parents for my stay in your house.*
(d) *The journey to Dublin was pleasant.*
(e) *Unfortunately there was a one-hour delay*
(f) *My parents picked me up at the airport.*
(g) *I can't wait for the summer holidays.*
(h) *I can't wait to go to the beach.*
(i) Cinq verbes au futur proche.
(j) Sept verbes au futur simple.

Réponds en français.
Answer in French.

(a) Que fera Katie vendredi après-midi ?
(b) Qui viendra chez elle samedi après-midi ?
(c) Que fera-t-elle dimanche matin ?
(d) Où va Katie au mois de juin ?
(e) Que fera-t-elle en août ?

Réponds en anglais.
Answer in English

(a) What will Katie and her brothers buy for her Dad?
(b) What will Katie's stepmother make for the party?
(c) What is Katie planning to do after the match on Sunday?
(d) What will she and her family do in July?
(e) Where will she stay in August?

4.3 K **Parlons ! Travaillez à deux. Complète le tableau avec tes propres réponses et les réponses d'un/une camarade de classe.**

Fill in the grid with your replies and the replies of a classmate.

	Que feras-tu… ?	MOI	MON/MA CAMARADE
1	…ce soir ?		
2	… vendredi soir ?		
3	… samedi matin ?		
4	…samedi après-midi ?		
5	… samedi soir ?		
6	…dimanche ?		
7	…au mois de juin ?		
8	…au mois de juillet ?		
9	… au mois d'août		

4.3 Ⓛ Dans ton Journal de bord, écris un mél à Christophe.

In your learning diary, write an email to Christophe.

Complète les mots-clés 51–62 de la section 4.3 dans ton Journal de bord.

Fill in the key words 51–62 from section 4.3 in your learning diary.

4.4 Faire des réservations

4.4 Ⓐ La mère de Nicole recherche des vacances pour la famille. Lis la brochure du camping et réponds aux questions au verso.

Nicole's mother is researching a holiday for the family. Read the brochure for a campsite and answer the questions overleaf.

Camping le Jardin Botanique

Le charme et la douceur de vivre vous attendent au Camping le Jardin Botanique. Vous y passerez un séjour reposant en pleine nature, tout en profitant d'équipements très modernes, comme le parc aquatique avec ses toboggans. Situé entre St. Tropez et Cannes, à seulement dix minutes des plages de la Côte d'Azur, dans un superbe parc naturel.

Nous vous proposons différentes possibilités d'hébergements :
Locations en mobil-home pour 4 à 6 personnes
Locations en chalets pour 6 à 8 personnes
Emplacements ombragés, spacieux avec électricité.

Services :
Réception
Sanitaires
Aire de jeux enfants
Bar / Restaurant
Boulangerie
Laverie

–20% pour séjours en juin et septembre

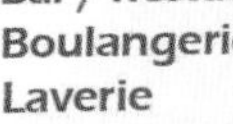

Activités :
Mini-golf
2 terrains de tennis
Piscine avec toboggan aquatique
Location de vélos
Ping-pong
Pêche
Mini club pour les enfants

–10% pour séjours de trois semaines

Tarifs (par semaine juillet et août) :
Mobil-home 485€
Chalet 549€

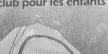

Séjour gratuit pour les enfants de moins de 4 ans

Réponds en français.
Answer in French.

(a) Où est le camping? ....

(b) Les chalets sont pour combien de personnes? ....

(c) Combien coûte un séjour en mobil-home au mois de juillet? ....

(d) Quel est le prix d'un séjour pour un enfant de 2 ans? ....

Réponds en anglais.
Answer in English.

(a) How far is the campsite from the beach? ....

(b) Name four activities on the campsite. ....

(c) What type of shop is on the campsite? ....

(d) How can you qualifiy for a discount of 10%? ....

4.4 B La mère de Nicole continue ses recherches. Lis le site web d'une agence de voyages et réponds aux questions en français.
Nicole's mother continues her research. Read the website from a travel agency and answer the questions in French.

Des vacances parfaites à
Djerba
1 Semaine àpd 443€ pp
*Plages de sable blanc, ciel bleu, détente
*5 Vols par semaine
*7 Nuits dans un hôtel tout inclus
*Transfert
Madère
L'île du printemps éternel ! Réservez maintenant.
1 Semaine àpd 579€
*Villes historiques et beaux paysages
*3 Vols par semaine
*7 Nuits dans un hôtel tout inclus
*Transfert

(a) C'est combien une semaine à Djerba? ....

(b) Combien de vols partent à destination de Djerba par semaine? ....

(c) Qu'est-ce qu'il y a à Djerba pour les touristes? ....

(d) Où se trouve Djerba? (Consulte *Google maps*.) ....

(e) C'est combien une semaine à Madère? ....

(f) Le prix de 579 €, c'est pour combien de nuits? ....

(g) Qu'est-ce qu'il y a à Madère pour les touristes? ....

àpd = à partir de

4.4 C La mère de Nicole écrit une lettre à l'Hôtel Richard à Cannes.

Nicole's mother writes a letter to Hôtel Richard in Cannes.

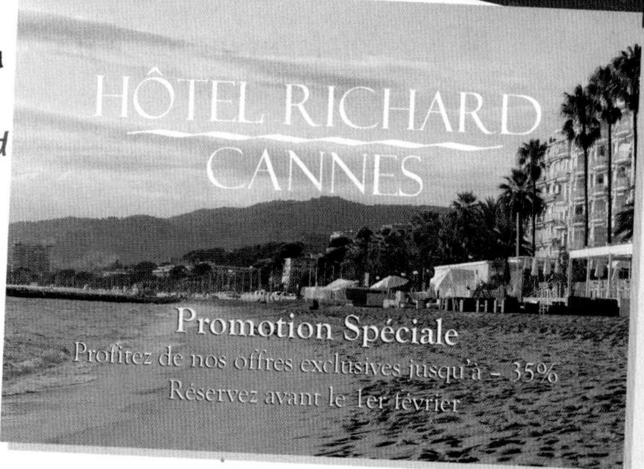

HÔTEL RICHARD
CANNES
Promotion Spéciale
Profitez de nos offres exclusives jusqu'à – 35%
Réservez avant le 1er février

Les lettres formelles

Look at how a formal letter is laid out in French. Follow the guidelines to see how to structure a formal letter.

Hôtel Richard
27, Boulevard de la Croisette
06400 Cannes

The address to which you are writing goes top right

Biarritz, le 3 janvier

The town where you are writing from and the date also go on the right

Séverine Dupont
20, rue Pasteur
64 200 Biarritz

The letter writer's name and address go on the left

Monsieur / Madame,

Formal opening. Never use Salut or Cher/Chère in formal correspondence!

Je voudrais réserver trois chambres dans votre hôtel pour une semaine, du 2 au 9 août. Nous sommes une famille de cinq personnes. Je voudrais une chambre double, une chambre à deux lits pour mes deux filles et une chambre à un lit simple pour mon fils.

Remember to use the polite 'vous' form throughout the letter. Vous instead of tu Votre instead of ton/ta Vos instead of tes

Pourriez-vous m'indiquer les tarifs, s'il vous plaît ? Je vous serais très reconnaissante de bien vouloir m'envoyer une brochure de l'hôtel.

J'attends votre réponse avec impatience.

Veuillez agréer, Monsieur / Madame, l'expression de mes sentiments distingués.

Learn this closing phrase

Séverine Dupont

Sign off with your full name

Comment dit-on en français ? Travaillez à deux. Trouvez les phrases suivantes dans la lettre.

How do you say it in French? Work in pairs. Find the following sentences in the letter.

(a) Dear Sir / Madam ....

(b) I would like to reserve three rooms in your hotel. ....

(c) From the 2nd to the 9th of August ....

(d) Could you please let me know the prices? ....

(e) I would be grateful if you could send me a brochure. ....

(f) I look forward to hearing from you. ....

4.4 D L'hôtel répond à Madame Dupont.

The hotel responds to Madame Dupont.

De: info@hotelrichard.com

À: sdupont1@wanadoo.fr

Objet : Renseignements

Madame Dupont,

Merci pour l'intérêt que vous portez à notre hôtel. Malheureusement, nous n'avons aucune disponibilité au mois d'août. Nous avons quelques chambres disponibles si vous voulez venir au mois de septembre. Veuillez trouver ci-joint notre brochure.

Veuillez agréer, Madame, l'expression de mes sentiments distingués.

Édouard Sanchez

Gérant

Brochure Hôtel Richard

Relie les mots du mél à leur traduction.
Match the words from the email to their translations.

(a)	renseignements	1	enclosed
(b)	disponible	2	interest
(c)	ci-joint	3	a few
(d)	malheureusement	4	available
(e)	quelques	5	information
(f)	l'intérêt	6	unfortunately

4.4 E La mère de Nicole lit la brochure de l'Hôtel Richard. Écoute et complète la transcription.
Nicole's mother reads the brochure for Hotel Richard. Listen and fill in the blanks.

L'HÔTEL RICHARD – CANNES

L'Hôtel Richard est situé à (1) .... minutes à pied de la (2) .... et à (3) .... mètres de la (4) .... de Cannes. Vous pourrez profiter du (5) .... et du restaurant de style buffet. Une connexion Wi-Fi est disponible gratuitement dans tout l'établissement.

Les chambres sont pourvues d'une (6) .... par satellite, de la climatisation, d'un coffre-fort et d'une salle de bains avec (7) ...., des articles de toilette gratuits et un sèche-cheveux.

Vous trouverez de nombreux (8) .... et des magasins pours faire votre shopping à (9) .... minutes à pied. La réception est ouverte 24h/24. Les langues parlées sont l'italien, le français, (10) .... et l'anglais.

Équipements

Terrasse	Bar
Piscine	Boutique de souvenirs/cadeaux
Sauna	Ascenseur
Restaurant	

*Parking au tarif de 16 EUR par jour.
*Les animaux sont acceptés gratuitement
*Défense de fumer dans tout l'établissement

Réponds en français.
Answer in French.

(a) Où se trouve l'Hôtel Richard ? ....
(b) Quelles sont les langues parlées à la réception ? ....
(c) Quel est le prix du parking à l'hôtel ? ....
(d) Comment dit-on *hairdryer* ? Trouve le mot dans la brochure. ....

Réponds en anglais.
Answer in English.

(a) How far is the hotel from the train station? ....
(b) What is the cost to use Wifi in the hotel? ....
(c) What does the shop in the hotel sell? ....
(d) What is prohibited in the hotel? ....

4.4 F Identifie les images.

Label the images.

Dans un hôtel

une chambre à un lit simple	*un balcon*	*la climatisation*	*un sèche-cheveux*
une chambre à deux lits	*location de vélos*	*un coffre-fort*	*une chambre double*

(a)

(b)

(c)

(d)

(e)

(f)

(g)

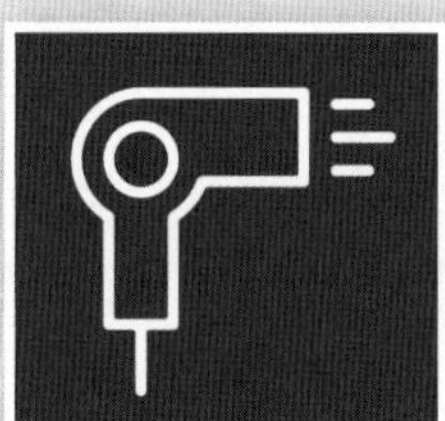

(h)

4.4 G Écoute et répète le vocabulaire.

Listen and repeat the vocabulary.

Alors, je voudrais aller sur la Côte d'Azur. J'ai trouvé un camping au bord de la mer, près de Cannes, pour les grandes vacances. Il y a beaucoup d'installations comme une piscine, des terrains de tennis et un mini-club pour ta petite soeur. Qu'est-ce que tu penses de cette idée ?
Oui ça roule !

4.4 H Réserver un camping

Reserving a campsite

Je voudrais réserver…

un emplacement

une tente

une caravane

un mobil-home

un chalet

un emplacement à l'ombre

Avez-vous…?

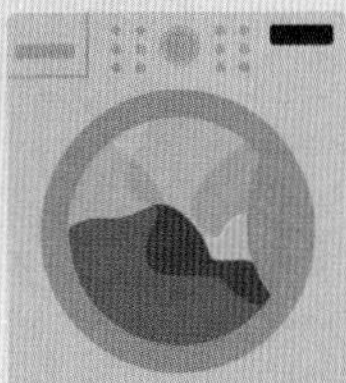
une laverie

une aire de jeux

un barbecue

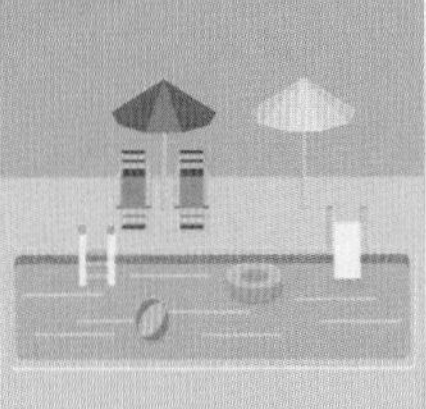
une piscine

un magasin

un mini-club pour les enfants

Pouvez-vous m'envoyer…?

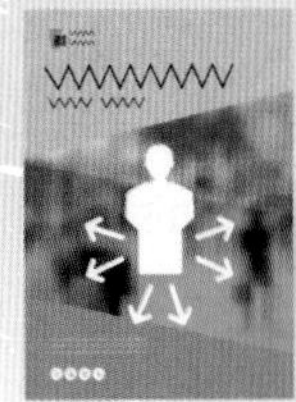
une brochure

les tarifs

des renseignements

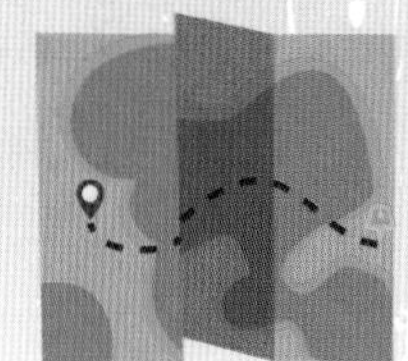
une carte de la région

4.4 I Écoute et répète le vocabulaire.
Listen and repeat the vocabulary.

4.4 J Imagine que tu es Nicole. Dans ton Journal de bord, écris une carte au camping le Jardin Botanique pour réserver un emplacement pour la famille.
Imagine that you are Nicole. In your learning diary, write a letter to Camping le Jardin Botanique to reserve a pitch for the family.

4.4 K Clément téléphone à une auberge de jeunesse. Écoute la conversation et relie les questions aux réponses.
Clément phones a youth hostel. Listen to the conversation and match the questions to the answers.

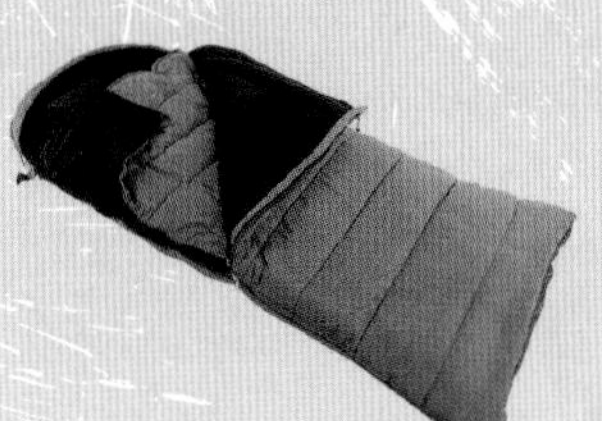
un sac de couchage

un dortoir

les consignes automatiques

un sac à dos

1 Avez-vous un dortoir disponible, s'il vous plaît ?
2 Vous avez une réservation ?
3 Vous êtes combien ?
4 C'est pour combien de nuits ?
5 Quels sont vos tarifs ?
6 Vous voulez louer des draps ?
7 Vous avez des consignes automatiques ?
8 Est-ce que vous organisez des activités ?

(a) Non. Nous venons d'arriver en ville de l'aéroport.
(b) C'est pour trois nuits.
(c) Non merci. Nous avons nos sacs de couchage.
(d) Oui nous organisons des excursions et nous avons des vélos de location.
(e) Oui bien sûr.
(f) Trente euros par personne par nuit.
(g) Non mais vous pouvez laisser les sacs à dos ici à la réception.
(h) Nous sommes quatre personnes.

4.4 Ⓛ Travaillez à deux. Une personne arrive à la réception d'un hôtel parisien avec sa famille, l'autre personne est la réceptionniste. Écrivez un jeu de rôle dans ton Journal de bord.

Work in pairs. Imagine that one person is arriving at the reception of a Paris hotel with their family, the other is the receptionist. Write a role-play in your learning diary.

Critères de réussite :

- Say you need two rooms – one double and one twin for four people.
- Say you are staying for six nights.
- Ask about the facilities available.
- Ask for the price.

Parlons ! Travaillez à deux. Jouez votre jeu de rôle.

Work in pairs. Perform your role-play.

Écris les mots-clés 63–106 de la section 4.4 dans ton Journal de bord.

Fill in the key words 63–106 from section 4.4 in your learning diary.

4.5 La francophonie - La Tunisie

4.5 Ⓐ La Tunisie est connue pour ses belles plages de sable fin. Lis la brochure d'un hôtel en Tunisie et réponds aux questions au verso.

Tunisia is famous for its beautiful beaches of fine sand. Read the brochure from a hotel in Tunisia and answer the questions overleaf.

PASSEZ DES MOMENTS INOUBLIABLES
À L'HÔTEL PARADIS, SOUSSE

L'Hôtel Paradis est à 2 minutes à pied de la plage, sur la côte tunisienne. Cet hôtel de luxe possède deux piscines (une intérieure chauffée, une extérieure avec grand toboggan), un centre commercial et des terrains de sport.

Toutes les chambres et suites sont équipées d'une terrasse ou d'un balcon, de la climatisation, d'une télévision par satellite, d'une connexion Wi-Fi gratuite, et d'un minibar. La salle de bains est pourvue d'un sèche-cheveux et d'articles de toilette gratuits.

Le restaurant propose une cuisine gastronomique tunisienne et internationale. Un snack-bar est à votre disposition sur la terrasse, au bord de la piscine. En été, de 18h à 21h, des barbecues sont organisés sur la plage.

Il y a une aire de jeux pour les enfants et des activités organisées pour enfants au mini-club. Les sportifs pourront jouer au tennis, au volley-ball, ou au basket.

L'Hôtel Paradis se situe à juste 500 mètres du parc d'attractions Carthageland, à quatre kilomètres du centre-ville de Sousse et à vingt kilomètres de l'aéroport international. Les amateurs de golf trouveront trois excellents parcours de golf à seulement six kilomètres.

Nous parlons arabe, français, espagnol, allemand et anglais !

Réponds en français.

Answer in French.

(a) Quand est-ce qu'il y a des barbecues sur la plage? ....

(b) Mentionne trois sports qu'on peut faire à l'hôtel. ....

(c) Mentionne deux attractions touristiques près de l'hôtel. ....

(d) Quelles langues parlent le personnel de l'hôtel? ....

Réponds en anglais.

Answer in English.

(a) Describe the swimming pools in the hotel. ....

(b) Mention five facilities in the rooms. ....

(c) What facilities are there for children at the hotel? ....

(d) How far is the hotel from the airport? ....

Le saviez-vous?
Fans of *Star Wars* flock to Tunisia to see numerous sites where scenes were filmed.

4.5 B Le saviez-vous? La Tunisie

Do you know? Tunisia

Tunis est la capitale de la Tunisie.

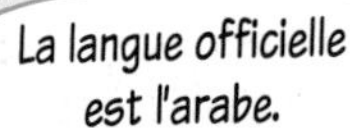

La langue officielle est l'arabe.

La population est de près de 11 millions d'habitants.

La Tunisie est le pays le plus au nord de l'Afrique. Elle a des frontières avec la Libye et l'Algérie.
The French took control of Tunisia in 1881.

Tunisia achieved independence from France in 1956.
Almost all Tunisians are Muslim.
French is not an official language in Tunisia but it is widely used in business, education and the press. Around 64% of the population speaks French and all road signs, menus and signs on shops are written in both Arabic and French.
صفاقس
SFAX
سوسة
SOUSSE
القنطاوي
EL KANTAOUI
تونس
TUNIS
تونس
TUNIS
مطماطة
MATMATA

4.5 C La Tunisie. Choisis la bonne réponse pour compléter les phrases.

Tunisia: Choose the correct answer to complete the sentences.

Exemple : La Tunisie a des frontières avec la Libye et (l'Algérie) / la France / l'Égypte.

(a) La Tunisie a obtenu son indépendance en 1958 / en 1957 / en 1956.

(b) Il y a des plages, des déserts et des montagnes / des oasis / des lacs.

(c) Les souks sont des supermarchés / des centres commerciaux / des marchés couverts.

(d) L'arabe / l'anglais / l'italien est la langue officielle de la Tunisie.

(e) Les tunisiens mangent du couscous / de la pâte / du pain.

4.5 D La Tunisie représentée dans un festival de film ! Lis le texte et réponds aux questions en français.

Tunisia is represented in a film festival! Read the text and answer the questions in French.

PRENDS L'AIR AU FESTIVAL DU FILM D'ENVIRONNEMENT

Le Festival du film environnemental (FIFE) se déroule en Île-de-France du 4 au 11 février. Les participants verront des projections avancées gratuites de films sur la nature, les animaux et l'écologie!

Le programme comprend plus de 100 films (courts métrages et longs métrages), des films d'animation, des documentaires et des documentaires en ligne du monde entier pour sensibiliser à la beauté et à la fragilité de la planète Terre.

Une présentation spéciale de trois films d'animation en provenance des pays méditerranéens Tunisie, l'Espagne et l'Egypte mettra en lumière la lutte contre le gaspillage, le développement durable et la biodiversité aquatique.

Vous n'etes pas à Paris? Vous pouvez toujours voir les 11 documentaires en ligne et voter! Le festival se déroule au Cinéma des Cinéastes, dans le 17ème arrondissement, et dans les cinémas partenaires.

(a) Quand se déroule le festival? ....

(b) Mentionne deux types de film qu'on peut voir au festival. ....

(c) Quels sont les trois pays mentionnés dans l'article? ....

(d) Où se déroule le festival? ....

(e) Comment dit-on ...? Trouve les mots suivants dans l'article.

- *nature* - *ecology* - *planet Earth*

4.5 E Dossier francophone ! Note tous les renseignements sur la Tunisie dans ton Journal de bord.

Fill in all the information about Tunisia in your learning diary.

Écris les mots-clés 107–113 de la section 4.5 dans ton Journal de bord.

Fill in the key words 107–113 for section 4.5 in your learning diary.

4.6 Quel temps fait-il ?

4.6 A Nicole et Christophe parlent du temps. Lis la BD.
Nicole and Christophe talk about the weather. Read the comic strip.

Comment dit-on ça en français ? Trouve les phrases dans la BD.
Find the following phrases in the comic strip.

(a) I'm really looking forward to the holidays.
(b) You're lucky!
(c) The weather will be nice in August.
(d) According to the weather forecast…
(e) It's always sunny in summer.
(f) A long journey.

Regarde le diaporama sur le temps.
Watch the PowerPoint presentation 'Unité 4.6 (A)' on the weather.

4.6 B Quel temps fait-il ? Écoute et répète.

What is the weather like? Listen and repeat.

Quel temps fait-il ?

Il fait beau.

Il fait mauvais.

Il fait chaud.

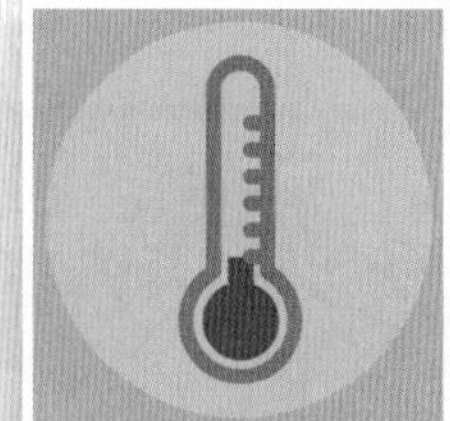
Il fait froid.

Il y a du soleil.

Il y a du vent.

Il y a du brouillard.

Il y a des orages.

Il y a des nuages.

Il y a du verglas.

Il neige.

Il pleut.

Il gèle.

Il grêle.

! We use the verb FAIRE, the phrase *il y a* or the verbs NEIGER, PLEUVOIR or GELER to describe the weather.

4.6 C Parlons ! Travaillez à deux. Quel temps fait-il à… ? Regarde la carte et pose la question à un/une camarade de classe.

Work in pairs. What is the weather like in… ? Look at the map and ask a classmate.

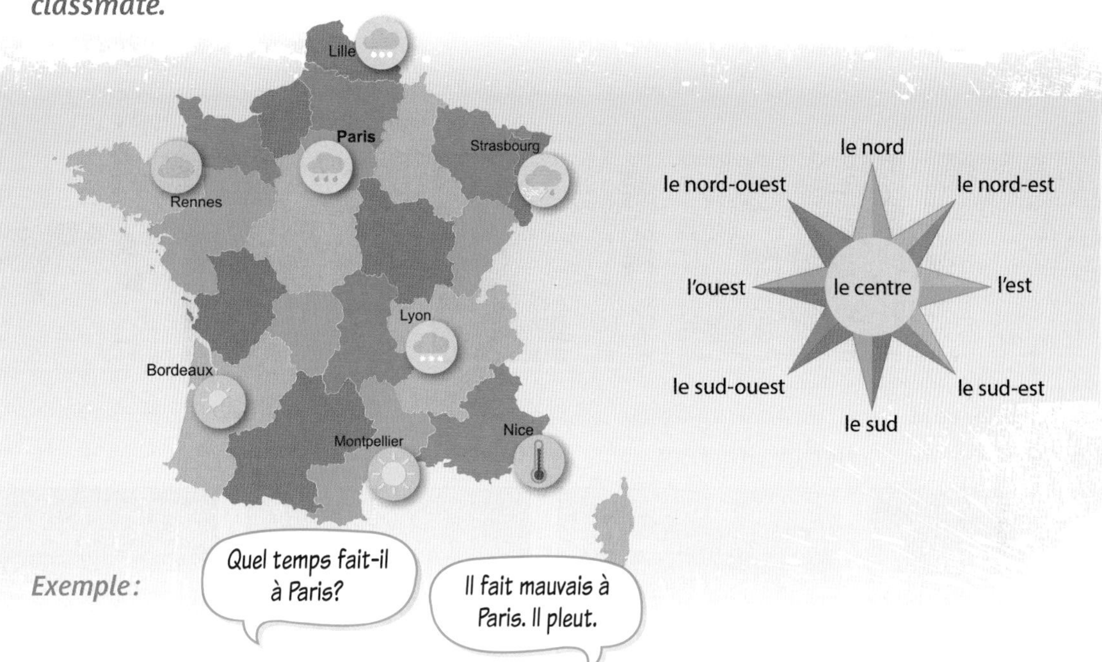

Exemple :

Quel temps fait-il à Paris?

Il fait mauvais à Paris. Il pleut.

Regarde la carte météo de la France et décide si ces phrases sont vraies ou fausses.

Look at the weather map of France and decide if the sentences are true or false.

	VRAI	FAUX
(a) Il fait froid à Nice.	☐	☐
(b) Il fait mauvais dans le nord de la France.	☐	☐
(c) Il y a des orages à Strasbourg.	☐	☐
(d) Il pleut à Bordeaux.	☐	☐
(e) Il y a du soleil à Montpellier.	☐	☐
(f) Il neige à Rennes.	☐	☐
(g) Il fait chaud dans le sud-est de la France.	☐	☐

Qu'est-ce que ça veut dire ?

What do you think these weather phrases mean?

Il fait un temps de chien !

Il pleut des cordes !

4.6 D Relie les mots aux images. Utilise un dictionnaire si nécessaire.

Label the images with the nouns. Use your dictionary if necessary.

la neige | *les nuages* | *une canicule* | *le soleil* | *la pluie*

un éclair | *le tonnerre* | *une inondation* | *un arc-en-ciel*

(a)

....

(b)

....

(c)

....

(d)

....

(e)

....

(f)

....

(g)

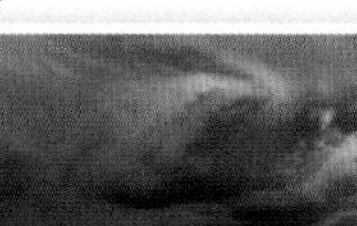

....

(h)

....

(i)

....

4.6 E Écoute les prévisions métérologiques.

Listen to the weather forecast.

Relie les expressions en gras aux images.

Listen and read the weather forecast. Match the phrases in bold to the images.

Voici la météo pour aujourd'hui vendredi. En ce moment dans le nord de la France, **le ciel est couvert** et il pleut. Température maximale de 16 degrés à Lille.

À Paris, il y aura des **averses** pendant toute la journée, avec beaucoup de nuages et une température maximale de 21 degrés.

En Bretagne, et sur la côte Atlantique, il fera beau en général. **Le ciel est bleu** en ce moment mais il y aura **des vents forts** et des nuages. Il fera 18 degrés cet après-midi à Rennes et 19 à Nantes.

Dans l'est, il fera assez chaud aujourd'hui, avec des vents faibles venant du sud. Il y a un risque de brouillard l'après-midi, avec des températures maximales de 20 à 23 degrés à Strasbourg.

Dans la moitié sud du pays, **le soleil brille** ! Il fera beau et chaud avec **des vents faibles** sur la côte méditerranéenne. Températures entre 26 et 30 degrés.

(a)

(b)

(c)

(d)

(e)

(f)

Écoute et compète le tableau en français.
Listen and fill in the table in French.

	Zurich	Genève	Bâle
Quel temps fera-t-il?			
Températures maximales			
Températures minimales			

4.6 F Dessigne des flashcards en ligne (avec Quizlet ou Studystack) pour apprendre le vocabulaire de la météo.
Make a set of online flashcards (with Quizlet or Studystack) to learn the weather vocabulary.

4.6 G Fais les mots-croisés.

Fill in the crossword.

1↓ 2↓ 3→ 4↓ 5↓ 6↓ 7↓ 8↓ 9→ 10→

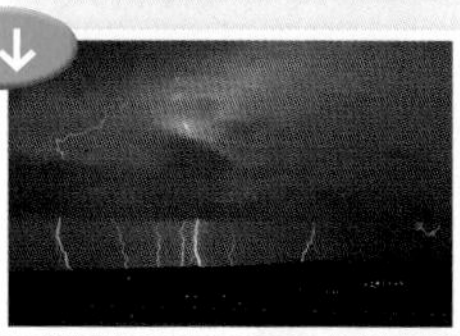

1 2 3 4 5 6 7 8  9  10

4.6 H Lis ces articles d'un journal français.

Read the articles from a French newspaper.

(a)

Mardi soir aux États-Unis, un violent orage a fait tomber d'énormes grêlons de la taille d'une balle de tennis. Le puissant orage de grêle, concentré sur la ville de Clarksdale dans l'état du Mississippi, a endommagé des fenêtres et des véhicules. Des grêlons énormes, d'environ 10 centimètres de diamètre, sont tombés vers 18h (heure locale). Le plus gros trouvé mesurait 9,9 centimètres de diamètre. Sur les vidéos amateurs sur Facebook et Instagram, on voit des voitures endommagées.

(b)

Les températures cette dernière semaine sont bien inférieures aux normales saisonnières. De 1oC à 2oC, selon Météo France, très froid pour le mois de mai sur la Côte d'Azur. Jeudi dernier, des précipitations assez rares pour cette période de l'année sont tombées le long de la côte. Sur Twitter, le maire de Monaco a publié une photo de la Place du Casino à Monte-Carlo, Monaco prise pendant les chutes de neige de la matinée.

(c)

Le ministre de la Sécurité publique, Jacques Lessard, a rencontré la presse québécoise à 20h dimanche soir. Il a confirmé l'état d'urgence au Québec, où les pluies continuent. Pendant le weekend, 392 résidences ont été inondées et 186 personnes ont été évacuées. De même, 123 municipalités du Québec ont été touchées par ces inondations. Les forces armées, les pompiers et les policiers travaillent ensemble pour aider les personnes évacuées. Le ministre a précisé que lundi matin, plus de 200 soldats supplémentaires arriveront au Québec.

Relie les titres aux articles.
Match the titles to the articles.

1 De la neige ? C'est le 3 mai !

2 L'armée continue d'évacuer les habitants.

3 Que grele aux États-Unis !

ARTICLE	TITRE
(a)	
(b)	
(c)	

Réponds en anglais.
Answer in English.

(a) When was the hailstorm? ....
(b) What was the size of the hailstones compared to? ....
(c) Where exactly did the hailstorm occur? ....
(d) In what month was the unusual snowfall in Monaco? ....
(e) Who posted a photo to Twitter? ....
(f) Where did the floods happen? ....
(g) When exactly did Jacques Lessard hold a press conference? ....
(h) Name two groups of people who are assisting the evacuation. ....

4.6 **Quel temps fait-il dans les pays francophones en ce moment? Cherche sur Internet et note les renseignements dans ton Journal de bord.**

What is the weather like in the French-speaking world at the moment? Find the information online and fill it into your learning diary.

La météo de demain

Weather forecast reports are often given in the future tense. Study the chart below and fill in the weather phrases in the future tense.

	LE PRÉSENT	LE FUTUR
1	Il fait beau	Il fera beau
2	Il fait chaud	
3	Il fait froid	
4	Il fait mauvais	
5	Il y a du vent	Il y aura du vent
6	Il y a du soleil	
7	Il y a des orages	
8	Il y a des nuages	
9	Il y a du verglas	
10	Il pleut	Il pleuvra

4.6 **Tous ensemble! Travaillez en groupes de trois ou quatre personnes. Choisissez un pays francophone et cherchez le temps qu'il fait dans ce pays. Faites un bulletin météo.**

Work in groups of three or four people. Choose a French-speaking country. Investigate the weather in that country and make a weather forecast report.

Critères de réussite:

- Choose a French-speaking country.
- Investigate the weather in four different parts of that country.
- Write a weather forecast.
- Use a smartphone or tablet to record your weather bulletin (if you have it, you can use iMovie or similar).
- Each group member must speak.
- Play your weather bulletin for the class.

4.6 K Complète les phrases avec les mots ci-dessous.

Fill in the blanks wih the words below.

a	du	des	dans	il
brille	degrés	fait	est	

(a) Il .... très chaud aujourd'hui.

(b) Il y .... du soleil.

(c) .... fait mauvais ce matin.

(d) Il y a .... nuages.

(e) Le soleil ....

(f) Le ciel .... gris.

(g) Il y a .... brouillard.

(h) Il y a des orages .... le sud.

(i) Il fait vingt ....

Écris les mots-clés 114–160 de la section 4.6 dans ton Journal de bord.

Fill in the key words 114–160 for section 4.6 in your learning diary.

4.7 Tu es prêt(e) à pratiquer ? Allons-y !

4.7 A Relie les panneaux aux mots correspondants.

Match the signs.

1 Aire de jeux
2 Défense de fumer
3 Renseignements
4 Laverie
5 Eau potable
6 Passages dromadaires
7 Climatisation
8 Consignes automatiques
9 Stationnement interdit
10 Location de voitures

(a) (b) (c) (d) (e) (f) (g) (h) (i) (j)

1	
2	
3	
4	
5	
6	
7	
8	
9	
10	

4.7 B Consulte les sites web sur le logement à Nantes et réponds aux questions.

Read the brochures for accommodation in Nantes and answer the questions.

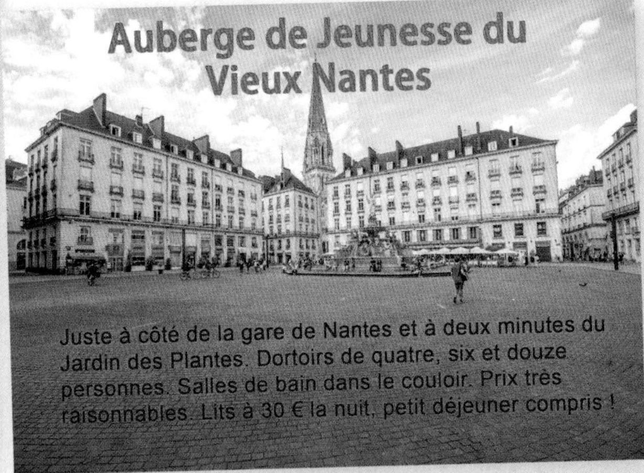

Auberge de Jeunesse du Vieux Nantes
Juste à côté de la gare de Nantes et à deux minutes du Jardin des Plantes. Dortoirs de quatre, six et douze personnes. Salles de bain dans le couloir. Prix très raisonnables. Lits à 30 € la nuit, petit déjeuner compris !

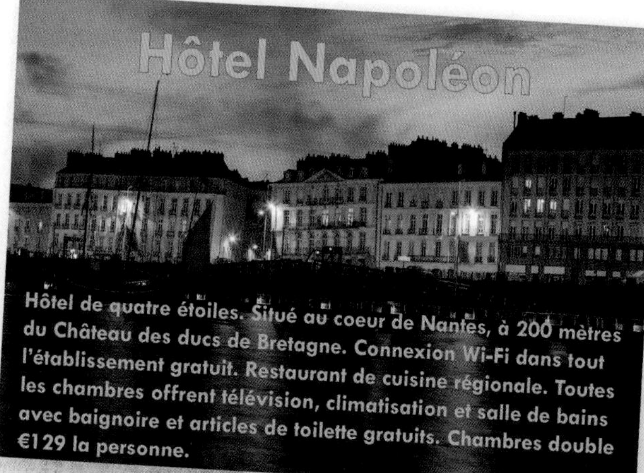

Hôtel Napoléon
Hôtel de quatre étoiles. Situé au coeur de Nantes, à 200 mètres du Château des ducs de Bretagne. Connexion Wi-Fi dans tout l'établissement gratuit. Restaurant de cuisine régionale. Toutes les chambres offrent télévision, climatisation et salle de bains avec baignoire et articles de toilette gratuits. Chambres double €129 la personne.

Camping Nantes Fôret

- Camping au coeur d'un écrin de verdure, avec piscine couverte chauffée et terrain de tennis.
- Location de chalets et mobil-homes équipés.
- Emplacements bien ombragés pour tentes.
- Animation pour toute la famille.
- Location de 335 € la semaine au mois de juin.

Réponds en français.

Answer in French.

(a) Quel est le prix d'une chambre double dans l'hôtel? ....

(b) Identifie un site touristique près de l'auberge de jeunesse. ....

(c) Identifie deux installations au camping. ....

(d) Choisis un logement qui convient aux ados. ....

Réponds en anglais.

Answer in English.

(a) Which accommodation has a heated indoor swimming pool? ....

(b) Which accommodation includes breakfast in the price per night? ....

(c) Which accommodation has air conditioning? ....

(d) Choose a type of accommodation suitable for a family of five. ....

4.7 C Dans ton Journal de bord, fais une brochure (en français) pour un hôtel, un camping ou une auberge de jeunesse dans ta région.

Make a brochure for a hotel, a campsite or a youth hostel in your region.

4.7 D Regarde la carte et réponds aux questions en français.

Look at the map and answer the questions in French.

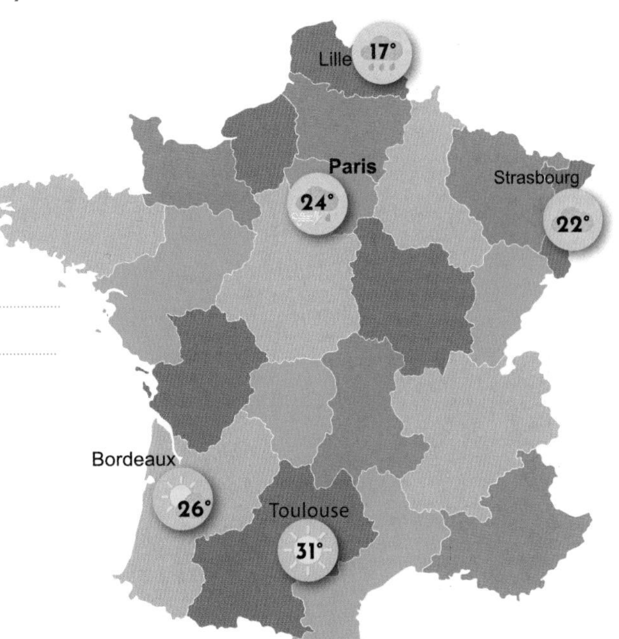

(a) Quel temps fait-il à Bordeaux? ....

(b) Quelle est la température à Paris? ....

(c) Quel temps fait-il à Strasbourg? ....

(d) Où est-ce qu'il pleut? ....

(e) Où fait-il très chaud? ....

(f) Quelle est la température à Toulouse? ....

(g) Dans quelle ville fait-il le plus froid? ....

4.7 E Complète avec le futur simple des verbes entre parenthèses.

Fill in the blanks with the futur simple of the verbs in brackets.

(a) Les élèves .... (fermer) les cahiers quand la cloche sonnera.

(b) La famille .... (être) au théâtre samedi soir.

(c) Je .... (vouloir) aller à l'étranger pendant les grandes vacances.

(d) Mon frère .... (devenir) médecin dans cinq ans.

(e) J'.......... (avoir) quinze ans en août.

(f) L'équipe .... (aller) au stade pour jouer la finale de la Coupe.

(g) Est-ce que vous .... (écouter) vos iPods après le diner ?

(h) Mes cousins .... (venir) des Etats-Unis la semaine prochaine.

(i) Il .... (faire) beau demain après-midi pour le pique-nique.

(j) Nous .... (pouvoir) faire un gâteau avec ces ingrédients.

4.7 F Complète la lettre avec les mots ci-dessous.

Fill in the letter with the words below.

tarifs	*emplacements*	*sentiments*	*Madame*	*Veuillez*
réserver	*envoyer*	*avril*	*tente*	*Arles*

Camping Francophile
15, rue de Gaulle
83-200 Toulon

Arles, le 3 (a) ....

Vivienne Fabert
20, rue de la Cour
13200 (b) ....

Monsieur / (c) .... ,

Je voudrais (d) .... deux (e) .... dans votre camping pour une semaine, du 5 au 12 juillet. Nous sommes une famille de quatre personnes. Je voudrais un emplacement pour une caravane et un emplacement pour une (f) .... Pourriez-vous m'indiquer vos (g) ...., s'il vous plaît ? Je vous serais très reconnaissante de bien vouloir m'(h) .... une brochure de l'hôtel.

J'attends votre réponse avec impatience.

(i) .... agréer, Monsieur / Madame, l'expression de mes (j) .... distingués.

Vivienne Fabert

4.7 G Ta famille va en vacances à Marseille ! Dans ton Journal de bord, écris une lettre formelle à l'Hôtel Saint Victor pour réserver les chambres.

Your family is going on holidays to Marseille. In your learning diary, write a formal letter to Hotel Saint Victor to reserve the rooms.

4.7 H Quel temps fait-il ? Écris une phrase pour chaque image.

What is the weather like? Write a sentence for each image.

(a)
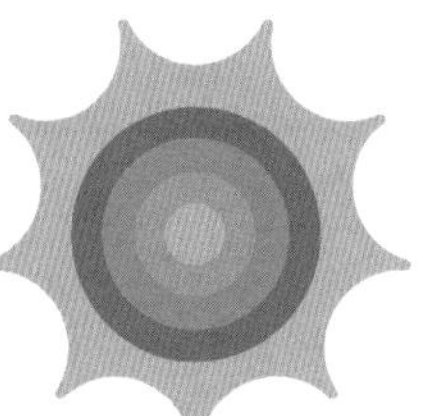

(b)

(c)

(d)

(e)

(f)

(g)

(h)

4.7 I Écoute et complète le tableau en anglais avec le temps qu'il fait dans chaque ville en France.

Listen and fill in the table in English with the weather in France.

	TEMPS	TEMPERATURES
(a) Lille		
(b) Paris		
(c) Lyon		
(d) Marseille		
(e) Toulouse		
(f) Bordeaux		
(g) Nantes		

Écris les mots-clés 161–165 de la section 4.7 dans ton Journal de bord.

Fill in the key words 161–165 for section 4.7 in your learning diary.

52

Revision
Go to **www.edco.ie/caroule2** and try the interactive activities and quizzes.

Unité 4 Mets tes connaissances à l'épreuve

Coin grammaire !

Revise the grammar in Unit 4 in your learning diary.

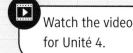

Watch the video for Unité 4.

Évalue-toi dans ton Journal de bord.

Use your learning diary to see how much you have learned in Unit 4.

Que sais-je ?			
I know at least five interesting facts about Tunisia			
I can give a weather report with accurate pronunciation and intonation			
I can identify items typically seen in hotel rooms and on campsites			
I can check-in for a flight in French			
I can ask for a room at a hotel or hostel			
I can ask what the weather is like			
I can say what the weather is like			
I can ask a classmate about what he / she is going to do this weekend			
I can give my opinion on different weekend activities			
I can interview a classmate about his/her town or city			
I can write formal letters			
I can write a role-play at a hotel reception			
I can write an email booking a French hotel for a family holiday			
I can write an email making a reservation for a French campsite			
I can write a role-play checking in for a flight			
I can write an email saying what I am going to do this weekend			
I can use the irregular verb *PARTIR*			
I can express the future using the *futur simple*			
I can use the *passé proche (VENIR de + infinitive)*			
I can understand announcements in the airport			
I can understand understand conversations at the check-in desks of airports and hotels			
I can follow weather forecast bulletins			
I can understand the information on a boarding card			
I can follow a plan of an airport			
I can read brochures for hotels and campsites			
I can follow formal letters making or responding to reservations			
I can follow newspaper articles about extreme weather			
I can make a brochure for a hotel or campsite in my area			
I can make a set of digital flashcards to learn the weather vocabulary			
I can record a weather forecast bulletin			

En route !

By the end of this unit you will be able to…

- Identify items of clothing
- Describe a look or style
- Identify parts of a car
- Identify items you would typically see in a station or service station
- Give directions
- Go shopping for clothes (ask for sizes, colours, prices etc)
- Give your opinion on different looks and styles
- Buy a train or bus ticket (ask for types of ticket, prices etc)
- Make a treasure hunt with a group
- Ask for directions
- Write a description of a look or style
- Make a celebrity fashion poster
- Write a description of your school uniform
- Create a comic strip
- Use the verb FAIRE in a variety of different expressions
- Use the superlative to express what you think is best
- Use prepositions to say where something is located
- Use ordinal numbers to say which street to take
- Use the imperative tense to give directions
- Follow an advertisement for sales at a boutique
- Understand conversations in clothes shops
- Follow news reports about traffic and accidents
- Follow directions
- Understand texts describing clothes and uniforms
- Follow a text about Yves Saint Laurent
- Follow an Algerian recipe
- Understand simple newspaper articles and web pages about traffic and accidents
- Read bus and train timetables
- Make a poster advertisement for a French boutique
- Create a set of digital flash cards to help you learn vocabulary
- Recognise French fashion brands
- Complete your dossier francophone about Algeria
- Recognise French road signs and driving conventions
- Identify different types of trains in France

Go to **www.edco.ie/caroule2** and try the interactive activities and quizzes.

Le saviez-vous ?!
You most likely know the English expression, '*See you later, alligator*'. In French, we say « À plus *tard mon canard* », which is often followed by the response « À *demain, mon lapin !* »

The title of this unit means *On the road*. In this unit, Nicole and her family pack up their luggage and drive to Cannes. What vocabulary do you already know on the topic of clothing? What language do you have already that might be useful for road travel in France?

Note tes idées dans ton Journal de bord.
Note your ideas in your learning diary.

5.1 Faire ses valises

Nicole and Jérôme are preparing for their trip to Cannes. What do you think *une valise* is? So what do you think the expression *faire ses valises* means?

5.1 A Les expressions avec FAIRE

Expressions with FAIRE

Faire la fête

Faire attention

Faire le ménage

Faire la grasse matinée

Faire des économies

Faire la bise

Faire une promenade

Faire la cuisine

Faire des achats

Faire un voyage

5.1 B Parlons ! Travaillez à deux. Que font-ils ? Pose la question à un/une camarade de classe. Utilise les expressions avec FAIRE pour répondre.
Let's talk. Work in pairs. What are they doing in each photo? Ask a classmate. Use the expressions with FAIRE to respond.

Exemple : (a) (b) (c)

Il fait des achats.

(d) (e) (f) (g)

Maintenant écris une phrase pour chaque image ci-dessus.
Now write a sentence for each image above.

5.1 C Lis les descriptions et identifie les vêtements avec les mots des textes.
Read the descriptions and label the images with words from the texts.

Cillian Murphy est irlandais. Il est mince et de taille moyenne. Il a les cheveux bruns et les yeux bleus. Il porte un costume noir (un pantalon noir et une veste noire), une chemise blanche et une cravate noire.

Gigi est américaine. Elle est grande et belle. Elle porte une robe violette avec une veste et des chaussures noires. Elle a un sac à main rouge.

Ed est anglais. Il a les cheveux roux et les yeux bleus. Il porte des lunettes. Il porte un jean, un tee-shirt bleu marine, une veste noire et des baskets.

Les vêtements

un jean | *les chaussures* | *une robe* | *un costume* | *une chemise* | *un sac à main* | *les baskets* | *un pantalon* | *un tee-shirt* | *une veste*

....

....

....

....

....

....

....

....

....

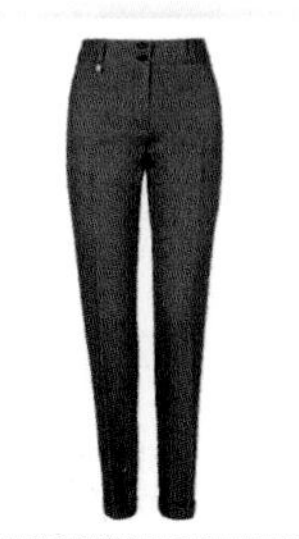
....

What strategies did you use to figure out the vocabulary above?
Discuss in pairs and note the strategies you used in your learning diary.

Remember that colours are adjectives and must agree with the noun they describe.

un pantalon noir
une veste noire

5.1 D Écoute et identifie les vêtements avec les mots ci-dessous.

Listen and label the images with the words below.

un pyjama | *des tongs* | *un survêtement* | *un maillot de bain* | *un chapeau* | *un imperméable*

des gants | *des sandales* | *un short* | *des bottes* | *une casquette* | *un sweat à capuche* | *un chemisier*

1 
une jupe

2 
....

3 
....

4 
....

5 
une cravate

6 
....

7 
des chaussettes

8 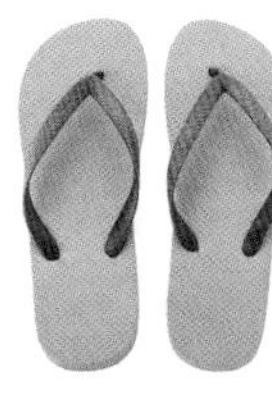
....

9 
....

10 
un collant

11 
....

12 
....

13 
une écharpe

14 
....

15 
....

16 
un manteau

17 
....

18 
....

19 
un pull

20 
....

5.1 E Écoute et répète le vocabulaire.

Listen and repeat the vocabulary.

Regarde le diaporama sur les vêtements.

Watch the PowerPoint presentation 'Unité 5.1(E)' on clothes.

5.1 F Relie les descriptions aux images.

Match the descriptions to the images.

1

2

3

4

5

(a) Elle porte une jupe écossaise à carreaux, un tee-shirt à manches longues et des talons hauts.

(b) Il porte un tee-shirt blanc à rayures bleu marine.

(c) Elle porte un legging bleu marine, une chemise blanche avec un cardigan noir à manches longues et des bottes. Elle a un sac à main gris.

(d) Il porte un costume noir et bleu marine une chemise blanche et un noeud papillon noir.

(e) Elle porte une robe rouge à manches courtes.

Comment dit-on en français? Trouve les expressions suivantes dans les textes ci-dessus.

Find the phrases in the texts above.

a bow-tie ....

long-sleeved ....

short-sleeved ....

checked ....

high heels ....

stripes ....

navy blue ....

leggings ....

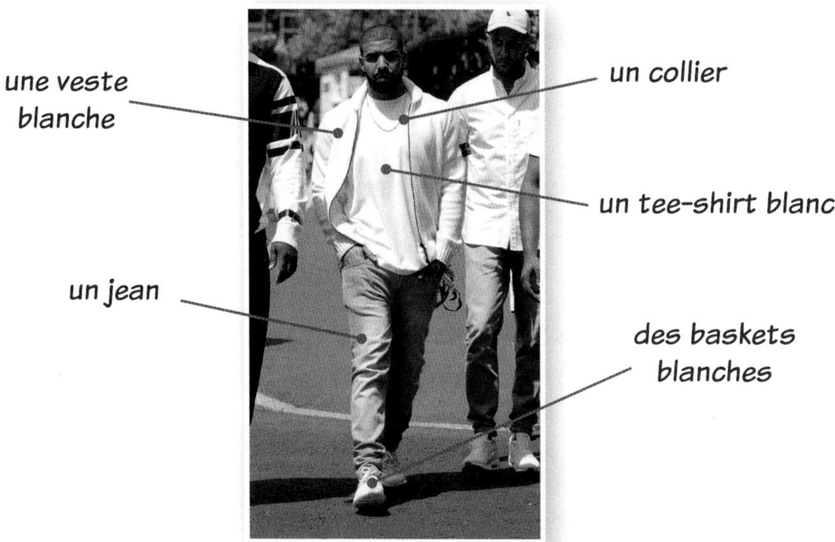

5.1 G Dans ton Journal de bord, fais un poster du style d'une célébrité. Identifie ses vêtements et décris son apparence et son look.
In your learning diary, make a fashion poster showing the style of a famous person. Label the clothes and describe their appearance and look.

5.1 H Soldes monstres ! Écoute l'annonce et réponds aux questions en français.
Monster sales! Listen to the advertisement and answer the questions in French.

(a) Comment s'appelle la boutique ? ....

(b) Où se trouve la boutique ? ....

(c) Identifie trois produits en solde. ....

(d) Les soldes continuent jusqu'à quelle date ? ....

(e) Quel est le site web de la boutique ? ....

Les soldes en France

In France, the government sets two periods each year when shops can put their merchandise on sale. The winter sales run from early January to early February, and the summer sales run from late June until the end of July. Each sale period lasts roughly six weeks. Retailers do not usually have sales outside of these government regulated time periods.

5.1 Lis le BD.

Read the comic strip.

Trouve les expressions suivantes dans le texte.

In a shop. Find the following phrases in the text.

(a) Can I help you? ....

(b) I would like a skirt. ....

(c) What colour do you prefer? ....

(d) I really like this navy. ....

(e) What size are you? ....

(f) I'm size 38 ....

(g) to try on ....

(h) the changing room ....

(i) the cash register ....

5.1 J Dans la boutique. Écoute les conversations et complète le tableau en anglais.

In the clothes shop. Listen and fill in the table in English.

	Item of clothing	Size	Colour	Price
1				
2				
3				
4				

5.1 K Relie les questions aux réponses.

Match the questions to the answers.

(a) Je peux vous aider?
(b) Quelle taille faites-vous?
(c) Quelle couleur préférez-vous?
(d) Où est la cabine d'essayage?
(e) Ça fait combien?

1 C'est à gauche.
2 Je fais du 42.
3 Trente-deux euros s'il vous plaît.
4 J'aime bien le rouge.
5 Je voudrais un sweat à capuche.

Complète la conversation à l'aide des images.

Fill in the blanks with the help of the images.

Vendeur : Bonjour monsieur, bienvenue à la boutique des vêtements pour l'.................... moderne, La mode, c'est à nous. Je peux vous aider?

M. Richard : Bonjour Monsieur, Je voudrais un .... pour l'hiver.

Vendeur : Quelle .... faites-vous?

M. Richard : Je fais du 44.

Vendeur : Quelle couleur préférez-vous?

M. Richard : J'aime bien le .... Où est .... ?

Vendeur : C'est à ....

M. Richard : Ça fait combien?

Vendeur : .... euros, s'il vous plaît.

5.1 (L) Travaillez à deux. Dans votre Journal de bord, écrivez un jeu de rôle dans une boutique.

Work in pairs. In your learning diary, write a role-play in a boutique.

Critères de réussite :
- One of you should be the sales person (vendeur/vendeuse), the other is shopping
- Mention what item of clothing you are buying
- Include information on the colour and size
- Ask about the price
- Remember to use the formal register (vous)

Parlons ! Travaillez à deux. Jouez votre jeu de rôle.

Work in pairs. Perform your role-play.

5.1 (M) Fais une publicité pour les soldes d'une boutique française.

Make an advertisement for a sale in a French clothes shop.

Critères de réussite :
- Make a poster advertisement for a French clothes shop
- Include images of clothing (draw, print or cut from magazines)
- Include prices and the dates of the sale
- Include the address of the shop

5.1 (N) Tous ensemble ! Quel est ton look préféré ? Parlez en groupes de trois ou quatre.

What is your favourite look? Talk in groups of three or four.

(a)

(b)

(c)

(d)

Je préfère le look (a) parce que j'aime le jean et j'adore le sac à main. J'aime bien le style !

Je déteste le look (d). Je n'aime pas le chapeau et je déteste la couleur noire. Ce n'est pas mon truc !

Écris une description de chaque look dans ton cahier.
Write a description of each look in your copy.

En France la plupart des élèves ne portent pas d'uniforme scolaire !

5.1 O Mon uniforme scolaire. Lis les descriptions d'uniformes.
Read the descriptions of the uniforms.

J'aime bien mon uniforme scolaire. Je porte une jupe noire, un chemisier blanc, un pull-over bleu marine, une cravate à rayures, un collant noir et des chaussures noires. L'uniforme est très confortable.

Nous portons un uniforme dans mon école. Je porte une chemise blanche, une cravate verte, un blazer vert, un pantalon gris avec des chaussures noires et des chaussettes noires. Les filles ont le choix de porter une jupe grise ou un pantalon gris.

Écris une description de ton uniforme dans ton Journal de bord.
Write a description of your school uniform in your learning diary.

Les marques françaises.
French brands.

Il y a beaucoup de marques françaises qui sont connues dans le monde entier. Est-ce que tu reconnais ces marques? Elles sont toutes françaises !

5.1 (P) Lis le texte et réponds aux questions.

Read the text and answer the questions.

Yves Saint Laurent est né le 1er août 1936 à Oran en Algérie. Il a passé son enfance en Algérie avec ses parents Charles et Lucienne et ses deux petites soeurs Michèle et Brigitte. Comme enfant il aimait faire des poupées en papier pour ses petites soeurs et des robes pour sa mère et ses soeurs. À dix-sept ans, il s'est installé à Paris pour devenir couturier. En 1957, il a pris la direction artistique de la maison Dior. Sa première collection, en janvier 1958, a connu un immense succès. Il est devenu un des couturiers français les plus célèbres au monde. Il a été le premier couturier à engager des mannequins d'origine africaine ou asiatique pour ses défilés. Il est mort le 1er juin 2008 à Paris en France, suite à un cancer du cerveau.

Réponds en français.

Answer in French.

(a) Quelle est la date de naissance d'Yves Saint Laurent? ....

(b) D'où vient-il? ....

(c) Comment s'appellent ses parents? ....

(d) Comment dit-on *fashion designer* en français? Trouve le mot dans le texte. ....

Réponds en anglais.

Answer in English.

(a) What age was he when he moved to Paris? ....

(b) When did he launch his first collection? ....

(c) What do you think *mannequin* means? ....

(d) What was the cause of his death? ....

Complète les mots-clés 1–67 de la section 5.1 dans ton Journal de bord.

Fill in the key words 1–67 from section 5.1 in your learning diary.

5.2 La francophonie – L'Algérie

Le couturier français Yves Saint Laurent est né en Algérie. Que savez-vous de l'Algérie ?

5.2 A Le saviez-vous ? L'Algérie

- L'Algérie est le plus grand pays d'Afrique.
- Algiers est la capitale de l'Algérie.
- L'Algérie était une colonie française jusqu'à son indépendance en 1962. The French influenced the cuisine, language and legal system of Algeria.
- Les produits typiques de l'Algérie sont les citrons, les oranges, les olives, les dattes, (*dates*) les figues, (*figs*) le blé (*wheat*) et l'avoine (*oats*).
- The national dish is couscous. It is traditionally eaten with the thumb, forefinger and middle finger of the right hand. It is a sign of greed to use more than three fingers to eat it and it should only be eaten with the right hand, because the left hand is considered unclean!
- The official language is Arabic, however, many Algerians also speak Berber or French.
- Over 90% of Algeria is covered by the Sahara desert. Only 12% of the country is inhabited.
- In Algeria, it is considered rude to use your finger to point at an object or a person.
- The official religion of Algeria is Islam.
- Petroleum and natural gas are Algeria's largest exports.

5.2 B L'Algérie. Écoute et réponds aux questions en anglais.

Algeria. Listen and answer the questions in English.

(a) Where in Africa is Algeria located? ....

(b) What are the three languages spoken in Algeria? ....

(c) Name the two main colours of the Algerian flag. ....

(d) When did Algeria gain independence from France? ....

(e) Choose the correct answer: The right/left hand is used to eat with. ....

(f) What's the weather like in Algeria in August? ....

5.2 C Lis la recette du couscous algérien et réponds aux questions.

Read the recipe for Algerian couscous and answer the questions.

Couscous algérien

Servir : 4 personnes
Temps de préparation : 10 minutes
Temps de cuisson : 55 minutes

Ingrédients

Viande d'agneau
2 pommes de terre épluchées et coupées en 4
3 carottes épluchées coupées en deux
1 gros oignon
3 courgettes coupées en deux
2 branches de céleri
1 cuillère de gingembre
1 cuillère-à-soupe de paprika
sel, poivre
5 tomates
1 cuillère-à-soupe de concentré de tomate

Instructions

1. Faire frire la viande dans de l'huile. Ajouter les oignons.
2. Ajouter les tomates mixées, le concentré de tomate, les carottes et le céleri.
3. Ajouter 1,5 litres d'eau et laisser cuire.
4. Quand la viande a presque cuit, ajouter les autres légumes (courgettes et pommes de terre) et les épices. Continuer la cuisson.
5. En fin de cuisson, placer la viande sur une assiette.
6. Dresser le couscous sur une grande plat, placer la viande au centre, les légumes et la sauce autour.

Réponds en français.

Answer in French.

(a) La recette, c'est pour combien de personnes ? ....

(b) Combien de temps prend la préparation ? ....

(c) Quelle type de viande est utilisée dans la recette ? ....

(d) Quels légumes sont utilisés dans la recette ? ....

Réponds en anglais.

Answer in English.

(a) How many sticks of celery are needed for this recipe? ....

(b) Which vegetable is first added to the meat? ....

(c) What is added to the recipe in the third step? ....

(d) Figure out the meanings of the verbs ÉPLUCHER, COUPER, AJOUTER. ....

5.2 D Note tous les renseignements sur l'Algérie dans ton Journal de bord.

Fill in all the information about Algeria in your learning diary.

5.2 E Le superlative

The superlative

★ Let's examine this sentence from section 5.2 (A).
L'Algérie est le plus grand pays d'Afrique. → Algeria is the biggest country in Africa.

★ *Le plus grand* is an example of the superlative. The superlative is used to say something is the biggest, the best, the most interesting or the least expensive. To form the superlative we use

le/la/les plus
or
le/la/les moins

followed by an adjective (which agrees in number and in gender with the noun).

For example:

Algérie est le plus grand pays d'Afrique.
Algiers est la plus grande ville d'Algérie.
L'arabe est la langue la plus parlée en Algérie.
Robert et Arnaud sont les plus beaux garçons de la classe.
Brigitte et Céclie sont les plus belles.

Note the following irregular superlative forms:

Le meilleur/la meilleure/les meilleurs/les meilleures = *the best*
Le pire/la pire/les pires = *the worst*

Exemple: C'est le meilleur jour de ma vie. *It's the best day of my life.*

Complète les mots-clés 68–82 de la section 5.2 dans ton Journal de bord.
Fill in the key-words 68–82 for section 5.2 in your learning diary.

5.3 En route !

5.3 A Nicole fait la liste des vêtements qu'elle va mettre dans sa valise pour aller à Cannes. Lis la liste et réponds aux questions en anglais.
Nicole makes a list of the clothes she is going to pack for her trip to Cannes. Read the text and answer the questions in English.

(a) How many skirts is Nicole packing? ....
(b) Name two types of footwear Nicole is bringing. ....
(c) What two items on the list would protect you from the sun? ....
(d) What two items on the list would protect you from the rain? ....
(e) Without using a dictionary, find the words for underwear, toothbrush and toothpaste, shower gel, shampoo, deodorant, money and sunglasses. How did you figure out the meanings? ....

Pour les vacances à Cannes

6 tee-shirts
3 shorts
2 jupes
1 robe
Un pyjama
Des sous-vêtements
Un maillot de bain
Des tongs
Une serviette
Des baskets
Un imperméable
Un parapluie
Une casquette

La crème solaire
Les médicaments
La brosse à dents et dentifrice
Le gel douche et shampoing
Le déodorant
L'argent
Le téléphone portable et le chargeur
Les lunettes de soleil
Des livres

Nicole et sa famille vont à Cannes en voiture. Ce sera un voyage très long – huit heures en voiture, mais en route, la famille va passer une nuit chez ses cousins à Montpellier.

5.3 B Conduire en France. Que veulent dire les panneaux ? Relie les images aux mots.

What do the following road signs mean? Match the images to the words.

école | *feux* | *vitesse maximum à 60 kilomètres heure* | *arrêt de bus* | *autoroute* | *passage piéton* | *tunnel* | *risque de neige*

(a)

(b)

(c)

(d)

(e)

(f)

(g)

(h)

Conduire en France

In France, drivers must drive on the right-hand side of the road so the steering wheel in French cars is always on the left-hand side of the car. *Les autoroutes* (motorways) are indicated on road signs with the letter *A*. These motorways usually have a *péage* (toll). Along French motorways it is common to find *aires de service* (service stations) and *aires de repos* (rest areas). Traffic control and road safety is the responsibility of *les gendarmes* (traffic police).

5.3 C La conduite accompagnée à l'âge de 15 ans ? Lis le texte et réponds aux questions en anglais.

Accompanied driving at 15 years old? Read the text and answer the questions in English.

Depuis le premier novembre 2014, il est possible de s'inscrire au permis de conduire auto à quinze ans. Jusqu'en 2014, le début de l'apprentissage en conduite accompagnée n'était pas possible avant l'âge de seize ans. Cette nouvell[e] règle permet aux candida[ts] de pratiquer plus. Il faut avoi[r] dix-huit ans pour conduir[e] seul, mais le passage devan[t] l'inspecteur est possible à part[ir] de dix-sept ans et demi.

(a) When did the new law allowing 15 year olds to drive accompanied come into force? ....

(b) What age did learner drivers have to be before the introduction of the new law? ....

(c) At what age are drivers allowed to drive alone (unaccompanied) in France? ....

(d) At what age is it possible to take the driving test in France? ....

5.3 D Écoute et répète le vocabulaire.

Listen and repeat the vocabulary.

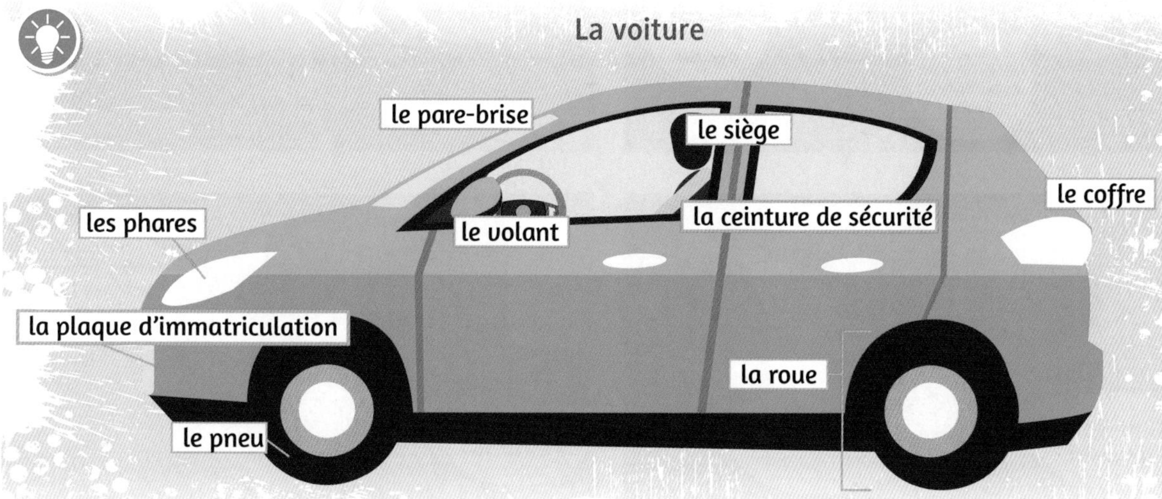

5.3 E La famille de Nicole arrive à une station-service. Lis la BD.

Nicole's family arrive at a service station. Read the comic strip.

Réponds en anglais.

Answer in English.

(a) For how long will the family be stopped at the service-station? ....

(b) What will Nicole's dad have to do while they are stopped? ....

(c) Name one item that Jérôme is buying from the vending machine. ....

(d) What does Jérôme borrow from Nicole? ....

(e) Comment dit-on ça ? Work with a partner to find the words for notes, a wallet, and the phrase Can you lend me…? (Answer in French). ....

5.3 F Écoute et répète le vocabulaire.

Listen and repeat the vocabulary.

> Fais attention!
> *Le pétrole* actually means oil. To say petrol in French we say *l'essence*. In France, the use of diesel, *le gazole*, is being phased out since 2014.

À la station-service

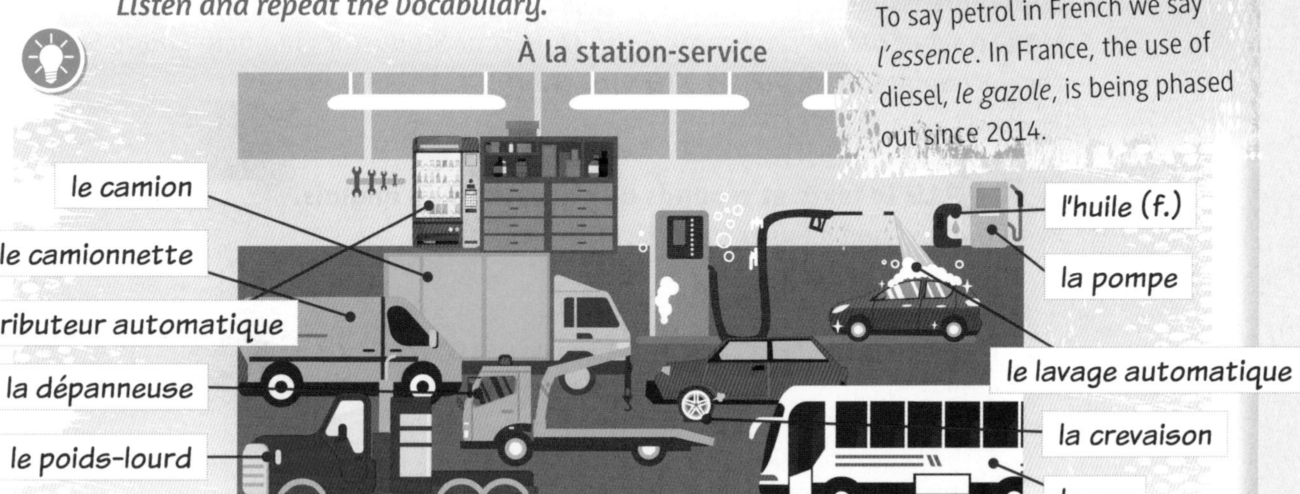

5.3 G Fais les mots croisés.

Fill in the crossword.

1↓ 2→  3↓ 4→ 5↓  6→   7→  8↓  9→ 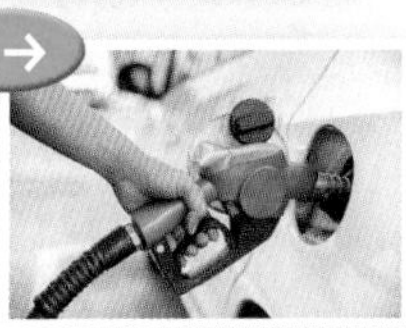 10→  11→  12→ 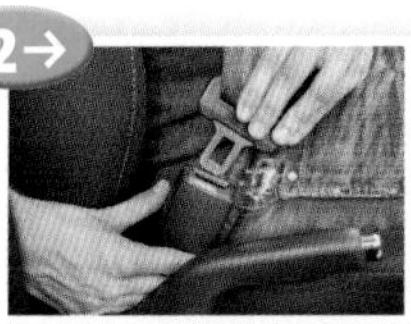 13→

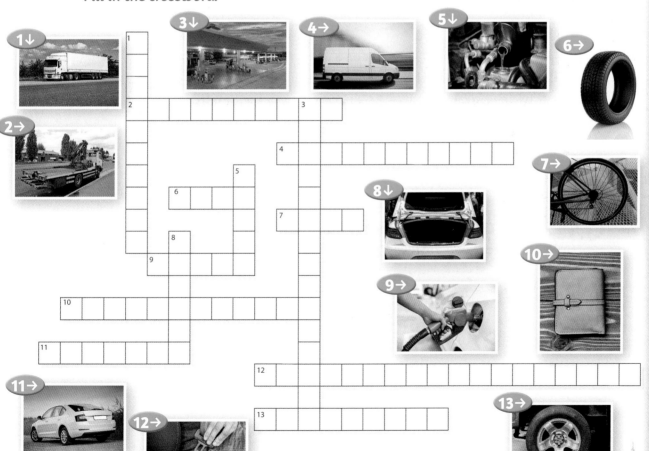

5.3 H Dessine des flashcards en ligne (avec Quizlet ou Studystack) pour apprendre le vocabulaire des sections 5.3 (D) et 5.3 (F).
Make a set of online flashcards (with Quizlet or Studystack) to help you to learn the vocabulary in sections 5.3 (D) and 5.3 (F).

5.3 I Lis le texte et réponds aux questions en anglais.
Read the text and answer the questions in English.

Violente collision sur la D952 : une personne est morte.

Une violente collision s'est produite jeudi dernier vers vingt heures entre un camion et une voiture sur la D952, près de Lannoy. Le conducteur du camion a perdu le contrôle de son véhicule et le camion est entré en collision, dans un choc frontal, avec une Citroën C3 rouge. Le conducteur de la voiture, un jeune homme de vingt-cinq ans de Lille est mort sur les lieux de l'accident. Le conducteur du camion et deux passagers de la voiture souffrent de blessures légères et ont été emmenés à l'hôpital de Roubaix. Les gendarmes lancent un appel à témoins mais ils croient que le verglas sur la route est responsable de l'accident.

(a) When did the accident occur? ....

(b) What two vehicles were involved in the accident? ....

(c) What information is given about the person who died at the scene? ....

(d) Who was taken to hospital? ....

(e) What is believed to be the most likely cause of the accident? ....

(f) What do you think *est mort* and *blessures* mean? ....

5.3 J Lis le texte et réponds aux questions en français.
Read the text and answer the questions in French.

Incendie dans une station-service à Nantes : un employé hospitalisé

Tout s'est joué en quelques secondes, mercredi 24 juillet, en tout début de matinée, à la station-service Total de Nantes. Pour une raison indéterminée, une camionnette a pris feu. Les flammes se sont propagées à grande vitesse. Les employés de la station ont juste eu le temps d'évacuer les lieux en courant. Les pompiers sont intervenus rapidement et ils ont réussi à contrôler le feu. Un employé a été légèrement brûlé au visage et au cou et il a été évacué vers le service des urgences de l'hôpital central de Nantes. La police a évacué une usine à côté de la station-service par mesure de sécurité. L'usine ouvrira demain matin.

(a) Il y a eu un incendie dans quelle ville? ....

(b) Quand est-ce que l'incendie s'est passé? ....

(c) Quel véhicule a pris feu? ....

(d) Combien de personnes ont été évacuées vers l'hôpital? ....

(e) Qu'est-ce que la police a fait? ....

(f) Quand ouvrira l'usine? ....

un feu

un incendie

5.3 K Écoute les informations et réponds aux questions en anglais.

Listen to the news and answer the questions in English.

(a) When was the accident in Marseille? ....

(b) How many cars were involved? ....

(c) Where were the drivers taken? ....

(d) How long are the traffic jams? ....

(e) What speed limit is mentioned in the traffic report? ....

(f) What is the weather like:

1 In the South? ....

2 In Brittany? ....

3 In the East? ....

5.3 L Lis le texte et réponds aux questions en anglais.

Read the text and answer the questions in English.

Quatre morts dans un terrible accident de la route.

Quatre personnes sont mortes lundi soir vers minuit sur l'A1 entre Le Bourget et Saint-Denis. Les quatre victimes – deux hommes et deux femmes, tous étudiants à l'Université Paris-Sorbonne ont été tués quand leur voiture (une Peugeot 307) a perdu le contrôle pendant une chute de neige. Les chutes de neige qui tombent sur une grande partie de la France depuis dimanche avaient rendu les routes glissantes. La Peugeot est entrée en collision, dans un choc frontal, avec un poids-lourd. Les victimes sont un couple d'Espagnols, originaires de Madrid, un Français de dix-neuf ans de Poitiers et une Anglaise de vingt-trois ans de Londres. Le conducteur du poids-lourds, un Allemand de cinquante-huit ans, a été blessé. On l'a emmené à l'Hôpital Fernand-Widal à Paris.

(a) Where and when did the accident occur? ....

(b) How many people were killed? ....

(c) What was the cause of the accident? ....

(d) What two vehicles were involved in the accident? ....

(e) What nationality were the victims? ....

(f) What information is given about the truck driver? ....

Complète les mots-clés 83–131 de la section 5.3 dans ton Journal de bord.

Fill in the key words 83–131 from section 5.3 in your learning diary.

5.4 On bouge !

5.4 A Chez Noah. Lis le texte et réponds aux questions en français.

At Noah's house. Read the text and answer the questions in French.

Nicole et sa famille, en route vers Cannes, passent une nuit avec ses cousins à Montpellier. Noah est le cousin de Nicole. Il a le même âge qu'elle et les deux cousins s'entendent très bien ensemble. Nicole invite Noah à venir passer quelques jours au camping avec sa famille à Cannes. Noah veut y aller mais il doit passer un examen de piano dans quelques jours. Alors la famille de Nicole continue son voyage vers Cannes sans Noah, mais Noah va prendre un car pour aller à Cannes après son examen de piano.

(a) Qui est Noah? ....

(b) Où habite-il? ....

(c) Que fait-il dans quelques jours? ....

(d) Comment va-t-il aller à Cannes? ....

5.4 B Noah est à la gare routière. Écoute la conversation.

Noah is at the bus station. Listen to the conversation.

Vendeuse: Bonjour.
Noah: Bonjour, Madame.
Vendeuse: Je peux vous aider?
Noah: Oui je voudrais un billet pour Cannes, s'il vous plaît.
Vendeuse: D'accord. Un aller simple ou un aller-retour?
Noah: Un aller-retour, s'il vous plaît. Le trajet est direct?
Vendeuse: Oui, c'est direct.
Noah: Le prochain car part à quelle heure?
Vendeuse: Il part à 10:35 et il arrive à 15:45.
Noah: Bon, bien. Ça fait combien?
Vendeuse: Vous êtes étudiant?
Noah: Oui, voici ma carte jeune.
Vendeuse: Alors, le tarif réduit pour les étudiants coûte 31 euro, 65, s'il vous plaît.
Noah: 31 euro, 65, voilà. Merci, Madame.
Vendeuse: Merci et bon voyage!

Écoute deux conversations supplémentaires à la gare routière et réponds aux questions.

Listen to two more conversations at the bus station and answer the questions.

Réponds en anglais.

Answer in English.

(a) What does the man wish to buy? ....

(b) On what day and date will he travel to Carcasonne? ....

(c) What is the total price for the tickets? ....

(d) What does the man ask at the end of the conversation? ....

Réponds en français.

Answer in French.

(a) Où va la femme? ....

(b) Quel type de billet achète-t-elle? ....

(c) À quelle heure part le prochain car? ....

(d) Ça fait combien, le billet? ....

5.4 C À la gare routière. Lis l'horaire des bus entre St-Étienne et l'aéroport de Lyon-Saint-Exupéry et réponds aux questions.

At the bus station. Read the timetable for buses from St-Étienne to Lyon Airport and answer the questions.

ST- ÉTIENNE – AÉROPORT LYON

LUNDI - VENDREDI		SAMEDI		DIMANCHE	
Départ	Arrivée	Départ	Arrivée	Départ	Arrivée
06:30	08:00	06:30	08:00	09:00	10:30
09:00	10:30	10:45	12:15	10:45	12:15
10:45	12:15	14:45	16:15	14:45	16:15
13:30	15:00	18:45	20:15	17:30	19:00
14:45	16:15			18:45	20:15
17:30	19:00				
18:45	20:15				

(a) À quelle heure arrive le bus qui part à 14h45 ? ....

(b) À quelle heure part le premier bus le dimanche ? ....

(c) À quelle heure arrive le dernier bus tous les jours ? ....

(d) Combien de bus partent le mercredi ? ....

(e) Combien de bus partent le samedi ? ....

(f) Combien de temps dure le voyage de St-Étienne à l'aéroport de Lyon ? ....

Travelling by train is a lovely way to get around France and see the countryside as you travel. French trains are operated by the SNCF (*Société Nationale des Chemins de Fer*). You can find information, including timetables, fares and reservations on their website www.sncf.com. To take a local train there is no need to book in advance, however, for longer journeys a reservation is required. The famous TGV (*Train à Grande Vitesse*) is a high-speed train that travels between the larger cities in France in speeds of up to 320 kilometres per hour. You can also travel internationally by train from France to destinations like Brussels, Luxembourg, Amsterdam and London. Remember timetables in French train stations are always shown in the 24 hour clock. If you are travelling through Gare de Lyon in Paris, it is worth stopping off to have a look at the wonderfully ornate restaurant *Le Train Bleu*. It is not cheap, but the food and the surroundings are incredible!

5.4 **D** **À la gare. Écoute et identifie les éléments de l'image avec les mots ci-dessous.**

At the station. Listen and label the image with the words below.

À la gare

le buffet	*les consignes automatiques (f.)*	*l'horaire*	*le train*
le bureau des objets trouvés	*le guichet*	*les chariots porte-bagages (m)*	
le quai	*la salle d'attente*	*la billetterie*	*les renseignements (m)*

(a) ....

(b) ....

(c) ....

(d) ....

(e) ....

(f) ....

(g) ....

(h) ....

(i)

....

(j)

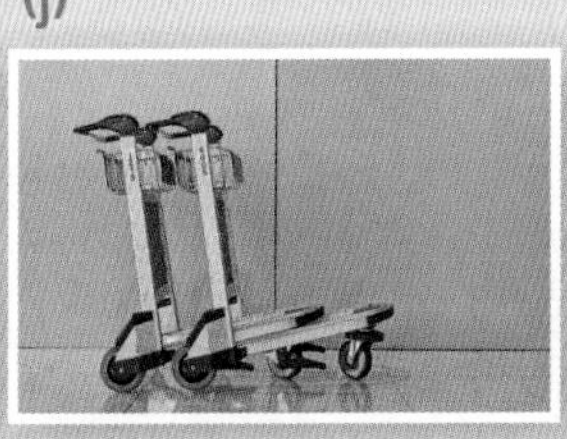

....

(k)

....

5.4 E Où sont-ils ? Écoute les conversations et choisis un des lieux ci-dessous.

Where are they? Listen to the conversations and choose one of the places below.

Sur le quai | au buffet | aux consignes automatiques | au guichet | au bureau des objets trouvés

	OÙ SONT-ILS ?
1	
2	
3	
4	
5	

Critères de réussite :

- Include appropriate greetings
- Say what type of ticket you want
- Say which day/date you wish to travel
- Use the phrases in section 5.4 (B) to help you

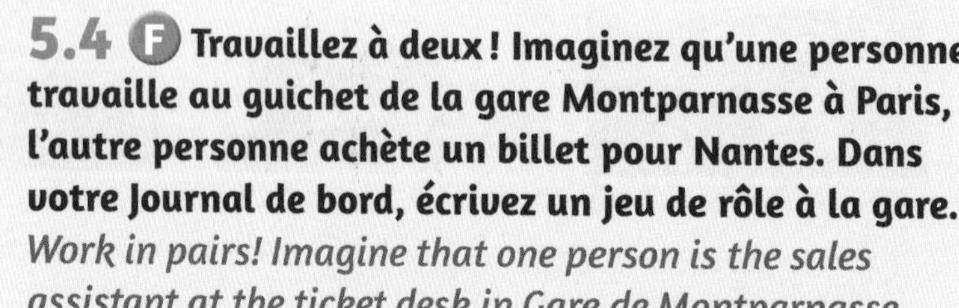

5.4 F Travaillez à deux ! Imaginez qu'une personne travaille au guichet de la gare Montparnasse à Paris, l'autre personne achète un billet pour Nantes. Dans votre Journal de bord, écrivez un jeu de rôle à la gare.

Work in pairs! Imagine that one person is the sales assistant at the ticket desk in Gare de Montparnasse in Paris; the other is buying a ticket to Nantes. In your learning diary, write a role-play at the station.

Parlons ! Travaillez à deux. Jouez votre jeu de rôle.

Talk! Work in pairs. Perform your role-play.

5.4 G Consulte le site web et réponds aux questions.

Read the website and answer the questions.

https://www.explorezlinterrail.eu
PASS OFFRES DESTINATIONS PLANIFIER UN VOYAGE RÉSERVATIONS ASSISTANCE
Explorez la France en train avec un Interrail Pass !
Imprégnez-vous du charme romantique de Paris, la capitale, partez ensuite pour la sublime Côte d'Azur, non sans avoir admiré les sommets enneigés des Alpes et perdez-vous enfin au sein des vastes vignobles de la région de Bordeaux.
Visitez les villes les plus prisées de France, de Paris à Nice et Cannes en passant par Lyon, en prenant le train régional, le TGV ou le train de nuit. Vous découvrirez des paysages de toute beauté aux multiples facettes.

https://www.explorezlinterrail.eu/page2

 PASS OFFRES DESTINATIONS PLANIFIER UN VOYAGE RÉSERVATIONS ASSISTANCE

Quels trains en France nécessitent une réservation ?

- Les trains à grande vitesse TGV
- Tous les trains à grande vitesse internationaux
- Les trains de nuit

Vous pouvez effectuer des réservations jusqu'à 3 mois à l'avance.

Itinéraire	Régional	Grande vitesse
De Paris à Bordeaux	8,5 heures	3,5 heures
De Paris à Lyon	5 heures	2 heures
De Paris à Marseille	9 heures	3 heures
De Paris à Nice	12,5 heures	5,5 heures

Choix d'Interrail Pass pour la France

Interrail France Pass

- Découvrez toute la France et Monaco en train.
- Réductions jeune, famille et senior.
- Autres avantages : réduction de 25 % sur le train de nuit Thello vers l'Italie.
- Prix à partir de 159 €

Interrail Global Pass

- Voyagez autant que vous le souhaitez en France et dans 29 autres pays européens.
- Réductions disponibles pour les jeunes, les seniors et les familles.
- Prix à partir de 206 €

EXEMPLE D'ITINÉRAIRE EN TRAIN POUR LA FRANCE

Un Interrail Pass valable en France permet également de se rendre à Monaco.

Itinéraire

Paris > Versailles > Bordeaux > Lyon > Nice > Monaco

1 Paris : la ville la plus romantique au monde ! Découvrez des sites exceptionnels comme la tour Eiffel ou le musée du Louvre.
2 Versailles : le berceau du château de Versailles, un magnifique exemple de la splendeur de la France du 18e siècle.
3 Bordeaux constitue le camp de base idéal pour explorer les célèbres vignobles et les propriétés viticoles de la région.
4 Lyon : ses rues pavées et ses passages étroits (les traboules) sont l'un des trésors de la deuxième ville de France par la taille.
5 Nice est la capitale cosmopolite de la Côte d'Azur, un lieu magique pour se relaxer.
6 Monaco est une minuscule principauté et le terrain de jeux préféré des riches et des célébrités. Vous pourrez y trouver un peu partout casinos, yachts gigantesques et autres bolides.

Réponds en français.

Answer in French.

(a) Quels trains en France nécessitent une réservation ? ....

(b) Combien de temps dure le voyage de Paris à Marseille en train régional ? ....

(c) Combien de temps dure le voyage de Paris à Nice en TGV ? ....

(d) Qui peut bénéficier d'une réduction pour un Interrail France Pass ? ....

(e) Selon le texte, quels sont les sites exceptionnels à Paris ? ....

Réponds en anglais.

Answer in English.

(a) Where does the Thello night train go? ....

(b) What price does the Interrail Global Pass start at? ....

(c) How is Paris described? ....

(d) According to the article, why would tourists go to Nice? ....

(e) Name two of the attractions at Monaco. ....

5.4 H Complète les phrases avec le futur simple des verbes entre parenthèses.

Fill in the blanks with the future tense of the verbs in brackets.

(a) L'homme .... (PRENDRE) le bus de Paris à Marseille.

(b) Le train .... (PARTIR) du quai numéro huit dans trois minutes.

(c) Les élèves .... (ACHETER) les billets au guichet à la gare.

(d) Les touristes .... (DÉCOUVRIR) les sites touristiques de la vieille ville.

(e) Le bus en provenance de Calais .... (ARRIVER) à la gare routière à 14h.

(f) Je t'.................... (ATTENDRE) dans la salle d'attente.

(g) Tu .... (TROUVER) un chariot porte-bagages pour les valises ?

(h) Que .... (MANGER)-vous au buffet ?

(i) Où .... (ALLER) la famille Monier en vacances cet été ?

(j) Un aller-retour .... (COÛTER) moins cher que deux aller-simples, Madame.

5.4 I Qu'est-ce que c'est ? Identifie les images et trouve les mots dans les mots-cachés.

What is it? Identify the images and look for the words in the wordsearch.

H	I	M	T	W	H	N	T	Q	I	V	H	H	R	E
T	O	A	Y	B	C	S	N	B	X	G	G	O	O	G
V	E	R	U	B	D	L	A	X	L	U	E	P	L	B
U	I	G	A	Q	Q	H	I	M	F	I	A	S	M	I
H	A	N	T	I	O	Y	D	Z	R	C	Z	N	J	C
S	L	M	D	R	R	K	U	E	J	H	Q	Z	J	X
U	M	F	T	J	L	E	T	H	U	E	R	P	U	O
E	U	I	R	A	B	E	É	F	B	T	Y	B	O	Y
R	S	A	R	I	L	I	D	E	S	I	L	A	V	B
A	C	M	L	L	L	V	E	C	H	A	R	I	O	T
G	F	L	I	D	F	T	T	G	W	O	F	P	A	X
C	E	B	H	X	M	T	R	J	D	W	O	E	A	N
T	I	K	F	P	H	W	A	T	J	B	X	G	H	A
U	I	Y	U	R	H	P	C	J	J	D	R	T	U	R
X	Q	K	C	D	U	Z	P	A	B	R	K	J	C	F

Complète les mots-clés 132–145 de la section 5.4 dans ton Journal de bord.

Fill in the key words 132–145 from section 5.4 in your learning diary.

5.5 Demander son chemin

5.5 A Demander son chemin

Pour aller à la piscine, s'il vous plaît ?
Où est la piscine, s'il vous plaît ?
Où se trouve la piscine, s'il vous plaît ?
La piscine, s'il vous plaît ?

allez tout droit

tournez à gauche

tournez à droite

continuez jusqu' aux feux

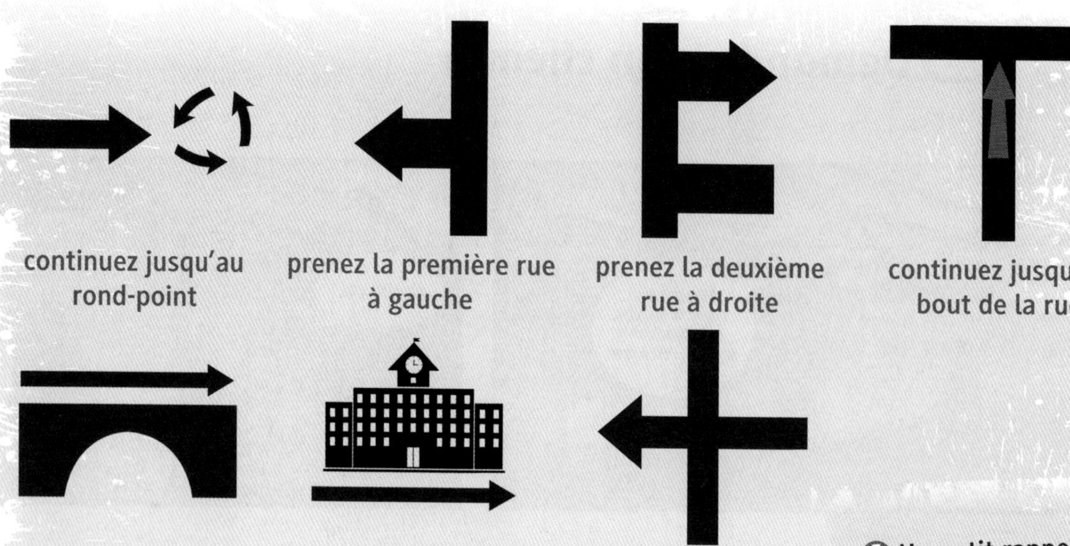

continuez jusqu'au rond-point

prenez la première rue à gauche

prenez la deuxième rue à droite

continuez jusqu'au bout de la rue

traversez le pont

passez devant l'école

tournez à gauche au carrefour

Un petit rappel
Pour aller **au** stade
Pour aller **à la** piscine
Pour aller **à l'**hôpital

Regarde le diaporama sur les directions.
Watch the PowerPoint presentation 'Unité 5.5(A)' on directions.

5.5 B Les prépositions
Prepositions

Le supermarché est au coin de la rue

L'école est en face de la boulangerie

Un petit rappel

à côté de	*beside*
près de	*near*
loin de	*far from*
devant	*in front of*
derrière	*behind*
entre	*between*

5.5 C Pour aller à... Écoute et complète les conversations.
How do I get to...? Listen to the conversations and fill in the blanks.

1

-Excusez-moi, Madame. Où se trouve le (1) ...., s'il vous plaît?
-Alors, allez tout droit, prenez la (2) .... rue à (3) .... et c'est au bout de la rue près du parc.
-Merci, Madame.

2

-Excusez-moi, Monsieur. Pour aller à la (4) ...., s'il vous plaît ?
-Continuez jusqu'aux (5) ...., tournez à (6) .... et c'est à côté du (7) ....
-Merci, Monsieur. C'est loin d'ici ?
-Non. Ce n'est pas trop loin, c'est environ (8) .... minutes à pied.

3

-Excusez-moi, Monsieur. Où est la (9) ...., s'il vous plaît ?
-Alors, allez (10) ...., prenez la (11) .... à (12) ....
et c'est à (13) .... en face de la (14) ....

4

-(15)..................., Monsieur. Pour aller au (16) ...., s'il vous plaît ?
-Voyons voir, traversez le (17) .... et (18) .... à gauche.
-C'est (19) .... d'ici ?
-Non, c'est à (20) .... minutes d'ici.

5.5 D Écoute les conversations et complète le tableau en anglais.

Listen to the conversations and fill in the table in English.

	Destination	Directions	How far?
1			
2			
3			
4			
5			

5.5 E Parlons ! Travaillez à deux. Choisis une destination sur le plan au verso (sans la dire à ton/ta camarade). Explique le chemin à ton/ta camarade de classe. Il/elle doit suivre les directions pour découvrir ta destination.

Work in pairs. Choose a building on the map overleaf (without telling your classmate) and give him/her directions to there (start on the X). Your classmate has to follow the directions to find out where you are going.

! Un petit rappel

de + le	= du	à côté du supermarché
de + la	= de la	près de la banque
de + l'	= de l'	en face de l'hôpital
de + les	= des	loin des feux

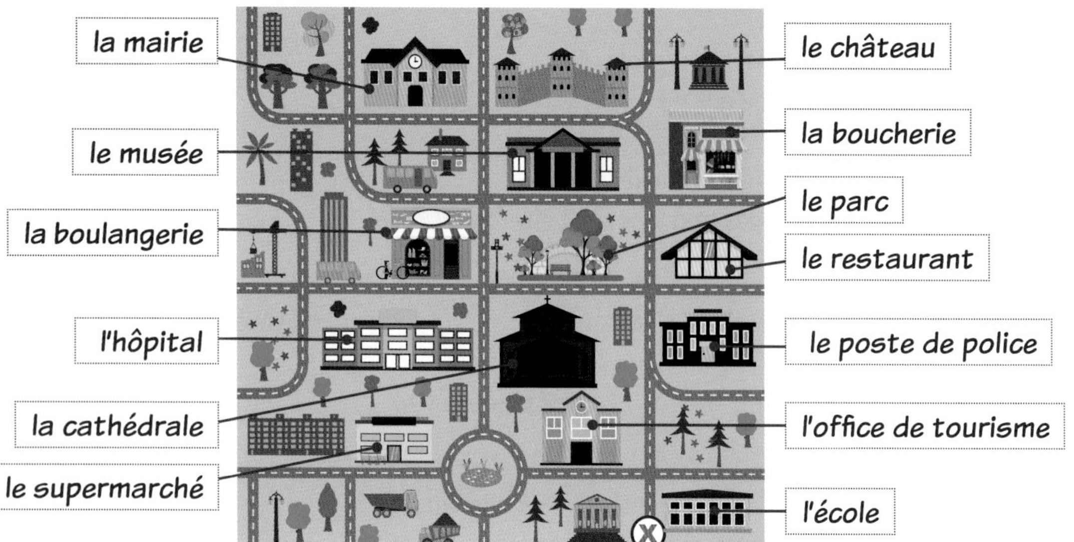

5.5 F Regarde le plan de la ville, lis les directions et complète le tableau.

Look at the map of the town, read the directions and fill in the table with where each person is going.

	Directions	Destination
1	Prenez la première rue à gauche et c'est à droite.	
2	Prenez la troisième rue à droite et c'est à gauche.	
3	Prenez la quatrième rue à gauche et c'est à gauche en face du château.	
4	Prenez la deuxième rue à gauche et c'est à droite après le parc.	

5.5 G Complète les phrases avec un des mots ci-dessous.

Fill in the blanks with one of the words below.

à	au	à la	à l'	aux	de	du	de la	de l'

(a) La gare est en face .... église.

(b) Prenez la deuxième rue .... droite.

(c) Pour aller .... hôpital, s'il vous plaît ?

(d) La crêperie est au coin .... rue.

(e) Pour aller .... supermarché, s'il vous plaît ?

(f) Le cinéma est près .... parc.

(g) Continuez jusqu'........................ bout .... rue.

(h) Bordeaux est très loin .... Lille.

(i) Pour aller .... gare routière s'il vous plaît ?

(j) Continuez jusqu'........................ feux.

5.5 H Relie les directions aux images.

Match the directions to the images.

1 Continuez tout droit.
2 Prenez la troisième à droite.
3 Traversez le pont.
4 Continuez jusqu'au rondpoint
5 Prenez la première rue à gauche.
6 Continuez jusqu'aux feux.

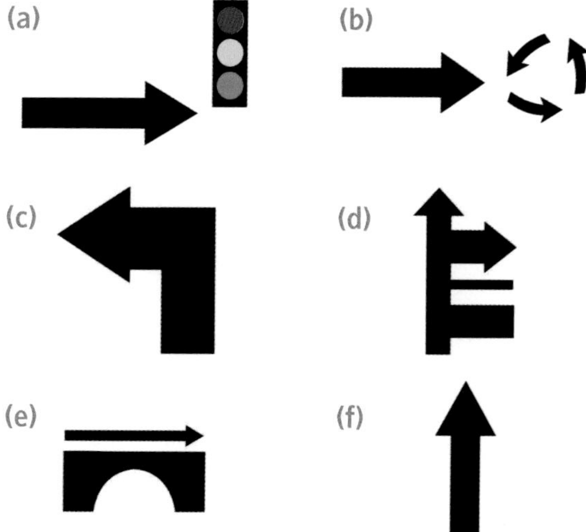

5.5 I Les nombres ordinaux

Ordinal numbers

★ When we give directions we often use ordinal numbers to say which turn to take.

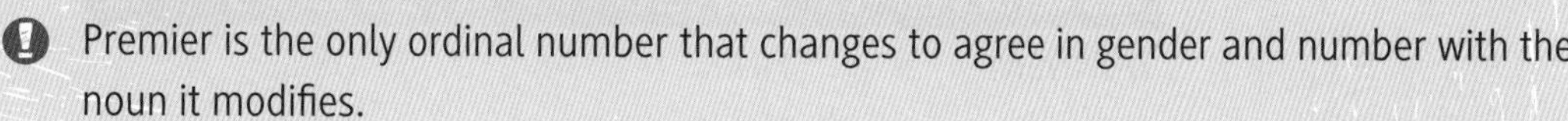

4e Quatrième
5e Cinquième
6e Sixième
7e Septième
8e Huitième
9e Neuvième
10e Dixième

! Premier is the only ordinal number that changes to agree in gender and number with the noun it modifies.

Le premier garçon
La première fille

5.5 J Complète les BD dans ton Journal de bord.

Fill in the comic strips in your learning diary.

Complète les mots-clés 146–173 de la section 5.5 dans ton Journal de bord.

Fill in the key words 146–173 from section 5.5 in your learning diary.

5.6 L'impératif

5.6 A L'impératif

The imperative

★ When we are giving directions (or any other order or command), we use a form of the verb known as the imperative, *l'impératif*.

For example:

- Go straight ahead. — *Allez tout droit.*
- Take the first right. — *Prenez la première rue à droite.*

★ There are three forms of the imperative in French:

- The *tu* form is used to informally give an order to one person.
- The *vous* form is used to give an order to more than one person or to give an order to one person in a polite situation.
- The *nous* form is used meaning *let's go* or *let's do* something.

Which form do you think is being used in the two examples above?

★ To use the imperative, we drop the words *tu*, *vous* and *nous* from the present tense.

Présent		**Impératif**	
Tu fais tes devoirs ?	➜	Fais tes devoirs !	*Do your homework!*
Vous allez à l'école ?	➜	Allez à l'école !	*Go to school!*
Nous buvons du thé	➜	Buvons du thé !	*Let's drink tea!*

★ Verbs ending in –ER (even irregular verbs ending in –ER) drop the final 's' from the *tu* form.

Présent		**Impératif**	
Tu cherches un livre	➜	Cherche un livre !	*Look for a book!*
Tu parles avec Claude	➜	Parle avec Claude !	*Speak to Claude!*
Tu vas au supermarché	➜	Va au supermarché !	*Go to the supermarket!*

	Les verbes en –ER	Les verbes en –IR	Les verbes en –RE
Infinitif	DONNER	FINIR	VENDRE
(Tu)	Donne !	Finis !	Vends !
(Nous)	Donnons !	Finissons !	Vendons !
(Vous)	Donnez !	Finissez	Vendez !

❗ There are three irregular verbs in the imperative.

	AVOIR	ÊTRE	SAVOIR
(Tu)	Aie !	Sois !	Sache !
(Nous)	Ayons !	Soyons !	Sachons !
(Vous)	Ayez !	Soyez	Sachez !

❗ To form the negative imperative we simple sandwich the verb with *ne* and *pas*.

Ne touche pas ! — *Don't touch!*

Ne va pas ! — *Don't go!*

5.6 B Note les verbes à l'impératif dans ton Journal de bord.

Fill in the imperative of the verbs in your learning diary.

5.6 C Le prof parle. Relie les ordres aux images.

The teacher is speaking. Match the orders to the images.

1	Fermez vos livres !	A	
2		B	Ouvre la fenêtre !
3	Donne-moi ton cahier !	C	
4		D	Distribue les cahiers !
5	Finissez les exercices !	E	
6		F	Ne touche pas mon ordinateur !
7	Ne mangez pas en classe !	G	
8		H	Allez à la cantine !
9	Ferme la porte !	I	
10		J	Travaillez en groupes !

1	2	3	4	5	6	7	8	9	10

5.6 D Classe les ordres dans le tableau.

Classify the commands into the table.

mange | *allez* | *buvez* | *soyons* | *continuez* | *vendons* | *trouve* | *parlons*

prenez | *va* | *regardons* | *tournez* | *partons* | *fais* | *finis*

TU	VOUS	NOUS

5.6 E Complète les phrases avec les mots ci-dessous.

Fill in blanks in the sentences with the words below.

prenez | *tournez* | *demandez* | *allez* | *continuez* | *traversez*

(a) .... jusqu'aux feux.

(b) .... à droite.

(c) .... le pont.

(d) .... la troisième rue à gauche.

(e) .... à pied.

(f) .... le chemin.

Maintenant écris les phrases ci-dessus à la forme négative.

Now rewrite the sentences above in the negative form.

(a) ....

(b) ....

(c) ....

(d) ....

(e) ....

(f) ....

5.6 F Faites une chasse au trésor autour de votre école. Écrivez les pistes en groupes.

Make a treasure hunt around your school. Work in groups to write the clues.

! Un petit rappel

une chasse au trésor = ***a treasure hunt***

une piste = ***a clue***

Critères de réussite :

- Divide into groups.
- Each group creates a short treasure hunt around the school for the other groups to do.
- Include at least three clues in your treasure hunt.
- Use the imperative in your clues.

  Exemple :

  Sortez de la salle de classe, tournez à gauche, allez tout droit, et la deuxième piste est à côté d'une porte verte.

5.7 Tu es prêt(e) à pratiquer ? Allons-y !

5.7 A Trouve les vêtements dans les mots cachés.

Find the clothes in the wordsearch.

C	I	C	S	I	I	N	D	P	O	C	V	R	E	T
T	P	L	V	E	L	C	I	C	Z	O	C	W	T	N
J	R	K	R	G	T	H	A	P	H	X	Z	M	R	E
N	I	A	B	E	D	T	O	L	L	I	A	M	S	M
O	V	J	C	G	Q	O	E	S	S	N	U	E	P	E
É	B	G	F	H	I	A	A	S	T	T	R	I	Y	T
C	A	S	Q	U	E	T	T	E	S	U	N	M	U	Ê
H	R	K	Y	J	M	M	A	N	S	U	E	A	H	V
A	A	D	W	Q	Z	U	I	S	S	E	A	Y	G	R
R	J	T	Q	U	K	D	U	S	H	D	Y	H	X	U
P	Z	I	W	A	E	A	B	V	E	A	V	S	C	S
E	K	U	H	C	H	E	T	S	E	V	F	A	A	Z
N	L	A	L	C	Z	R	T	C	Q	C	J	P	F	E
A	Q	Q	Q	M	U	U	O	C	D	L	Z	Y	N	R
H	E	Q	H	R	O	B	E	S	R	H	M	L	R	V

5.7 B Parlons ! Travaillez à deux. Décris le look d'une des célébrités ci-dessous. Ton/ta camarade doit deviner de qui tu parles.
Work in pairs. Describe the style of one of the famous people below. Your partner has to guess who you are talking about.

5.7 C Classe les vêtements selon la saison.
Classify the clothes according to the season.

le short	les gants	le maillot de bain	l'écharpe	les tongs	les sandales
un collant	le tee-shirt	le manteau	le sweat à capuche	la casquette	les bottes

L'ÉTÉ

L'HIVER

5.7 D Le futur simple. Complète les phrases avec le futur simple des verbes entre parenthèses.

The future tense. Fill in the blanks with the future tense of the verbs in brackets.

(a) Je .... (FAIRE) des achats avec Corinne demain.

(b) Nous .... (ACHETER) des chaussures.

(c) Mon frère .... (PORTER) son maillot de foot pour jouer le match.

(d) Les filles ne .... (DEVOIR) pas porter d'uniforme dans leur collège.

(e) Élodie .... (ACHETER) une robe bleue.

(f) Tu .... (PORTER) un maillot de bain rouge ?

(g) Elle .... (TRAVAILLER) dans une boutique.

(h) Vous .... (PORTER) un uniforme ?

(i) Je n' .... (ACHETER) pas de vêtements ce mois-ci.

(j) Vous .... (FAIRE) des achats chaque week-end ?

5.7 E Dans ton Journal de bord, écris un mél à Christophe avec une description de ton style et des vêtements que tu portes.

In your learning diary, write an email to Christophe with a description of your style and the clothes you usually wear.

5.7 F Écoute les deux conversations et réponds aux questions en français.

Listen to the two conversations and answer the questions in French.

1

(a) Où va la femme ? ....

(b) Quelles sont les directions ? ....

(c) Est-ce loin ? ....

2

(a) Où va l'homme ? ....

(b) Pourquoi va-t-il là-bas ? ....

(c) Quel est le problème ? ....

(d) Comment va-t-il là-bas ? ....

(e) Quelles sont les directions ? ....

5.7 G Écris les nombres ordinaux en lettres.

Write out the ordinal numbers in words.

Exemple: 1er premier

(a) 2e ....

(b) 3e ....

(c) 4e ....

(d) 5e ....

(e) 6e ....

(f) 7e ....

(g) 8e ....

(h) 9e ....

(i) 10e ....

5.7 H Lis le texte et réponds aux questions en anglais.

Read the text and answer the questions in English.

Bison Futé est un site web qui donne beaucoup de renseignements sur les conditions de circulation en France et aussi les prévisions de trafic. Il donne ces informations en temps réel et donc, c'est plus facile pour les automobilistes d'organiser des voyages.

En regardant le site web, on va lire des informations régulièrement mises à jour sur les bouchons. Un bouchon se produit quand il y a une longue file de véhicules d'au moins 500 mètres.

Bison Futé utilise les quatre couleurs, vert, orange, rouge et noir, pour expliquer l'état de la circulation. D'abord, on utilise le vert pour les difficultés habituelles, comme les heures de pointe. Ensuite, on trouve l'orange pour la circulation difficile. Le rouge signifie la circulation très difficile et finalement, le noir est utilisé pour la circulation vraiment difficile.

On trouve aussi des conseils sur comment se préparer pour voyager. Avant tout, téléchargez l'appli Bison Futé sur votre portable. Vérifiez l'état des pneus de la voiture, y compris la pression. Vérifiez les niveaux d'eau, d'huile, de liquide lave-glace. La bonne visibilité est très importante, alors, nettoyez les pare-brises, le rétroviseur et les phares. Attachez votre ceinture de sécurité et celles des passagers, surtout les enfants. Faites attention aux autres utilisateurs des routes comme les cyclistes et les piétons. Ne conduisez pas plus de 8 heures sur 24 et soyez prudent – arrêtez aux premiers signes de fatigue et regardez la météo avant de partir pour être prêt pour le temps inattendu, comme des inondations ou des orages.

(a) What precisely is Bison Futé? ....

(b) What is *un bouchon*? How long does it have to be before it is considered *un bouchon*? ....

(c) What four colours are used by Bison Futé? ....

(d) What can be downloaded onto your phone? ....

(e) Name three things you should check before you drive. ....

(f) What other road users does the article specifically mention looking out for? ....

(g) What should be the maximum amount of time spent driving in a day? ....

5.7 Que veulent dire les panneaux ?

What do the signs mean?

1	Risque de neige	A	
2		B	Service dépannage
3	Gare routière	C	
4		D	Passage piéton
5	Essence sans plomb	E	 CHUTE DE NEIGE
6		F	Guichet
7	Vélos de location	G	
8		H	Sortie
9	Lavage automatique	I	 ORLY OUEST
10		J	Distributeur automatique

1	2	3	4	5	6	7	8	9	10

Complète les mots-clés 174–179 de la section 5.7 dans ton Journal de bord.

Fill in the key-words 174–179 for section 5.7 in your learning diary.

Revision
Go to **www.edco.ie/caroule2** and try the interactive activities and quizzes.

Unité 5 Mets tes connaissances à l'épreuve

Coin grammaire !
Revise the grammar in Unit 5 in your learning diary.

Watch the video for Unité 5.

Évalue-toi dans ton Journal de bord.
Use your learning diary to see how much you have learned in Unit 5.

Que sais-je ?	 		
I recognise at least three French fashion brands			
I know at least five interesting facts about Algeria			
I recognise French road signs			
I know what the TGV is			
I can name different items of clothing			
I can describe a look or style			
I can give directions			
I can shop for clothes, asking for sizes, colours and prices			
I can give my opinion on different looks and styles			
I can buy a train or bus tickets			
I can make a treasure hunt			
I can ask for directions			
I can write a description of a look or style			
I can make a fashion poster			
I can write a description of my school uniform			
I can create a comic strip			
I can use the verb FAIRE in a variety of different expressions			
I can form the superlative			
I can identify parts of a car			
I can identify items typically seen in train stations and service stations			
I can use prepositions to describe the location of something			
I can use ordinal numbers			
I can use the *impératif* to give instructions			
I can understand advertisements for items of clothing			
I can follow conversations at clothes shops			
I can follow simple news reports about traffic and accidents			
I can understand directions			
I can understand texts describing clothing or uniforms			
I can follow simple recipes			
I can understand simple newspaper articles and webpages about traffic and accidents			
I can read bus and train timetables			
I can make a poster for a French boutique			

En vacances !

By the end of this unit you will be able to...

- Name different fruits and vegetables
- Describe how you are feeling
- Describe a market scene
- Order food at a restaurant
- Express your opinion about different foods
- Send mail at the post office
- Write a role-play set in a post office
- Write a postcard
- Design menus
- Write a role-play set in a restaurant
- Write a Facebook post
- Use the *passé composé* to discuss things you did
- Use cyber language to text or chat online
- Follow conversations at a restaurant
- Follow conversations at a post office
- Read menus in French restaurants
- Read postcards
- Read about food in Belgium
- Follow a recipe for *tartiflette*
- Design a postcard for a French speaking country
- Research traditional dishes from French speaking countries
- Compare different aspects of life in Ireland to life in France (housing, food, sports, school, weather)
- Fill in your *dossier francophone* about France
- Recognise typical dishes from francophone countries
- Investigate a francophone recipe
- Recognise regional specialties of food and drink in France

Go to **www.edco.ie/caroule2** and try the interactive activities and quizzes.

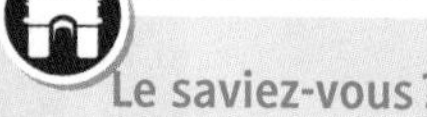

Le saviez-vous ?!

En France, on appelle les gens qui prennent les vacances en juillet et en août les juilletistes et les aoûtiens

Note tes idées dans ton Journal de bord.

Note your ideas in your learning diary.

The title of this unit means *On holidays.* Nicole and her family are staying at a campsite. They eat in the restaurant, shop in the market, send postcards and post about their holiday on Facebook. What language do you have already that might be useful to carry out the tasks in this unit?

6.1 Vive les vacances !

6.1 A Nicole publie sur Facebook. Lis son message et les commentaires et réponds aux questions.

Nicole posts on Facebook. Read her message and the comments and answer the questions.

Nicole Dubois
Hier, à 11:26 • Cannes, France

Salut tout le monde ! Je suis très contente ici à Cannes avec ma famille et mon cousin Noah. Le camping est trop cool ! Il y une grande piscine avec des toboggans, deux terrains de tennis, un restaurant et une discothèque. Nous mangerons au restaurant ce soir. Demain, Noah et moi irons à un marché près du camping et l'après midi nous irons à la plage. Je m'amuse super bien. Vive les vacances !

Partager

Élodie Martin Vous avez de la chance ! Je suis malade. Je vais au lit. A+
J'aime • Répondre • 6 h

Christophe Bruno SLT ! Il y du soleil aussi à Biarritz aujourd'hui. Je viens de passer la journée à la plage avec Michel et Hugo. Nous avons fait du surf. Je suis tellement fatigué maintenant !
J'aime • Répondre • 7 h

Katie Kenny Salut Nicole ! J'aimerais bien être au soleil en France. Il pleut à Dublin et nous ne pouvons pas jouer au tennis. Je m'ennuie !
J'aime • Répondre • 8 h

Réponds en anglais.

Answer in English.

(a) Who is tired? ....
(b) Who is happy? ....
(c) Who is bored? ....
(d) Who is sick? ....

Trouve les synonymes des expressions suivantes.

Find the synonyms for the following phrases.

(a) Heureuse ....
(b) Le jour ....
(c) Bonjour ....
(d) Je me barbe ! ....

6.1 B Les sentiments

Emotions

Je me sens… Je suis… Il/elle se sent… Il/elle est…

content(e)

triste

fatigué(e)

timide

fâché(e)

gené(e)

heureux/ heureuse

malade

nerveux/ nerveuse

ravi(e)

fier/fière

déprimé(e)

Je m'ennuie.

Je m'amuse bien.

Un petit rappel

Remember an adjective always agrees in gender and in number with the noun it modifies.

Paul est content.	**Paul est heureux.**	**Paul est fier.**	**Paul est triste.**
Cécile est contente.	**Cécile est heureuse.**	**Cécile est fière.**	**Cécile est triste.**
Ils sont contents.	**Ils sont heureux.**	**Ils sont fiers.**	**Ils sont tristes.**
Elles sont contentes.	**Elles sont heureuses.**	**Elles sont fières.**	**Elles sont tristes.**

Étudie les phrases ci-dessus et complète les règles sur l'accord des adjectifs.

Study the sentences above and fill in the rules for the agreement of adjectives.

To make an adjective (ending in a consonant) feminine we add ....

To make an adjective (ending in a consonant) masculine plural we add ....

To make an adjective (ending in a consonant) feminine plural we add ....

Adjectives ending in –x are made feminine by changing –x to ....

Adjectives ending in –er are made feminine by changing –er to ....

Adjectives ending in –x do not change to make them ....

Adjectives ending in –e do not change to make them ....

6.1 C Comment se sentent-ils ? Complète les phrases avec la bonne forme de l'adjectif.

How are they feeling? Fill in the blanks with the correct form of the adjective.

(a) Marie est .... (heureux).

(b) Gerard et Luc sont .... (timide).

(c) Les filles sont .... (fatigué).

(d) Mon père est .... (malade).

(e) Mathilde est .... (fier).

(f) Hugo est .... (content).

(g) Océane et Laure sont .... (nerveux).

(h) Enzo et ton frère sont .... (triste).

(i) Sa tante est .... (fâché).

(j) Mes cousins sont .... (ravi).

6.1 D Fais les mots-croisés avec les sentiments.

Fill in the crossword with the feelings.

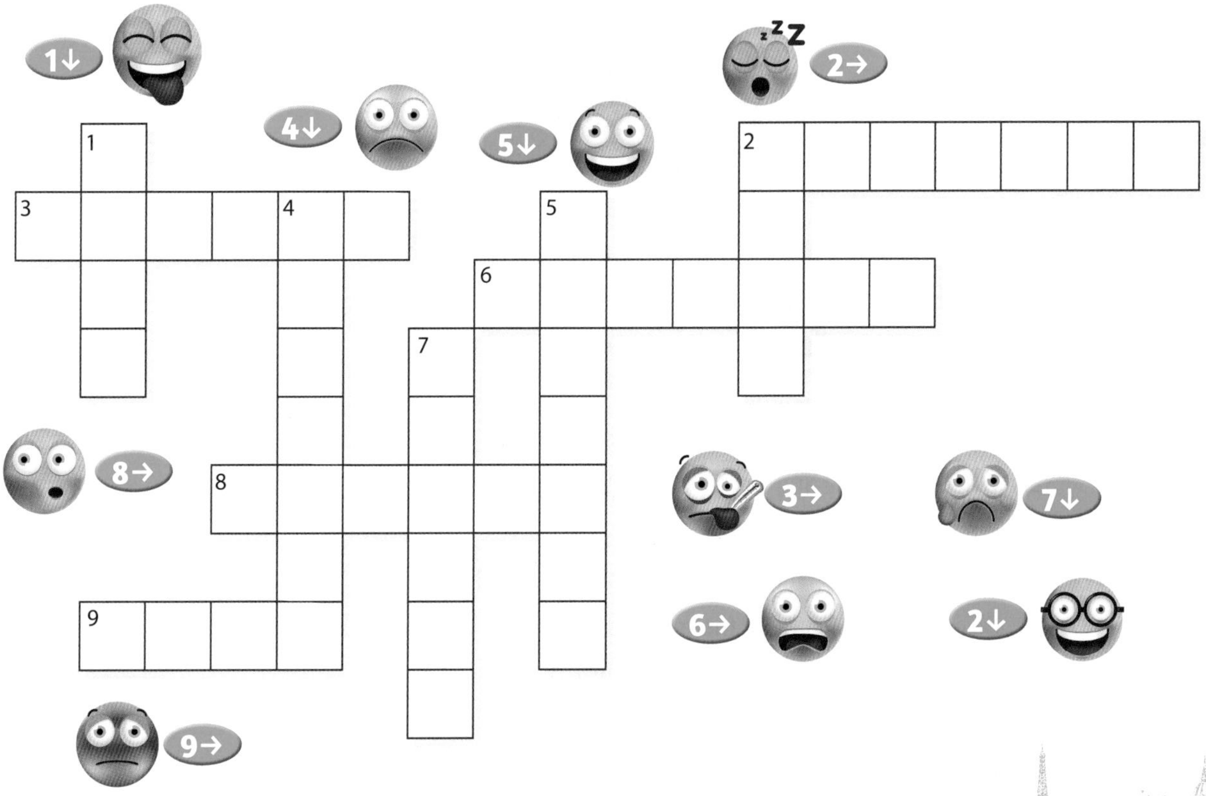

1↓ 2→ 4↓ 5↓

1 2 3 4 5 6 7

8→ 8 3→ 7↓

9 6→ 2↓

9→

6.1 E Lis la publication de Noah et réponds aux questions en anglais.

Read Noah's post and answer the questions in English.

Noah Dubois
Hier, à 12:32 • Cannes, France

Salut TLM ! Nicole et moi passons de bonnes vacances à Cannes. Quelle ville fascinante ! Nous sommes allés en ville ce matin voir les sites touristiques. Le centre-ville est très joli et la vue de la tour du Mont Chevalier est magnifique ! Le camping est top aussi. Nous avons rencontré beaucoup d'autres jeunes. Il y a des Anglais, des Irlandais, des Italiens, des Allemands, et bien sûr, des Français. Nous restons dans un mobil-home avec trois chambres, deux salles de bain et une grande terrasse. C'est super pour manger dehors. Le camping est très animé avec beaucoup d'activités et d'animations. Je suis ravi d'être ici. Il y a plein de choses à faire et à voir.

J'aime Commenter Partager

Bernard Leclerc Tu es à Cannes ?! Je serai là samedi prochain !
J'aime • Répondre • 1h

(a) When did Nicole and Noah go into the town centre? ....

(b) What did they do there? ....

(c) Name four nationalities that they have met on the campsite. ....

(d) Give three details about the mobile home. ....

(e) How does Noah describe the campsite? ....

(f) How does Noah say he is feeling? ....

(g) When is Bernard going to be in Cannes? ....

(h) Can you guess what TLM might mean? ....

6.1 F Imagine que tu es en vacances en France. Écris une publication sur Facebook pour tes amis en Irlande.

Imagine that you are on holidays in France. Post a message on Facebook to your friends at home.

6.1 G La langue des textos

The language of texts

When writing text messages, instant chat or online posts, it is common to use abbreviations in French just as we do in English. You have already seen TLM in Noah's Facebook post and you might have noticed A+ or SLT in Élodie and Christophe's responses to Nicole's post. Did you figure out their meanings?

TLM	*tout le monde*	everybody
A+	*à plus tard*	see you later (CUL8R!)
SLT	*salut !*	hi!
Auj	*aujourd'hui*	today
A tt	*à toute à l'heure !*	see you soon!
A2m1	*à demain*	see you tomorrow
Biz	*bisous*	kisses (French for xxx!)
Bjr	*bonjour*	hello
Bcp	*beaucoup*	a lot
Cpg	*c'est pas grave*	it's no big deal
Cv	*ça va ?*	how are you?
DSL	*desolée*	sorry
Fds	*fin de semaine*	weekend
Mdr	*mort de rire*	dying of laughter (French for lol!)
Mr6	*merci*	thanks
P2k	*pas de quoi*	you're welcome
PDP	*pas de problème*	no problem
P-ê	*peut-être*	maybe
QDN	*quoi de neuf ?*	what's new?
6né	*ciné*	cinema

6.1 H Écris les messages dans ton Journal de bord.

Fill in the texts in your learning diary.

6.1 Les applis pour vos vacances ! Lis le texte et réponds aux questions en français.

Apps for your holidays! Read the text and answer the questions in French.

Vous partez en vacances ? C'est très facile avec ces applis pour votre smartphone ou tablette. Vous enregistrer pour votre vol, réserver votre siège dans le train, acheter des billets pour un concert, choisir les mieux cafés et restaurants, tout est possible avec ces nouvelles applis.

Supervol
Avec cette appli, vous pouvez comparer les vols de plusieurs compagnies aériennes. Vous choisissez votre destination et l'appli vous montrera tous les vols disponibles (l'heure, le prix, la compagnie aérienne), sans vous lever de votre canapé.

Monresto
La meilleure appli pour les gourmands. Avec l'appli Monresto, vous pouvez lire les menus des restaurants les plus populaires de France, ainsi que les critiques.

Billetsplus
Vous voulez aller à l'opéra, regarder un match au Stade de France ou voir Justin Bieber à Paris Bercy ? Billetsplus est une appli pour réserver les billets de tous les événements sportifs ou culturels. La musique, la danse, le cinéma, le foot – vous pouvez acheter des billets pour toutes sortes d'événements en un simple clic.

Météo
Vous allez en vacances mais vous ne savez pas quoi mettre dans votre valise? Ne vous inquiétez pas ! La nouvelle appli Météo vous donnera les prévisions météorologiques pour votre destination, pour les quinze prochains jours.

(a) Comment s'appelle l'appli pour choisir un bon restaurant ? ....
(b) Pour quelles sortes d'événements pouvez-vous réserver un billet avec Billetsplus ? ....
(c) L'appli météo montre le temps qu'il va faire pour combien de jours ? ....
(d) Que fait l'appli Supervol ? ....
(e) Comment s'appelle la salle de concert mentionnée dans la description de l'appli Billetsplus ? ....
(f) Quelle appli est la plus utile pour vous ? Pourquoi ? ....

Ecris les mots-clés 1–34 de la section 6.1 dans ton Journal de bord.
Fill in the key words 1–34 for section 6.1 in your learning diary.

6.2 Écrire des cartes postales

6.2 A Nicole écrit une carte postale à Katie. Lis la carte postale et réponds aux questions en français.

Nicole writes a postcard to Katie. Read the postcard and answer the questions in French.

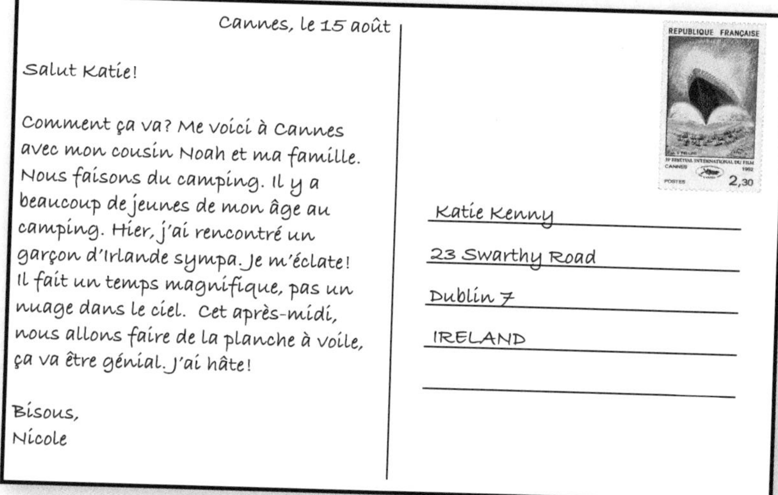

Cannes, le 15 août

Salut Katie!

Comment ça va? Me voici à Cannes avec mon cousin Noah et ma famille. Nous faisons du camping. Il y a beaucoup de jeunes de mon âge au camping. Hier, j'ai rencontré un garçon d'Irlande sympa. Je m'éclate! Il fait un temps magnifique, pas un nuage dans le ciel. Cet après-midi, nous allons faire de la planche à voile, ça va être génial. J'ai hâte!

Bisous,
Nicole

Katie Kenny
23 Swarthy Road
Dublin 7
IRELAND

(a) Qui Nicole a-t-elle rencontré hier? ....

(b) Quel temps fait-il? ....

(c) Qu'est-ce qu'elle fera cet après-midi? ....

(d) Comment ça se dit …? Trouve les phrases:

1 not a cloud in the sky 2 It's going to be great,

3 can't wait!

! Je m'éclate = Je m'amuse bien

6.2 B Complète les cartes postales avec les mots à côté.

Read the postcards and fill in the blanks with the words to the right.

1

Galway, le 21 mars

Salut Papy

Me voici (a) .... Galway
(b) .... voyage scolaire. Nous passons une semaine ici. L'auberge de jeunesse est très
(c) .... et les profs sont
(d) .... Il (e) .... froid et il pleut. Hier j'ai visité un beau château.
Ce matin, nous sommes allés en ville pour
(f) .... des cadeaux. Dimanche prochain, nous
(g) .... à Dublin. Nous allons
(h) .... l'université Trinity College. Nous rentrerons à Lille
(i) .... 30 mars.

À (j) ....
Clement

Viola Lantagne
169 Rue Lecourbe
75015 Paris
France

sympas | jolie | bientôt | à | le | en | fait | irons | visiter | acheter

2

Londres, le 2 octobre

Coucou !

Un grand bonjour (a) ________ Londres. Je passe (b) ________ week-end ici avec (c) ________ famille. Nous (d) ________ dans un hôtel quatre étoiles près (e) ________ centre-ville. C'est super ici ! Il y (f) ________ plein de choses (g) ________ faire et à voir. Il fait un temps superbe. Il y a du soleil tous (j) ________ jours. Ce soir, nous irons à un spectacle (i) ________ théâtre Apollo. Demain, nous irons au Palais de Buckingham. Je (j) ________ de retour dimanche.

Grosses bises
Christelle

Charles Michain
92 Rue de la Fromendière
72100 Le Mans
France

a
à
au
du
de
le
les
ma
serai
restons

6.2 C Relie les cartes postales aux images et fais les exercices à la page 206.

Match the postcards to the images and complete the exercises on page 206.

(a)

Chamonix, le 4 janvier

Salut !

Me voici en vacances à la montagne. Nous restons dans une station de ski dans les Alpes. Les vues sont incroyables. Il fait froid mais j'adore la neige ! Je fais du ski tous les jours. Demain, nous allons faire du patinage. Je m'amuse beaucoup ! Je serai de retour vendredi.

Amitiés,

Océane

Elisane Lambert
56 Rue Alamein
Bordeaux
Nouvelle-Aquitane

(b)

La Palmyre, le 21 mars

Salut Manon !

Un grand bonjour de La Palmyre, dans l'ouest de la France. Je suis ici avec mes camarades de classe. Il fait beau et chaud. Aujourd'hui nous sommes allés au zoo. J'ai vu beaucoup d'animaux – des éléphants, des lions, des girafes et des singes. Nous restons dans une auberge de jeunesse en ville. Demain matin, nous prendrons le train pour aller à Nantes.

Bises,
Gabriel

Manon Bouvier
7 Rue de la Feuillarderie
Rezé
Pays de la Loir

(c)

Nice, le 18 août

Salut Jules,

Ça va ? Je suis à Nice sur la Côte d'Azur avec ma famille. Nous louons un appartement au bord de la mer. Il fait un temps superbe. Pas un nuage dans le ciel ! Je vais à la plage tous les jours. Je joue au beach-volley, je me fais bronzer et je me baigne. Je m'éclate ! Ce week-end, j'irai à un parc aquatique près d'ici. Ensuite, je vais jouer au volley avec Brice.

Gros bisous,
Valentine

Jules Legrande
2 Rue des Amandiers
Lavérune
Occitanie

(d)

Paris, le 12 mai

Salut Lucas !

Me voici à Paris avec mon équipe de foot. Nous jouerons un tournoi demain. Malheureusement, il pleut mais il y a une piscine couverte et un gymnase à l'hôtel. Dimanche, nous allons visiter la cathédrale Notre-Dame avant de retourner à Strasbourg. Je m'amuse beaucoup !

À dimanche,
Théo

Lucas Loisante
14 Rue du Spesbourg
67450 Mundolsheim
Strasbourg

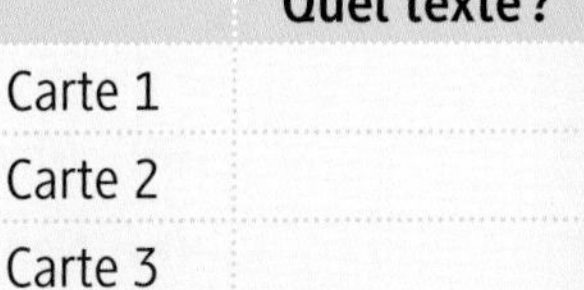

	Quel texte ?
Carte 1	
Carte 2	
Carte 3	
Carte 4	

Carte 1

Carte 2

Carte 3

Carte 4

Comment ça se dit ... en français ? Trouve les phrases dans les cartes postales.
Find the phrases in the postcards.

(a) We're staying in a ski resort in the Alps. ....

(b) I'll be back on Friday. ....

(c) Today we went to the zoo. ....

(d) We're staying at a youth hostel in town. ....

(e) We're renting an apartment by the sea. ....

(f) I sunbathe and I swim. ....

(g) This weekend I'll go to a waterpark. ....

(h) Unfortunately it's raining. ....

Réponds aux questions en français.
Answer the questions in French.

(a) Quel temps fait-il à Chamonix ? ....

(b) Que fait Océane tous les jours ? ....

(c) Où est Gabriel ? ....

(d) Mentionne trois animaux que Gabriel a vus. ....

(e) Où va Théo dimanche ? ....

Réponds aux questions en anglais.
Answer the questions in English

(a) What is Océane going to do tomorrow? ....

(b) Who is Gabriel on holidays with? ....

(c) Who is Valentine on holidays with? ....

(d) Why did Théo travel to Paris ? ....

(e) Name two facilities in his hotel. ....

6.2 D Où vas-tu pendant les grandes vacances ?
Where do you go during the summer holidays?

Je fais du camping au bord de la mer.

Je vais chez mes grands-parents à la campagne.

Je loue un appartement près d'un lac.

Je vais dans un hôtel de luxe dans une grande ville.
LE GRAND HOTEL

Je passe mes vacances dans une station de ski.

Je loue un gîte dans un village.

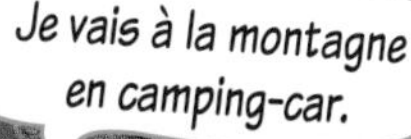

Je vais à la montagne en camping-car.

Je reste dans un chalet avec ma famille.

6.2 E Où vas-tu en vacances ? Écoute quatre jeunes et complète le tableau en français.

Where do you go on holidays? Listen to four young people and fill in the chart in French.

	DESTINATION	LOGEMENT	AVEC QUI ?	ACTIVITÉS
Hugo	Près d'un lac en Suisse	Un gîte rural	Sa tante et ses cousins	La planche à voile La pêche
Sophie				
Enzo				
Mathilde				
David				

6.2 F Écris une carte postale dans ton Journal de bord.
Write a postcard in your learning diary.

6.2 G Crée une carte postale d'un pays francophone.
Create a postcard for a French-speaking country.

Critères de réussite :
- Choose a French-speaking country.
- Source images representing that country.
- Use ICT to design the front of the postcard from that country.

Ecris les mots-clés 35–64 de la section 6.2 dans ton Journal de bord.
Fill in the key words 35–64 for section 6.2 in your learning diary.

6.3 Le Passé Composé

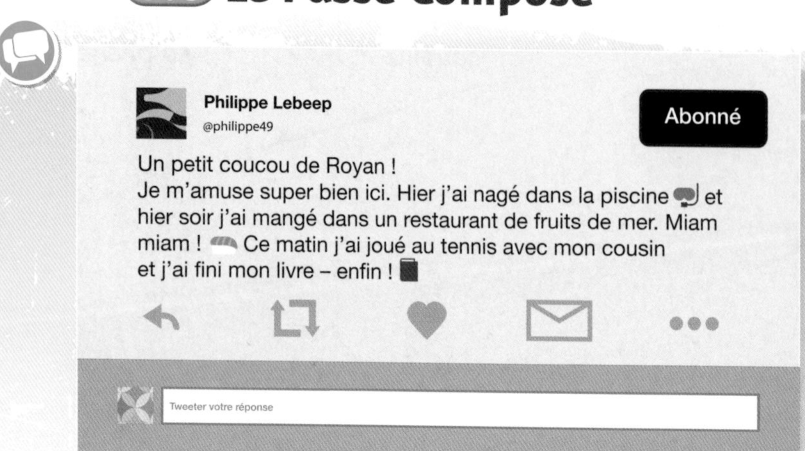

Philippe Lebeep
@philippe49
Abonné
Un petit coucou de Royan !
Je m'amuse super bien ici. Hier j'ai nagé dans la piscine et hier soir j'ai mangé dans un restaurant de fruits de mer. Miam miam ! Ce matin j'ai joué au tennis avec mon cousin et j'ai fini mon livre – enfin !
Tweeter votre réponse

Underline all the verbs in Philippe's post. One verb is in the present tense. Which one is it? The remaining verbs are all in the past tense. What do you notice about them? Do you see any patterns? Discuss in pairs.

6.3 A Le passé composé avec AVOIR

The past tense with AVOIR

★ You might have noticed that all the verbs in the past tense in Philippe's post were made up of two parts.

1	2
J'ai	nagé
J'ai	mangé
J'ai	joué
J'ai	fini

★ You might also have noticed that the first part of each verb is the present tense of the verb AVOIR.

★ This tense is called *le passé composé* and is used to talk about the past. We need TWO parts in this tense.

1 The first part of *le passé composé* is the present tense of the verb AVOIR.

AVOIR *(to have)*
j'ai
tu as
il/elle/on a
nous avons
vous avez
ils/elles ont

2 The second part is *le participe passé*, the past participle.
See can you figure out how to form the past participles of the –ER, –IR and –RE verbs below:

Le participe passé

–ER verbs		–IR verbs		–RE verbs	
nager	nagé	finir	fini	perdre	perdu
manger	mangé	choisir	choisi	vendre	vendu
jouer		rougir		entendre	
donner		punir		répondre	
chercher		remplir		attendre	

Now fill in the rules for forming the past participles:

- ! Verbs ending in –ER ➜ change –ER to ....
- ! Verbs ending in –IR ➜ change –IR to ....
- ! Verbs ending in –RE ➜ change –RE to ....

Here is an example of an –ER, –IR and –RE verb in the *passé composé*.

CHANTER	CHOISIR	PERDRE
j'ai chanté	j'ai choisi	j'ai perdu
tu as chanté	tu as choisi	tu as perdu
il/elle/on a chanté	il/elle/on a choisi	il/elle/on a perdu
nous avons chanté	nous avons choisi	nous avons perdu
vous avez chanté	vous avez choisi	vous avez perdu
ils/elles ont chanté	ils/elles ont choisi	ils/elles ont perdu

1 Present tense of AVOIR + 2 Past Participle = Passé composé

Exemples :

Paul a nagé dans la piscine. — *Paul swam in the swimming pool.*

J'ai fini les exercices. — *I finished the exercises.*

Ils ont vendu leur voiture. — *They sold their car.*

! You already know that to make a verb negative we sandwich the verb with *ne* and *pas*, but in the passé compose we sandwich the first part only, the present tense of AVOIR.

Je parle	*I speak*	Je ne parle pas	*I don't speak*
J'ai parlé	*I spoke/I have spoken*	Je n'ai pas parlé	*I didn't speak/I haven't spoken*

! The interrogative may be formed using Est-ce que or inversion.

Est-ce que tu as parlé ? — *Did you speak?/Have you spoken?*

As-tu parlé ? — *Did you speak?/Have you spoken?*

Regarde le diaporama sur le passé composé.
Watch the PowerPoint presentation 'Unité 6.3 (A)' on the passé composé.

198

6.3 B Note les verbes au passé composé dans ton Journal de bord.
Fill in the pasé composé of the verbs in your learning diary.

6.3 C Classe les participes passés dans le tableau.

Classify the past participles into the table

entendu | *puni* | *regardé* | *vendu* | *fini* | *répondu* | *mangé* | *rougi* | *perdu* | *réussi* | *écouté* | *travaillé* | *attendu* | *obéi* | *joué*

Les verbes en –ER	Les verbes en –IR	Les verbes en –RE

6.3 D Écris l'infinitif des verbes suivantes.

Write the infinitive of the following verbs.

(a) cherché → ....

(b) fini → ....

(c) vendu → ....

(d) choisi → ....

(e) chanté → ....

(f) perdu → ....

(g) écouté → ....

(h) rempli → ....

(i) attendu → ....

(j) parlé → ....

6.3 E Complète les phrases avec le passé composé des verbes entre parenthèses.

Fill in the blanks with the passé composé of the verbs in brackets.

(a) J' .... (FINIR) mes devoirs tôt hier soir.

(b) Les filles .... (ROUGIR) quand elles ont vu les garçons.

(c) Les spectateurs .... (ÉCOUTER) les musiciens pendant le concert.

(d) Les bébés .... (DORMIR) toute la nuit.

(e) Le fils .... (TONDRE) la pelouse le weekend dernier.

(f) Les passagers .... (ATTENDRE) le bus à l'arrêt de bus.

(g) Les élèves .... (RÉUSSIR) aux examens.

(h) J'.............................. (MANGER) mon petit déjeuner à 8 heures le matin.

(i) Vous .... (TRAVAILLER) dur pendant les vacances ?

(j) J' .... (PERDRE) mes clés.

6.3 F Les expressions au passé

Expressions in the past

Hier	*Yesterday*	Hier soir	*Last night*
La semaine dernière	*Last week*	Ce matin	*This morning*
Le week-end dernier	*Last weekend*	Cet après-midi	*This afternoon*
L'année dernière	*Last year*	Il y une heure	*An hour ago*
Lundi dernier	*Last Monday*	Il y a un mois	*A month ago*

6.3 G Mathilde parle de sa semaine. Écoute et complète le tableau en français.

Mathilde talks about her weekend. Listen and fill in the table in French.

Activité ?	Quand ?
Elle a mangé chez Philippe	
	Mardi dernier
Elle a acheté une robe	
	Jeudi matin
Elle a fini le dernier roman de Harry Potter	
	Hier soir
Elle a perdu son vélo dans le parc	

6.3 H Complète le billet de blog avec les mots à droit.

Fill in the blog with the words to the right.

ai	avons
Demain	près
en	Ce
de	mon
mes	acheté
joué	regardé

http://www.bloggeroo.fr/julesvr06

Salut TLM !
Je suis (a) .... vacances en Italie avec (b) .... parents. Nous restons dans un appartement (c) .... du lac Garda. Il y a plein de choses à faire ici. Hier, j'ai nagé dans le lac et j'ai (d) .... au tennis avec (e) .... frère. Hier soir, nous (f) .... mangé des pizzas dans un restaurant à côté (g) .... l'appartement. Après le dîner, j'ai (h) .... un film d'action avec mon père dans l'appartement. (i) .... matin j'(j) .... joué au volley sur la plage et l'après-midi, j'ai (k) .... des cadeaux au marché. Je m'amuse super bien ! (l) .... nous ferons de la planche à voile.

À bientôt !

6.3 I Écris les phrases à la forme négative.

Rewrite the sentences in the negative form.

Exemple : J'ai nagé dans la piscine. Je n'ai pas nagé dans la piscine.

(a) Nous avons mangé dans un restaurant. ....

(b) Ils ont joué au golf hier. ....

(c) Tu as fini le roman ? ....

(d) Elle a vendu son vélo l'année dernière. ....

(e) Vous avez choisi un film ? ....

(f) J'ai perdu mes lunettes hier soir. ....

(g) Tu as réussi à l'examen la semaine dernière? ....

(h) Nous avons trouvé un sac à main lundi. ....

(i) J'ai écouté de la musique hier soir. ....

Ecris les mots-clés 65–74 de la section 6.3 dans ton Journal de bord.
Fill in the key words 65–74 for section 6.3 in your learning diary.

6.4 À la poste

6.4 A Nicole va au bureau de poste. Écoute la conversation qu'elle entend et réponds aux questions qui suivent en anglais.

Nicole goes to the post office. Listen to the conversation that she overhears and answer the questions that follow in English.

Monsieur : Bonjour, Madame.

Vendeuse : Bonjour, Monsieur. Je peux vous aider ?

Monsieur : Je voudrais un timbre pour envoyer une lettre au Portugal.

Vendeuse : Voilà. Ça coûte un euro dix s'il vous plaît. C'est tout ?

Monsieur : Non, je voudrais envoyer un cadeau d'anniversaire à mon fils aux États-Unis. C'est combien pour ce colis pour la Californie ?

Vendeuse : Ce n'est pas trop lourd, moins d'un kilo… ça coûte six euros vingt. Alors six euros vingt, et un euro dix pour le timbre… ça fait sept euros trente centimes.

Monsieur : Voilà huit euros.

Vendeuse : Et voilà votre monnaie, soixante-dix centimes.

Monsieur: Merci, Madame. Au revoir.

(a) To where is the man sending a letter? ....

(b) To whom is he sending a package? ....

(c) Why is he sending the package? ....

(d) What is the total cost to send the package and buy the stamp? ....

(e) What do you think *monnaie* means? Figure it out from the conversation. ....

6.4 B À la poste

In the post

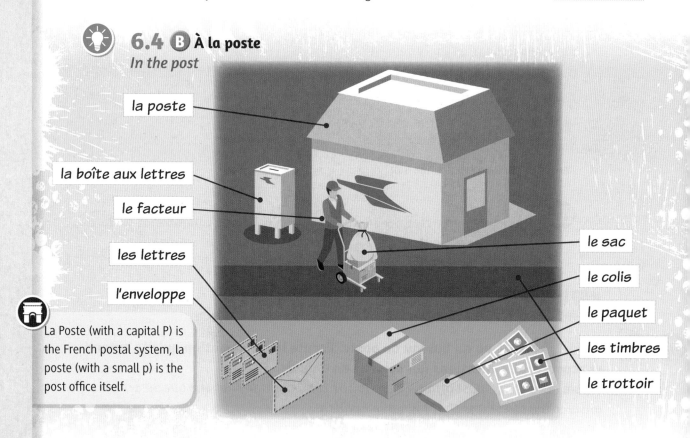

la poste

la boîte aux lettres

le facteur

les lettres

l'enveloppe

le sac

le colis

le paquet

les timbres

le trottoir

La Poste (with a capital P) is the French postal system, la poste (with a small p) is the post office itself.

6.4 C Écoute et répète le vocabulaire.

Listen and repeat the vocabulary.

6.4 D Écoute deux conversations à la poste et réponds aux questions.

Listen to two conversations in the post office and answer the questions.

Réponds en français.

Answer in French.

(a) Combien de timbres achète la femme ? ....

(b) Quel est le poids du paquet ? ....

(c) Quelle est la destination du paquet ? ....

(d) Ça coûte combien ? ....

Réponds en anglais.
Answer in English.

(a) To where is the man sending a postcard? ....

(b) How much is the stamp? ....

(c) Where is the man looking for? ....

(d) What directions is he given? ....

6.4 E Imagine que tu es à la poste à Paris. Tu veux envoyer un paquet en Irlande et acheter quelques timbres. Travaillez à deux. Dans ton Journal de bord, écris un jeu de rôle avec le vendeur/la vendeuse.
Imagine that you are in the post office in Paris. You want to send a package to Ireland and buy some stamps. Work in pairs. In your learning diary, write a role-play with the clerk.

Parlons ! Travaillez à deux. Pratiquez votre jeu de rôle.
Work in pairs. Perform your role-play.

6.4 F Qu'est-ce que c'est ? Identifie les images.
What is it? Label the images.

Exemple :  *C'est une lettre.*

(a) 

....

(b) 

....

(c) 

....

(d) 

....

(e) 

....

Ecris les mots-clés 75–84 de la section 6.4 dans ton Journal de bord.
Fill in the key words 75–84 for section 6.4 in your learning diary.

6.5 La francophonie – La France

6.5 A La France miniature. Lis le texte et réponds aux questions.

Read the text and answer the questions.

On dit qu'il est impossible de visiter toute la France mais ce n'est pas vrai ! Visitez la France en miniature à Elancourt dans les Yvelines, à environ 50 minutes de Paris en voiture ou à 25 kilomètres de la ville. Regardez les sites touristiques et historiques en miniature de six régions de la France – l'île de France, l'Est, l'Ouest, le Centre, le Sud-Est et le Sud-Ouest. La carte de France occupe cinq hectares avec chaque site à sa proper place. Visitez les monuments de Paris y compris le Stade de France, les châteaux des rois comme Versailles et admirez l'architecture gothique. Dans l'Est, on peut voir les villages alsaciens, le massif des Vosges ou bien les vignobles de la ville de Beaune, très connue pour les vins de Bourgogne. N'oublions pas l'Ouest du pays où on trouve le Mont St-Michel, La Rochelle et Fort Boyard. Ce dernier a été utilisé pour une émission d'aventure à la télé. En réalité c'est un jeu télévisé. Dans le Centre, il faut absolument visiter les châteaux de la Loire, le château de Val, de Chambord et de Chenonceau et la célèbre gare des Bénédictins à Limoges. Dans le Sud-Ouest, ne manquez pas les monuments religieux à Lourdes et le village de Saint-Emilion qui fait partie du patrimoine mondial de l'UNESCO. Regardez la vie en lavande dans le Sud-Est avec ses villages savoyards et ses maisonnettes provençales.

Les tarifs commencent à partir de treize euros pour un enfant d'une famille nombreuse et vont jusqu'à vingt et un euros pour un adulte. Le parking est à 3 euros. Passez la journée ici, on vous suggère au moins quatre heures et demie pour profiter du parc. Mais attention, les chiens, les vélos, les trottinettes et les rollers sont interdits dans le parc.

Pour plus d'infos, téléphonez 08 26 30 20 40 à 0,15 €/minute

Réponds en anglais.

Answer in English.

(a) Name the mountain range mentioned. ....

(b) Identify two famous landmarks in the west of the country. ....

(c) Where is the famous Benedictine station located? ....

(d) What is in Lourdes? ....

(e) What do the following numbers refer to? 50, 25, 6, 3, 4½ ....

Réponds en français.

Answer in French.

(a) Trouve dans le texte 2 moyens de transport. ....

(b) Trouve dans le texte 2 châteaux. ....

(c) Trouve dans le texte 1 impératif. ....

6.5 B Que sais-tu de la France?

What do you know about France?

France is the most popular tourist destination in the world with approximately 82 milion visitors each year. The Louvre museum is the most visited art museum in the world.

La France est connue pour le fromage. On fait plus de 400 types de fromage en France (Brie, Camembert, Roquefort...).

La population est de près de 67 millions d'habitants.

La devise de la France est 'Liberté, Égalité, Fraternité' (Liberty, Equality, Fraternity).

The Statue of Liberty was given to the USA in 1886 as a gift from France.

It is considered unlucky to turn a baguette upside down in France!

Il y a environ 40.000 châteaux en France.

Philippe Kahn, from Paris, invented the first ever camera phone in 1997.

The French language was actually the official language of England from 1066 to 1362!

6.5 C La France. Écoute et complète les phrases ci-dessous.

Listen and complete the sentences.

(a) On doit composer le .... pour appeler la France.

(b) La France a .... régions.

(c) Il y a eu .... présidents de la République française.

(d) La France a gagné la Coupe du monde de football en ....

(e) .... est la montagne la plus haute en Europe.

(f) La montagne mesure .... mètres.

6.5 D Note tous les renseignements sur la France dans ton Journal de bord.

Fill in all the information about France in your learning diary.

6.5 E Quelles sont les différences entre la France et l'Irlande ? Note les renseignements dans ton Journal de bord.
What are the differences between France and Ireland? Fill in the information in your learning diary.

Ecris les mots-clés 85–96 de la section 6.5 dans ton Journal de bord.
Fill in the key words 85–96 for section 6.5 in your learning diary.

6.6 Miam miam !

6.6 A Nicole et Noah mangent au restaurant du camping. Lis le menu et réponds aux questions.
Nicole and Noah eat at the campsite restaurant. Read the menu and answer the questions.

Menu à 11,90€
~ entrée + plat ou plat + dessert ~

Entrées :
- *Pâté de campagne*
- *Tomate mozzarella*
- *Soupe à l'oignon*
- *Oeufs cocottes aux herbes*

Plats :
- *Rôti de porc et petits légumes*
- *Saucisse de Toulouse*
- *Saumon grillé*
- *Boeuf bourguignon*

Desserts :
- *Crème caramel*
- *Salade de fruits frais*
- *Assiette de fromages*
- *Deux boules de glaces*

Réponds en français.
Answer in French.

(a) Combien coûte le menu ? ....

(b) Quelles sont les trois viandes au menu ? ....

(c) Quel type de soupe y a-t-il ? ....

(d) Quel poisson est au menu ? ....

Réponds en anglais.
Answer in English.

(a) What is served with the roast pork? ....

(b) How many scoops of ice-cream can you have for dessert? ....

(c) Choose two starters, two main courses and two desserts that are very typically French. ....

(d) What have you already learned about French eating habits? ....

6.6 B Nicole et Noah parlent au serveur. Écoute la conversation et complète le tableau en français.
Nicole and Noah speak to the waiter. Listen to the conversation and fill in the table in French.

Le serveur : Bonjour.
Nicole : Bonjour.
Le serveur : Vous désirez ?
Nicole : Je voudrais le pâté de campagne et comme plat principal je prends le saumon grillé, s'il vous plaît.

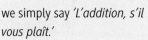

Noah: Moi je voudrais la tomate mozzarella et la saucisse de Toulouse, s'il vous plaît.
Le serveur: Oui. Et comme boisson?
Nicole: Une carafe d'eau, s'il vous plaît.
Le serveur: Parfait.
Cinq minutes plus tard…
Le serveur: Voilà vos entrées. Bon appétit!
Nicole: Merci.

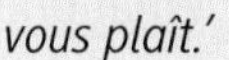

To ask for the bill in French we simply say *'L'addition, s'il vous plaît.'*

	Entrée	Plat principal	Boisson
Nicole			
Noah			

6.6 C Les parents de Nicole arrivent au restaurant du camping. Écoute et complète la conversation.

Nicole's parents arrive at the campsite restaurant. Listen to the conversation and fill in the blanks.

Le serveur: Bonsoir Madame, Bonsoir Monsieur.
M. Dubois: Bonsoir.
Le serveur: Est-ce que vous êtes prêts à commander? Vous désirez?
M. Dubois: Je voudrais la (a) ……………………, s'il vous plaît.
Le serveur: Et comme plat principal?
M. Dubois: Je voudrais le (b) ……………………, s'il vous plaît.
Le serveur: C'est un très bon choix. Et vous, Madame?
Mme. Dubois: Je voudrais les oeufs cocottes et le (c) ……………………, s'il vous plaît.
Le serveur: D'accord. Et comme (d) ……………………?
M. Dubois: Une carafe de (e) ……………………, s'il vous plaît.
Mme. Dubois: Et une carafe d'eau aussi, s'il vous plaît. Quels parfums de glace avez-vous?
Le serveur: Nous avons de la glace à la vanille, au (f) ……………………, au chocolat et à la (g) ……………………. Comme dessert, nous avons aussi la pâtisserie du jour. Aujourd'hui, c'est un éclair au chocolat.
Mme. Dubois: Je voudrais (h) ……………………, s'il vous plaît.
M. Dubois: Et je voudrais de la glace à la (i) …………………… s'il vous plaît.
Le serveur: Parfait. Je reviendrai avec les boissons et du (j) …………………….

Complète le tableau en français avec la commande de Monsieur et Madame Dubois.

Fill in the table with what Mr and Mrs Dubois ordered.

	Entrée	Plat principal	Boisson	Dessert
M. Dubois				
Mme. Dubois				

6.6 D Écoute les conversations dans un restaurant et réponds aux questions en anglais.

Listen to the conversations in a restaurant and answer the questions in English.

1

(a) What drink does the woman order? ....

(b) What drink does the man order? ....

(c) What does the waiter offer to bring? ....

(d) Why does the man suggest moving to the terrace? ....

2

(a) What drinks does the woman order? ....

(b) What food does she order? ....

(c) What time does the restaurant close? ....

(d) Where are the toilets? ....

3

(a) What does the woman order for starter and main course? ....

(b) What does the man order for starter and main course? ....

(c) What desserts do they order? ....

(d) What will they have to drink? ....

6.6 E Lis le menu et réponds aux questions.

Read the menu and answer the questions.

RESTAURANT
LA MÈRE SYLVIE

ENTRÉES
Potage de légumes Salade coleslaw
Gratiné de sardines au fenouil
Escargots, crème d'ail

PLATS PRINCIPAUX
Salade niçoise au poulet
Lasagnes maison, salade
Moules frites
Parmentier de canard confit

DESSERTS
Crêpe au chocolat
Tarte aux pommes
Assiette de fromages
Crème brûlée maison
Menu du jour : Entrée+Plat
ou Plat+Dessert 13,50 €

SUGGESTIONS
Poulet frites 9,50 €
Côtes d'agneau 15 €
Penne tomate et jambon 11 €
Salade César 10,20 €

Réponds en français.

Answer in French.

(a) Comment s'appelle le restaurant ? ....

(b) Combien coûte le menu du jour ? ....

(c) Quel plat coûte 10,20 € ? ....

(d) Quelle sorte de tarte y a-t-il au menu ? ....

(e) Comment dit-on *mussels* and *snails* en français ? Trouve les mots dans le menu. ....

(f) Trouve un synonyme de *soupe* dans le menu. ....

Réponds en anglais.

Answer in English.

(a) Calculate the total price for a Caesar salad followed by lamb. ....

(b) What are the mussels served with? ....

(c) What are the other three options for main course? ......

(d) How many courses can you get with the menu of the day deal? ......

(e) What sort of soup is listed as a starter? ......

(f) What is in the sauce with the penne pasta? ......

6.6 F Imagine que tu es au restaurant *La Mère Sylvie*. Travaillez à deux. Écrivez un jeu de rôle avec le serveur/la serveuse dans ton Journal de bord.

Imagine that you are in La Mère Sylvie restaurant. Write a role-play with the waiter/waitress in your learning diary.

Critères de réussite :

- Order at least two dishes and a drink.
- Ask the waiter at least two questions

Parlons ! Travaillez à deux. Jouez votre jeu de rôle.
Work in pairs. Perform your role-play.

6.6 G Écoute et identifie les éléments de l'image avec les mots ci-dessous.

Listen and label the illustration with the words below.

un couteau	une tasse	une paille	une serviette	une assiette	un plateau
une nappe	des glaçons (m)	un pichet	une fourchette	un verre	une cuillère

(c) ......
(a) ......
(b) ......
(d) ......
(f) ......
(g) ......
(k) ......
(j) ......
(i) ......
(h) ......
(e) ......
(l) ......

Écoute encore une fois et répète.
Listen again and repeat.

6.6 H Fais les mots-croisés.

Fill in the crossword.

1→ 2↓ 3↓ 4→ 5→ 6↓ 7↓ 8→ 8↓ 9→ 10→ 11↓

6.6 Complète les phrases avec les mots de la section 6.6 (G) et ensuite, trouve les mots dans les mots-cachés.

Fill in the blanks with the words from section 6.6 (G) and then find the words in the wordsearch.

(a) Je prends une .... de thé le matin.

(b) Le serveur met les verres sur le ....

(c) Quand il fait chaud, je mets des .... dans mes boissons.

(d) Tu veux un .... d'eau?

(e) J'ai un couteau mais je n'ai pas de ....

(f) La serveuse apporte un .... de vin blanc.

(g) Je prends une soupe. Où est ma .... à soupe?

(h) Ma petite soeur veut une .... pour boire le coca.

(i) Jacques coupe le pain avec un ....

R	C	X	F	H	K	O	M	U	E	D	X	C	C	K
C	U	I	L	L	È	R	E	T	L	A	Z	F	O	U
B	C	O	Z	C	K	O	T	P	L	M	I	Z	U	E
S	E	B	K	I	G	E	E	E	L	A	J	I	T	P
H	F	S	P	P	H	G	L	A	X	A	K	D	E	P
Y	O	J	S	C	E	L	L	I	A	P	T	P	A	A
R	O	N	R	A	B	B	Y	B	D	O	I	E	U	N
M	K	U	S	F	T	A	Y	S	R	C	W	E	A	B
S	O	O	T	P	O	W	L	S	H	N	F	E	R	U
F	L	F	X	H	N	V	D	E	X	B	D	J	U	Y
D	Z	P	V	E	Y	J	T	B	Y	D	C	C	F	O
T	B	D	R	T	K	E	L	W	C	L	W	E	V	O
W	L	R	I	E	A	J	V	L	K	Z	B	U	H	S
U	E	X	D	O	E	C	U	K	T	P	W	O	J	P
V	N	X	R	B	K	U	O	A	W	O	B	F	I	E

6.6 La France gourmande

French gourmet

En Normandie, on fait le Camembert, un fromage de lait cru de vache. On cultive des pommes dans cette région et on produit du cidre aussi. La pomme était présente bien avant le raisin en Normandie, donc traditionnellement le cidre est plus populaire que le vin.

La boisson *champagne* qu'on boit pendant les fêtes ou les célébrations, vient de la région Champagne. Le champagne est connu dans le monde entier et revêt une image festive, que le monde du cinéma et du sport continuent de promouvoir. Les marques les plus connues de la région incluent Veuve Cliquot et Moet & Chandon.

Dans chaque ville et chaque petit village breton, on trouve une crêperie. Les crêpes (salées ou sucrées) sont typiques de la Bretagne.

La cuisine de l'Est de la France est influencée par la cuisine allemande. Ici, on mange de la viande de porc et les pâtisseries qui sont populaires en Allemagne. La quiche lorraine vient de cette région.

Dans le Sud-Ouest de la France, on mange des plats riches comme le canard et l'agneau. On fait des pâtés et des terrines dans cette région et on les mange accompagné d'un bon verre de vin rouge. Le vin de Bordeaux est connu dans le monde entier.

Le jambon de Bayonne est une spécialité du Sud-Ouest de la France. C'est un jambon cru salé et séché.

Près de la frontière italienne, on cultive les olives, la lavande et le miel. Les plats de Provence sont d'un style méditerranéen, avec beaucoup de légumes, de tomates, de fines herbes et bien sûr de l'huile d'olive.

On dit que la meilleure saucisse qu'on puisse trouver en France, c'est la saucisse de Toulouse. C'est un des ingrédients du cassoulet.

La bonne qualité du boeuf et du vin de Bourgogne a beaucoup d'influence sur la cuisine de cette région. *Le boeuf bourgignon* et *le coq au vin* sont deux exemples de plats tradionnels de Bourgogne. La moutarde de Dijon vient aussi de cette région.

Réponds aux questions en français.
Answer the questions in French.

(a) Quel fruit est un produit typique de Normandie? ....

(b) La cuisine de quel pays a une influence sur la cuisine de l'Est de la France? ....

(c) Les crêpes sont typiques de quelle région? ....

(d) Quel produit est associé avec Dijon? ....

(e) Mentionne deux produits qu'on cultive près de la frontière italienne. ....

Réponds aux questions en anglais.
Answer the questions in English.

(a) What type of cheese is made in Normandy? ....

(b) Where is the best sausage in France supposedly from? ....

(c) Name one dish that comes from the east of France. ....

(d) What drink is traditionally very popular in Normandy? ....

(e) What two famous brands of champagne are mentioned? ....

Les Français adorent les escargots!
Approximately 500 million snails are consumed in France each year.

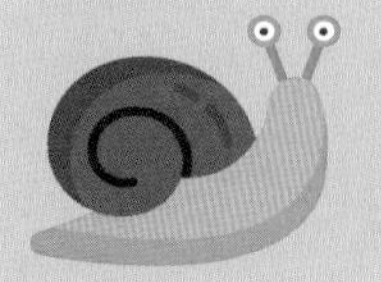

6.6 K La cuisine belge. Écoute et complète.
Listen and fill in the blanks about Belgian cuisine.

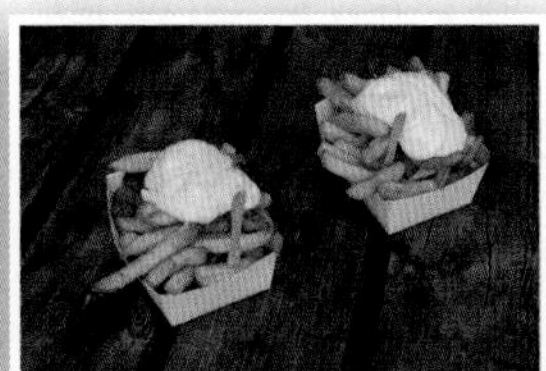

La cuisine belge est un joyeux mélange de l'influence (1) .... et hollandaise. Selon les Belges, les pommes (2) .... sont d'origine belge. La vraie origine reste controversée. Les (3) ....-frites est un plat belge célèbre dans le monde entier. On dit que c'est un chef belge qui a eu pour la (4) .... fois l'idée de servir des moules avec des frites. Autre produit belge bien-connu, c'est le (5) .... À Bruges, il y a même un (6) .... du Chocolat! En Belgique, on mange beaucoup de gaufres et on boit de la (7) .... Il existe un énorme nombre de bières en Belgique et on découvre de petites brasseries un peu partout. Le speculoos est un petit (8) .... à la cannelle qu'on sert avec le café. Les (9) .... mangent les speculoos le jour de la Saint Nicolas, le six (10) ....

Réponds en anglais.

Answer in English.

(a) How is Belgian food described? ....

(b) The origin of what food is controversial but believed to be Belgian? ....

(c) In what city can you find a chocolate museum? ....

(d) What are *speculoos* usually served with? ....

(e) On what date is the feast of St Nicholas? ....

(f) Do you know the meaning of *cannelle*? If not, use your dictionary. ....

6.6 (L) Les speculoos viennent de la Belgique mais d'où viennent ces plats ? Cherche sur Internet pour relier le plat au pays francophone correspondant.

Speculoos come from Belgium but where do these dishes come from? Search online to match the dish to the French-speaking country.

(a) Les speculoos (small cinnamon biscuits)	1 Le Sénégal
(b) La raclette (melted cheese with potatoes and meat)	2 Haiti
(c) Le boeuf bourgignon (beef stew in red wine)	3 Le Canada
(d) Le matété de crabes (spicy crab curry)	4 Le Viêt Nam
(e) L'alloco (fried bananas)	5 La Suisse
(f) Les cretons (ground pork spread on toast)	6 La Guadeloupe
(g) Pho (noodle soup)	7 Le Maroc et l'Algérie
(h) Le poulet yassa (lemon chicken)	8 La France
(i) Le couscous (small steamed pieces of semolina)	9 La Côte d'Ivoire
(j) Le griyo (fried pork)	10 La Belgique

6.6 (M) Choisis un des plats de l'exercice 6.6 (L). Cherche-le sur Internet et note la recette dans ton Journal de bord.

Choose one of the dishes from exercise 6.6 (L). Look it up online and note the recipe in your learning diary.

6.6 N La Tartiflette est un plat de Savoie, en France. Lis la recette et réponds aux questions.

Tartiflette is a dish from the Savoy region in France. Read the recipe and answer the questions.

Tartiflette

Temps de préparation: 30 minutes *Temps de cuisson: 25 minutes*

Ingrédients pour 8 personnes:

2,5 kilos de pommes de terre
2 reblochons (fromage savoyard)
8 oignons
500 grammes de lardons fumés
30 cl de crème
20 cl de vin blanc de Savoie
sel et poivre

Préparation:

1. Éplucher les pommes de terre et les cuire à l'eau pendant 20 minutes.
2. Emincer les oignons. Faire revenir les oignons et les lardons fumés dans un peu de beurre.
3. Couper les pommes de terre en rondelles. Recouvrir le fond d'un plat de cuisson avec la moitié des pommes de terre. Ajouter les lardons et les oignons par-dessus. Ajouter le reste des pommes de terre.
4. Verser la crème et le vin blanc dessus. Ajouter le sel et le poivre. Mettre les reblochons sur le dessus des pommes de terre.
5. Mettre au four environ 25 minutes à 190°C.

Réponds aux questions en français.

Answer in French.

(a) Combien de temps prend la préparation? ....
(b) La recette, c'est pour combien de personnes? ....
(c) Quel type de vin est utilisé dans la recette? ....
(d) Combien d'oignons y a-t-il dans la recette? ....
(e) Qu'est-ce que c'est le reblochon? ....

Réponds aux questions en anglais.
Answer in English.

(a) What is the main ingredient of the recipe? ....

(b) What do you think *éplucher* means? ....

(c) What should you cook the onions and lardons in? ....

(d) What five ingredients are added to the potatoes in step four? ....

(e) What is the final step of the recipe? ....

Regarde le blog vidéo pour voir comment faire la tartiflette.
Watch the vlog to see how tartiflette is made.

Ecris les mots-clés 97–121 de la section 6.6 dans ton Journal de bord.
Fill in the key words 97–121 for section 6.6 in your learning diary.

6.7 Au marché

6.7 A Au marché
At the market

Écoute et répète le nom des fruits et des légumes.
Listen and repeat the fruit and vegetables.

Regarde le diaporama sur les fruits et les légumes.
Watch the PowerPoint presentation on fruit and vegetables.

6.7 B Tous ensemble ! Parlez en groupes de trois ou quatre personnes. Utilisez les phrases et les images ci-dessous pour exprimer vos opinions. Écoutez l'opinion des autres.
Work in groups of three or four. Use the phrases below to express your opinions on the items in the pictures. Listen to the opinions of others.

J'adore les citrons.

Moi aussi j'aime bien les ananas.

Berk ! Je déteste les citrons. Je préfère les fruits sucrés comme les ananas.

Maintenant, écris six phrases dans ton cahier avec les informations sur tes camarades de classe.
Now write six sentences in your copy with the information from your classmates.

Exemples : Sinéad aime beaucoup les ananas. Adam n'aime pas du tout les citrons.

6.7 C Trouve les fruits et les légumes dans les mots-cachés.

Find the fruit and vegetables in the wordsearch.

R	E	X	N	D	P	D	D	E	Z	P	L	W	O	B
M	K	N	Z	S	C	E	U	L	O	A	A	B	A	F
E	R	E	I	C	P	Q	F	G	A	M	Q	Z	J	L
J	C	L	J	G	È	J	D	P	I	P	O	O	C	S
Q	Q	O	X	T	R	Y	Z	Z	M	L	O	H	A	E
I	J	N	S	O	R	E	K	I	U	E	A	F	O	L
Y	S	A	I	U	T	A	B	P	T	M	X	A	Q	L
A	P	O	I	V	R	O	N	U	P	O	W	X	X	I
C	B	H	A	N	L	C	V	I	A	U	R	K	Z	T
E	V	R	Y	Z	G	L	G	D	R	S	T	L	Y	R
R	C	I	I	M	O	N	F	N	N	S	L	D	D	Y
I	Q	S	Û	C	O	A	A	S	H	E	V	Y	F	M
S	I	R	M	N	O	C	O	C	E	D	X	I	O	N
E	E	Y	S	O	T	T	E	I	E	P	V	E	R	J
Z	N	H	Q	Y	L	P	B	Z	T	M	H	B	O	G

6.7 D Écoute les conversations au marché et réponds aux questions en anglais.

Listen to the conversations in the market and answer the questions in English.

1

(a) What does the woman want to buy? ....

(b) What does the market trader say are very fresh? ....

(c) Why does she want to buy blackberries? ....

(d) How much is the total cost? ....

(e) How much change does she get? ....

2

(a) What does the man ask the trader? ....

(b) How far is the nearest supermarket? ....

(c) What directions is he given? ....

(d) What does he buy from the trader? ....

(e) How much is the total cost? ....

6.7 E Tu es au marché. Écris deux conversations dans ton Journal de bord.

You are in the market. Write two dialogues in your learning diary.

6.7 F Fais les mots-croisés.

Fill in the crossword.

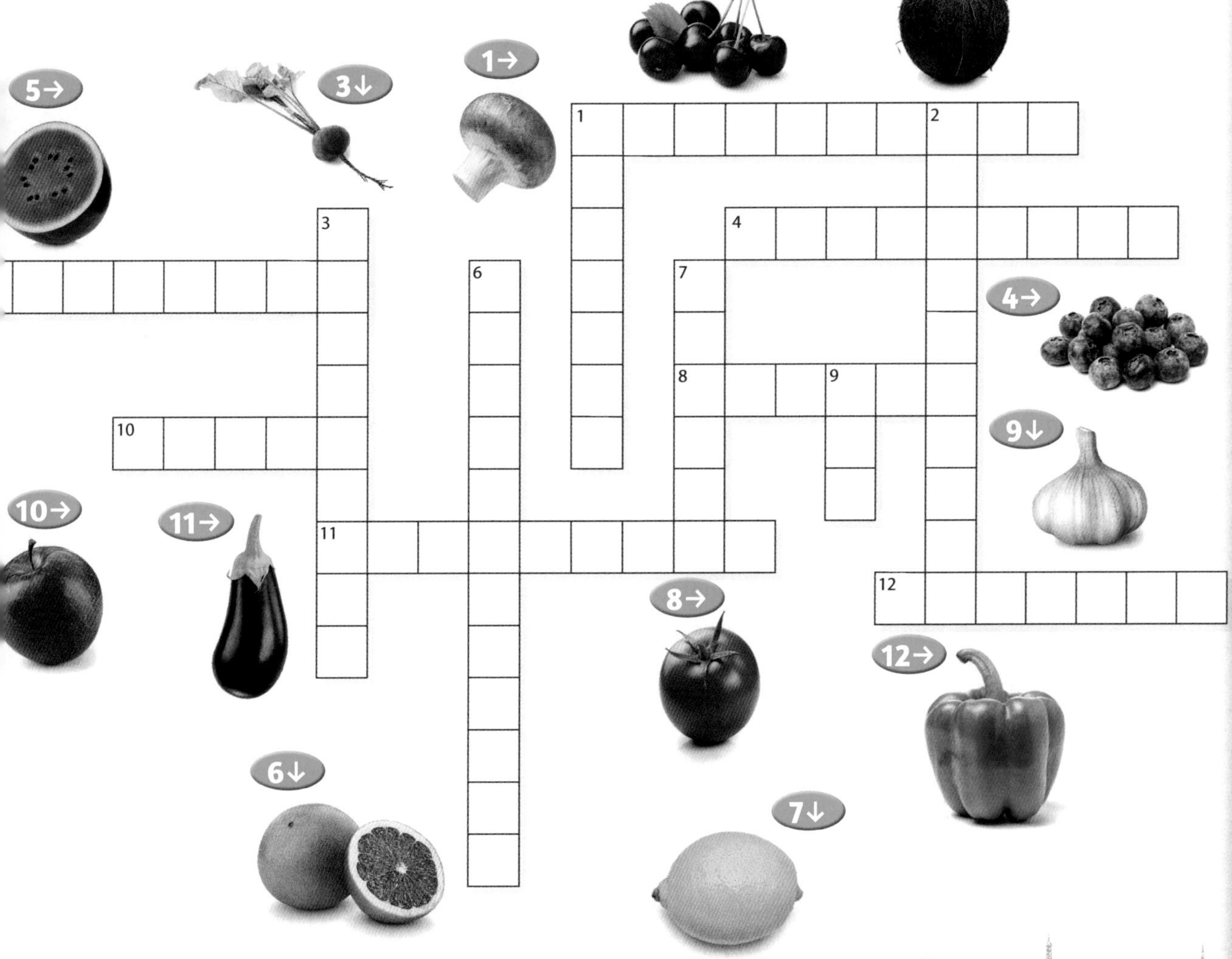

1↓ 2↓ 1→ 3↓ 5→ 4→ 9↓ 10→ 11→ 8→ 12→ 6↓ 7↓

1 2 3 4 5 6 7 8 9 10 11 12

6.7 G Parlons ! Qu'est-ce qu'il y a à vendre au marché ? Travaillez à deux. Décrivez l'image.
What is for sale at the market? Work with a classmate. Describe the image.

6.7 H Lis le text et réponds aux questions.
Read the text and answer the questions.

« Goûtez-moi ce melon. Il est gorgé de soleil », harangue un primeur. Samedi matin, sur le marché de la rue Ordener (XVIIIe), en lisière de Montmartre et de l'avenue de Saint-Ouen, les clients arpentent les allées frappées par le soleil.

Les Parisiens sont attachés à leur marché. « J'aime cette ambiance de village. C'est vivant et on croise plein de monde. Ses voisins. Ses amis. C'est un moment convivial », s'enthousiasme Pascale. Anti-malbouffe, Monique, se fournit dans un magasin bio mais vient ici tous les samedis pour acheter des fleurs, du poisson et faire un tour. « J'aime les étals colorés, les odeurs de poulet grillé et les marchands qui interpellent les clients. C'est une balade. » À la poissonnerie, il y a déjà la queue. « Ici, on trouve des poissons de petite pêche à des prix abordables. Et les vendeurs sont très sympathiques », commente une cliente.

Kate, une Américaine établie à Montmartre, privilégie le marché bio des Batignolles (XVIIe). « Les étals sont magnifiques. J'ai acheté un fromage de chèvre, des tomates anciennes, une volaille et des œufs. Les marchés, c'est l'âme de Paris. »

Réponds en anglais.
Answer in English.

(a) In the opening sentence, what fruit is the market-trader offering tastes of? ....

(b) Who might you meet at the market, according to the second paragraph? ....

(c) On what day does Monique always come to the market? ....

(d) What does she buy? Mention two products. ....

Réponds en français.

Answer in French.

(a) De quelle nationalité est Kate? ....

(b) Elle a acheté quel type de fromage ? ....

(c) Identifie deux autres choses qu'elle a achetées. ....

(d) Trouve les synomyes des expressions suivantes : sociable, l'arôme, dynamique. ....

6.7 Noah a acheté des souvenirs pour sa famille. Lis la conversation entre Noah et Nicole.

Noah has bought souvenirs for his family. Read the conversation between Noah and Nicole.

As-tu acheté des souvenirs au marché ?
Oui j'ai acheté beaucoup de souvenirs – une poupée pour ma petite soeur, une casquette pour mon frère, de la lavande pour ma grand-mère, un porte-clés pour mon père et des bonbons pour ma mère. J'ai acheté des tee-shirts pour mes amis et un portefeuille pour mon grand-père. J'ai dépensé beaucoup d'argent !

Pour qui a-t-il acheté ces cadeaux? Relie la personne de la personne à son cadeau.

Who has he bought these presents for? Match the person to their gifts.

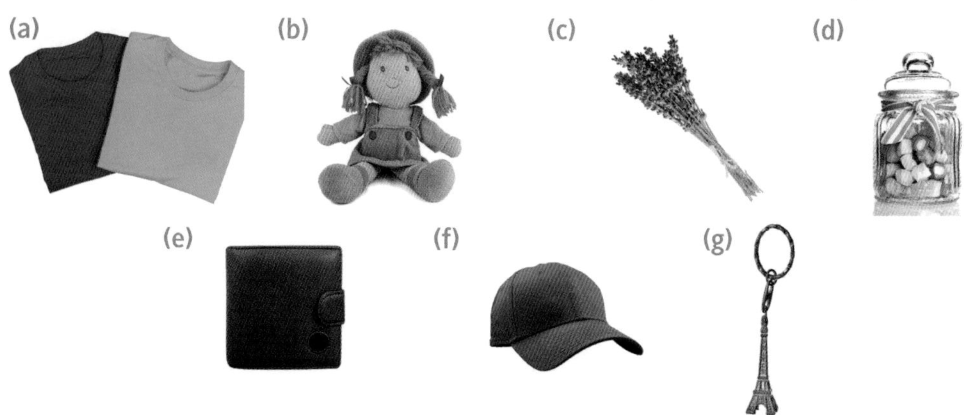

1 son père	2 sa mère	3 son frère	4 sa soeur	5 son grand-père	6 sa grand-mère	7 ses amis

6.7 J Écoute la conversation au marché et réponds aux questions en français.

Listen to the conversation in the market and answer the questions in French.

(a) Qu'est-ce que la fille achète ? ....

(b) Quelle taille fait-elle ? ....

(c) Quel couleur veut-elle ? ....

(d) Quel est le prix ? ....

(e) Qu'est-ce qu'elle achète pour son frère ? ....

(f) C'est quand l'anniversaire de son frère ? ....

(g) Combien coûte le cadeau ? ....

Ecris les mots-clés 122–153 de la section 6.7 dans ton Journal de bord.
Fill in the key words 122–153 for section 6.7 in your learning diary.

6.8 Tu es prêt(e) à pratiquer ? Allons-y !

6.8 A Lis la carte postale à Lucas et complète avec les mots ci-dessous.

Read the postcard to Lucas and fill in the blanks with the words below.

la	à	au	me	de
beau	beaucoup	petit	hier	demain

Genève, le 20 juillet.

Salut Lucas,

(a) .... voici en vacances
(b) .... Genève avec mes parents
et mon (c) .... frère. Je m'amuse
super bien. Il y a (d) .... à faire
et à voir ici. (e) .... j'ai nagé dans
lac Léman et j'ai joué (f) .... beach-volley au bord du lac. Il fait (g) ....
et chaud. (h) .... je ferai de
(i) .... planche à voile sur le lac.
Je serai (j) .... retour mercredi
prochain.

À bientôt

Enzo

0,50 POSTES RÉPUBLIQUE FRANÇAISE CÔTE D'AZUR VAROISE

Lucas Lebon
Rue Marcel Roux
69690 Bessenay
France

6.8 B Remets les phrases dans le bon ordre et écris la carte postale dans ton Journal de bord.

Put the phrases in order and write the postcard into your learning diary.

- un hôtel de luxe avec une
- retour mardi prochain.
À bientôt,
Aurélie
- mon copain François. Il fait
- Salut Mohammed,
Un grand bonjour de Nice. Je suis ici avec
- beau et chaud. Nous restons dans
- piscine et un terrain de sport. Hier nous
- avons joué au tennis. Je serai de

6.8 C Lis les petites annonces et réponds aux questions en anglais.

Read the advertisements and answer the questions in English.

Maison à louer près du lac Léman

- Quatre Chambres
- Salon
- Cuisine
- Grand Jardin

Pour réserver
info@maisonlacleman.fr

Appartement à vendre à la montagne

Situé à 1 kilomètre du centre de Morzine.

Bel appartement à 2 chambres.

À 100 mètres de la station de ski de Morzine.

Parfait pour les amateurs de ski et autres sports d'hiver.

+33 4 50 79 11 02

Mobil-home au bord de la mer à louer

- 3 chambres
- salon-cuisine-salle à manger, salle de douche.
- Situé au camping
- La Fôret à 5 kilomètres de Jard-sur-mer

06 19 74 25 38

Gîte rural à louer à la campagne en Provence

- Cinq chambres,
- grand confort,
- jardin avec piscine.
- Location minimum d'une semaine aux mois de juillet et août.

07 83 16 04 12

CAMPING-CAR À LOUER

- Disponible pour les vacances de Pâques,
- Toussaint et au mois d'août (pas disponible juin-juillet).
- 450 € par semaine.

Tél après 20h. 06 81 47 23 95

(a) What number would you call to buy an apartment near a ski resort? ....

(b) Where is the mobile home that is for rent? ....

(c) When is the camper van available to rent? ....

(d) What is the minimum rental period for the gîte in Provence? ....

(e) When can you call to enquire about the camper van? ....

(f) How many bedrooms are there in the house to rent at the lake? ....

(g) What type of accommodation is available to rent by the sea? ....

(h) What number would you call to rent the gîte in Provence? ....

6.8 D Qu'est-ce que ces étudiants ont fait cette semaine ? Relie les phrases aux images.

What have these students done this week? Match the sentences to the images.

(a) Il a acheté des cadeaux.	1
(b) Il a mangé au restaurant.	2
(c) Il a nagé dans la piscine.	3
(d) Il a joué au foot.	4
(e) Il a fini un roman.	5
(f) Il a visité le centre-ville.	6

6.8 E Lis les menus et réponds aux questions.

Read the menus and answer the questions

Nos Spécialités
Côté Terroir
Magret de canard aux pommes 17€
Cassoulet à l'oie 10€
Cassoulet au canard 12€
Cuisse de canard confite 13€
Côté Mer
Moules Frites 10€
Paëlla 10€
Parrillade de possons grillés 20€
Saumon grillé 14€
Salle à l'étage
Jardin intérieur

Menu enfant 8,00€
Salade de tomate
ou Assortiment de charcuterie
Jambon blanc
ou Poisson
ou Steack
Assortiment de légumes
ou pommes de terre
Glace ou Yaourt

Réponds en français.

Answer in French.

(a) C'est combien le prix du menu enfant? ....

(b) Mentionne une viande qu'il y a sur le menu enfant. ....

(c) Quelle est la spécialité la plus chère des spécialités? ....

(d) Quel est le prix des moules-frites? ....

Réponds en anglais.

Answer in English.

(a) Name one starter on the children's menu. ....

(b) What are the two options for dessert on the children's menu? ....

(c) How much is the cassoulet with duck? ....

(d) Name one type of fish mentioned on the specials board. ....

6.8 F Travaillez à deux. Imaginez que vous êtes chefs dans un restaurant français. Dessinez un menu.

Work in pairs. Imagine that you are going to open a French restaurant in your town. Design the menu.

Critères de réussite :

- Decide on what type of food you will serve.
- Choose a name for your restaurant.
- List the dishes and their main ingredients in French.
- List drinks and desserts in French.
- Give each dish a price.

6.8 G Écoute les conversations au restaurant et réponds aux questions.

Listen to more conversations in a restaurant and answer the questions.

Réponds en français.

Answer in French.

(a) Comment s'appelle le restaurant ? ....

(b) À quelle heure ouvre-t-il le soir ? ....

(c) L'homme voudrait réserver une table pour combien de personnes ? ....

(d) Il fait la réservation pour quelle date ? ....

(e) Quel est le problème ? ....

Réponds en anglais.

Answer in English.

(a) What does the lady order as a starter? ....

(b) What main course does she order? ....

(c) What would she like for dessert? ....

(d) What drink does she order? ....

(e) Where are the bathrooms? ....

6.8 H Qu'est-ce que c'est? Identifie les images avec les mots ci-dessous.

Label the images with the words below.

des myrtilles	*une fourchette*	*une pêche*	*une cuillère*	*une tasse*
des champignons	*une poupée*	*un couteau*	*un porte-clés*	*une assiette*

(a) ....

(b) ....

(c) ....

(d) ....

(e) (f) (g) (h)

(i)

(j)

6.8 I Classe le vocabulaire dans les colonnes.

Classify the vocabulary into the correct columns.

une cuillère	*la raclette*	*une aubergine*	*une fourchette*	*une mûre*
les speculoos	*un champignon*	*un couteau*	*l'alloco*	*une noix de coco*
un abricot	*un artichaut*	*le couscous*	*un pamplemousse*	*un verre*
une cerise	*un poivron*	*un chou*	*une assiette*	*le griyo*

FRUIT	LÉGUMES	À TABLE	PLATS TYPIQUES DES PAYS FRANCOPHONES

6.8 J Dans ton Journal de bord, colorie l'image selon les indices.

In your learning diary, colour in the image according to the clues.

6.8 Ⓚ Lis le texte et réponds aux questions.

Read the text and answer the questions.

Restaurant Roma

Telle une belle découverte au coeur de Marseille, Restaurant Roma est un restaurant d'exception, qui met l'accent sur la cuisine gastronomique, méditerranéenne et italienne. Sur une charmante petite place, entre l'Église Saint-Ferréol et la Place Général de Gaulle, cette adresse marseillaise attire les gourmands de toute la France.

Le directeur Serge Morel a acheté le restaurant en 2012 et il l'a complètement rénové dans un style classique. Le chef Gabriel Fettuci, d'origine italienne, utilise les produits de saison, ce qui laisse deviner de nombreuses variations dans les plats. *« La carte est en constante évolution selon les produits des producteurs locaux ».* Il fait une cuisine traditionnelle italienne de façon plus moderne. Ses spécialités ? Pâtes fraîches faites maison, gnocchis aux fromages et aux éclats de pistache, linguine aux coquilles Saint-Jacques, et poulet aux tomates cerises. Pour accompagner les délicieuses assiettes, le restaurant offre un grand choix de vins pour le plaisir des amateurs de bons vins.

Réponds en français.

Answer in French.

(a) Comment s'appelle le restaurant ? ....

(b) Où se trouve-t-il exactement ? ....

(c) Qui est Serge Morel ? ....

(d) D'où vient le chef ? ....

Réponds en anglais.

Answer in English.

(a) How is the food at this restaurant described? ....

(b) Why is there often a lot of variation on the menu? ....

(c) What happened in 2012? ....

(d) Describe one of the restaurant's specialty dishes. ....

6.8 L Fais les mots-croisés.

Fill in the crossword.

Across

1 Un fromage de Normandie
4 Un fruit énorme
6 Un biscuit belge que les enfants mangent le 6 décembre
8 Personne qui distribue des lettres, cartes postales et colis
9 Pour envoyer une carte postale, il faut acheter un
11 Un fromage de Savoie
12 Elles sont typiques de la Bretagne

Down

2 Pour apprendre à faire un plat, il faut suivre une
3 Les glaces et les tartes sont des types de
5 Plat typique de l'est de la france, près de l'Allemagne
7 Homme qui sert les plats au restaurant
10 Un plat typique du Maroc et de l'Algérie

Ecris les mots-clés 154–163 de la section 6.8 dans ton Journal de bord.

Fill in the key words 154–163 for section 6.8 in your learning diary.

6.8 M Complète les phrases avec le passé composé des verbes entre parenthèses.

Fill in the passé composé of the verbs in brackets.

(a) Il .... (DONNER) de l'argent à ses parents.
(b) La mère .... (RACONTER) des histoires à ses enfants.
(c) L'équipe .... (OBÉIR) aux instructions de l'entraîneur.
(d) Les élèves .... (RÉPONDRE) aux questions pendant le cours.
(e) Ma mère .... (ACHETER) une nouvelle robe pour son anniversaire.
(f) Est-ce que vous .... (PRÉPARER) des crêpes pour la Chandeleur ?
(g) Les journalistes .... (POSER) beaucoup de questions.
(h) Le chef .... (EXPLIQUER) le menu aux serveurs.
(i) Le singe .... (VOLER) les bananes des touristes.
(j) Mon père .... (TROUVER) un chien dans la rue.

Revision
Go to **www.edco.ie/caroule2** and try the interactive activities and quizzes.

82

Unité 6 Mets tes connaissances à l'épreuve

Coin grammaire !
Revise the grammar in Unit 6 in your learning diary.

Évalue-toi dans ton Journal de bord.
Use your learning diary to see how much you have learned in Unit 6.

Watch the video for Unité 6.

Que sais-je ?			
I can identify differences between life in Ireland and in France			
I know at least five interesting facts about France			
I recognise traditional dishes from francophone countries			
I recognise regional specialties of food and drink in France			
I can name different fruits and vegetables			
I can describe how I am feeling			
I can describe a scene at a market			
I can ask for the bill			
I can express my opinion about different foods			
I can send mail at the post office			
I can write a role-play set in a post office			
I can write a postcard			
I can design French menus			
I can write a role-play set in a restaurant			
I can write a simple Facebook post			
I can use the passé composé to discuss things I did			
I can use cyber language to text or chat online			
I can follow conversations at a post office			
I can follow conversations at a restaurant			
I can read postcards			
I can follow simple texts about regional varieties in food			
I can follow simple French recipes			
I can design a postcard for a French speaking country			
I can source recipes for traditional dishes from French speaking countries			

Que de souvenirs !

By the end of this unit you will be able to ...

- Name different zoo animals
- Describe holiday images
- Interview a classmate about past activities
- Ask and answer questions describing comic strips and images
- Write a blog about what you did last summer
- Write an account of your day yesterday
- Write a Facebook post about your holidays
- Use the *passé composé* of verbs with irregular past participles
- Form and use the *passé composé* with être to discuss things you did
- Use reflexive verbs in the *passé composé*
- Identify specific information in conversations about holiday activities
- Read blogs, diary entries, Facebook posts, newspaper and magazine articles on the topic of holidays
- Present a montage of pictures showing what you did in the summer
- Identify the main characters from the Titeuf comic series
- Fill in your *dossier francophone* about Québec

Go to **www.edco.ie/caroule2** and try the interactive activities and quizzes.

Le saviez-vous ?!
The English word *souvenir* is a word of French origin. In French it means 'memory' or 'reminder'. It came to be used to describe holiday souvenirs because they remind us of our holidays and bring back memories.

The title of this unit means *So many memories!* Nicole and her friends think back to what they did over the summer. If you think back to how you spent the summer, what comes to mind? What words or phrases would you like to be able to say to describe your summer?

Note tes idées dans ton Journal de bord.
Note your ideas in your learning diary.

7.1 Les grandes vacances sont finies ! Qu'as-tu fait ?

7.1 A Lis le BD.

Read the comic strip.

Réponds en anglais.

Answer in English.

(a) At what time of year does this conversation take place? How do you know? ....

(b) Name two activities Christophe did during the summer. ....

(c) Did Christophe travel during the summer? ....

(d) *Ouais* is an informal way of saying what? What other French word does this look like? ....

7.1 B Qu'est-ce que tu as fait pendant les grandes vacances ? Relie les expressions aux images.

What did you do during the summer holidays ? Match the phrases to the images.

1 J'ai rendu visite à mes grands-parents.
2 J'ai fait de la voile.
3 J'ai joué à la pétanque.
4 J'ai fait de la natation.
5 Je suis allé à la plage.
6 J'ai appris le chinois.
7 J'ai fait de la plongée sous-marine.
8 J'ai joué de la batterie.
9 J'ai lu un bon roman.
10 J'ai fait de l'escalade.
11 Je suis allée au cinéma.
12 J'ai fait un cours d'été.
13 Je suis allé à un parc d'attractions.

(a) (b)  (c) 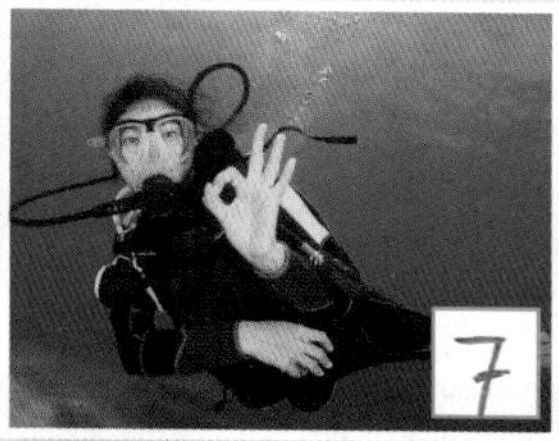 (d)

(e)  (f)  (g)

(h)  (i)  (j)

(k)  (l)  (m)

7.1 C Les participes passés irréguliers

Irregular past participles

★ Let's remember how we form the *passé composé*:

Present tense of AVOIR + Past Participle

On page 209 we learned how to form the past participle of a verb, however, you might have noticed in the previous exercise that some verbs have an irregular past participle.

J'ai fait… J'ai lu… J'ai appris…

Study this list of irregular past participles:

VERBE	PARTICIPE PASSÉ
APPRENDRE	appris
AVOIR	eu
BOIRE	bu
CONNAÎTRE	connu
COURIR	couru
CROIRE	cru
DEVOIR	dû
DIRE	dit
ÉCRIRE	écrit
ÊTRE	été
FAIRE	fait
LIRE	lu
METTRE	mis

VERBE	PARTICIPE PASSÉ
OFFRIR	offert
OUVRIR*	ouvert
PERDRE	perdu
PLEUVOIR	plu
POUVOIR	pu
PRENDRE*	pris
RECEVOIR	reçu
RIRE	ri
SAVOIR	su
SUIVRE	suivi
VOIR	vu
VOULOIR	voulu

Exemples :

Eoin a vu le match.	*Eoin watched the match.*
Nous avons fait les devoirs.	*We did our homework.*
J'ai écrit une lettre.	*I wrote a letter.*

*OUVRIR is the root for COUVRIR (to cover) and DÉCOUVRIR (to discover). The past participles are *couvert* and *découvert*.

*PRENDRE is the root for APPRENDRE (to learn) and COMPRENDRE (to understand). The past participles are *appris* and *compris*.

7.1 D Écoute et répète les participes passés irréguliers.

Listen and repeat the irregular past participles.

7.1 E Qu'est-ce que tu as fait pendant les grandes vacances ? Écoute et complète le tableau en anglais.

What did you do during the holidays? Listen and fill in the chart.

NAME	SUMMER HOLIDAY ACTIVITIES
Marie	Went to Lahinch with her cousins. Surfed and swam at the beach.
(a) Patrick	
(b) Rachel	
(c) James	
(d) Zara	

7.1 F Identifie et écris l'infinitif de chaque participe passé ci-dessous.

Identify and write the infinitive of each past participle below.

Exemple : fait faire

(a) pu ....
(b) été ....
(c) lu ....
(d) dit ....
(e) connu ....
(f) mis ....
(g) vu ....
(h) su ....
(i) eu ....
(j) dû ....

7.1 G Complète les phrases avec le passé composé des verbes entre parenthèses.

Fill in the blanks with the passé composé of the verbs in brackets.

(a) Pierre .... (APPRENDRE) les verbes par cœur.
(b) Maman .... (DIRE) aux enfants de jouer dans le jardin.
(c) Les élèves .... (ÉCRIRE) à leurs correspondants.
(d) J'.......... (RECEVOIR) des cadeaux pour mon anniversaire.
(e) On .... (OFFRIR) des bonbons aux enfants.
(f) L'équipe .... (PERDRE) le match le week-end dernier.
(g) Les garçons .... (METTRE) de l'eau dans les seaux.
(h) Hier Marie et Claude .... (LIRE) les magazines de mode.
(i) Hier matin la boulangère .... (OUVRIR) la boulangerie tôt.
(j) Avant l'arrivée des visiteurs, la famille .... (FAIRE) le ménage.

7.1 H Je suis allé à un parc d'attractions !

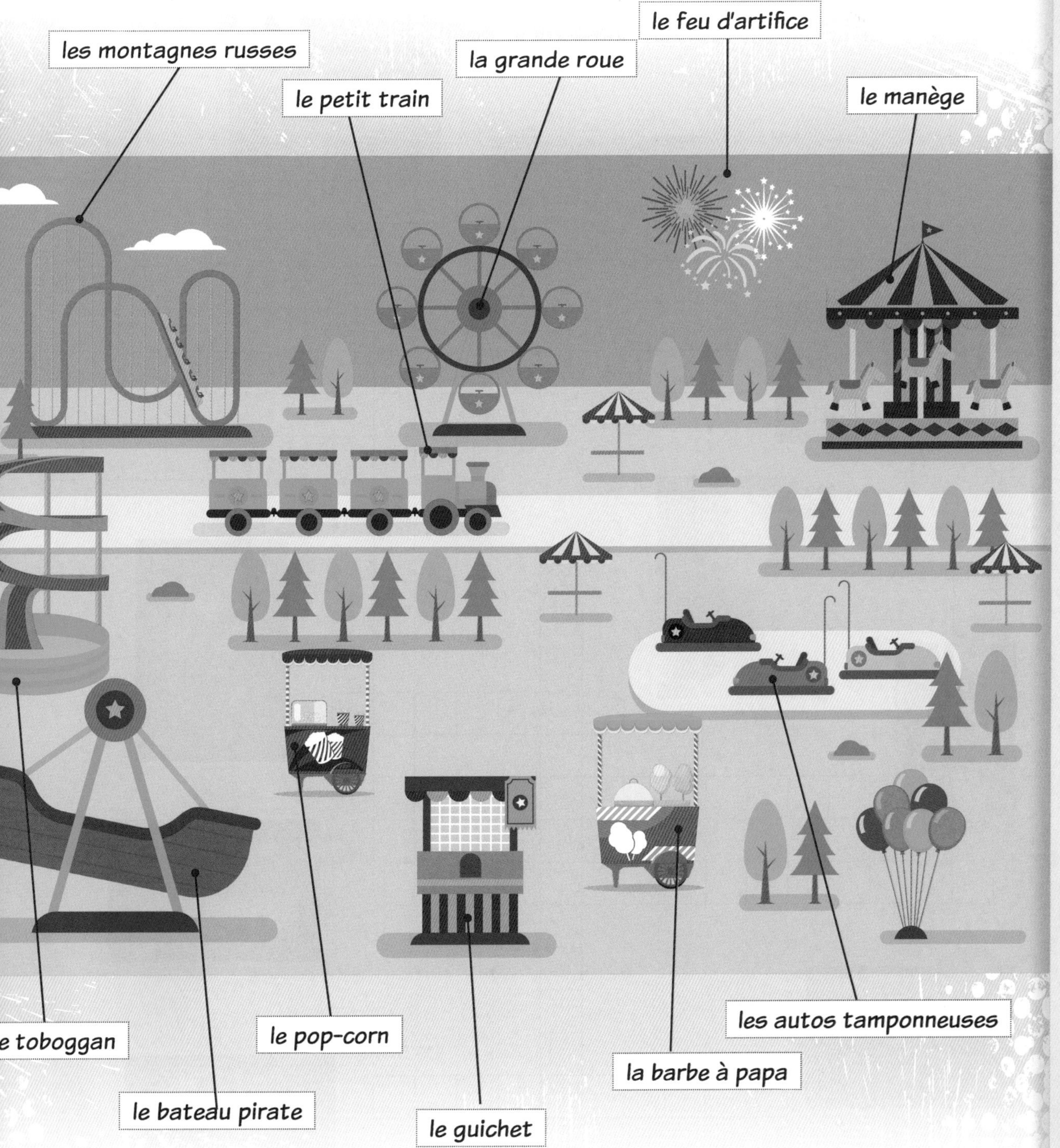

7.1 I Fais les mots-croisés.

Fill in the crossword.

1→ 2↓ 3→ 4→  5→ 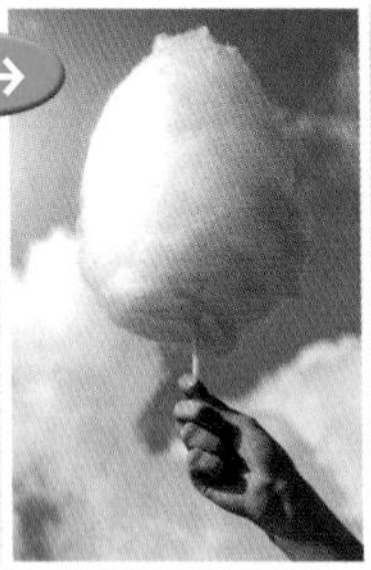 6↓ 7→ 8→ 9→ 10→

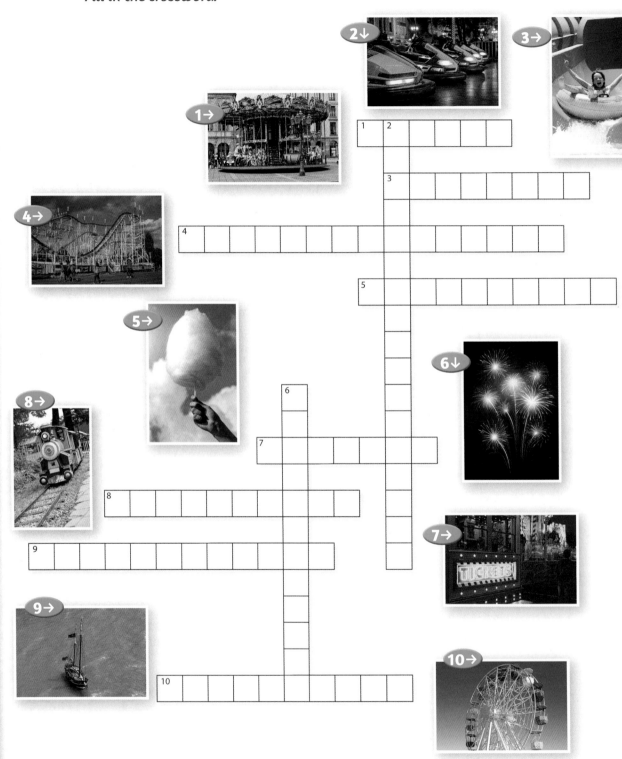

7.1 Nicole reçoit un mél de Katie. Écoute et complète le mél.

Nicole receives an email from Katie. Listen and fill in the blanks in the email.

De: ktkenny123@eir.ie

À: nicoledubois@yahoo.fr

Objet: Salut!

Chère Nicole,

Comment ça va? Est-ce que tu as vu les photos de mes (a) .... sur Instagram?

En (b) .... j'ai fait un séjour linguistique dans un collège d'irlandais à Spiddal. Spiddal, c'est un petit (c) .... dans le Connemara à l'ouest de l'Irlande. J'y suis allée avec deux camarades de classe. C'était (d) .... et mon irlandais s'est amélioré. J'ai rencontré un mec (e) .... de Waterford. Il s'appelle Cormac. Malheureusement il n'habite pas près de chez moi mais je reste en contact avec lui sur Snapchat.

Au mois de juillet, je suis allée en (f) .... avec ma famille. Nous avons passé deux semaines dans un (g) .... au bord de la mer près de Barcelone. Nous avons fait du shopping, nous sommes allés à la plage et un jour nous sommes allés dans un (h) .... C'était super top. J'ai beaucoup aimé le toboggan avec lequel on atterit dans l'eau et les montagnes russes. Le soir, nous avons vu le feu d'artifice. Je suis retournée en Irlande le (i) ....

Au mois août, j'ai rendu visite à mes cousins à Rosslare. Ils ont (j) .... près de la plage. J'ai joué au foot à la plage avec mes cousins et j'ai nagé dans la mer. C'était trop cool. Ma cousine Caoimhe a le même âge que moi et je m'entends très bien avec elle, mais son frère Niall est pénible! Il n'a fait rien que (k) .... la télé dans la caravane.

C'est le jour de la (l) .... demain et j'ai hâte de revoir mes camarades de classe. Je devrai étudier beaucoup cette année parce que l'été prochain je ferai le Junior Cert – c'est un examen comme le Brevet en France.

Je dois te laisser maintenant. Dis bonjour à tes parents.

Amitiés,

Katie

Vrai ou faux?

True or false?

(a) Katie a fait un séjour linguistique au mois de juillet. ....

(b) Katie et ses cousins ont joué au foot sur la plage à Rosslare. ....

(c) Kate a fait de la natation pendant son séjour à Rosslare. ....

(d) Caoimhe est plus âgée que Katie. ....

(e) Niall n'aime pas regarder la télévision. ....

(f) Katie a passé le Brevet cette année. ....

Comment dit-on en français ? Trouve l'expression dans le mél.
Find the phrase in the email.

(a) A nice guy

(b) I'm still in contact with him.

(c) It was brilliant (find 3 different ways to say it in the email).

(d) My Irish improved.

(e) I have to go now.

(f) Say hi to your parents for me.

7.1 Ⓚ Lis le texte et réponds aux questions.

Read the text and answer the questions.

Irlande : huit jeunes footballeurs sauvés de justesse de la noyade

Les huit jeunes ont été emportés par un courant de baïne.

La session de baignade après l'entraînement a failli tourner au drame. Une équipe de jeunes footballeurs du comté de Fermanagh, en Irlande du Nord, a été sauvée de justesse, samedi, après avoir été emportée par un courant de baïne sur une plage de Bundoran, de l'autre côté de la frontière avec l'Irlande.

Selon la BBC, qui a rapporté l'incident, huit jeunes ont été emportés vers le large par les flots. Ils ont été secourus par des surfeurs, suppléés par une équipe de secours. Certains ont dû être hospitalisés après avoir avalé d'importantes quantités d'eau de mer mais leurs jours ne sont pas en danger. «Nous sommes soulagés de pouvoir dire que tous les garçons se portent bien», a confirmé le responsable de l'équipe à la BBC.

Réponds en anglais.
Answer in English.

(a) Who were the eight young people? ....

(b) Where and when did this incident occur?

(c) Who saved them? ....

(d) What was the outcome of the incident?

....

Réponds en français.
Answer in French.

(a) Trouve deux participes passés de verbes en –ER. ....

(b) Trouve une participe passé d'un verbe en –IR. ....

(c) Trouve deux participes passés irréguliers.

(d) Trouve le mot dans le titre qui veut dire *drowning* en français. ....

7.1 Ⓛ Complète le mél avec le passé composé des verbes entre parenthèses.

Fill in the email with the passé compose of the verbs in brackets.

De: quentin2010@gmail.com

À: yanismichel@wanadoo.fr

Objet: Cà va ?

Cher Yanis,

Comment allez-vous? Je m'excuse de ne pas avoir écrit depuis un mois. Mon frère aîné Kevin et moi **(a)** avons fait (FAIRE) un séjour linguistique à Dublin. Les cours étaient très difficiles mais j'**(b)** ai travaillé (TRAVAILLER) dur et j'**(c)** ai appris (APPRENDRE) beaucoup d'anglais. J'**(d)** ai visité (VISITER) toutes les attractions touristiques à Dublin – j'**(e)** ai vu (VOIR) le livre de Kells à l'université Trinity College, j'**(f)** ai fait (faire) une promenade en bateau sur le fleuve Liffey et j'**(g)** ai pris (PRENDRE) des photos à Howth, un village de pêcheurs près de Dublin. Kevin **(h)** a perdu (PERDRE) son portefeuille à Howth et nous **(i)** avons dû (DEVOIR) aller au poste de police. Heureusement quelqu'un l'a trouvé le lendemain et un policier **(j)** a rendu (RENDRE) le portefeuille. Il **(k)** a eu (AVOIR) de la chance ! La dernière semaine en Irlande, il pleuvait tout le temps. Nous **(l)** avons regardé (REGARDER) des films tous les soirs. Nous sommes revenus à Bruxelles jeudi dernier. Et toi ? Qu'est-ce que tu **(m)** as fait (FAIRE) au cours du mois dernier ?

J'ai hâte que le week-end arrive. Samedi c'est l'anniversaire de Kevin et nous irons faire la fête samedi soir avec nos amis et les camarades de classe de Kevin. Je vais en ville avec mon père demain pour lui acheter un cadeau d'anniversaire. Il veut le maillot de foot de l'équipe nationale belge.

C'est tout pour l'instant. Dis bonjour à ta famille de ma part.

Écris-moi bientôt,

Quentin

Réponds en français.

Answer in French.

(a) Qui est Kevin ? ....

(b) Explique la raison pour laquelle Kevin et Quentin sont allés en Irlande. ....

(c) Cite (Quote) trois choses que Quentin a faites en Irlande. ....

(d) Qu'est-ce qui s'est passé à Howth ? ....

(e) D'où vient Quentin? ....

(f) Qu'est-ce qui se passera ce week-end chez Quentin? ....

(g) Que veut Kevin comme cadeau? ....

Comment dit-on en français? Trouve les expressions dans le mél.
Find the phrases in the email.

(a) Sorry for not writing to you for a month. ....

(b) It was raining all the time. ....

(c) I can't wait for the weekend. ....

(d) That's all for now. ....

(e) Say hi to your family for me. ....

7.1 Ⓜ Lis les billets de blog et réponds aux questions.

Read the blogs and answer the questions.

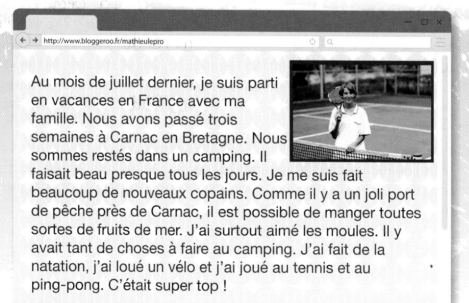

http://www.bloggeroo.fr/mathieulepro

Au mois de juillet dernier, je suis parti en vacances en France avec ma famille. Nous avons passé trois semaines à Carnac en Bretagne. Nous sommes restés dans un camping. Il faisait beau presque tous les jours. Je me suis fait beaucoup de nouveaux copains. Comme il y a un joli port de pêche près de Carnac, il est possible de manger toutes sortes de fruits de mer. J'ai surtout aimé les moules. Il y avait tant de choses à faire au camping. J'ai fait de la natation, j'ai loué un vélo et j'ai joué au tennis et au ping-pong. C'était super top !

Choisis la bonne réponse.
Choose the correct answer.

(a) Carnac est dans .... de la France. ☐
1 le nord-ouest
2 le sud-est
3 l'est

(b) Carnac est près de .... ☐
1 Paris
2 Les Alpes
3 La côte

(c) Mathieu est ....
1 paresseux
2 sportive
3 épuisé

(d) Mathieu a mangé ....
1 des fruits
2 des fruits de mer
3 un vélo

(e) Le camping offre la possibilité ....
1 de pêcher
2 d'accéder à une plage
3 de louer des vélos

http://www.bloggeroo.fr/mizzpauline

Moi, je ne suis pas allée en vacances cette année. Je suis restée chez moi parce que j'ai dû travailler. J'ai trouvé un petit boulot dans un supermarché près de chez moi. J'ai travaillé tous les mercredis, jeudis et samedis. Le travail, c'était facile et j'ai gagné 9€ l'heure. Avec l'argent que j'ai gagné, j'achèterai un billet pour un grand festival de musique qui aura lieu au mois de septembre. J'irai au festival avec ma meilleure copine, Manon. J'ai hâte d'y aller !

Vrai ou faux ?

True or false?

(a) Pauline a travaillé dans un supermarché. ....

(b) Pauline a travaillé quatre jours par semaine. ....

(c) Pauline a gagné plus de 8€ l'heure. ....

(d) Pauline a acheté un billet pour un festival de musique. ....

(e) Manon est la sœur de Pauline. ....

http://www.bloggeroo.fr/flordehors

Salut tout le monde ! Pendant les grandes vacances je suis allé au Canada. J'y suis allé avec ma mère et ma soeur pour rendre visite à ma tante qui habite à Québec. Québec est une grande ville culturelle. Pendant notre séjour, nous avons exploré les vieilles rues étroites du Vieux-Québec, nous sommes allés à l'Aquarium de Québec et au Musée National des Beaux-Arts. Il faisait beau et chaud tous les jours.

Après une semaine à Québec, nous sommes partis découvrir la campagne canadienne. Nous avons passé un week-end en montagne où ma tante à une résidence secondaire. Elle nous a laissé la maison pour le week-end. Le paysage est magnifique dans cette région et les Canadiens étaient ouverts et très chaleureux. Je me suis très bien amusé.

Réponds en français.
Answer in French.

(a) Pourquoi est-ce que Florian et sa famille sont allés au Canada? ....

(b) Trouve deux adjectifs dans le billet de blog qui décrivent la ville de Québec. ....

(c) Trouve deux adjectifs dans le billet de blog qui décrivent le temps à Québec. ....

(d) Trouve deux adjectifs dans le billet de blog qui décrivent les Canadiens. ....

(e) Comment dit-on en français? Trouve les expressions dans le billet de blog:

- It was fine and warm every day ....
- A holiday home ....
- The scenery is magnificent ....
- I had a great time ....

Ecris les mots-clés 1–37 pour la section 7.1 dans ton Journal de bord.
Fill in the key words 1–37 for section 7.1 in your learning diary.

7.2 La francophonie – Le Québec

Nous venons de lire le billet de blog de Florian dans lequel il a raconté ses vacances dans la ville de Québec au Canada. Québec (ville) est le nom de la capitale du Québec, la plus grande province canadienne.

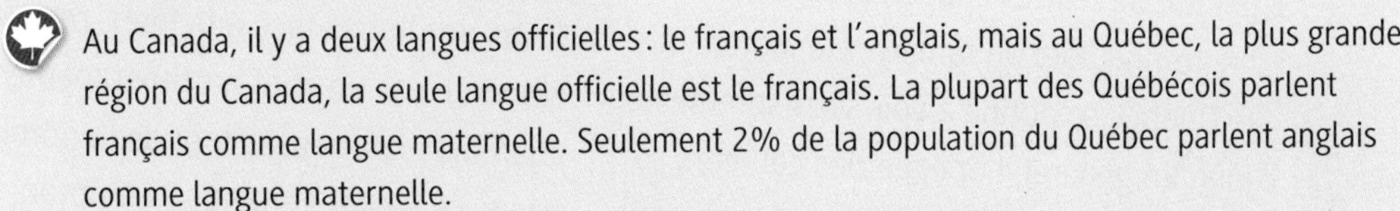

7.2 A Que savez-vous du Québec?

What do you know about Quebec?

- Au Canada, il y a deux langues officielles : le français et l'anglais, mais au Québec, la plus grande région du Canada, la seule langue officielle est le français. La plupart des Québécois parlent français comme langue maternelle. Seulement 2% de la population du Québec parlent anglais comme langue maternelle.
- De 1608 à 1763, le Québec a été une colonie française qui faisait partie de la Nouvelle-France. De 1763 à 1867, il a été une colonie britannique. Il est devenir partie intégrante de la Confédération canadienne en 1867.
- La population du Québec est d'environ huit millions de personnes.
- Après Paris, Montréal est la ville francophone la plus grande du monde.
- En 1995, il y a eu un référendum au Québec pour demander aux citoyens québécois s'ils voulaient être indépendants du Canada mais le référendum a échoué.
- Le nom Québec vient du mot *Kebec,* un mot algonquin (langue indigène du Canada), qui veut dire 'où la rivière se rétrécit' *(where the river narrows).*
- Le Vieux-Québec a été déclaré patrimoine mondial par l'UNESCO en 1985.
- Le Québec est couvert de neige en moyenne 149 jours par an.
- Château Frontenac (un hôtel à Québec), est l'hôtel le plus photographié du monde.

7.2 B Le Québec. Écoute et réponds aux questions en français.

Quebec. Listen and answer the questions in French.

(a) Quelles langues parle-t-on à Montréal? ....

(b) Identifie un ingrédient de la poutine. ....

(c) Comment décrire l'accent canadien? ....

(d) Qu'est-ce qu'un char? ....

(e) Quel bâtiment est mentionné? ....

(f) René Angeli s'est marié avec qui à Montréal? ....

7.2 C Lis l'article et réponds aux questions.

Read the article and answer the questions.

LES VACANCES AU QUÉBEC

Forêts d'érables rougeoyants, fabuleuse palette de teintes chaudes… C'est à l'automne, lors du fameux été indien, que le Québec se donne à voir sous son meilleur jour. En général, l'apogée des couleurs se déploie du 1er au 15 octobre, mais on peut pousser jusqu'à la fin du mois. L'automne est le moment idéal pour faire de la randonnée et de belles photos.

Avec ses deux lacs, ses 80 km de sentiers et ses forêts d'érables à sucre, le parc national du Mont-Orford, à quatre-vingt-dix minutes à l'est de Montréal, est un incontournable qui se découvre à pied, en kayak ou à vélo. On peut y croiser des cerfs de Virginie. Bonnes chaussures, mais aussi vêtements chauds sont à prévoir, car les températures oscillent à cette période entre 5 et 10 °C. Après l'effort, le spa Eastman, installé dans la ville du même nom, à une vingtaine de kilomètres, vous détendra. Bains nordiques face à la forêt, restauration élaborée par un chef nutrithérapeute et chambres spacieuses font de l'endroit une oasis. Le Verger Ferland, à Compton, où l'on cultive pommes, poires et prunes, propose également des balades en tracteur et un cidre de glace typiquement québécois, plusieurs fois primé.

PRATIQUE

Parc national du mont Orford : 6 € l'entrée, gratuit pour les moins de 17 ans. Chalets 4 personnes à partir de 110 € la nuit.

Spa Eastman : accès aux bains à partir de 27 €, forfaits hébergement à partir de 140 €.

Réponds en français.
Answer in French.

(a) Cite deux activités que l'article recommande de faire en automne. ....

(b) Cite trois moyens de transport qu'on utilise au parc national du Mont-Orford. ....

(c) Cite un animal qu'on peut voir au parc national du Mont-Orford. ....

(d) Cite trois fruits qu'on cultive à Compton. ....

Réponds en anglais.
Answer in English.

(a) What month is the best time to see colourful landscapes in Québec? ....

(b) Where exactly is the national park? ....

(c) What sort of clothing is recommended in Mont-Orford national park? ....

(d) Who is entitled to free entry to the national park? ....

7.2 D Note tous les renseignements sur le Québec dans ton Journal de bord.
Fill in all the information about Québec in your learning diary.

Écris les mots-clés 38–46 pour la section 7.2 dans ton Journal de bord.
Fill in the key words 38–46 for section 7.2 in your learning diary.

7.3 Le passé composé : verbes conjugués avec être

7.3 A Le passé composé avec ÊTRE

The past tense with ÊTRE

On page 247, you learned that the *passé composé* is made up of two parts: the present tense the verb AVOIR and the past participle. However, in the blogs on page 254, you may have noticed that some verbs form the *passé composé* with the present tense of the verb ÊTRE instead of AVOIR.

The mnemonic Mrs Vandertramp can help you to remember the verbs that form the *passé composé* with ÊTRE.

	Verbe		Participe Passé
M	Mourir	*to die*	mort
R	Retourner	*to return*	retourné
S	Sortir	*to go out*	sorti
V	Venir*	*to come*	venu
A	Arriver	*to arrive*	arrivé
N	Naître	*to be born*	né
D	Descendre	*to come down*	descendu
E	Entrer	*to enter*	entré
R	Rentrer	*to return*	rentré
T	Tomber	*to fall*	tombé
R	Rester	*to stay*	resté
A	Aller	*to go*	allé
M	Monter	*to go up*	monté
P	Partir	*to leave*	parti

Bonjour, je m'appelle Mrs Vandertramp.

* VENIR is the root for DEVENIR (to become), REVENIR (to come back) and PARVENIR (to reach). The past participles are *devenu*, *revenu* and *parvenu*. All derivatives of VENIR also form the *passé composé* with ÊTRE.

Exemples : Je suis allée au supermarché.
Paul est entré dans le college.

- Note the irregular past participles in the table above: *mort, né* and *venu.*
- There is one big difference between *passé composé* with AVOIR and *passé composé* with ÊTRE. Can you figure it out from the examples below?

FAIRE	**ALLER**
Paul a fait ses devoirs.	Paul est allé au collège.
Marie a fait ses devoirs.	Marie est allée au collège.
Ils ont fait leurs devoirs.	Ils sont allés au collège.
Elles ont fait leurs devoirs.	Elles sont allées au collège.

- When the *passé composé* is formed with ÊTRE, the past participle must agree in gender (masculine/feminine) and in number (singular/plural).

Exemples : Il est venu chez-moi.
Elle est venue chez-moi.
Ils sont venus chez-moi.
Elles sont venues chez-moi.

★ Look at the difference in the passé composé of FAIRE (formed with AVOIR) and ALLER (formed with ÊTRE). The past participle *fait* always stays the same, but *allé* must agree in gender and in number.

FAIRE		
j'	ai	fait
tu	as	fait
il	a	fait
elle	a	fait
nous	avons	fait
vous	avez	fait
ils	ont	fait
elles	ont	fait

ALLER		
je	suis	allé(e)
tu	es	allé(e)
il	est	allé
elle	est	allée
nous	sommes	allé(e)s
vous	êtes	allé(e)(s)
ils	sont	allés
elles	sont	allées

! Remember, to form a negative sentence in the *passé composé* we sandwich the first verb (AVOIR or ÊTRE) with *ne* and *pas*.

Nous n'*avons* pas *fait* les exercices.

Elles ne *sont* pas *allées* en France.

Regarde le diaporama sur le passé composé avec ÊTRE.

Watch the PowerPoint presentation 'Unité 7.3 (A)' on the passé composé with être.

7.3 B Complète la liste des verbes au passé composé dans ton Journal de bord.

Fill in the passé composé of the verbs in your learning diary.

7.3 C Complète les phrases avec le passé composé des verbes entre parenthèses.

Fill in the blanks with the passé composé of the verbs in brackets.

(a) Les élèves .... (RETOURNER) chez eux tard le soir après le voyage scolaire.

(b) Claire et Lucy .... (SORTIR) pour aller à la fête.

(c) Je .... (NAÎTRE) en 2000.

(d) Nous .... (ALLER) au cinéma vendredi soir.

(e) Le matin, le fils .... (DESCENDRE) l'escalier.

(f) Le soir, le fils .... (MONTER) l'escalier.

(g) Vous .... (ENTRER) dans la boutique pour acheter des chaussures ?

(h) En faisant du ski, Claudette et moi .... (TOMBER) dans la neige.

(i) Tu .... (PARTIR) très tôt ce matin.

(j) Elle .... (RESTER) à l'hôpital pendant trois mois après son accident.

7.3 D Lis les phrases au présent et réécris-les au passé composé. Fais attention au verbe auxiliaire.

Rewrite the sentences in the passé composé. Pay attention to the auxiliary verb.

(a) Aujourd'hui il court dans le parc. Il .... (COURIR) dans le parc hier.

(b) Les filles lisent un roman chaque soir. Elles .... (LIRE) un roman hier soir.

(c) Chaque matin, le père perd ses clés. Il .... (PERDRE) ses clés hier matin.

(d) Je bois du thé mais j'.................... (BOIRE) de la limonade à la fête.

(e) Nous allons au collège mais pendant les grandes vacances nous .... (ALLER) à la plage.

(f) En Irlande, la famille reste chez nous, mais en France, elle .... (RESTER) dans un appartement.

(g) Normalement, vous arrivez à l'heure mais hier vous .... (ARRIVER) en retard.

(h) L'enfant tombe du vélo mais quand il .... (TOMBER) hier, il s'est blessé.

(i) Elles prennent du café au lait en terrasse. Hier, elles .... (PRENDRE) du café au bistrot.

(j) Marc et toi revenez ce soir des États-Unis. Marie et toi .... (REVENIR) de l'Écosse il y a une semaine.

7.3 E Écoute les conversations et complète le tableau en français.

Listen to the conversations and fill in the chart in French.

Il fait les devoirs

Nom	Qu'est-ce qu'il/elle a fait ?	Quand ?
Emilie	Elle est allée au cinéma avec Pierre.	Mercredi dernier
1 Romain	IL est regardé la tèle	Hier soir
2 Justine	Elle a lu	le weekend dernier
3 Nicolas	Il a joué un match du tennis	Hier appris midi
4 Mélanie	Elle est allée en ville	Semaine dernier
5 Louis	Il a voyagé au Espagne	Il y a un mois
6 Chloé	Elle est allées au restaurant	Ce matin

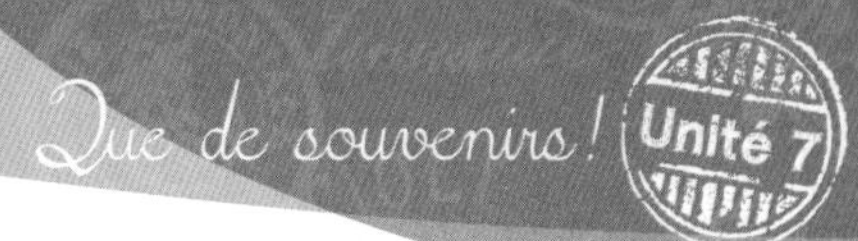

7.3 F Complète le billet de blog d'Élodie avec le passé composé des verbes entre parenthèses.

Fill in Élodie's blog with the passé composé of the verbs in brackets.

http://www.bloggeroo.fr/elodieaparis

Paris ! Pendant mes grandes vacances, j'(a) ai passé (passer) une semaine chez ma soeur ainée Océane. Elle a un appartement dans le onzième arrondissement à Paris. J'(b) ai pris (prendre) le train pour aller à Paris et Océane m'a retrouvée à la gare Montparnasse. Nous (c) avons fait (faire) beaucoup de choses à Paris. Nous (d) sommes allés (aller) à la Basilique du Sacré-Coeur et au Parc Zoologique de Paris et nous (e) avons fait (faire) une promenade en bateau mouche sur la Seine. J'(f) ai fait (faire) du shopping au Forum des Halles dans le 1er arrondissement et nous (g) avons loués (louer) un bateau sur le petit lac au Jardin du Luxembourg. Le meilleur jour de toutes mes grandes vacances, c'était le dernier jour à Paris. Je (h) suis allé (aller) au Parc Astérix avec Océane et son copain. C'était hyper cool ! Nous (i) sommes arrivés (arriver) à 10 heures le matin et nous (j) avons quitté (quitter) le parc à 18 heures. J'(k) ai fait (faire) toutes les attractions. J'ai surtout aimé les montagnes russes. Nous nous sommes super bien amusés ! Je (l) suis rentrée (rentrer) à Biarritz en train samedi dernier et j'ai déjà dit à Océane que j'irai à Paris pendant les prochaines vacances scolaires. J'ai hâte d'y retourner !

! In Élodie's blog, she uses a tense known as the imperfect (*l'imparfait),* when she says *C'était hyper cool.* You will learn more about this tense on page 384.

Vrai ou faux ?

True or false?

(a) Océane habite une maison à Paris. Faux

(b) La fleuve qui traverse la ville de Paris s'appelle la Seine. Faux

(c) Élodie est allée au Parc Astérix le dernier jour de ses vacances. Vrai

(d) Élodie, Océane et son copain ont passé neuf heures au Parc Astérix. Faux

(e) Élodie ne veut pas retourner à Paris. Faux

Réponds en français.

Answer in French.

(a) Où est-ce que Océane a retrouvé Élodie?

(b) Où se trouve le Forum des Halles?

(c) Qu'est-ce que Élodie et Océane ont fait au Jardin du Luxembourg?

(d) À quelle heure est-ce qu'ils sont entrés au Parc Astérix?

(e) Quand est-ce que Élodie est revenue à Biarritz?

Parc Astérix is a large theme park based on a series of French comics, *The Adventures of Astérix*. The series, which follows the adventures of the Gauls as they resist Roman occupation in 50BC, was written by René Goscinny and illustrated by Albert Uderzo. It is one of the most popular French language comics in the world. The comic series has been translated into over 100 languages and made into 13 films. Goscinny and Uderzo are France's bestselling authors outside of France!

7.3 G Qu'est-ce que Benjamin a fait hier? Regardez la bande dessinée et travaillez à deux.

What did Benjamin do yesterday? Look at the comic strip and work in pairs.

1 Brainstorm as many questions as you can to ask about the images, for example, *À quelle heure est-ce qu'il a pris l'autobus?*

2 Work in pairs, asking and answering the questions using full sentences.

3 Now write an account of Benjamin's day using the *passé composé*.

7.3 H Complète les textos avec les verbes ci-dessous.

Fill in the text messages with the verbs below.

suis sortie | ai visité | ai vendu | suis resté | as vu | suis allée

1

9:25
Thibault

Tu es allé en boîte hier soir ?

Non. Je ________________ chez-moi. J'ai dû étudier pour l'examen d'histoire.

2

10:34
Bernard

Salut Bernard ! Tu t'es bien amusé ce week-end ?

Oui j' ___________ le parc d'attractions Eurodisney ! C'était génial.

3

11:17
Alice

Tu ________ le deuxième épisode de la série Le Bureau des Légendes hier soir ?

Non je l'ai raté. Je me suis couchée tôt hier soir.

4

12:06
Louise

Avec qui es-tu allée en boîte samedi dernier ?

Je ________ avec Pierre et ses frères.

5

13:50
Luc

Coucou Luc ! Peux-tu me prêter ton vélo demain ?

Desolé, mais j'___________ mon vélo l'été dernier.

6

14:45
Marie

Tu as fait du shopping ce matin ?

Oui, je _________ en ville avec Sophie.

Watch the video 'Unité 7' as an example to help you get started.

7.3 (I) Parlons ! Prépare tes réponses aux questions de 7.3 (J) dans ton Journal de bord.
Let's talk. Prepare your answers in your learning diary.

7.3 (J) Interviewe un / une camarade de classe avec les questions ci-dessous.
Interview a classmate using the questions below. Record the interview.

(a) Qu'est-ce que tu as fait en juin ?
(b) Qu'est-ce que tu as fait au mois de juillet ?
(c) Qu'est-ce que tu as fait en août ?
(d) Est-ce que tu es parti(e) en vacances pendant l'été ? (Où ? Quand ? Avec qui ?)
(e) Qu'est-ce que tu as fait le week-end dernier ?
(f) Est-ce que tu es sorti(e) samedi soir ? (Où ? Avec qui ?)
(g) Tu as mangé quoi hier soir ?
(h) Qu'est-ce que tu as mangé pour le petit-déjeuner ce matin ?
(i) Comment es-tu venu(e) au collège ce matin ?
(j) Est-ce que tu es allé(e) au cinéma la semaine dernière ?

7.3 (K) En groupes de quatre personnes, écoutez les entretiens et identifiez les questions qui posent des difficultés et les questions auxquelles il est facile de répondre. Notez vos conclusions dans vos Journaux de bord.
In groups of four, listen to your interviews and identify the questions that posed difficulty and the questions that were easy to respond to. Note your conclusions in your learning diaries.

7.3 (L) Dans ton Journal de bord, écris un billet de blog au sujet de l'été dernier.
In your learning diary, write a blog about last summer.

Écris les mots-clés 47–67 pour la section 7.3 dans ton Journal de bord.
Fill in the key words 47–67 for section 7.3 in your learning diary.

7.4 Je suis allé au zoo

7.4 A Lis la BD.

Read the comic strip.

Réponds en anglais.

Answer in English.

Regardez la liste des animaux qu'Elodie a vu au zoo.
Look at the list of animals that Élodie saw at the zoo.

(a) Which ones can you figure out the meaning of because of their similarity to English? ....

(b) Which ones are totally different from English? ....

(c) Find three verbs in the *passé composé* in the comic strip. ....

7.4 B Écoute et écris le nom de chaque animal à l'aide de la liste ci-dessous.

Listen and label the animals with the words in the list below.

un rhinocéros	*un lion*	*un zèbre*	*un manchot*	*un singe*
un perroquet	*un tigre*	*un éléphant*	*un requin*	*un phoque*
un ours	*une girafe*	*un dauphin*	*un hippopotame*	

Les animaux du zoo

(a) un perroquet
(b) un lion
(c) un éléphant
(d) un singe
(e) un ours
(f) un phoque
(g) un dauphin
(h) un tigre
(i) un girafe
(j) un zèbra
(k) un manchot
(l) un hippopotame
(m) un rhinocéros
(n) un requin

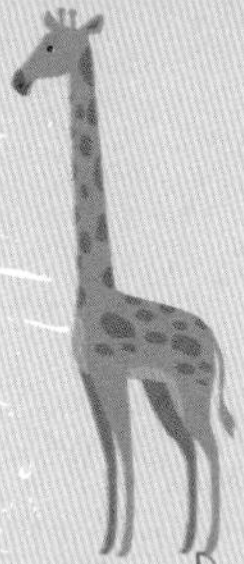

7.4 (C) Écoute et répète les noms des animaux.

Listen and repeat the names of the animals.

7.4 (D) Trouve le nom des quatorze animaux de l'exercice 7.4 (B) dans les mots-cachés.

Find the fourteen animals from section 7.4 (B) in the wordsearch.

T	I	D	N	R	L	E	B	T	V	T	G	H	X	O
A	Q	B	S	Y	T	I	E	E	B	Z	X	J	Y	D
A	N	F	L	C	M	U	O	W	B	T	H	M	Q	B
E	O	N	B	M	Q	O	M	N	D	S	D	N	R	M
C	M	A	Y	O	L	U	X	J	V	O	K	K	E	A
A	P	A	R	D	J	R	E	F	A	R	I	G	G	N
Z	H	R	T	G	M	S	O	G	S	É	N	P	N	C
P	E	V	E	O	W	I	M	A	F	C	H	C	I	H
P	D	É	L	É	P	H	A	N	T	O	F	C	S	O
N	K	A	O	A	E	O	E	S	Q	N	D	W	J	T
K	I	N	U	R	N	Y	P	U	F	I	T	E	H	M
D	U	U	G	P	H	F	E	P	W	H	A	S	T	K
K	Z	I	Q	E	H	P	J	H	I	R	O	U	G	V
X	T	A	R	E	G	I	W	Y	Z	H	L	D	M	I
Z	È	B	R	E	R	R	N	T	C	L	Q	Z	D	J

7.4 (E) Lis la brochure du Parc Zoologique de Paris et réponds aux questions au verso.

Read the brochure for the zoo in Paris and answer the questions overleaf.

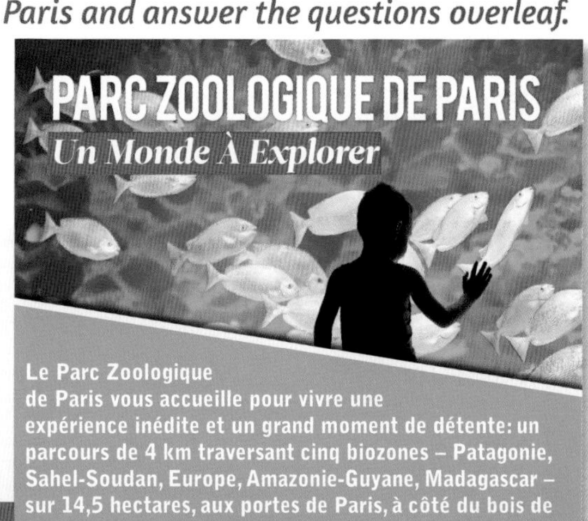

PARC ZOOLOGIQUE DE PARIS
Un Monde À Explorer
Le Parc Zoologique de Paris vous accueille pour vivre une expérience inédite et un grand moment de détente: un parcours de 4 km traversant cinq biozones – Patagonie, Sahel-Soudan, Europe, Amazonie-Guyane, Madagascar – sur 14,5 hectares, aux portes de Paris, à côté du bois de Vincennes, à deux pas du métro Porte Dorée.

HORAIRE:

EN ÉTÉ (Du 1er mai au 31 août 2017)
9 h 30 - 20 h 30 tous les jours
9 h 30 - minuit tous les jeudis de juin et juillet

EN INTERSAISON – EN AUTOMNE
Du 1er septembre au 28 octobre 2017
9 h 30 - 18 h en semaine
9 h 30 - 19 h 30 les week-ends, vacances scolaires toutes zones et jours fériés.

- Nourrissage des manchots – inclus dans la visite. Tous les jours à 12h.
- Nourrissage sur la plaine africaine – inclus dans la visite. Les mercredis, samedis et dimanches à 14h30.
- Petit-Déjeuner avec les girafes – Sur réservation. Toute l'année, les mercredis, samedis, dimanches, sur réservation.

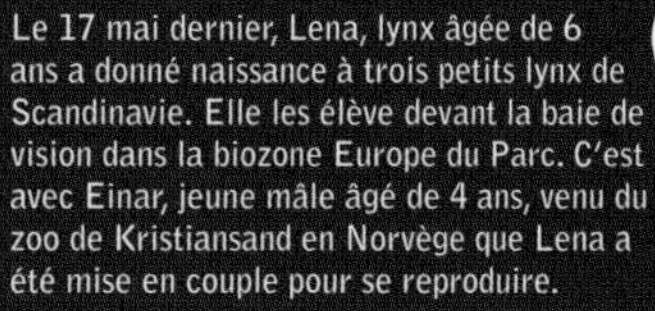

Le 17 mai dernier, Lena, lynx âgée de 6 ans a donné naissance à trois petits lynx de Scandinavie. Elle les élève devant la baie de vision dans la biozone Europe du Parc. C'est avec Einar, jeune mâle âgé de 4 ans, venu du zoo de Kristiansand en Norvège que Lena a été mise en couple pour se reproduire.

Réponds en français.

Answer in French.

(a) Où se trouve le Parc Zoologique exactement? ....

(b) Comment s'appelle la station de métro la plus proche du zoo? ....

(c) Quand est-ce que les trois lynx sont nés? ....

(d) À quelle heure est-ce que le parc ferme le samedi en automne? ....

(e) Quel est le prix d'un pass annuel pour un enfant? ....

Réponds en anglais.

Answer in English.

(a) Which metro should you take to the zoo? ....

(b) Where did the male lynx (who fathered the three baby lynx) come from? ....

(c) When does the zoo stay open until midnight? ....

(d) How can you save a euro on the ticket price? ....

(e) When can you see the penguins being fed? ....

7.4 F Un animal s'est échappé du zoo. Mets les lettres dans le bon ordre pour découvrir lequel. Tous les mots sont des noms d'animaux.

An animal has escaped from the zoo. Put the letters in order to find out which one. All the scrambled words are animals. Unscramble the highlighted letters to discover which animal has been lost.

	gisen	s i n g e
1	epoquh	_ _ _ [_] _ _
2	farige	_ _ [_] _ _ _
3	namthoc	_ _ _ _ _ _ [_]
4	pinuhad	_ _ _ [_] _ _ _
5	phimatepoop	_ _ _ _ _ _ _ _ _ _ [_]
6	shoénicror	_ _ _ _ [_] _ _ _ _ _
7	sour	_ [_] _ _
8	breèz	_ _ _ _ [_]
9	riteg	_ _ _ [_] _

L'animal qui s'est échapé est ....

7.4 G Théo est allé au zoo. Écoute et réponds aux questions en anglais.

Theo went to the zoo. Listen and answer the questions in English.

(a) When did Théo go to the zoo? ....

(b) Who did he go with? ....

(c) How did they get there? ....

(d) Why were they delayed? ....

(e) At what time did they finally get to the zoo? ....

(f) Name six animals Théo saw during his visit to the zoo. ....

(g) Which animals did he see being fed? ....

(h) What was the highlight of the trip? ....

(i) What did Théo buy in the gift shop? ....

7.4 H Lis le journal intime d'Élodie et réponds aux questions au verso.

Read Élodie's diary and answer the questions overleaf.

Paris, le 16 août

Cher journal,

Quelle journée merveilleuse ! Aujourd'hui je suis allée au Parc zoologique de Paris avec Océane. Je me suis levée tôt ce matin, à sept heures et demie ! Je me suis lavée et je me suis habillée et puis Océane et moi avons pris le petit déjeuner dans un petit café au coin de la rue. Nous avons pris le métro pour aller au Parc zoologique pour y être à l'heure d'ouverture. Océane m'a expliqué que pendant l'été le zoo est plein donc nous y sommes allées tôt pour éviter les files d'attente au guichet. Le zoo est incroyable. J'ai vu tous les animaux : les girafes, les singes, les éléphants, les manchots. Nous avons déjeuné vers 13h dans le restaurant du zoo et plus tard nous avons fait du shopping dans la boutique de souvenirs. J'ai acheté un tee-shirt et de petits cadeaux – une casquette pour Christophe et un porte-clés pour Nicole. Nous sommes revenues chez Océane vers 17h et nous avons regardé un film d'horreur à la télé.

C'est tout pour ce soir. Nous nous sommes bien amusées aujourd'hui. Comme je suis fatiguée maintenant !

Élodie

Vrai ou faux?

True or false?

(a) Élodie s'est levée à sept heures. ....

(b) Élodie et Océane ont pris le petit-déjeuner chez Océane. ....

(c) Elles sont allées au zoo en métro. ....

(d) Élodie a acheté des cadeaux au zoo. ....

(e) Les filles sont allées au cinéma le soir. ....

Réponds en français.

Answer in French.

(a) Pourquoi sont-elles allées tôt au zoo? ....

(b) À quelle heure est-ce qu'elles ont déjeuné? ....

(c) Qu'est-ce qu'Élodie a acheté pour ses amis? ....

(d) Qu'est-ce qu'elles ont fait le soir? ....

(e) Comment dit-on en français?

- Dear diary ....
- What a great day! ....
- That's all for this evening ....
- I'm so tired now ....

7.4 Le passé composé des verbes pronominaux

Look back at Élodie's diary entry on page 223. Work with a partner and see can you identify four reflexive verbs in the passé composé. Is the passé composé of these verbs formed with AVOIR or with ÊTRE?

The *passé composé* of all reflexive verbs is formed using ÊTRE. Remember that when we form the *passé composé* with ÊTRE, the past participle must agree in gender (masculine or feminine) and in number (singular or plural) with the subject.

Consider the following examples:

SE COUCHER			
Je	me	suis	couché(e)
Tu	t'	es	couché(e)
Il	s'	est	couché
Elle	s'	est	couchée
Nous	nous	sommes	couché(e)s
Vous	vous	êtes	couché(e)(s)
Ils	se	sont	couchés
Elles	se	sont	couchées

S'HABILLER			
Je	me	suis	habillé(e)
Tu	t'	es	habillé(e)
Il	s'	est	habillé
Elle	s'	est	habillée
Nous	nous	sommes	habillé(e)s
Vous	vous	êtes	habillé(e)(s)
Ils	se	sont	habillés
Elles	se	sont	habillées

Now let's look at the same verbs in the negative:

SE COUCHER					
Je	ne	me	suis	pas	couché(e)
Tu	ne	t'	es	pas	couché(e)
Il	ne	s'	est	pas	couché
Elle	ne	s'	est	pas	couchée
Nous	ne	nous	sommes	pas	couché(e)s
Vous	ne	vous	êtes	pas	couché(e)(s)
Ils	ne	se	sont	pas	couchés
Elles	ne	se	sont	pas	couchées

S'HABILLER					
Je	ne	me	suis	pas	habillé(e)
Tu	ne	t'	es	pas	habillé(e)
Il	ne	s'	est	pas	habillé
Elle	ne	s'	est	pas	habillée
Nous	ne	nous	sommes	pas	habillé(e)s
Vous	ne	vous	êtes	pas	habillé(e)(s)
Ils	ne	se	sont	pas	habillés
Elles	ne	se	sont	pas	habillées

! Note that when reflexive verbs are followed by a body part, there is no agreement of the past participle.

Je me suis brossé les dents.
Elle s'est brossé les dents.
Je me suis lavé les mains.
Elle s'est lavé les mains.

Regarde le diaporama sur le passé composé des verbes pronominaux.
Watch the PowerPoint presentation 'Unité 7.4 (I)' on the passé composé of reflexive verbs.

7.4 J Complète la liste des verbes pronominaux au passé composé dans ton Journal de bord.
Fill in the passé composé of the reflexive verbs in your learning diary.

7.4 K Complète les phrases avec le passé composé des verbes pronominaux entre parenthèses.
Fill in the blanks with the passé composé of the reflexive verbs in brackets.

(a) Je .... (SE COUCHER) de bonne heure hier soir.
(b) À cause de la fatigue, elle .... (ne pas SE LEVER) tôt le week-end dernier.
(c) Vous .... (SE DOUCHER) après le match hier ?
(d) Tu .... (SE BLESSER) pendant le match de rugby.
(e) Nous .... (SE RÉVEILLER) quand le réveil a sonné.
(f) L'homme .... (SE RASER) avant de sortir.
(g) Les petites filles .... (ne pas SE MAQUILLER) chez elles.

(h) Les ados .... (ne pas SE PROMENER) en ville hier soir.

(i) Les grands-parents .... (SE SOUVENIR) leur vie ensemble.

(j) Hier, je .... (SE DÉPÊCHER) pour prendre le train.

7.4 L Qu'est-ce que Mélanie a fait hier ? Regardez la bande dessinée et travaillez à deux.

What did Mélanie do yesterday? Look at the comic strip and work in pairs.

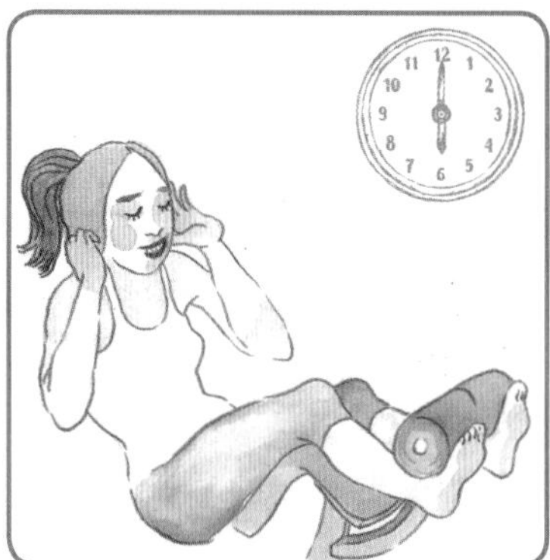

1 Brainstorm as many questions as you can to ask about the images, for example, *Qu'est-ce que Mélanie a fait le soir ?*

2 Work in pairs, asking and answering the questions using full sentences.

3 Now write an account of Mélanie's day using the *passé composé*.

7.4 M Réécris le texte au passé.

Rewrite the text into the past tense.

D'habitude, je me lève à sept heures le matin. Je me douche et je m'habille. Je prends mon petit-déjeuner dans la cuisine. Je prends des céréales et du pain grillé. Je pars de chez moi vers huit heures moins cinq et je vais au collège à pied. J'arrive vers huit heures et quart. Les premiers cours commencent à neuf heures moins vingt. À une heure, je vais à la cantine prendre un sandwich. À quatre heures moins le quart, je rentre à la maison et je fais mes devoirs. Je dîne avec ma famille à six heures et après le repas, j'envoie des snaps sur Snapchat et je regarde des films sur Netflix. Je me couche vers dix heures et demie.

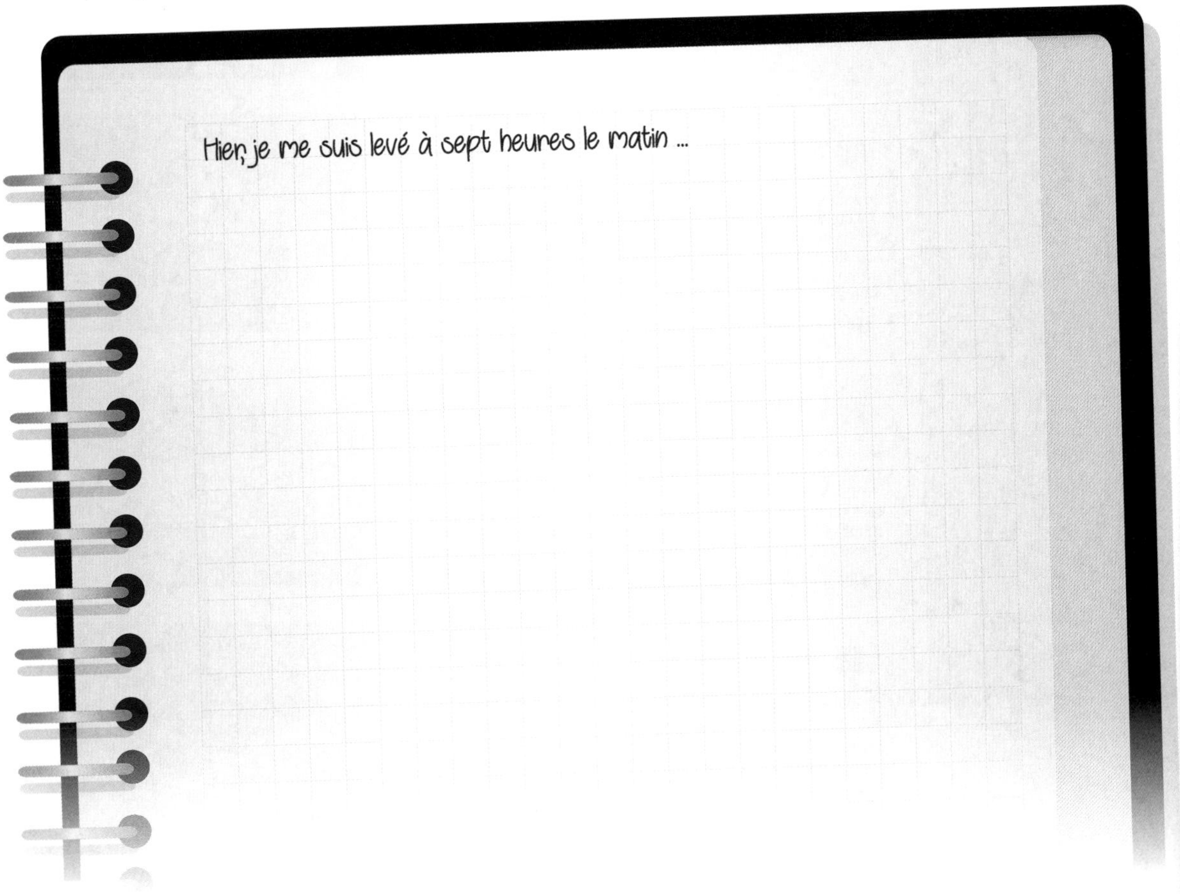

Hier, je me suis levé à sept heures le matin ...

7.4 N Dans ton Journal de bord, écris un récit de ta journée hier.

In your learning diary, write an account account of your day yesterday.

Écris les mots-clés 68–91 pour la section 7.4 dans ton Journal de bord.

Fill in the key words 68–91 for section 7.4 in your learning diary.

7.5 Tu es prêt(e) à pratiquer ? Allons-y !

7.5 A Lis les publications de quatre jeunes et relie les publications aux images.

Read the posts of four young people and match the posts to the images.

(a)

Julien Fournier
septembre 18, 21h • Ariège, France

Salut tout le monde ! Je suis dans les Pyrénées avec mes camarades de classe. Nous passons une semaine ici. Hier nous avons fait de la randonnée et de l'escalade. Les vues sont incroyables !

J'aime Commenter Partager

(b)

Claire Richard
août 24, 18h • Saint-Tropez, France

Coucou !
La Côte d'Azur est trop cool ! J'adore l'ambiance ici. Je vais à la plage chaque jour. Hier soir, j'ai joué au volley avec mes cousins. Je m'amuse très bien.
À bientôt X

J'aime Commenter Partager

(c)

Lucie Mercier
janvier 4, 14h • Fibbia, Suisse

Je suis dans les Alpes avec ma famille. Nous sommes arrivés cet après-midi et nous allons passer une semaine ici. Nous faisons du ski. J'adore faire du ski mais il fait très froid. Je retournerai à Paris dimanche prochain.

J'aime Commenter Partager

(d)

Enzo Blanchard
mars 10, 14h • Belfast, Irlande du Nord

Je suis en voyage scolaire à Belfast. Il ne fait pas beau mais j'apprends beaucoup d'anglais. Hier j'ai fait du shopping en ville et demain je visiterai le musée de Titanic.

J'aime Commenter Partager

1

2

3

4

Réponds aux questions en français avec des phrases complètes.

Answer the questions in French with full sentences.

(a) Qui est dans les Pyrénées ? ....

(b) Où est Lucie ? ....

(c) Qu'est-ce que Julien a fait hier ? ....

(d) Quel sport a fait Claire ? ....

(e) Que fera Enzo demain ? ....

(f) Quel sport fait Lucie ? ....

7.5 B Imagine que tu es en vacances. Publie les détails dans ton Journal de bord.

Imagine that you are on holidays. Post the details in your learning diary.

7.5 C Complète le message avec les mots ci-dessous.

Fill in the blanks in the message with the words below.

ce	aux	ma	très	suis	dîner
nagé	allons	sommes	jeudi	semaine	

http://www.bloggeroo.fr/philipperoux

Salut tout le monde ! Je **(a)** suis en vacances **(b)** aux États-Unis avec **(c)** ma famille. Nous **(d)** allons arrivés il y a deux jours et nous **(e)** sommes passer une **(f)** ce ici. Nous sommes à la plage en Floride, c'est trop bien ! Il fait très chaud. Hier j'ai **(g)** nagé avec des dauphins. **(h)** Jeudi soir nous allons **(i)** dîner dans un resto près de la plage. Je m'amuse **(j)** très bien. Nous retournerons à Bruxelles **(k)** semaine prochain.

7.5 D Lis le texte et réponds aux questions.

Read the text and answer the questions.

UNE SEMAINE À LA GRANDE-MOTTE

À chaque fois, pour elle, La Grande-Motte, c'est comme un retour aux sources. « Je venais petite avec mes parents », confie Caroline, 46 ans. Cette année encore, cette Lyonnaise qui travaille dans le tourisme a choisi d'y séjourner avec son mari et ses deux filles de 10 et 13 ans.

Lorsque nous la rencontrons, la petite famille profite de ses derniers instants au bord de la piscine de l'hôtel Prose, un quatre-étoiles à 200 m de la plage et tout proche du centre-ville. « Solenn, Mahé, laissez vos valises ici », crie Caroline à ses deux filles, accablées de lourds bagages. C'est son mari, Christian, 53 ans, gérant d'entreprise, qui va charger les sacs dans la voiture. « Même si la ville n'a rien d'exceptionnel, on aime bien son port. Et surtout les alentours avec la Camargue », reprend la maman. « Ce que j'adore, c'est faire du cheval en regardant le paysage », acquiesce la petite tête blonde à côté d'elle.

Boutiques et plage

La famille part en moyenne quatre fois par an en vacances. Mais cet été, elle s'y est prise au dernier moment. Résultat, la note est salée : 2 500 € les six nuits au Prose. Une somme à laquelle il faut ajouter 120 € d'essence pour le voyage depuis Lyon, 1 200 € de restaurant, 250 € pour la journée en bateau, soit près de 4 000 € en tout. Dans les rues de La Grande-Motte, les petites têtes blondes aiment flâner, faire les boutiques, toujours à l'affût d'un joli maillot de bain. « On se fait plaisir, sans interdit. Enfin, on ne claque pas non plus inutilement... » se reprend la maman.

Le temps passe. Ça y est, il faut partir. Pour Caroline, il est l'heure de dire au revoir à la ville de son enfance. Leur séjour à La Grande-Motte a été trop court. Mais ce n'est pas la fin des vacances pour autant. La famille a prévu de s'envoler vers la Sicile.

Choisis la bonne réponse.

Choose the correct answer.

(a) La famille vient de ....
1 La Grande-Motte
2 Lyon
3 Sicile

(b) Caroline est .... âgée que Christian.
1 plus
2 moins
3 aussi

(c) L'hôtel Prose est .... la plage.
1 loin de
2 près de
3 entre

(d) La fille de Caroline aime ....
1 la plongée sous-marine
2 la natation
3 l'équitation

(e) La famille est allée en vacances ....
1 en voiture
2 en train
3 en autobus

Vrai ou faux?

True or false?

(a) Caroline est professeur. ....

(b) L'hôtel Prose n'a pas de piscine. ....

(c) La famille reste dans un hôtel très bon marché. ....

(d) Ils ont dépensé deux cents euros en repas. ....

(e) La famille aime faire du shopping. ....

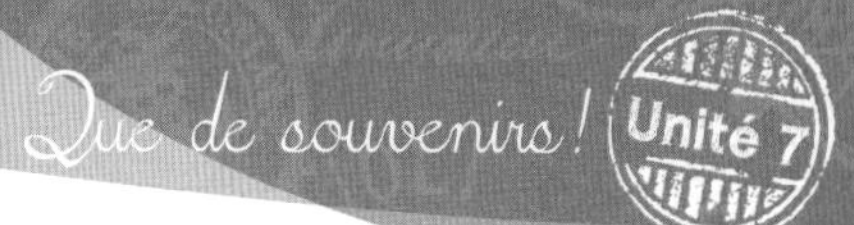

7.5 E Regarde les photos ci-dessous.

Look at the photos below.

Work with a partner.

1 Decide what vocabulary is needed to talk about these images. Make a list in your learning diary.

2 What questions could you be asked about this photo? Make a list in your learning diary.

3 How might you answer these questions? Prepare different types of questions and answers in your learning diary based on the photos below.

Choisis une des photos et décris l'image pour un/une camarade de classe.

Choose one of the photos and describe the scene to a classmate.

Attention! Your partner will ask you questions about the image you choose!

Fais un montage de tes photos de vacances et présente-le à tes camarades de classe.

Create a montage of your holiday photos and present it to your classmates.

Critères de réussite:

- Choose at least three images showing things you did during the summer.
- Create a montage of the pictures using an app like Picollage or Canva.
- Include three words as hashtags with each image.
- Describe the images to your classmates.
- Be prepared for questions and answers.

7.5 F Lis le texte et réponds aux questions en anglais.

Read the text and answer the questions in English.

TRAGÉDIE PENDANT LES VACANCES SCOLAIRES

HAUTE-SAVOIE : UN ADOLESCENT DANS LE COMA APRÈS UNE NOYADE AU LAC D'ANNECY

31 juillet

La plage Saint Jorioz, a été le témoin d'un drame jeudi 31 juillet. Un jeune homme écossais de 16 ans s'y est accidentellement noyé vers 16h45 quand il s'est tombé d'un bateau. Le jeune homme était en vacances avec sa famille dans un camping au bord du lac. Après un arrêt cardio-respiratoire, l'adolescent était dans le coma lorsqu'il a été sorti de l'eau. Il a été conduit en urgence au Centre Hospitalier Annecy Genevois. La police a enquêté sur les déclarations des témoins et le commissaire a déjà déclaré un décès accidentel.

Réponds en français.

Answer in French.

(a) Où est-ce que s'est passée la tragédie? ....

(b) Quand est-ce qu'elle s'est passée? ....

(c) Que sait-on du jeune homme? (nationalité, âge, raison d'être en France) ....

Réponds en anglais.

Answer in English.

(a) What exactly happened to the young man? ....

(b) What condition was the young man in when he was taken to hospital? ....

(c) What did the police investigation conclude? ....

7.5 G Écris les phrases en français.

Write the sentences in French.

(a) In July I went to Dingle on holidays. ....

(b) We stayed in an apartment beside the beach. ....

(c) My brother went to an Irish language school last summer. ....

(d) I met a guy from England and I'm still in contact with him. ....

(e) We went to the swimming pool and we played football. ....

(f) My parents rented a caravan near a fishing village in Brittany. ....

(g) I especially liked the day at the theme park. ....

(h) They went to the zoo and they saw giraffes, lions and tigers. ....

(i) It was fine and warm every day. ....

(j) It was brilliant. I had a great time. ....

7.5 (H) Les personnages de Titeuf. Lis le portrait des personnages et réponds aux questions en français.

The characters from Titeuf. Read the profiles of the characters and answer the questions in French.

Titeuf

C'est le personnage principal. Il a huit ans. Il est petit et il a des cheveux blond avec un mèche sur le front. Ses amis sont la partie la plus importante de sa vie. Avec ses amis, il laisse libre cours à son imagination et réalise ses aventures les plus folles. Titeuf est amoureux de sa camarade Nadia. Il a une belle famille, mais il aimerait échanger sa petite sœur, Zizie, avec un hamster !

Manu

Titeuf et son meilleur ami, Manu, sont assis l'un à côté de l'autre à l'école. Il a des cheveux courts et noirs et il porte des lunettes. Il sait faire beaucoup de choses comme peindre des fleurs sur la tapisserie du salon pour cacher les taches de chocolat et comment donner des tatouages cool avec des feutres. Manu accompagne Titeuf dans toutes ses aventures sauvages. Titeuf pense que Manu a des sentiments romantiques pour Dumbo, le meilleur ami de Nadia, mais c'est un secret.

Nadia

Nadia est considérée comme la plus belle fille de l'école. Titeuf et beaucoup d'autres garçons ont le béguin pour elle. Elle a des cheveux blondes et longs. Elle est un peu snob et aime faire une liste des garçons les plus mignons à l'école avec son ami, Dumbo. Titeuf se classe neuvième sur cette liste. Nadia veut devenir célèbre quand elle sera plus âgée.

Roger

En tant que père de Titeuf, il trouve les aventures du garçon frustrantes, mais habituellement il est facile à vivre, patient et compréhensif. Il a 35 ans. Il est grand et mince. Il a des cheveux bruns et courts. Parfois, il a du mal à trouver du travail et a de nombreuses professions différentes au cours des années.

Anne-Mathilde

La mère de Titeuf, Anne-Mathilde, a 33 ans. Elle a les cheveux blondes et courts. Elle porte un pull à col roulé noir et un pantalon marron-rouge. Elle est gentille et réfléchie, mais rappelle à Titeuf qu'il doit nettoyer sa chambre et s'occuper de sa petite sœur.

(a) Qui est Titeuf ? ....

(b) Que fait-il avec ses amis ? ....

(c) Comment s'appelle la petite sœur de Titeuf ? ....

(d) Pourquoi Manu peint-il les fleurs ? ....

(e) Qui est Dumbo ? ....

(f) Qui est le plus vieux des personnage ? ....

(g) Décris les vêtements que Mathilde porte. ....

7.5 Trois jeunes parlent de leurs vacances. Écoute et réponds aux questions

Three young people talk about their holidays. Listen and answer the questions.

1 Morgane
Réponds en anglais.
Answer in English.

(a) Where exactly does Morgane live? ....

(b) Identify one activity he did at the park. ....

(c) What did he and his friends buy in the shop? ....

(d) Where did they go when it was raining? ....

(e) What did the parents give them to eat? ....

2 Baptiste
Réponds en français.
Answer in French.

(a) Où a-t-il commencé son voyage ? ....

(b) Quelle est la matière qu'il adore à l'école ? ....

(c) Qu'est-ce qu'il a acheté pour sa mère ? ....

(d) Combien de temps a duré le trajet en train ? ....

(e) Qu'est-ce que la fille a offert à Baptiste ? ....

3 Jérémy
Réponds en français.
Answer in French.

(a) C'est où la colonie de vacances ? ....

(b) Identifie deux choses qu'il a faites à la mer. ....

(c) Qu'est-ce qu'il a bu pendant le pique-nique ? ....

(d) Qu'est-ce que les moniteurs ont fait ? ....

(e) À quelle heure s'est-il couché ce soir après la journée ? ....

7.5 J Lis le texte et réponds aux questions.

Read the text and answer the questions.

'BREAKING BAD' À LA MAISON

Une famille canadienne s'est retrouvée devant le tribunal, jeudi, pour fabrication et possession de drogue. Le principal suspect est un Docteur en chimie, ancien membre du Conseil de la recherche du Canada et ex-professeur à l'Université Laval à Québec, un honorable père de famille de 66 ans.

Un ancien professeur de chimie reconverti dans la fabrication de drogues de synthèse, ainsi que ses deux fils et son épouse, ont comparu jeudi au tribunal pour fabrication et possession de drogue dans une affaire digne de la série à succès 'Breaking Bad'. Docteur en chimie, ancien membre du Conseil de la recherche du Canada et ex-professeur à l'Université Laval à Québec, le père de famille de 66 ans a été interpellé avec son fils aîné, âgé de 26 ans, dans un laboratoire clandestin à Lake Baker (Nouveau-Brunswick, Est), en limite du Québec et à une vingtaine de kilomètres des États-Unis.

Au tribunal, l'enquêteur Roger Ferland, a raconté que la police avait installé une caméra à l'intérieur d'une petite maison de Lake Baker, où le laboratoire avait été installé récemment, selon le témoignage reproduit jeudi dans le journal local 'Acadie Nouvelle'.

Réponds aux questions en anglais.

Answer the questions in English.

(a) When did the man appear before the court in Quebec? ....

(b) What exactly was his previous job? ....

(c) Why has he been arrested? ....

(d) What members of his family have also been arrested? ....

(e) Where exactly was he arrested? ....

(f) How did the police catch him out? ....

7.5 K Complète les phrases avec le passé composé des verbes entre parenthèses.

Fill in the blanks with the passé composé of the verbs in brackets.

(a) La famille .... (DÉCIDER) de voyager autour du monde.

(b) Loïc .... (MARQUER) un but pendant le match.

(c) Maman .... (PERDRE) la voiture dans le parking.

(d) Le chien .... (OBÉIR) à sa maîtresse dans le parc.

(e) Les élèves .... (INTERROMPRE) la leçon.

(f) Les ados .... (DANSER) en boîte.

(g) Vous .... (APPLAUDIR) à la fin du spectacle.

(h) Tu .... (GAGNER) au loto?

(i) Le bébé .... (DORMIR) toute la nuit.

(j) Elle .... (ROUGIR) quand elle a vu son père.

7.5 L Complète les phrases avec le passé composé des verbes entre parenthèses.

Fill in the blanks with the passé composé of the verbs in brackets.

(a) Est-ce que tu .... (VOIR) mes clés ?

(b) Il .... (AVOIR) l'occasion de rencontrer le Président après sa victoire.

(c) Les petits canetons .... (SUIVRE) le canard dans l'étang.

(d) Les touristes .... (FAIRE) une promenade autour de la ville.

(e) J' .... (RECONNAÎTRE) ce garçon il y a deux ans.

(f) Elle .... (METTRE) sa jupe et son chemise le matin.

(g) Il .... (PLEUVOIR) pendant une semaine en été.

(h) J' .... longtemps .... (CROIRE) au père Noel.

(i) Les filles .... (SAVOIR) où trouver le chocolat.

(j) Il .... (ÊTRE) un footballeur superbe.

7.5 M Complète les phrases avec le passé composé des verbes entre parenthèses.

Fill in the blanks with the passé composé of the verbs in brackets.

(a) Tu .... (VENIR) d'Irlande ?

(b) Ma soeur .... (TOMBER) dans la rue.

(c) Nous .... (RESTER) dans un bel hôtel pour deux semaines.

(d) Les parents .... (SORTIR) samedi soir.

(e) Les élèves .... (RENTRER) à l'école en septembre.

(f) Les voyageurs .... (PARTIR) en vacances.

(g) Je .... (ALLER) à un concert de rock à Bercy.

(h) Le train .... (ARRIVER) avec deux heures de retard.

(i) Le chien .... (MOURIR) .... la semaine dernière.

(j) Depuis que je .... (NAÎTRE) j'habite dans le même quartier.

7.5 N Complète les phrases avec le passé composé des verbes pronominaux entre parenthèses.

Fill in the blanks with the passé composé of the reflexive verbs in brackets.

(a) Mes amis et moi .... (S'AMUSER) bien .... en séjour linguistique.

(b) Oui, nous .... (S'ENTENDRE) bien .... avec son père.

(c) Le week-end dernier, mes parents .... (SE REPOSER) dans le jardin.

(d) L'étudiant .... (SE TROMPER) pendant l'examen.

(e) Les enfants ne .... pas .... (SE COUCHER) très tôt hier soir.

(f) Il ne .... pas .... (SE DOUCHER) samedi soir.

(g) Jeanne .... (SE RÉVEILLER) à 7 heures le matin.

(h) Nous .... (S'HABILLER) en sorcières pour Halloween.

(i) Avant de sortir, les filles .... (SE MAQUILLER) devant le miroir.

(j) Vous .... (S'ENDORMIR) devant la télé.

7.5 O Complète les phrases avec le passé composé des verbes entre parenthèses.

Fill in the blanks with the passé composé of the verbs in brackets.

(a) L'été dernier, Paul et Luc .... (FAIRE) un voyage.

(b) Est-ce que tu .... (COMPRENDRE) ce qu'il faut faire ?

(c) Ma tante .... (ARRIVER) des États-Unis hier.

(d) Le garçon .... (OFFRIR) un cadeau à sa petite amie.

(e) Nous .... (NE PAS RIRE) de la blague.

(f) Quand la fille .... (RENTRER) chez elle, elle a trouvé la lettre.

(g) Qu'est-ce que tu .... (PRENDRE) comme dessert ?

(h) Arthur .... (NE PAS DEVENIR) médecin.

(i) Je .... (SE PROMENER) le long de la côte.

(j) J' .... (FINIR).

Revision
Go to **www.edco.ie/caroule2** and try the interactive activities and quizzes.

Unité 7 Mets tes connaissances à l'épreuve

Coin grammaire !
Revise the grammar in Unit 7 in your learning diary.

Évalue-toi dans ton Journal de bord.
Use your learning diary to see how much you have learned in Unit 7.

Que sais-je ?			
I can identify the main characters from the Titeuf comic series			
I know at least five interesting facts about Québec			
I can name different zoo animals			
I can describe holiday images			
I can talk about past activities			
I can ask and answer questions describing images			
I can write a blog about what I did last summer			
I can write an account of my day yesterday			
I can write a Facebook post about my holidays			
I can use the *passé composé* of verbs with irregular past participles			
I can form and use the *passé composé* with ÊTRE to discuss things you did			
I can use *les verbes pronominaux* in the *passé composé*			
I can identify specific information in conversations about holiday activities			
I can read blogs, diary entries, Facebook posts, newspaper and magazine articles on the topic of holidays			

Notes

Mon petit boulot

By the end of this unit you will be able to...

- Pronounce vocabulary for household chores accurately
- Name different jobs and professions
- Discuss household chores and give your opinion of them
- Carry out a class survey about chores
- Have a conversation about pocket money
- Express what you would like to be in the future and say why
- Write negative sentences
- Create a job advertisement for a newspaper or website
- Write an email applying for a part-time job
- Write your CV
- Fill in an application form for a part-time job
- Write a blog about your working day
- Use negative expressions such as jamais, rien, ni..ni...
- Use the conditional to explain things you would like
- Use the negative of the conditional to explain things you wouldn't like
- Follow conversations about household chores
- Identify specific information in conversations about pocket money
- Follow a job interview
- Understand dialogues about different jobs and careers
- Read the results of a survey about household chores
- Understand articles and texts about chores
- Follow a text about what young people spend money on
- Understand simple job advertisements
- Read letters of application for jobs
- Understand information given in job application forms and CVs
- Record an interview with a classmate about chores and pocket money
- Research foreign currencies online
- Recognise large French banks
- Fill in your *dossier francophone* about the Democratic Republic of Congo

Go to **www.edco.ie/caroule2** and try the interactive activities and quizzes.

Le saviez-vous ?
In France, competition between banks is really high so banks often offer money or free gifts to attract people to open accounts with them.

The title of this unit means *My part-time job.* In this unit, Christophe complains that the money he earns doing chores isn't enough. He looks for a part-time job. What language do you have already that might be useful to talk about jobs or chores?

Note tes idées dans ton Journal de bord.
Note your ideas in your learning diary.

8.1 Les tâches ménagères

8.1 A Lis la BD.

Read the comic strip

Veux-tu venir au club de jeunes après les cours ?
Je ne peux pas. Je dois aider ma mère cet aprèm.

Qu'est-ce que tu vas faire ?
Je passerai l'aspirateur et je ferai le repassage.

Barbant ! Tu fais les tâches ménagères chaque semaine ?
Oui, mais ma mère me donne vingt euros quand je l'aide.

Ça, ce n'est pas mal !

Réponds en anglais.

Answer in English.

(a) Where does Élodie want to go? ....

(b) Why can Christophe not go with her? ....

(c) What exactly will Christophe do this afternoon? ....

(d) How much money does Christophe get for helping? ....

(e) What do you think *aprèm* is short for? ....

8.1 B Associe les expressions aux images et puis écoute à 8.1 (C) pour vérifier tes réponses.

Match the phrases to the images and then listen to 8.1 (C) to correct your answers.

je tonds la pelouse	*je promène le chien*	*je débarrasse la table*
je passe l'aspirateur	*je balaye le plancher*	*je sors la poubelle*
je fais le repassage	*je remplis le lave-vaisselle*	*je donne à manger au chat*
je range ma chambre	*je fais du babysitting*	*je mets la table*
je fais le lit	*je fais la cuisine*	*je fais la lessive*

Les tâches ménagères

(a) ....

(b) ....

(c) ....

(d) ....

(e) ....

(f) ....

(g) ....

(h) ....

(i) ....

(j) ....

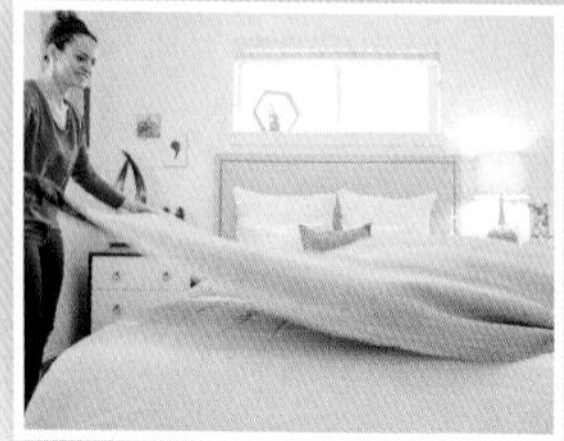

(k) ....

(l) ....

(m) (n) (o)

Regarde le diaporama sur les tâches ménagères.
Watch the PowerPoint presentation 'Unité 8.1 (B)' about household chores.

8.1 C Écoute et répète les tâches ménagères.

Listen and repeat the chores.

8.1 D Un sondage sur les tâches ménagères.

A survey about chores.

Dans la classe de maths, Nicole et ses camarades de classe font un sondage sur les tâches ménagères. Regarde l'histogramme avec les résultats du sondage.

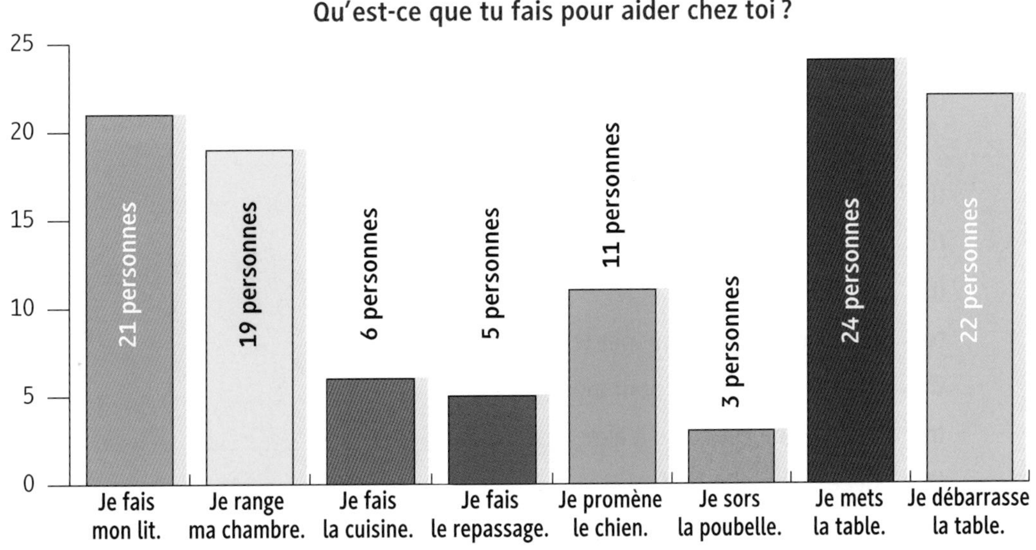

1 **Fais un sondage parmi tes camarades de classe avec la même question : Qu'est-ce que tu fais pour aider chez toi ?**
Carry out a survey of your class with the same question 'What do you do to help out at home?'

2 **Dessine un histogramme avec les résultats.**
Draw a bar chart with the results.

8.1 E Nicole et Noah décrivent ce qu'ils font pour aider chez eux. Écoute et complète les phrases et réponds aux questions en français.

Nicole and Noah talk about what they do to help out at home. Listen and fill in the blanks, then answer the questions in French.

Nicole : Je n'ai pas beaucoup de temps avec les devoirs et mes passe-temps, mais j'aide mes parents de temps en temps. Tous les (1) .... je donne à manger à mon chien Fido et je (2) .... avant d'aller au collège. Le soir je (3) .... avant le dîner et je débarrasse la table avec ma sœur Louise. Nous remplissons le (4) .... ensemble. Mon frère Jérôme est très (5) .... Il ne fait rien, ce n'est pas juste ! Le week-end mes parents me donnent vingt euros pour (6) .... et (7) .... dans ma chambre. Ce que je aime surtout, c'est (8) .... Je vais au parc ou à la plage avec Fido chaque (9) ....

Noah : Moi, je ne fais pas beaucoup pour aider chez moi. En été, je (1) .... et de temps en temps je (2) .... J'adore cuisiner. Mon plat préféré, c'est le (3) .... Le weekend je (4) .... Ce que je n'aime pas faire, c'est (5) .... C'est insupportable comme ça pue ! Mes (6) .... font la plupart des tâches ménagères chez nous. Je (7) .... faire les tâches ménagères !

(a) Identifie quatre tâches ménagères que Nicole fait. ....

....

(b) Qu'est-ce qu'elle fait avec Louise ? ....

(c) Combien d'argent de poche reçoit-elle par semaine ? ....

(d) Que fait Jérôme pour aider ? ....

(e) Où va-t-elle pour promener le chien ? ....

(f) Que fait Noah en été pour aider chez lui ? ....

(g) Quelle tâche est-ce qu'il aime beaucoup ? ....

(h) Quel est son plat préféré ? ....

(i) Qu'est-ce qu'il n'aime pas faire ? ....

(j) Qui fait la plupart du ménage chez Noah ? ....

8.1 F Lis l'article et réponds aux questions en français

Read the article and answer the questions in French.

Les filles font plus de tâches ménagères que les garçons.

Une étude sur la vie des jeunes âgés de quinze à vingt-quatre ans a découvert des inégalités femmes/hommes. L'étude publiée jeudi dernier par le ministère des Affaires sociales a révélé que les filles passent 1h25 par jour à faire des tâches ménagères, contre seulement 48 minutes pour les garçons. Parallèlement, chez les hommes, le temps de loisir représente une heure de plus en moyenne. Les garçons passent 4h30 aux activités de loisir alors que les filles ont une heure de loisir en moins par jour (3h29). Pour le reste de l'étude, la vie des garçons et la vie des filles sont similaires, avec plus ou moins le même temps consacré aux études, la formation et les sorties.

(a) D'après le titre, qu'est-ce que l'étude a révélé? ....

(b) L'étude a enquêté sur la vie des jeunes de quel âge? ....

(c) Quand est-ce que l'étude a été publiée? ....

(d) Combien de temps par jour les filles passent-elles à faire des tâches ménagères? ....

(e) Combien de temps par jour les garçons passent-ils à faire des tâches ménagères? ....

(f) Combien de temps par jour les garçons consacrent-ils aux loisirs? ....

(g) Combien de temps par jour les filles consacrent-elles aux loisirs? ....

8.1 G Qu'est-ce que Christelle aime faire? Qu'est-ce qu'elle n'aime pas faire? Parlez à deux.

What does Christelle like to do and not like to do? Tell a partner.

Exemple :
Christelle n'aime pas balayer le plancher.

Écris huit phrases dans ton cahier qui expliquent ce que Christelle aime et n'aime pas faire comme tâches ménagères.
Now write eight sentences in your copybook explaining what Christelle likes and doesn't like to do.

Salut ! Je m'appelle Bob L'éponge

8.1 H Complète le tableau avec les expressions au passé composé, au présent et au futur.

Fill in the chart with the phrases in the past, present and future.

	HIER	AUJOURD'HUI	DEMAIN
	J'ai tondu la pelouse.	Je tonds la pelouse.	*Je tondrai la pelouse.*
(a)		Je passe l'aspirateur.	
(b)		Je fais mon lit.	
(c)		Je range ma chambre.	
(d)		Je débarrasse la table.	
(e)		Je sors la poubelle.	
(f)		Je fais la lessive.	
(g)		Je mets la table.	
(h)		Je fais le repassage.	
(i)		Je remplis le lave-vaisselle.	

8.1 I Écoute et écris le nom des objets à l'aide de la liste ci-dessous.

92

Listen and label the images with the words below.

Produits d'entretien

la pelle	*l'éponge (f)*	*la lessive*	*l'aspirateur (m)*	*le seau*
le balai	*le chiffon*	*l'étendoir (m)*	*le plumeau*	*le fer à repasser*

(a) ....
(b) ....
(c) ....
(d) ....
(e) ....

(f) ....
(g) ....
(h) ....
(i) ....
(j) ....

8.1 J Fais les mots-croisés.
Fill in the crossword

1→ 1↓  2↓  3↓ 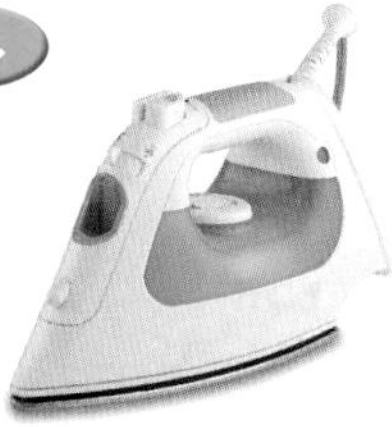 4→  5↓  6→ 7↓ 8↓ 8→

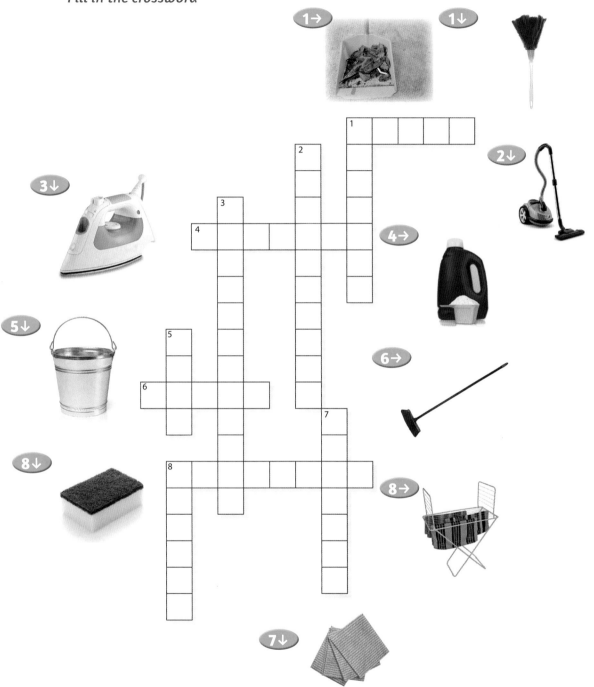

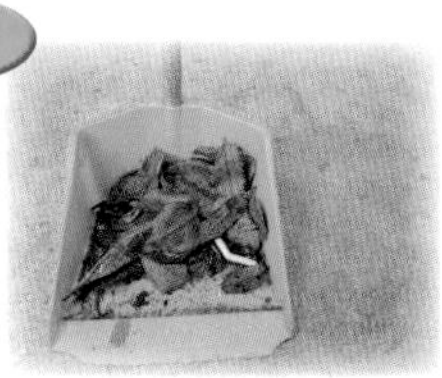

1 2 3 4 5 6 7 8

Écris les mots-clés 1–27 pour la section 8.1 dans ton Journal de bord.
Fill in the key words 1–27 for section 8.1 in your learning diary.

8.2 L'argent de poche

Dans la BD à la page 291, Christophe révèle que sa mère lui donne vingt euros d'argent de poche par semaine. Et toi ? Est-ce que tes parents te donnent de l'argent de poche ? Est-ce que tu dépenses l'argent ou tu l'économises ?

l'argent de poche	= *pocket money*
dépenser	= *to spend*
économiser/faire des économies	= *to save*

8.2 A Combien d'argent de poche reçoivent-ils ? Comment est-ce qu'ils dépensent leur argent de poche ? Écris des phrases dans ton cahier.
How much pocket money do they get? What do they spend the money on? Write sentences in your copybook.

Exemple : Guillaume : 15 €
Guillaume reçoit 15 € en argent de poche. Il dépense son argent en bonbons et bandes dessinées.

(a) Julie : 10 €

(b) Pierre : 12 €

(c) Marine : 15 €

(d) Arthur : 10 €

(e) Alice : 20 €

(f) Kevin : 10 €

(g) Noémie : 20 €

8.2 B Est-ce que tes parents te donnent de l'argent de poche ? Comment dépenses-tu ton argent ? Écoute et complète le tableau en français.

Do you get pocket money? What do you spend the money on? Listen and fill in the table in French.

Sophie : Martin, est-ce que tes parents te donnent de l'argent de poche ?
Martin : Oui. Mon beau-père me donne quinze euros par semaine.
Sophie : Est-ce que tu économises ton argent ?
Martin : Non, je n'économise rien.
Sophie : Comment dépenses-tu ton argent ?
Martin : J'achète des billets de concerts et des tee-shirts.

	Argent de poche	Combien économise-t-il/elle ?	Comment il/elle dépense l'argent
Martin	15 euros	rien	billets de concerts, tee-shirts
1 Sylvie			
2 Richard			
3 Chloé			
4 Raúl			

8.2 C Les adverbes négatifs

In the previous exercise, you heard Martin say, « *Je n'économise rien* », or 'I save nothing'. You already know how to make sentences negative by sandwiching the verb (or the auxiliary verb in the *passé composé*) with *ne* and *pas*. Now take a look at these other negative adverbs. They all follow the same word order, sandwiching the verb (or AVOIR or ÊTRE in the passé composé).

ne (n')… rien — *nothing*
Je n'ai rien fait hier soir. — *I did nothing yesterday evening.*

ne (n')… jamais — *never*
Il n'est jamais en retard. — *He is never late.*

ne (n')… plus — *no longer*
Nous n'habitons plus en France. — *We no longer live in France.*

ne (n')… pas encore — *not yet*
Je n'ai pas encore fait mes devoirs. — *I haven't done my homework yet.*

ne (n')… pas du tout — *not at all*
Elle n'aime pas du tout l'histoire. — *She doesn't like History at all.*

ne (n')… ni…ni… — *neither… nor*
Vous n'avez ni livres ni cahiers ?! — *You have neither books nor copies?!*

ne (n')… que — *only*
Je n'ai qu'un chien. — *I've only one dog.*

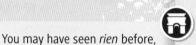

You may have seen *rien* before, in the lyrics of the Edith Piaf song *Je ne regrette rien !*

8.2 D Complète les phrases avec les mots ci-dessous.

Fill in the blanks with the words below. There is more than one possibility for some answers!

jamais	plus	ni…ni…	rien	pas encore	pas du tout

(a) Elle n'est .... arrivée.

(b) Mon père ne travaille .... à Londres.

(c) Je déteste le sport. Je ne joue .... au foot.

(d) Eric n'aime .... les épinards.

(e) Ma mère n'a .... acheté au supermarché aujourd'hui.

(f) Je n'aime .... le chocolat .... la glace.

8.2 E Comment dit-on en français ? Écris les phrases en français.

How do you say it in French? Write the sentences in French.

(a) He hasn't read the book yet. ....

(b) I never do the laundry. ....

(c) Marie no longer does the household chores. ....

(d) My brother does nothing at all to help at home. ....

(e) They have only one bedroom. ....

(f) I drink neither tea nor coffee. ....

(g) She bought nothing at the supermarket. ....

(h) We didn't sweep the floor. ....

8.2 F Écoute la conversation et vérifie tes réponses.

Listen to the conversation and match the questions to the corresponding answers.

(a) Est-ce que tes parents te donnent de l'argent de poche ? Combien ?

(b) Est-ce que tu économises de l'argent ?

(c) Comment dépenses-tu ton argent ?

(d) Qui fait la plupart du ménage chez-toi ?

(e) Est-ce que tu aides avec le ménage ?

(f) Quelles sont les tâches ménagères que tu fais pendant la semaine ?

(g) Qu'est-ce que tu fais le weekend pour aider chez-toi ?

(h) Qu'est-ce que tu n'aimes pas du tout faire ?

(i) Est-ce que tu aimes cuisiner ?

(j) Qui range ta chambre ?

1 Oui, j'adore faire la cuisine. Mon plat préféré, c'est le saumon fumé. Je le sers quand c'est l'anniversaire de quelqu'un de ma famille.
2 Je déteste nettoyer la salle de bains. C'est horrible !
3 J'essaye d'économiser cinq euros par semaine.
4 Ma sœur et moi aidons de temps en temps mais mes parents partagent le ménage et ils font la plupart des tâches ménagères.
5 Moi, je range ma chambre le samedi matin.
6 Oui. Mon père me donne vingt euros par semaine.
7 Je ne fais pas beaucoup de ménage pendant la semaine parce que mes profs nous donnent trop de devoirs et je m'entraîne avec l'équipe de basket le lundi, le mercredi et le jeudi soir. Alors je n'ai pas beaucoup de temps.
8 Oui, je mets la table avant le dîner et je sors la poubelle de temps en temps.
9 J'achète des billets pour aller aux matchs de foot ou pour sortir en boîte. J'achète aussi des bonbons et du chocolat.
10 Le vendredi soir, je sors la poubelle. Le samedi, je range ma chambre et je mets la table avant le dîner. Le dimanche, je fais la cuisine ou je nettoie la salle de bains.

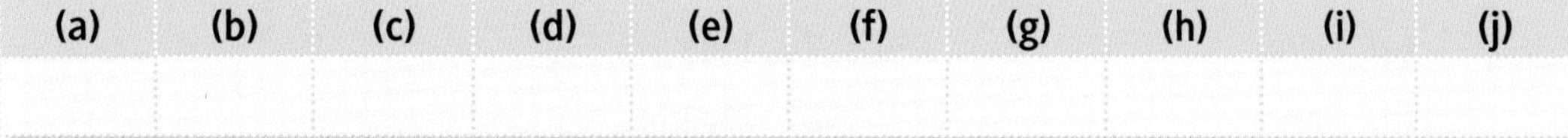

(a)	(b)	(c)	(d)	(e)	(f)	(g)	(h)	(i)	(j)

Écoute la conversation et vérifie tes réponses.
Listen and correct your answers.

8.2 G Parlons ! Prépare tes réponses dans ton Journal de bord.
Let's talk! Prepare your answers in your learning diary.

8.2 H Interroge un/une camarade de classe à l'aide des questions ci-dessous.
Interview a classmate with the questions below.

98

(a) Est-ce que tu aides à faire le ménage ?
(b) Quelles sont les tâches ménagères que tu fais pendant la semaine ?
(c) Qu'est-ce que tu fais le week-end pour aider chez toi ?
(d) Qu'est-ce que tu n'aimes pas du tout faire ?
(e) Est-ce que tu aimes cuisiner ?

1 Record the interviews and listen back in groups of three or four.
2 Identify two questions everybody found easy to answer.
3 Identify two common areas of difficulty (think of verb endings, vocabulary, gender etc).
4 Note your findings in your learning diary.

(f) Qui range ta chambre?

(g) Qui fait la plupart du ménage chez toi?

(h) Est-ce que tes parents te donnent de l'argent de poche? Combien?

(i) Est-ce que tu économises de l'argent?

(j) Comment dépenses-tu ton argent?

8.2 D'où viennent ces devises? Recherche les devises sur internet et relie les devises aux pays correspondants.

What countries are these currencies from?
Look up the currencies online and match them to the corresponding countries.

(a)	Dollar	1	Royaume-Uni
(b)	Gourde	2	Japon
(c)	Euro	3	Suisse
(d)	Diram	4	Canada
(e)	Dinar	5	Russie
(f)	Yuan	6	France
(g)	Livre	7	Inde
(h)	Rand	8	Algérie
(i)	Franc	9	Haïti
(j)	Yen	10	Afrique du sud
(k)	Rouble	11	Chine
(l)	Roupie	12	Maroc

(a)	(b)	(c)	(d)	(e)	(f)	(g)	(h)	(i)	(j)	(k)	(l)
		6									

8.2 Lis le texte et réponds aux questions.

Read the text and answer the questions.

Comment les jeunes dépensent-ils leur argent ?

Les adolescents touchent en moyenne 500 à 600€ par an (selon CSA). Comment le dépensent-ils ? Témoignages.

Albane, 15 ans, 200 euros par mois : «Depuis deux ans, je m'achète mes vêtements, mes cigarettes et me paie mes compétitions de cheval. C'est un luxe, parce que mes parents me paient aussi d'autres choses.»

Emma, 15 ans, 90 euros trimestriels pour payer des «extras, vêtements, cigarettes, cafés…». «Chaque année, je réclame un peu plus et il faut que j'écrive une lettre à ma mère avec mes arguments : type 'la vie coûte plus cher…'. Je reçois 50 euros de baby-sitting par mois.»

Sophya, 15 ans : « Ma mère me laisse gérer et me donne de l'argent quand j'en ai besoin. Elle vient de me verser 300 euros pour les fournitures, autant pour me vêtir pour l'année. Cela m'apprend à gérer. Je fais avec ce que j'ai. »

Romain, 17 ans, pas d'argent de poche : « Mon père me donne de l'argent quand je travaille avec lui. Sinon, pour mes loisirs comme le cinéma, je me débrouille avec l'argent que je touche à Noël ou pour mon anniversaire. Je dois dépenser dans les 20 euros par mois. »

Réponds en français.

Answer in French.

(a) Combien d'argent de poche reçoivent les jeunes par an (en moyenne) ? ....

(b) Comment Albane dépense-t-il son argent ? ....

(c) Quel sport fait Albane ? ....

(d) En quoi Emma dépense-t-elle son argent ? ....

(e) Quel est le petit boulot d'Emma ? ....

(f) Qui donne à Sophya son argent de poche ? ....

(g) Quand est-ce que Romain reçoit de l'argent ? ....

Écris les mots-clés 28–37 pour la section 8.2 dans ton Journal de bord.

Fill in the key words 28–37 for section 8.2 in your learning diary.

8.3 Les emplois

8.3 A Lis la conversation.

Read the conversation.

20 euro par semaine ce n'est pas mal, mais j'aimerais acheter une tablette donc je vais chercher un petit boulot et économiser.
Quel type de petit boulot veux-tu ?

Je ne sais pas exactement.
Tu pourrais travailler comme baby-sitter pour tes voisins ?

Pas question ! Je n'ai pas de patience. Je n'aimerais pas travailler avec de petits enfants.
Tu travaillerais comme serveur dans un restaurant ?

Ouais. Ça m'intéresserait.
Mon oncle a un petit restaurant en ville. Je peux lui demander s'il a besoin d'un serveur.
Génial, merci Nicole.

Réponds en anglais.

Answer in English

(a) Why would Christophe like to find a part-time job? ....

(b) What kind of job does Nicole first suggest? ....

(c) Why would Christophe not like this type of job? ....

(d) What kind of job does Nicole suggest next? ....

(e) How might Nicole be able to help Christophe to find a job? ....

Le saviez-vous ?

If Christophe gets a job in the restaurant, he might be lucky enough to make some extra money with *les pourboires (tips)* from the customers. Tipping in France is common, however, by law *service compris* is always included in the final bill in restaurants.

! Un petit rappel

Revise jobs and professions in *Ça Roule 1* pages 102-3.

8.3 B Les métiers

un serveur/ une serveuse

un avocat/une avocate

un/une artiste

un/une pompier

un/une comptable

un vendeur/ une vendeuse

un infirmier/ une infirmière

un/une ingénieur

un coiffeur/ une coiffeuse

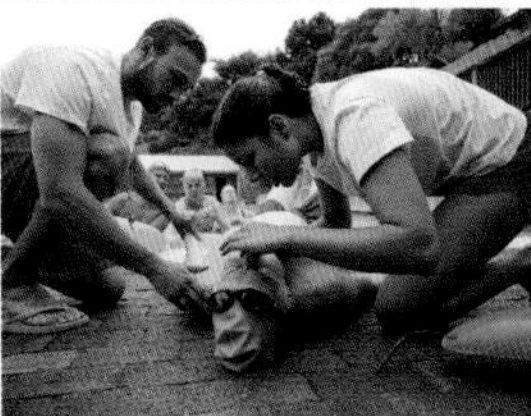
un/une maître-nageur

un homme d'affaires

une femme d'affaires

un programmeur/ une programmeuse

un/une chef

Remember, we do not use the indefinite article (un/une) to say a person's profession.

Mon père est plombier.	*My dad is a plumber.*
Ma mère est comptable.	*My mum is an accountant.*

Some professions have the same form for masculine and feminine.

le comptable	la comptable
le professeur	la professeur

However, most professions have different forms for masculine and feminine, following the rules below:

Professions ending in *–e* are the same in masculine and feminine	un comptable un artiste un architecte	une comptable une artiste un architecte
Professions ending in *–er* in the masculine end in –ère in the feminine	un infirmier un boulanger	une infirmière une boulangère
Professions ending in *-eur* in the masculine end in either *–euse* or *-trice* in the feminine	un coiffeur un agriculteur	une coiffeuse une agricultrice
Professions ending in *–ien* in the masculine end in –*ienne* in the feminine	un pharmacien un mécanicien	une pharmacienne une mécanicienne

8.3 C Écoute et répète les métiers.
Listen and repeat the professions.

8.3 D Mots mêlés : Trouve douze des métiers de 8.3 (B).
Find twelve of the professions from 8.3 (B) in the wordsearch.

F	T	W	U	B	I	F	R	W	V	B	P	M	Z	R
N	E	X	A	Z	G	U	E	E	O	R	O	A	Y	R
D	H	M	T	R	E	O	N	H	O	U	M	Î	X	Y
D	L	G	M	F	T	D	F	G	C	E	P	T	S	Z
D	Z	R	F	E	E	I	R	I	T	I	I	R	F	H
J	C	I	E	U	D	A	S	D	S	N	E	E	P	W
R	O	W	R	I	M	A	X	T	T	É	R	N	R	C
C	X	J	J	M	M	L	F	T	E	G	J	A	Z	C
P	S	O	E	T	V	R	N	F	Z	N	M	G	X	R
K	Q	U	H	G	U	F	I	N	A	I	U	E	S	I
X	R	T	A	C	O	V	A	F	V	I	K	U	Z	Y
E	L	B	A	T	P	M	O	C	N	Z	R	R	F	A
S	E	R	V	E	U	R	O	Y	B	I	P	E	C	Z
H	O	M	M	E	D	A	F	F	A	I	R	E	S	F
J	W	M	R	Q	V	W	A	Z	M	V	N	W	G	O

8.3 E Lis les annonces et réponds aux questions.

Read the advertisements and answer the questions.

Trouver des emplois

Coiffeur/coiffeuse

Nous recherchons un(e) technicien(ne) capable de réaliser toutes sortes de colorations (ombré, mèches, balayage) pour notre équipe du salon Champs-Élysées. 37h par semaine avec 2 jours de repos en continu. Avec minimum deux ans d'expérience. Salaire 2200€ par mois. Faites-nous votre candidature par mél à coupsblime@gmail.com ou contactez-nous au 06 16 43 29 84 en demandant Éric.

Réceptionniste en stations de ski

Nous recrutons des réceptionnistes pour des postes situés en stations de ski de Savoie, Haute-Savoie et Isère. Contrats à temps plein d'une durée de 6 mois de mi-octobre à mi-avril. Nécessaire être titulaire d'un bac, avoir un bon niveau d'anglais, être motivé(e) et avoir un bon relationnel.
Envoyez votre CV par email à skisavoie@orange.fr

Serveur/Serveuse – Temps partiel

Le rôle du serveur est de dresser les tables pour le service, accueillir le client à son arrivée au restaurant, l'installer à une table et lui présenter la carte, conseiller le client dans ses choix de plats selon ses goûts, prendre sa commande, débarrasser les tables et nettoyer la salle de restaurant. Expérience non obligatoire– mission initiale de 6 mois renouvelable.
Tél: 04 37 19 37 88

Vendeur/Vendeuse Librairie

Nous recherchons vendeur à temps plein pour notre librairie au centre-ville de Lyon. Votre profil: Vous aimez échanger avec les clients et travailler en équipe. Vous êtes ouvert(e) aux nouvelles technologies. Vous avez une expérience dans la vente de produits culturels et littéraires.
CV à librairiedefrance@gmail.com

Vétérinaire

La Société Protectrice des Animaux (Le Cannet) recrute vétérinaire avec trois ans d'expérience, temps plein à partir du 29 mai. Niveau minimum de formation: Diplôme de Doctorat en Médecine Vétérinaire. Qualités personnelles: esprit d'équipe, capacité d'écoute, bonne organisation et initiative. Tel. 07 32 85 93

Réponds en anglais.

Answer in English.

(a) How much experience is required for the hairdressing job? ....

(b) Name three qualities necessary for the receptionist positions. ....

(c) Outline five tasks that the waiter or waitress will be required to do. ....

(d) How much experience is needed for the waiter/waitress job? ....

(e) What sort of person is sought for the sales assistant job? ....

(f) Name three qualities necessary for the veterinary job. ....

Réponds en français.

Answer in French.

(a) De combien est le salaire pour le travail de coiffeur? ....

(b) Pour combien de temps est le contrat de réceptionniste? ....

(c) Quel type de magasin cherche un vendeur? ....

(d) Où se trouve le magasin? ....

(e) Quand est-ce que le travail de vétérinaire commence? ....

(f) Comment dit-on en français?

full-time .... part-time .... a ski resort ....

8.3 F Dessine une annonce d'emploi dans ton Journal de bord.

Make a job advertisement in your learning diary.

Elle est vloggeuse.

Il est footballeur.

Elle est chanteuse.

8.3 G Relie les personnalités aux métiers.

Match the people to the jobs.

(a) Beyoncé	1 Homme politique
(b) Kendall Jenner	2 Chanteur
(c) Antoine Griezmann	3 Acteur
(d) Leo Varadkar	4 Journaliste
(e) Jennifer Lawrence	5 Auteur
(f) Conor McGregor	6 Vloggeuse
(g) Jamie Oliver	7 Boxeuse
(h) Zac Efron	8 Actrice
(i) Claude Monet	9 Chef
(j) Miriam O'Callaghan	10 Chanteuse
(k) J.K. Rowling	11 Footballeur
(l) Jenna Marbles	12 Artiste
(m) Katie Taylor	13 Mannequin
(n) Niall Horan	14 Lutteur

8.3 H Qu'est-ce que tu seras quand tu seras grand(e) ? Pourquoi ? Lis les opinions et réponds aux questions.

What would you like to be when you grow up? Why? Read the opinions and answer the questions.

Luc : Quand je serai grand, je serai infirmier parce que j'aimerais aider les autres. Mes parents me disent que je devrai travailler pendant de longues heures et que le salaire n'est pas bon, mais ça ne me dérangera pas. L'argent ne m'intéresse pas trop.

Séverine : Je voudrais devenir pilote. J'aimerais voyager et découvrir d'autres cultures. Autre avantage : le bon salaire. Bien sûr, je devrai me lever très tôt et travailler le week-end. Ça sera fatigant, mais je pense que ça en vaudra la peine.

Guy : Je voudrais devenir mécanicien. Mon père est mécanicien et j'aimerais suivre le même chemin professionnel que lui. J'adore les voitures et les motos et de temps en temps j'aide mon père dans son garage.

Louise : Au collège ma matière préférée, c'est la chimie. J'adore faire des expériences dans le laboratoire. J'ai l'intention d'utiliser mes connaissances en chimie pour développer des produits de maquillage. Quand je serai grande, je serai femme d'affaires. J'ai l'intention d'ouvrir une boutique en ligne pour vendre mes produits de maquillage.

Réponds en anglais.

Answer in English.

(a) What does Luc want to be? Why? ....

(b) Why does Séverine want to be a pilot? ....

(c) What does Guy want to be? Why? ....

(d) What does Louise plan on doing when she is older? (Give full details) ....

....

Réponds en français.
Answer in French.

(a) Quels sont les inconvénients d'être infirmier selon les parents de Luc? ....
(b) Quels sont les inconvénients d'être pilote selon Séverine? ....
(c) Où travaille le père de Guy? ....
(d) Quelle est la matière préférée de Louise? ....

8.3 I Qu'est-ce que tu voudrais faire dans la vie?
What would you like to do in life?

un avantage = *an advantage*
un inconvénient = *a disadvantage*

J'aimerais devenir…	parce que je suis fort(e) en …
architecte	dessin
professeur d'espagnol	langues
chanteur(-euse)	musique
programmeur(-euse)	technologie
scientifique	sciences
footballeur(-euse)	sport

8.3 J Qu'est-ce que tu seras quand tu seras grand(e)? Pourquoi? Parlez en groupes de trois ou quatre personnes.
What would you like to be in the future? Why? Talk in groups of three or four people.

Les heures de travail sont longues.
Le salaire n'est pas bon.
Je n'aimerais pas être enfermé(e) dans un bureau.
Je n'aimerais pas travailler le week-end.

C'est un travail intéressant.
Le salaire est bon.
Je voudrais aider les autres.
Je voudrais travailler avec des enfants.

Je voudrais devenir vétérinaire parce que j'adore les animaux et je suis fort en sciences. Je n'aimerais pas être enfermé dans un bureau.

Mon rêve c'est d'être chanteuse. Il faut avoir un talent pour la musique. Je suis forte en musique et je chante dans la chorale de mon collège.

Ma mère est médecin. Je n'aimerais pas être médecin. Les heures de travail sont longues et je suis faible en biologie. Je voudrais devenir boulanger parce que j'adore faire des gâteaux.

Écris les mots-clés 38–75 pour la section 8.3 dans ton Journal de bord.
Fill in the key words 38–75 for section 8.3 in your learning diary.

8.4 Le conditionnel

8.4 A Le conditionnel

The conditional

★ In the previous activity, you most likely used phrases such as

Je voudrais devenir professeur. *I would like to be a teacher.*

J'aimerais travailler avec les enfants. *I would love to work with children.*

★ In both of the examples, the verbs are in *le conditionnel* (the conditional). We form *le conditionnel* using the same stems as *le futur simple*.

–ER and –IR verbs: Add the endings (–ais, –ais, –ait, –ions, –iez, –aient) to the infinitive.

–RE verbs: Drop the final –e from the infinitive and add the same endings.

! In all forms of *futur simple* and *conditionnel*, the endings follow the letter –r!

	AIMER	FINIR	VENDRE	ENDINGS
je/j'	aimerais	finirais	vendrais	–ais
tu	aimerais	finirais	vendrais	–ais
il/elle/on	aimerait	finirait	vendrait	–ait
nous	aimerions	finirions	vendrions	–ions
vous	aimeriez	finiriez	vendriez	–iez
ils/elles	aimeraient	finiraient	vendraient	–aient

! *Le conditionnel* is used to express what you would do.

Je voudrais devenir mannequin. I would like to be a model.

Nous pourrions aller au cinéma ce soir. We could go to the cinema tonight.

Florian aimerait être *médecin.* Florian would like to be a doctor.

! *Le conditionnel* is also used to ask for something politely.

Pourriez-vous m'indiquer les tarifs, s'il vous plaît ? Could you let me know the prices please?

Pourriez-vous m'envoyer une liste des hôtels ? Could you send me a list of hotels?

! Verbs that have irregular stems in the *futur proche* have the same irregular stem in *le conditionnel*. The endings above are added to the irregular future stem.

Infinitive	Future Stem	Futur Simple	English	Conditionnel	English
ALLER	ir-	j'irai	*I will go*	j'irais	*I would go*
AVOIR	aur-	j'aurai	*I will have*	j'aurais	*I would have*
COURIR	courr-	je courrai	*I will run*	je courrais	*I would run*
DEVENIR	deviendr-	je deviendrai	*I will become*	je deviendrais	*I would become*
DEVOIR	devr-	je devrai	*I will have to*	je devrais	*I would have to*
ENVOYER	enverr-	j'enverrai	*I will send*	j'enverrais	*I would send*
ÊTRE	ser-	je serai	*I will be*	je serais	*I would be*
FAIRE	fer-	je ferai	*I will do/make*	je ferais	*I would do/make*
POUVOIR	pour-	je pourrai	*I will be able to*	je pourrais	*I would be able to*
RECEVOIR	recevr-	je recevrai	*I will receive*	je recevrais	*I would receive*
SAVOIR	saur-	je saurai	*I will know*	je saurais	*I would know*
TENIR	tiendr-	je tiendrai	*I will hold*	je tiendrais	*I would hold*
VENIR	viendr-	je viendrai	*I will come*	je viendrais	*I would come*
VOIR	verr-	je verrai	*I will see*	je verrais	*I would see*
VOULOIR	voudr-	je voudrai	*I will want*	je voudrais	*I would like*

Regarde le diaporama sur le conditionnel.
Watch the PowerPoint presentation 'Unité 8.4 (A)' on the conditional.

8.4 B Complète le tableau avec la bonne forme des verbes au conditionnel.
Fill in the chart with the conditional of the verbs.

	TRAVAILLER	REMPLIR
je		
tu		
il/elle/on		
nous		
vous		
ils/elles		

8.4 C Écoute et répète les verbes au conditionnel.
Listen and repeat the verbs in the conditional.

8.4 D Complète la liste des verbes au conditionnel dans ton Journal de bord.

Fill in the conditional of the verbs in your learning diary.

8.4 E Complète les phrases avec le conditionnel des verbes entre parenthèses.

Fill in the correct form of the conditional of the verbs in brackets.

Si je travaillais…

(a) …je .... (GAGNER) beaucoup d'argent.

(b) …j'.................................... (ACHETER) un nouvel ordinateur.

(c) …j'.................................... (ÉCONOMISER) un peu.

(d) …je .... (RENCONTRER) de nouveaux amis.

(e) …je .... (FINIR) tard le soir.

(f) …je .... (VOYAGER) partout dans le monde.

(g) …j'.................................... (AVOIR) beaucoup de succès.

(h) …je .... (SE LEVER) tôt le matin.

(i) …je ne .... (SE COUCHER) pas tard le soir.

(j) …je .... (VENDRE) des cafés et des croissants au restaurant.

! The phrases *Si je travaillais…* (if I was working), and *Si le chef s'occupait de son entreprise* (if the manager looked after his business) both use *l'imparfait*. You will learn more about this tense on page 385.

8.4 F Complète les phrases avec le conditionnel des verbes entre parenthèses.

Fill in the correct form of the conditional of the verbs in brackets.

Si le chef s'occupait de son entreprise…

(a) …il .... (RECEVOIR) les lettres de recommandation et les CV.

(b) …il .... (LIRE) les lettres.

(c) …il .... (ENVOYER) des lettres.

(d) …il .... (FAIRE) de son mieux.

(e) …il .... (POUVOIR) organiser des entrevues et des rendez-vous.

(f) …il .... (PARLER) à son secrétaire.

(g) …il .... (FINIR) tard le soir.

(h) …il .... (RENCONTRER) les autres chefs d'entreprise.

(i) …il .... (DEVOIR) savoir beaucoup de choses sur son entreprise.

(j) …il .... (AVOIR) un bon salaire.

8.4 G Trois jeunes parlent de ce qu'ils voudraient faire dans la vie. Écoute et complete.

Three young people talk about what they want to do in the future. Listen and fill in the blanks.

Quentin: Si c'était possible, je voudrais être (1) .... J'adorerais travailler avec des ordinateurs. La technologie m'intéresse beaucoup. Je (2) .... une (3) .... américaine parce que ces entreprises (4) .... toutes les nouvelles technologies et les nouveaux ordinateurs. J'habiterais en Californie où il ferait (5) .... tout le temps!

Christine: Moi, je (1) .... devenir comptable. À l'école, j'adore les (2) .... Plus tard, si j'avais de la chance, je travaillerais dans un (3) .... en ville où j'utiliserais les chiffres dans mon travail. Je rencontrerais les autres comptables à l'heure du déjeuner. À mon bureau, j'utiliserais une super (4) .... et un ordinateur performant. Je porterais des vêtements très (5) .... , je m'habillerais comme une femme d'affaires avec des robes très élégantes ou des jupes et des chemisiers.

Laurent: Si j'avais cette chance, je deviendrais (1) .... quand je serai grand. J'adore les avions. Je (2) .... partout dans le monde mais j'irais surtout en Australie. Je verrais l'Opéra à Sydney et les kangourous. J'enverrais des cartes (3) .... à mes grands-parents et je (4) .... beaucoup de photos de mes voyages et je posterais les photos sur Instagram pour tous mes (5) ....

(a) Identifie un élément technologique mentionné par Quentin. ....

(b) Où habiterait-il? ....

(c) Quel métier aimerait Christine? ....

(d) Identifie deux vêtements qu'elle porterait au bureau. ....

(e) Que regarderait Laurent en Australie? ....

(f) Qu'est-ce qu'il enverrait à ses grands-parents? ....

J'adore le ski donc j'achèterais une maison près d'une station de ski dans les Alpes

8.4 H Qu'est-ce que tu ferais si tu gagnais au lotto? Écoute et complète le tableau en français.

What would you do if you won the lotto? Listen and fill in the table in French.

Claire	*Elle achèterait une maison près d'une station de ski dans les Alpes.*
1 Pierre	
2 Thomas	
3 Richard	
4 Océane	
Aurélie	*Elle irait au Congo voir les gorilles dans le parc national des Virunga.*

Écris les mots-clés 76–92 pour la section 8.4 dans ton Journal de bord.

Fill in the key words 76–92 for section 8.4 in your learning diary.

8.5 La francophonie – République démocratique du Congo

8.5 A Que savez-vous du La République démocratique du Congo ?

What do you know about The Democratic Republic of Congo?

- La République démocratique du Congo est le pays francophone le plus peuplé du monde.
- Le pays est aussi connu sous le nom de Congo.
- Il y a neuf parcs nationaux au Congo. Le parc national des Virunga (qui couvre les montagnes de Virunga au Congo, Rwanda et Ouganda) est le parc national le plus vieux d'Afrique. Le parc date de 1925.
- La République démocratique du Congo possède une abondance de ressources minérales comme le coltan, le cobalt, le zinc, le manganèse. C'est un des plus grands producteurs de diamants (*diamonds*) et de cuivre (*copper*) dans le monde.
- La capitale est Kinshasa.
- Il y a presque 700 langues et dialectes au Congo parmi plus de 200 groupes ethniques. Les langues les plus parlées sont le français, le kikongo, le lingala, le swahili et le tshiluba. Le français est la langue officielle aussi bien que la langue du gouvernement et du commerce.
- Les forêts de la République démocratique du Congo abritent plus de 400 espèces d'animaux et plus de 1000 espèces d'oiseaux. On y trouve une grande diversité d'animaux avec des gorilles, des éléphants, des lions, des hippopotames, des serpents et des chimpanzés.
- Les vastes sols fertiles du Congo permettent la culture du café, du tabac et du thé.

8.5 B La République démocratique du Congo. Écoute et réponds aux questions en anglais.

The Democratic Republic of Congo. Listen and answer the questions in English.

(a) How many countries border the Democratic Republic of Congo? ....

(b) Name five of those countries. ....

(c) Name two products, which are made with Congolese minerals. ....

(d) What percentage of the population has access to electricity? ....

(e) Why is the Virunga national park under threat? ....

(f) What sport is Congolese star Dikembe Mutombo known for? ....

8.5 C Un footballeur congolais. Lis le texte et réponds aux questions.
A Congolese footballer. Read the text and answer the questions.

Anthony Vanden Borre : Vedette du TP Mazembe

Anthony Vanden Borre est né le 24 octobre 1987 à Likasi en République démocratique du Congo, d'un père belge et d'une mère congolaise. La famille a déménagé en Belgique pendant son enfance. Il a toujours aimé le foot et il a commencé à s'entraîner avec le club Anderlecht à l'âge de dix ans avec son ami Vincent Kompany. En 2003, il a lancé sa carrière professionelle avec Anderlecht et il a joué pour la première fois avec l'équipe nationale de Belgique en 2004. À seulement seize ans, il était le deuxième joueur le plus jeune de tous les temps en Belgique. Il est devenu vedette du RSC Anderlecht. Il compte vingt-trois sélections et deux buts en équipe nationale de Belgique. Pendant sa carrière comme footballeur, il a joué avec des équipes belges, italiennes, anglaises et françaises. En janvier 2017, âgé de 29 ans à peine, il a annoncé sa retraite sportive mais en mars 2017, il est retourné à ses racines familiales dans son pays natal, la République démocratique du Congo, pour jouer avec l'équipe TP Mazembe. C'était une époque difficile pour Vanden Borre qui a grandi en Belgique et vécu en Europe.

Réponds en français.
Answer in French.

(a) Où est-ce que Anthony Vanden Borre est né ?
(b) D'où viennent ses parents ?
(c) Quel âge avait-il quand il a commencé avec l'équipe de Anderlecht ?
(d) Qu'est-ce qui s'est passé en 2004 ?

Réponds en anglais.
Answer in English.

(a) How old was he when he was first selected for the Belgian national team?
(b) How many times was he chosen to play for the Belgian national team?
(c) Name four countries he played football in during his career.
(d) What did he do in 2017? (give two details)

8.5 D Note tous les renseignements sur la République démocratique du Congo dans le *Dossier Francophone* de ton Journal de bord.
Fill in all the information about the Democratic Republic of Congo in the Dossier Francophone *section of your learning diary.*

Écris les mots-clés 93–106 pour la section 8.5 dans ton Journal de bord.
Fill in the key words 93–106 for section 8.5 in your learning diary.

8.6 L'entrevue

8.6 A Christophe envoie son CV à un restaurant. Lis le mél et réponds aux questions en français.
Christope sends his CV to a restaurant. Read the email and answer the questions in French.

De: christophebruno@orange.fr

A: luciemoreau@restaurantsolena.com

Sujet: Poste de serveur   Date: 14 octobre

Madame Moreau,

À la suite de votre annonce parue sur le site-web www.indeed.fr, je voudrais poser ma candidature pour le poste de serveur dans votre restaurant.

Je suis étudiant en quatrième au collège Voltaire à Biarritz. J'ai du temps libre le mercredi après-midi, le samedi et le dimanche et je voudrais travailler à temps partiel.

Je n'ai pas d'expérience dans la restauration mais je suis travailleur, enthousiaste et responsable et j'ai un bon niveau d'anglais.

Veuillez trouver ci-joint mon CV et une lettre de recommandation de la directrice de mon collège. J'attends votre réponse avec impatience.

Veuillez agréer, Madame, l'expression de mes sentiments distingués.

Christophe Bruno

Réponds en français.
Answer in French

(a) Où est-ce que Christophe a vu l'annonce? ....

(b) Quel poste veut-il? ....

(c) En quelle classe est-il? ....

(d) Quand est-ce qu'il peut travailler au restaurant? ....

(e) Comment décrit-il sa personnalité? ....

(f) Quelle langue étrangère parle Christophe? ....

(g) Quels sont les documents qu'il envoie avec le mél? ....

Comment dit-on en français ? Trouve les expressions dans le mél à la page 317.
Find the following phrases in the email on page 317.

(a) Following your advertisement on the website… ……………

(b) I'd like to apply for the position of… ……………

(c) I would like to work part-time. ……………

(d) I don't have any experience in the restaurant industry. ……………

(e) I'm hardworking, enthusiastic and responsible. ……………

(f) I've a good level of English. ……………

(g) Please find enclosed my CV and a reference from my school principal. ……………

(h) I look forward to hearing from you. ……………

(i) Yours sincerely. ……………

8.6 B Élodie envoie son CV à un supermarché. Complète le mél avec les mots ci-dessous.

Élodie sends her CV to a supermarket. Fill in the blanks with the words below.

poste	réponse	boulangerie	annonce	ci-joint	Monsieur
voudrais	patiente	candidature	sentiments	balayé	quatrième

De: elodiemartin@orange.fr

À: info@eleclercbiarritz.fr

Sujet: Poste de vendeuse — Date: 6 avril

(a) ……………

À la suite de votre (b) …………… parue sur le site-web www.stepstone.fr, je voudrais poser ma (c) …………… pour le (d) …………… de vendeuse dans votre supermarché.

Je suis étudiante en (e) …………… au collège Voltaire à Biarritz. Je (f) …………… travailler à temps partiel le week-end. Je suis libre le samedi et le dimanche.

J'ai déjà travaillé comme vendeuse et j'ai aimé le travail. J'ai aidé mon oncle qui a une (g) …………… ici à Biarritz. J'ai servi les clients, j'ai garni les rayons et j'ai (h) …………… le plancher. Je suis travailleuse, (i) …………… et honnête.

Veuillez trouver (j) …………… mon CV. J'attends votre (k) …………… avec impatience.

Veuillez agréer, Monsieur, l'expression de mes (l) …………… distingués.

Élodie Martin

8.6 C Une librairie recherche un vendeur/une vendeuse à temps partiel. Dans ton Journal de bord, écris un mèl au patron pour poser ta candidature.
A bookshop is looking for a sales person part-time. In your learning diary, write an email of application to the shop owner.

8.6 D Lis le curriculum vitae d'Élodie et réponds aux questions en français.
Read Élodie's CV and answer the questions in French.

DONNÉES PERSONNELLES

- Nom : Élodie Martin
- Nationalité : française
- Addresse : 37 rue Saint Jean, 64150, Biarritz
- Numéro de téléphone : 07 72 35 91 48
- Mél : elodiemartin@orange.fr

FORMATION

- 4ème au Collège Voltaire, Biarritz
- Matières : Anglais, Français, Mathématiques, Musique, Physique-Chimie, Histoire-Géo, Arts Plastiques, SVT.

COMPÉTENCES

- Anglais : Niveau intermédiaire
- Adobe Photoshop, Microsoft Office, Keynote

EXPÉRIENCES PROFESSIONNELLES

- Vendeuse, Boulangerie Pâtisserie Loubère, Biarritz (deux mois, temps-partiel)
- Baby-sitting (depuis trois ans)

LOISIRS

- Natation (5 ans)
- Musique (Guitare, 4 ans)
- Cinéma

(a) Où habite Élodie ? ....

(b) Cite cinq matières qu'elle étudie. ....

(c) Combien de temps a-t-elle travaillé dans la boulangerie ? ....

(d) Depuis combien de temps fait-elle du baby-sitting ? ....

(e) Quel sport fait-elle ? ....

(f) De quel instrument est-ce qu'elle joue ? ....

8.6 E Relie les titres à l'information correspondante.

Match the headings to the information.

(a) DONNÉES PERSONNELLES	1 Anglais et allemand (niveau supérieur)
(b) FORMATION	2 Vendeur depuis trois mois (supermarché)
(c) COMPÉTENCES	3 3ème au collège. Diplôme de langue anglaise
(d) LANGUES	4 Équitation, rugby, lecture
(e) EXPÉRIENCES PROFESSIONELLES	5 Simonleroy@orange.fr
(f) LOISIRS	6 Microsoft Office, Photoshop

8.6 F Tu recherches un petit boulot en France. Écris ton CV dans ton Journal de bord.

You are looking for a part-time job in France. Write your CV in your learning diary.

8.6 G Lis le formulaire de candidature que le supermarché a envoyé à Élodie. Elle le remplit avant son entrevue.

Read the application form that the supermarket sends to Élodie. She fills it in before her interview.

FORMULAIRE DE CANDIDATURE – E. LECLERC BIARRITZ			
DONNÉES PERSONNELLES			
NOM: Martin	PRÉNOM: Élodie	ADDRESSE: 37 rue Saint Jean, 64150, Biarritz	TÉLÉPHONE: 07 72 35 91 48
LE POSTE			
POSTE: Vendeuse			
COMBIEN D'HEURES PAR SEMAINE VOULEZ-VOUS TRAVAILLER? Je préfère travailler à temps partiel (15 heures par semaine), je ne suis pas disponible les jours de semaine.			
CONTRAT: Temps plein ☐ Temps partiel ☑ Temps plein ou partiel ☐			
QUAND EST-CE QUE VOUS POUVEZ COMMENCER? Immédiatement			
DISPONIBILITÉS: Lundi ☐ Mardi ☐ Mercredi ☐ Jeudi ☐ Vendredi ☐ Samedi ☑ Dimanche ☑ Toute la semaine ☐			

EXPÉRIENCES PROFESSIONELLES: J'ai déjà travaillé comme vendeuse et j'ai aimé le travail. J'ai aidé mon oncle, qui a une boulangerie ici à Biarritz, pendant deux mois. J'ai servi les clients, j'ai garni les rayons et j'ai balayé le plancher.		
FORMATION		
COLLÈGE: 4ème au collège Voltaire	**LYCÉE:** S.O.	**UNIVERSITÉ:** S.O.
AUTRES INFORMATIONS: J'ai un bon niveau d'anglais. Je suis travailleuse, patiente et honnête. J'aime la natation, jouer de la guitare et aller au cinéma.		

Vrai ou faux?

True or false?

(a) Élodie habite à Bordeaux. ....

(b) Élodie veut travailler le week-end. ....

(c) Élodie est disponible toute la semaine. ....

(d) Élodie n'a pas d'expérience comme vendeuse. ....

(e) Élodie n'a pas aimé travailler dans la boulangerie. ....

(f) Élodie a travaillé avec son oncle pendant trois mois. ....

(g) Élodie parle anglais. ....

8.6 H Remplis le formulaire pour le poste de vendeur/vendeuse dans ton Journal de bord.

In your learning diary, fill in the form for the job of sales-assistant.

8.6 I Christophe a une entrevue pour un poste. Écoute et complète la conversation.

Christophe attends an interview. Listen and fill in the blanks.

Madame Moreau: Bonjour Christophe. Asseyez-vous. Je m'appelle Lucie Moreau.

Christophe: Enchanté, Madame.

Madame Moreau: Vous avez quel âge?

Christophe: J'ai (a) .... ans

Madame Moreau: Vous avez déjà travaillé dans un (b) ....?

Christophe: Non, mais je suis quelqu'un de très (c) .... Au collège, j'ai de bonnes notes en (d) .... Je suis (e) .... et toujours de bonne humeur.

Madame Moreau: D'accord. Quelles sont vos compétences?

Christophe: Je parle très bien (f) .... J'apprends l'anglais depuis (g) .... ans.

Madame Moreau: C'est bien ça. Beaucoup de (h) .... viennent au restaurant surtout en été. Vous êtes disponible pendant toute la (i) ....

Christophe: Non. Je voudrais un emploi à temps (j) .... Je peux travailler le mercredi après-midi et le week-end.

Madame Moreau: D'accord. Alors, est-ce que vous pouvez commencer ce (k) .... ?

Christophe: Oui absolument.

Madame Moreau: Il faut être ici à (l) .... heures pour connaître les autres serveurs et apprendre ce qu'ils font exactement.

Christophe: D'accord. Merci beaucoup. À samedi.

8.6 J Marie a une entrevue pour un poste. Écris les questions pour ses réponses.

Marie does an interview. Write questions for her answers.

(a) Je m'appelle Marie Legrand.

(b) J'ai dix-sept ans.

(c) Je suis belge.

(d) Oui, j'ai déjà travaillé dans un café pendant deux mois.

(e) Je serai libre le 30 juin.

(f) Je peux travailler du lundi au vendredi.

(g) Je voudrais travailler à temps plein.

(h) Oui, je parle allemand et italien.

(i) Je suis travailleuse, enthousiaste et responsable.

(j) C'est le 06 33 85 49 21

8.6 K Quatre jeunes parlent de leurs petits boulots. Écoute et complète le tableau en anglais.

Four young people describe their part-time jobs. Listen and fill in the table in English.

	Job	Location of job	Tasks	Salary earned
Sylvie				
Arthur				
Clémence				
Rémi				

8.6 L Lis la description du choix de carrière d'Antoine et réponds aux questions.

Read the text about Antoine's typical day and answer the questions.

Je m'appelle Antoine. Je suis chef cuisinier dans un restaurant à Paris. J'ai toujours aimé cuisiner. Pendant mon enfance, j'ai passé beaucoup de temps chez ma grand-mère. Elle m'a montré comment faire des plats traditionnels français comme la soupe à l'oignon et les escargots. J'ai appris à faire des éclairs au chocolat et la tarte tatin chez elle aussi. À l'âge de seize ans, j'ai trouvé un emploi à temps partiel dans un petit restaurant dans le cinquième arrondissement de Paris. J'ai commencé comme serveur mais après quelques mois, ils m'ont laissé observer les chefs. Après le bac, j'ai passé un diplôme au Cordon Bleu, à Paris. C'est une école bien connue de haute cuisine et des arts culinaires. Après avoir réussi aux examens, j'ai trouvé mon premier emploi comme chef dans un restaurant italien sur le Boulevard St Michel et je suis là depuis six ans. J'adore mon travail. Les journées sont longues et je n'ai pas beaucoup de temps pour sortir avec mes copains mais je suis très content en cuisine. Nous faisons des plats italiens comme les pâtes, le risotto et l'osso bucco (un ragoût fait avec du veau, des tomates, des carottes et des oignons). J'ai de la chance parce que je peux dire que j'adore mon travail.

Réponds en français.

Answer in French.

(a) Trouve un synonyme de *un travail*. ....

(b) Trouve un synonyme de *heureux*. ....

(c) Trouve trois exemples de verbes en –ER au passé composé. ....

(d) Trouve deux exemples de verbes irréguliers au passé composé. ....

(e) Trouve un adjectif au masculin pluriel. ....

(f) Trouve un adjectif au féminin pluriel. ....

Réponds en anglais.

Answer in English.

(a) Who had a great influence on Antoine's career path? ....

(b) Name four traditional French dishes that he learned to make when he was a child. ....

(c) What did he do at the age of 16? ....

(d) What disadvantages of his chosen profession does he mention? ....

(e) What exactly is *osso buco*? ....

(f) Why does Antoine consider himself lucky? ....

Écris les mots-clés 107–122 pour la section 8.6 dans ton Journal de bord.

Fill in the key words 107–122 for section 8.6 in your learning diary.

8.7 Tu es prêt(e) à pratiquer ? Allons-y !

8.7 A Tu viens de trouver un petit boulot. Écris un mél à Christophe dans ton Journal de bord.

You have just found a part-time job. Write an email to Christophe in your learning diary.

8.7 B Que fait Paul pour aider chez lui ? Fais des phrases.

What does Paul do to help out at home? Write a sentence for each image.

(a)

Il met la table.

(b)

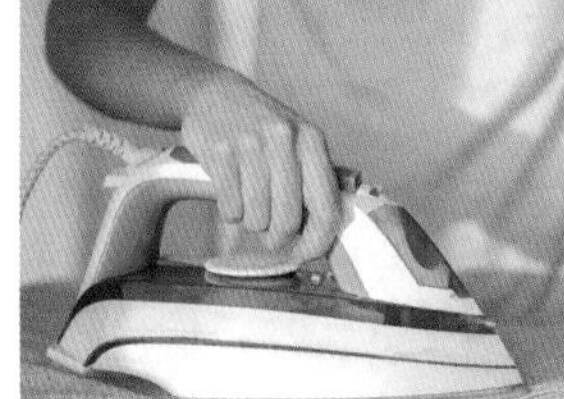

(c)

(d)

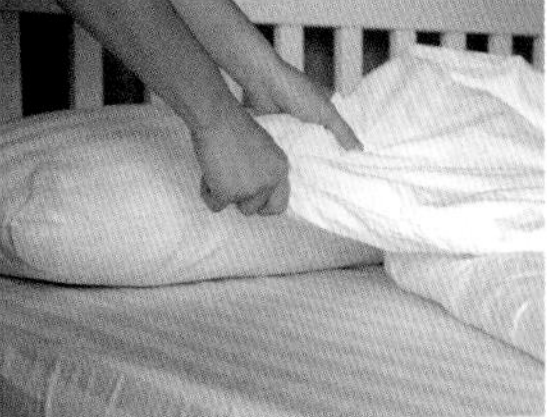

(e)

(f)

(g)

(h)

8.7 C Comment les jeunes suisses dépensent leur argent. Regarde le graphique circulaire.

How Swiss young people spend their money. Look at the pie chart.

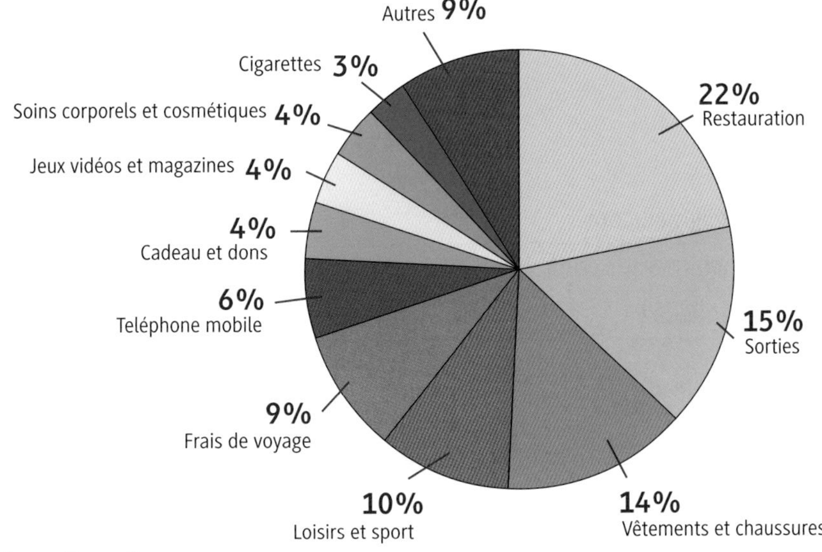

Vrai ou faux?

True or false?

(a) Les jeunes suisses dépensent plus d'argent en vêtements qu'en cadeaux. ....

(b) Ils dépensent 24% de leur argent en sorties et frais de voyage. ....

(c) Ils dépensent moins d'argent en loisirs et sport qu'en cigarettes. ....

(d) Ils dépensent 28% de leur argent en restauration, jeux vidéo et magazines. ....

(e) Ils dépensent moins d'argent en cosmétiques qu'en téléphone portable. ....

(f) Ils dépensent 22% de leur argent en billets de concert. ....

(g) Les jeunes suisses dépensent moins d'argent en sorties qu'en restauration. ....

8.7 D Écris les phrases en français.

Write the sentences in French.

(a) I haven't done my homework yet. ....

(b) We never clear off the table after dinner. ....

(c) They no longer work in the bakery. ....

(d) I do nothing at all to help at home. ....

(e) He has only one part-time job. ....

(f) He studies neither French nor Spanish. ....

(g) They did nothing yesterday. ....

(h) I wouldn't like to be a teacher. ....

8.7 E Louise envoie son CV à un hôtel. Complète le mél avec les mots ci-dessous.

Louise sends her CV to a hotel. Fill in the blanks with the words below.

diplôme | *réceptionniste* | *langue* | *recommandation* | *expérience* | *compétences*

site-web | *allemand* | *agréer* | *trouver* | *poser* | *suite* | *complet*

De: louise2004@gmail.com

À: info@iberostarnantes.com

Sujet: Poste de vendeuse — Date: 08 mars

Monsieur,

À la (a) ………… de votre annonce parue sur le (b) ………… www.monster.fr, je voudrais (c) ………… ma candidature pour le poste de (d) ………… dans votre hôtel.

Je suis réceptionniste avec deux ans d'(e) ………… dans un hôtel de luxe à Nice. Il y a deux ans, j'ai passé un (f) ………… en Tourisme : Hôtellerie et Restauration à Paris. Durant mon expérience en tant que réceptionniste à Nice, j'ai développé mes connaissances en informatique et mes (g) ………… relationnelles. Ma (h) ………… maternelle est le français, mais je parle aussi anglais et (i) …………. Mon expérience et mes qualifications correspondent aux exigences de ce poste.

Je cherche un emploi à temps (j) …………. Je serai disponible le 21 mars.

Veuillez (k) ………… ci-joint mon CV et une lettre de (l) ………… de l'Hôtel Plage à Nice. J'attends votre réponse avec impatience.

Veuillez (m) …………, Monsieur, l'expression de mes sentiments distingués.

Louise Guerin

8.7 F Complète les phrases avec le conditionnel des verbes entre parenthèses.

Fill in the correct form of the conditional of the verbs in brackets.

(a) Avec un emploi, je ne ………… (ÊTRE) plus fauché.

(b) S'il faisait mauvais, les enfants ………… (PORTER) des manteaux.

(c) Tu ………… (DEVOIR) faire tes devoirs tout de suite.

(d) .... (POUVOIR) -tu me donner un crayon?

(e) Elles .... (AIMER) trouver un petit boulot.

(f) Les clientes .... (VOULOIR) commander les plats traditionnels.

(g) Cette fille ne .... (VOIR) plus le garçon si elle changeait d'école.

(h) Nous .... (ALLER) en colonie de vacances pour travailler avec des jeunes si nous avions le Brevet d'animateur.

(i) J'................................ (ÉCRIRE) les lettres de motivation sans cesse si je cherchais un petit boulot.

(j) À la fin des journées de travail, les employés .... (RENTRER) chez eux s'il y avait un bus.

8.7 G Lis les annonces et réponds aux questions.

Read the advertisements and answer the questions.

Salut ! Je suis une étudiante de seize ans. Je vous offre mes services comme femme de ménage. Je peux faire toutes les tâches ménagères chez vous. Je fais la lessive, le repassage, la vaisselle. Je passe l'aspirateur, je range la cuisine et je peux promener votre chien. Je suis honnête et responsable. N'hésitez pas à me contacter !
Tél : 06 39 24 51 78

DJ mariages, fêtes, festivals, soirées privées.
Tous les genres de musique, le rock, le jazz, le pop, le hip-hop. Lumières et karaoké disponibles. Appelez-moi pour négocier le prix.
Brice Mellière 06 93 11 28 32.

Professeur de piano.
Cours particuliers de piano et clavier au centre de Bordeaux. Prix très raisonnables. 25€ un cours d'une demie heure.
Tél : 07 52 39 20 44.

Baby-sitter à Perpignan.
Étudiante de dix-sept ans avec deux ans d'expérience comme baby-sitter. Sécouriste diplômée. Disponible du lundi au vendredi après 18h et toute la journée le samedi.
Tél: 06 31 97 80 19.

Serveur très responsable.
Je cherche un emploi à temps partiel comme serveur. J'ai six mois d'expérience dans la restauration et une lettre de recommendation. Paris 6ème arrondissement.
Tél: 07 26 13 24 87.

Vous avez besoin d'une camionnette ? Transport de meubles, motos, lits, outils, jouets, lave-vaisselles... paquets d'Ikea ou de Bricomart. Je travaille le week-end et les jours de congé aussi. Prix très raisonnables.
Tél : 06 29 62 34 15.

1 Complète le tableau.

Fill in the table.

Service Required	Number to call
(a) Babysitter	
(b) DJ	
(c) Kitchen Assistant	
(d) Housekeeping	
(e) Van driver	
(f) Piano teacher	

2 Réponds en français.
Answer in French.

(a) Cite cinq tâches ménagères que la femme de ménage fait. ....

(b) Où se trouve le prof de piano? ....

(c) Quelle sorte d'emploi cherche le serveur? ....

(d) Cite trois événements que le DJ peut organiser. ....

(e) Quand est-ce que le baby-sitter est disponible? ....

(f) Cite trois choses que le conducteur de la fourgonnette peut transporter. ....

8.7 H Delphine parle de sa journée typique. Lis le texte et réponds aux questions.

Delphine talks about her working day. Read the text and answer the questions.

Pendant la semaine, je me lève vers sept heures et demie. Je me douche, je m'habille et je vais dans la cuisine pour manger du pain grillé avec de la confiture. Je prends aussi un jus d'orange ou un café. Avant de quitter la maison à huit heures et quart, je me brosse les dents et je me maquille. Je vais à pied à l'école. Je suis maîtresse. Il y a vingt enfants dans ma classe. Les cours commencent à huit heures et demie. J'enseigne les mathématiques, le français, les sciences, l'histoire-géo et le dessin. Les enfants de ma classe ont six ans. Ils aiment chanter et faire du sport alors j'essaye de faire de l'éducation physique et de la musique chaque semaine. J'adore mon travail. J'aime travailler avec les enfants et c'est un travail très satisfaisant. Je ne m'ennuie jamais! Après les cours, je range la salle de classe, je balaye le sol et je sors la poubelle. Je rentre chez-moi et je prends un thé ou un café et je promène le chien dans un parc près de chez moi. Le soir je ne fais pas beaucoup parce que je suis toujours épuisée après une journée bien remplie. Je fais la cuisine, je dîne et je regarde la télé ou je lis un roman. Je me couche vers onze heures le soir. Voilà ma journée typique.

Réponds en français.
Answer in French.

(a) Comment va-t-elle à l'école? ....

(b) À quelle heure commencent les cours? ....

(c) Combien d'enfants y a-t-il dans sa classe? ....

(d) Que fait-elle après les cours mais avant de retourner chez elle? ....

(e) Que fait-elle le soir? ....

Réponds en anglais.
Answer in English.

(a) What does Delphine do before she leaves the house in the morning? ....
(b) What does she have for breakfast? ....
(c) Name five subjects she teaches. ....
(d) Why does she like being a primary school teacher? ....
(e) Why does she not do much in the evenings? ....

8.7 I Comment s'est passée ta première journée dans ton nouvel emploi ?
How was your first day in your new job?

Je me suis levé(e)…
à sept heures
à sept heures et demie
à huit heures et quart

Je suis allé(e) à mon travail…
à pied
en autobus
en voiture
en train
à vélo

Je suis arrivé(e)…
à mon bureau à neuf heures
au restaurant à midi
au supermarché à dix heures et demie

Je me suis bien amusé(e) parce que…
j'ai beaucoup appris.
j'ai gagné mon propre argent.
le travail est très satisfaisant.
j'adore travailler avec les animaux.
j'aime travailler avec les enfants.

Je ne me suis pas vraiment amusé(e) parce que…
c'était une journée très longue.
le travail était très difficile.
le patron n'est pas sympa.

J'ai beaucoup travaillé !
J'ai servi les clients.
J'ai balayé le sol.
J'ai fait la vaisselle.
J'ai mis la table.
J'ai débarrassé les tables.
J'ai fait des photocopies.
J'ai garni les rayons.
J'ai répondu au téléphone.
J'ai rangé les chambres.
J'ai nettoyé la salle de bains.

8.7 J Imagine que tu viens de commencer un petit boulot. Écris un billet de blog dans ton Journal de bord au sujet de ta première journée.
Imagine you have just started a new part-time job. Write a blog about your first day in your learning diary.

Écris les mots-clés 123–147 pour la section 8.7 dans ton Journal de bord.
Fill in the key words 123–147 for section 8.7 in your learning diary.

Revision
Go to **www.edco.ie/caroule2** and try the interactive activities and quizzes.

Unité 8 Mets tes connaissances à l'épreuve

Coin grammaire !
Revise the grammar in Unit 8 in your learning diary.

Évalue-toi dans ton Journal de bord.
Use your learning diary to see how much you have learned in Unit 8.

Watch the video for Unité 8.

Que sais-je ?			
I can identify the main banks of France			
I know at least five interesting facts about the Democratic Republic of Congo			
I can name different household chores			
I can pronounce different jobs and professions accurately			
I can discuss household chores and say which ones I do			
I can carry out a class survey about chores			
I can have a conversation about pocket money			
I can express what I would like to be in the future and say why			
I can write negative sentences			
I can create a job advertisement for a newspaper or website			
I can write an email applying for a part-time job			
I can fill in an application form for a part-time job			
I can write my CV			
I can write a blog about my working day			
I can use negative adverbs such as *rien, jamais, ni... ni...*			
I can *le conditionnel* to say what I could or would do			
I can follow conversations about household chores			
I can identify specific information in conversations about pocket money			
I can follow a job interview			
I can understand dialogues about different jobs and careers			
I can read the results of a survey about household chores			
I can understand articles and texts about chores			
I can follow a text about how young people spend money			
I can understand simple job advertisements			
I can read letters of application for jobs			
I can understand information given in job application forms			

Ça se fête!

By the end of this unit you will be able to…

- Name typical party food items
- Describe a party scene
- Have a conversation about how you celebrate your birthday and Christmas
- Invite someone to come to a party
- Respond to an invitation
- Write text messages inviting friends to social events
- Write an email inviting a friend to stay with you
- Write a shopping list for a party
- Write greeting cards
- Make a Christmas card
- Write an email describing how you spend Christmas
- Use object pronouns to avoid repeating nouns
- Identify 'false friends'
- Follow conversations inviting people to social occasions
- Listen to a French birthday song
- Listen to a birthday song from Québec
- Listen to traditional French Christmas carols
- Understand invitations to social events
- Read greeting cards
- Follow a recipe for *une Bûche de Noël*
- Create a playlist of French songs
- Investigate Christmas traditions in French-speaking countries
- Sing Happy Birthday in French
- Recognise regional varieties of the Happy Birthday song
- Describe Christmas traditions in the French-speaking world
- Compare and contrast Christmas traditions in Ireland with in French-speaking countries

Go to **www.edco.ie/caroule2** and try the interactive activities and quizzes.

Le saviez-vous ?

In Ireland, we have April Fool's Day, but in France we have *Poisson d'avril*. On April 1st, children try to stick a paper fish onto their friends' backs as a prank. When the prank is discovered, they shout « *Poisson d'avril* ! »

Note tes idées dans ton Journal de bord.
Note your ideas in your learning diary.

The title of this unit means *That's a cause for celebration!* In this unit, Nicole and Christophe help Élodie to organise her birthday party. Élodie writes invitations, writes a shopping list and makes a playlist of her favourite songs. What words or phrases do you know that might be useful for these tasks?

9.1 Tu viens à ma fête ?

9.1 A Lis la BD et réponds aux questions en anglais.

Read the comic strip and answer the questions in English.

Élodie, c'est ton anniversaire la semaine prochaine. Tu comptes faire une soirée ?
Oui. Ma mère m'a dit que nous pouvons faire la fête chez nous.

Génial !
Oui mais maman dit que je dois tout organiser et tout ranger après.

T'inquiète ! Nous pouvons t'aider. Eh Christophe ?
Bien sûr !

Je ferai les courses avec Élodie si tu m'écris une liste de ce que tu veux.
Parfait. Je vous donnerai de l'argent aussi.

(a) What event will be celebrated next week? ....

(b) Where will the party be held? ....

(c) What has Élodie's mother asked Élodie to do? ....

(d) What will Christophe and Nicole do to help Élodie? ....

(e) Find the informal phrase meaning 'don't worry'. ....

(f) Find four verbs in the infinitive form. ....

(g) Find two verbs in the *futur simple*. ....

(h) Find one verb in the *passé composé*. ....

9.1 B Écoute la conversation entre Élodie et son camarade de classe Guillaume. Réponds aux questions en anglais.

Listen to the conversation between Élodie and her classmate Guillaume. Answer the questions in English.

(a) When exactly is Élodie's party? Give the date and the time. ....

(b) Who does Élodie say will be at the party? ....

(c) What is Élodie's address? ....

(d) Which bus stops near Élodie's house? ....

(e) Why does Guillaume think he will arrive late? ....

(f) What does Élodie suggest bringing to the party? ....

(g) Who is bringing a cake? ....

(h) What is Guillaume's phone number? ....

Un petit rappel: *Les invitations*

Veux-tu venir faire la fête samedi soir ?

Ça te dit de venir à une soirée chez moi samedi soir ?

Tu es libre samedi soir ?

Je viendrai avec plaisir. Ça me dit bien !

Génial. Merci de ton invitation.

Super ! Je suis libre samedi.

Non, je ne peux pas sortir samedi.

Désolé(e), samedi, ce n'est pas possible.

Quel dommage ! Je ne suis pas libre samedi.

9.1 C Joue le jeu de rôle suivant avec un/une camarade de classe.

Perform the following role-play with a classmate

First brainstorm the words and phrases you will need to perform this role-play.

- Invite your friend to a party on Friday.
- Say it is in your house at 6pm.
- Invite your friend to come later.
- Tell your friend to invite his/her brother to come too.

- Ask where and when the party is on.
- Say you can't go at 6pm and give a reason why.
- Say you will be there at around 7:30pm.
- Thank your friend for the invitation and end the conversation appropriately.

9.1 D Élodie invite ses amis à sa fête. Lis les réponses et réponds aux questions.

Élodie invites her friends to the party. Read the replies and answer the questions.

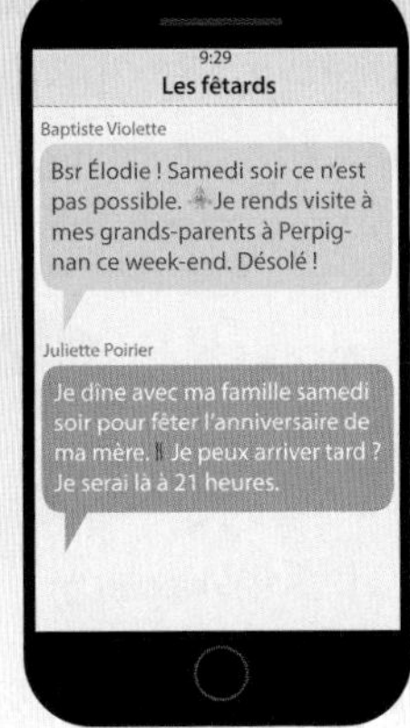

Réponds en français.

Answer in French.

(a) Qu'est-ce que Adrien apportera à la fête ? ....

(b) Pourquoi est-ce que Baptiste ne peut pas aller à la fête ? ....

(c) À quelle heure arrivera Juliette ? ....

(d) Qui est Christelle ? ....

(e) Comment dit-on *crisps* en français ? ....

Réponds en anglais.

Answer in English.

(a) What do you think the abbreviation Bsr might mean? ....

(b) Who lives in Perpignan? ....

(c) Why will Juliette be late to the party? ....

(d) Who is looking forward to the party? ....

(e) What question does Margaux ask? ....

9.1 E Tu invites des amis à une soirée. Écris des textos dans ton Journal de bord.

You are inviting your friends to a party. Write text messages in your learning diary.

9.1 F C'est ton anniversaire et tu invites un/une ami/e à la soirée. Travaillez à deux. Écrivez un jeu de rôle dans vos Journaux de bord.

It's your birthday and you're inviting a friend to the party. Work in pairs. Write a role-play in your learning diaries.

Parlons ! Travaillez à deux. Jouez votre jeu de rôle.
Work in pairs. Perform your role-play.

9.1 G Lis les invitations et réponds aux questions.
Read the invitations and answer the questions.

Pauline
a le plaisir de t'inviter
pour fêter ses 14 ans.
Le vendredi 12 janvier
de 19h à 21h30
Chez elle, 92 rue des
Pins à Carcassonne.
FÊTE D'HALLOWEEN
Samedi 31 octobre
de 16 à 19 heures
Chez Aurélie
51 rue du Lavoir,
Melun
fête déguisée.
Merci de confirmer
ta présence à :
aurelielco@gmail.com
N'oublie pas de te déguiser !
Je t'invite à ma fête
d'anniversaire pour
mes 9 ans !
Samedi 16 juin
de 15h à 18h.
Mon adresse :
22 rue des fleurs,
Nice
Mon téléphone :
06 29 33 97 54
De la part de :
Philippe
CLÉMENT FÊTE S
ANNIVERSAIRE
Viens faire la fête av
lui le 29 novembre à
partir de 18h.
L'adresse: 34 rue des
Aulnes, 77240
Vert-Saint-Denis.
Merci de confirmer ta
présence au
06 55 37 84 77
J'espère que tu viendras !

Réponds en français.
Answer in French.

(a) Qui fête son anniversaire en novembre? ....
(b) Quel jour est la fête de Pauline? ....
(c) Où habite Philippe? ....
(d) À quelle heure commence la fête de Clément? ....
(e) La fête d'Aurélie, c'est quand? ....

Comment dit-on en français ? Trouve les expressions dans les invitations.
Find the phrases in the invitations.

(a) I'm inviting you to my birthday party. ....
(b) Please let me know if you are coming. ....
(c) I hope you will come! ....
(d) A fancy-dress party. ....
(e) Don't forget to dress up! ....

Le saviez-vous ?
In France, children often celebrate their *fête* (*fête du prénom*, or 'name day') as well as their birthday. Each day of the year is associated with a different saint. A person's *fête* is the day of the saint that he or she is named after. You will often see the saints' names written on each day of a French calendar (*un calendrier*), or in newspapers beside the horoscopes it might mention whose saint's day it is. It is not common to give a child a gift for their *fête*, however, it is common to wish someone *Bonne fête !* on the night before their name day.

9.1 H Écoute les invitations et complète le tableau en français.

Listen to the invitations and fill in the table in French.

	FÊTE	JOUR	DATE	HEURE
(a)	L'anniversaire de Louise			
(b)	Une surprise-partie			
(c)	La fête de fin d'année scolaire			
(d)	Le mariage de Claire et Luc			
(e)	Un barbecue			

! Un petit rappel

Les jours de la semaine

lundi, mardi, mercredi, jeudi, vendredi, samedi, dimanche

Les mois de l'année

janvier, février, mars, avril, mai, juin, juillet, août, septembre, octobre, novembre, décembre

9.1 I Complète les cartes de voeux dans ton Journal de bord.

Fill in the greeting cards in your learning diary.

9.1 J Lis l'article et réponds aux questions au verso.

Read the text and answer the questions overleaf.

À BEAUVAIS, LES ENFANTS PEUVENT FÊTER LEUR ANNIVERSAIRE… AU MUSÉE !

Initiés il y a un an, ces rendez-vous sont très prisés par les familles. L'occasion de faire entrer les plus jeunes dans le monde de l'art, de manière ludique et festive.

Hortense a fêté ses 10 ans le samedi 24 juin. Pour l'occasion elle a convié ses amis d'école à une fête d'anniversaire. Mais cette année, pas de piscine ni de bowling pour la jeune fille. Son anniversaire se déroule au Mudo, le musée de l'Oise, à Beauvais. Depuis près d'un an, deux fois par semaine, le mercredi et le samedi, le musée organise ainsi des anniversaires pour les enfants.

« L'objectif, c'est d'attirer un public qui ne viendrait pas forcément au musée naturellement, explique la direction. L'idée est aussi de leur montrer sous un autre angle. »

Et ça marche fort. Les mercredis et les samedis sont pratiquement tous réservés. Au programme ce samedi, pour les amis d'Hortense, une présentation du musée, une découverte des œuvres majeures, avant un atelier et un goûter d'anniversaire.

Les enfants sont donc ravis. Et leurs parents aussi.

« On a déjà fait beaucoup de choses pour son anniversaire, explique Magalie, la mère d'Hortense. Cela permet un moment différent pour un tarif très correct (10 € par enfant). Puis les enfants apprennent des choses. Les parents de ses amis étaient un peu étonnés, mais curieux et ravis. »

Les anniversaires au Mudo se poursuivent tous les samedis durant les vacances scolaires. Les mercredis reprendront à la rentrée.

(a) When was Hortense's birthday party? ....

(b) What age was she celebrating? ....

(c) Who did she invite to her party? ....

(d) According to her mother, how did other parents feel about the party? ....

(e) Which of the following sentences best sums up the content of the article:

1 Typical birthday party destinations such as swimming pools and bowling are so busy that parents are forced to bring their children to museums for parties.

2 A museum in Beauvais has taken the decision to close to the public on Wednesdays and Saturdays, to hold children's birthday parties.

3 For the past year, children's birthday parties can be hosted in a museum in Beauvais and it has become very popular.

4 Most parents prefer to bring children to museums than to bowling or swimming pools for birthday celebrations.

(f) Find a sentence in the article that proves that the initiative described in the text has been a success.

9.1 Ⓚ Tu invites tes amis aux différents événements. Écris des textos dans ton cahier.

You are inviting your friends to different events. Write the text messages in your copy.

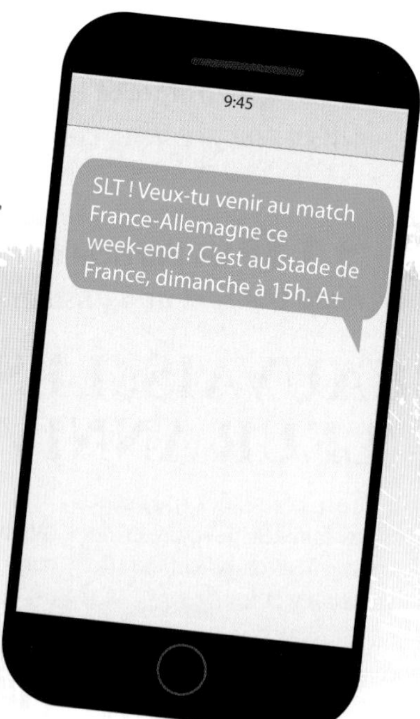

9:45
SLT ! Veux-tu venir au match France-Allemagne ce week-end ? C'est au Stade de France, dimanche à 15h. A+

(a) Your birthday party. Friday 7:30pm. Your house.

(b) A hurling match. Saturday 4pm. Páirc Ui Chaoimh.

(c) An Ariana Grande concert. Thursday 21st July. Croke Park. Travel by bus.

(d) A surf competition. This weekend. Lahinch. Stay in your aunt's house.

Écris les mots-clés 1–8 pour la section 9.1 dans ton Journal de bord.
Fill in the key words 1–8 for section 9.1 in your learning diary.

9.2 On fait les courses

9.2 A Élodie fait une liste des préparatifs pour la fête. Ecris des phrases au futur simple dans ton cahier.
Élodie makes a list of the party preparations. Write sentences using the futur simple in your copy.

Exemple: Maman fera les éclairs au chocolat.

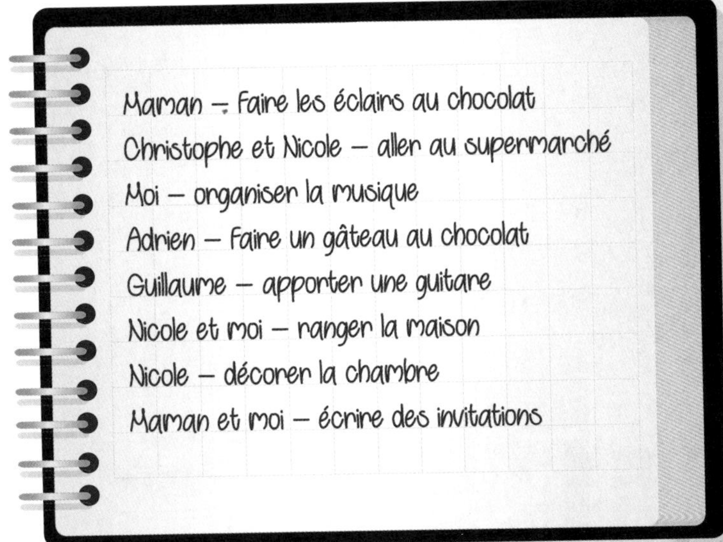

Maman – faire les éclairs au chocolat
Christophe et Nicole – aller au supermarché
Moi – organiser la musique
Adrien – faire un gâteau au chocolat
Guillaume – apporter une guitare
Nicole et moi – ranger la maison
Nicole – décorer la chambre
Maman et moi – écrire des invitations

Tu as fini tôt? Écris les mêmes phrases en utilisant l'impératif.
Finished early? Write the same sentences using the imperative.

9.2 B Élodie écrit sa liste de courses pour la fête. Écoute et complète la liste.
Élodie writes her shopping list for the party. Listen and fill in the list.

1 ....
2 ....
3 ....
4 ....
5 ....
6 ....
7 ....
8 ....

9.2 C Christophe et Nicole font les courses. Écoute et identifie les articles.

Christophe and Nicole do the shopping. Listen and label the items.

le gâteau d'anniversaire | *le pop-corn* | *le champagne* | *les petites saucisses* | *le coca*

les friandises | *les chips* | *la limonade* | *la mousse au chocolat* | *la glace*

(a) ....

(b) ....

(c) ....

(d) ....

(e) ....

(f) ....

(g) ....

(h) ....

(i) ....

(j) ....

9.2 D Écoute et répète les courses.

Listen and repeat the shopping items.

9.2 E Fais les mots-croisés.

Fill in the crossword.

9.2 F Mets les lettres dans le bon ordre et trouve les mots dans les mots-cachés. Tous les mots viennent de la section 9.2 (C).

Put the words in order and find them in the wordsearch. All the words are from section 9.2 (C).

(a) coppron   p o p c o r n

(b) celga   _ _ _ _ _

(c) occa   _ _ _ _

(d) phancagem   _ _ _ _ _ _ _ _ _

(e) damelion   _ _ _ _ _ _ _ _

(f) dinifresas   _ _ _ _ _ _ _ _ _ _

(g) phics   _ _ _ _ _

(h) atechasomucuosole   m _ _ _ _ _ _ _ _ _ _ _ _ _ _ _

(i) ravertuidâgananerise   g _ _ _ _ _ d' _ _ _ _ _ _ _ _ _ _ _

L	J	Y	K	G	A	V	O	T	Y	J	K	Z	B	T	H	P	W	G
O	E	D	B	Z	E	M	U	H	X	F	K	L	T	Y	O	A	Â	D
Q	D	S	B	D	Y	N	H	D	L	U	X	F	T	N	F	T	G	C
N	G	G	C	O	D	U	G	Z	P	O	K	M	V	W	E	G	S	A
U	G	Y	E	D	D	V	A	A	O	L	G	C	Z	A	Q	I	C	P
F	R	L	S	F	L	L	V	S	P	I	H	C	U	L	V	U	J	N
X	V	X	H	R	P	D	Y	N	C	M	E	D	Q	E	C	D	H	W
D	N	M	G	I	I	N	L	Z	O	O	A	N	Z	X	E	L	T	B
O	C	S	U	A	U	N	K	C	R	N	C	H	B	R	W	F	O	W
T	O	X	Y	N	J	M	A	B	N	A	C	O	C	U	B	V	H	H
X	N	U	F	D	H	I	V	I	E	D	P	D	L	O	Y	R	F	G
B	W	F	O	I	K	K	V	J	J	E	P	K	V	P	A	T	Y	B
V	M	O	U	S	S	E	A	U	C	H	O	C	O	L	A	T	H	Z
E	V	J	S	E	R	J	E	A	S	T	L	V	N	H	F	M	T	F
R	S	U	J	S	X	I	L	C	Y	U	D	N	J	O	R	L	I	W
L	J	Z	A	V	H	G	Y	J	Q	A	S	M	D	G	U	Y	X	T
F	M	I	J	N	T	J	F	R	G	E	G	H	O	X	E	L	N	B
Y	R	S	L	J	B	T	M	H	L	E	S	J	G	U	V	F	E	X
E	B	D	W	Y	B	X	N	L	J	S	A	D	Y	P	C	G	Y	R

9.2 G Imagine que tu prépares ta fête d'anniversaire. Tu vas au supermarché. Écris ta liste de courses.

Imagine that you're preparing your birthday party. You are going to the supermarket. Write your shopping list.

9.2 H Nicole et Christophe achètent des cadeaux pour Élodie. Écoute la conversation et réponds aux questions en anglais.

Nicole and Christophe are buying presents for Élodie. Listen to the conversation and answer the questions in English.

(a) What is Nicole looking for? ....

(b) Why does Christophe think that is not a good idea? ....

(c) What does Christophe suggest buying instead? ....

(d) Why does he think Élodie would want that gift? ....

(e) How much does Nicole think it will cost? ....

(f) Where and when do they decide to go shopping? ....

9.2 I Lis le mél et réponds aux questions au verso en français.

Read the email and answer the questions overleaf in French.

De: nicoledubois@yahoo.fr

À: ktkenny123@eir.ie

Objet : On fera la fête !

Chère Katie,

Comment ça va ? L'anniversaire d'Élodie aura lieu cette semaine et il y aura une soirée chez elle samedi soir. J'ai hâte d'y aller ! Élodie a invité tous nos amis de collège. Le mec le plus beau de ma classe vient aussi. Il s'appelle Guillaume. Il est grand et sportif avec les cheveux bruns et les yeux bleus. Il est super beau.

Christophe et moi sommes allés au supermarché hier et nous avons acheté du chocolat, des chips, des pizzas et des boissons gazeuses. Le cousin d'Élodie va faire un gâteau et Élodie organisera la musique. Elle fera la playlist et Guillaume apportera sa guitare.

Je vais porter une robe rouge que j'ai achetée il y a deux semaines, avec des bottes noires en cuir. Océane, la sœur d'Élodie, va nous aider à nous maquiller. J'attends le week-end avec impatience. On s'amusera beaucoup ! On bavardera et on dansera ! Je t'enverrai des photos sur Snapchat.

Et toi, tu as des projets pour le week-end ? Tu sors ce week-end ? Dis bonjour à ta famille de ma part.

Écris-moi bientôt,

Nicole

(a) Décris Guillaume. ....

(b) Cite quatre choses que Nicole et Christophe ont achetées. ....

(c) Qu'est-ce que Nicole portera à la fête ? ....

(d) Que fera Océane avant la fête ? ....

(e) Que fera Nicole à la fête ? ....

(f) Trouve un synonyme de fête. ....

(g) Comment dit-on *leather* en français ? ....

9.2 J Dans ton Journal de bord, écris un mél à Christophe au sujet de ta fête d'anniversaire.
In your learning diary, write an email to Christophe about your birthday party.

Écris les mots-clés 9–22 pour la section 9.2 dans ton Journal de bord.
Fill in the key words 9–22 for section 9.2 in your learning diary.

9.3 Faire des préparatifs

9.3 A Nicole et Élodie rangent la pièce pour la fête. Lis la conversation et identifie les objets.
Nicole and Élodie are setting up the room for the party. Read the conversation and label the items.

Nicole : Où sont les bougies ?
Élodie : Je les mets sur le gâteau d'anniversaire maintenant.
Nicole : D'accord. Tu as mis des verres, des pailles et des boissons sur la table ?
Élodie : Oui. Est-ce que tu as fait la playlist ?
Nicole : Je la fais tout de suite. Tu aimes Shawn Mendes ?
Élodie : Je l'adore !

le ruban | *la carte d'anniversaire* | *la bougie* | *le papier cadeau* | *la serviette*
le socle station d'accueil | *le ballon* | *le cadeau* | *la paille*

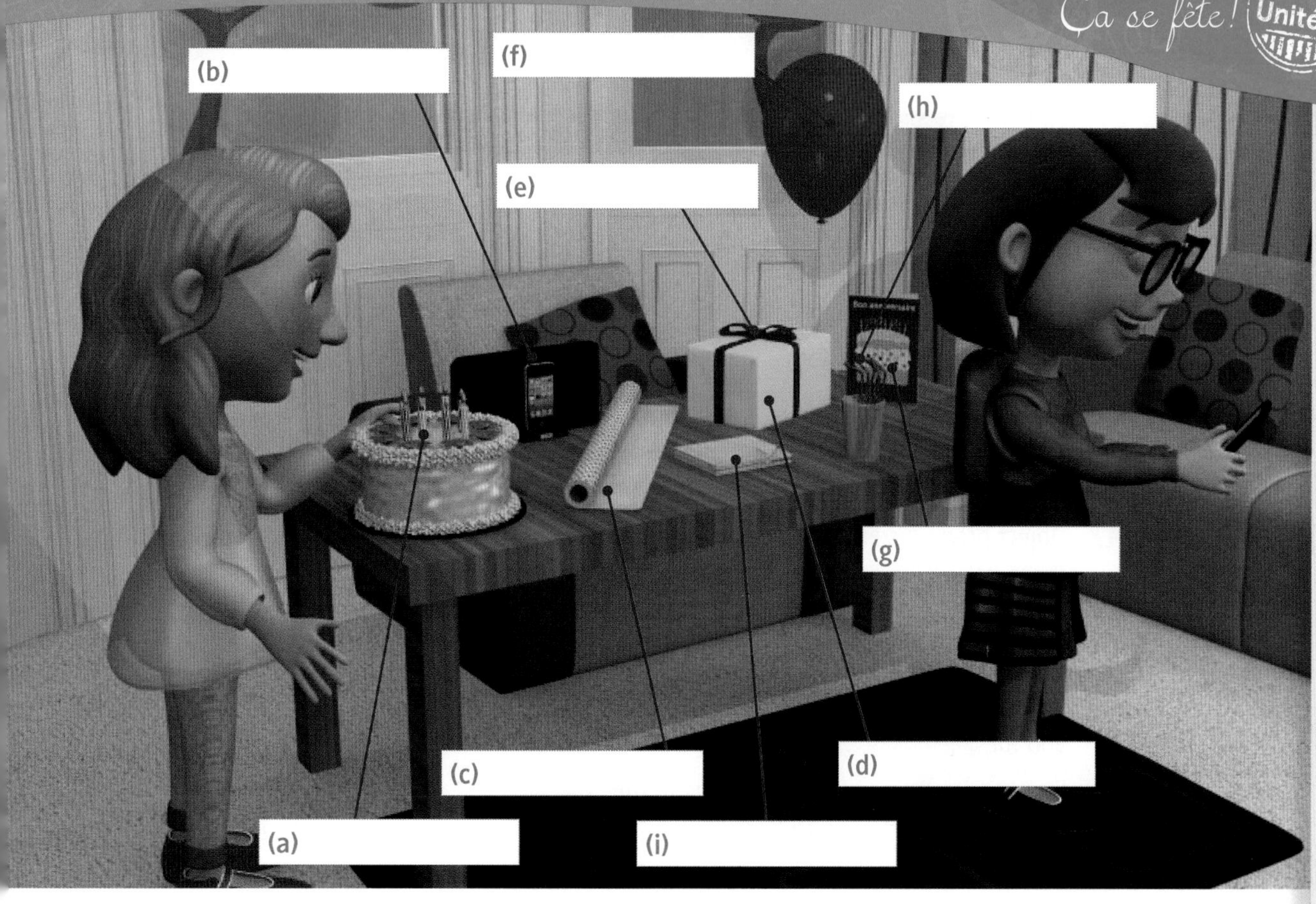

(b)
(f)
(h)
(e)
(g)
(c)
(d)
(a)
(i)

9.3 B Les pronoms objets directs et indirects

Direct and indirect object pronouns

Look back at the conversation between Nicole and Élodie in the previous exercise. When Élodie is asked where are the candles, she says, « *je les mets sur le gâteau* » (I'm putting them on the cake). Élodie asks Nicole if she has the playlist ready and Nicole answers, « *je la fais tout de suite* » (I'm making it now). *Les* and *la* are examples of direct object pronouns. We use these pronouns to avoid repeating nouns.

Here is a complete list of the direct object pronouns and indirect object pronouns.

LES PRONOMS OBJETS DIRECTS			
me (m')	*me*	Elle m'adore	*She loves me*
te (t')	*you*	Elle t'adore	*She loves you*
le/la/(l')	*him/her/it*	Elle l'adore	*She loves him/her*
nous	*us*	Elle nous adore	*She loves us*
vous	*you*	Elle vous adore	*She loves you*
les	*them*	Elle les adore	*She loves them*

LES PRONOMS OBJETS INDIRECTS			
me (m')	to me	Elle me parle	*She talks to me*
te (t')	to you	Elle te parle	*She talks to you*
lui	to him/her	Elle lui parle	*She talks to him/her*
nous	to us	Elle nous parle	*She talks to us*
vous	to you	Elle vous parle	*She talks to you*
leur	to them	Elle leur parle	*She talks to them*

! Indirect object pronouns replace indirect objects (usually preceded by à) in sentences, so instead of saying 'you', you are saying 'to you'.

! Object pronouns are always placed BEFORE the verb, except with positive commands (imperatives), in which case they are placed AFTER the verb.

Vous lui parlez ? *Are you talking to him/her?*
Parlez-lui ! *Talk to him/her!*

! If *me* and *te* are used after the verb (in a positive command), they must be changed to *moi* and *toi*

Il me parle. *He is talking to me*
Parlez-moi ! *Talk to me!*

! You may have noticed that indirect object pronouns are the same as direct object pronouns, except for *lui* and *leur*. *Lui* and *leur* are never shortened to *l'*.

Regarde le diaporama sur les pronoms objets.
Watch the PowerPoint presentation 'Unité 9.3 (B)' on object pronouns.

9.3 C Remplace l'expression en italique avec un pronom d'objet <u>direct</u>. Attention ! Il faut écrire la phrase.
Replace the phrase in italics with a <u>direct</u> object pronoun. Be careful ! You have to write the sentence.

Exemple : Tu achètes *le gâteau d'anniversaire ?* Tu l'achètes ?

(a) Nous chantons *les chansons*. ....
(b) Je souffle *les bougies*. ....
(c) Mon ami met l*a playlist* sur l'Ipod. ....
(d) Nous buvons *les boissons gazeuses*. ....
(e) Paul apporte *sa guitare*. ....
(f) J'envoie *les invitations* avant la fête. ....
(g) Avant la fête, mes amis et moi décorons *la salle à manger*. ....
(h) Ils mettent *les boissons et la nourriture* sur la table. ....
(i) Vous mangez *les frites et les chips* ? ....

9.3 D Ecris ces phrases en remplaçant l'expression en italique par un pronom d'objet indirect.

Write these sentences replacing the phrase in italics with an indirect object pronoun.

Exemple: Mes amis offrent les cadeaux (à moi). Mes amis m'offrent les cadeaux.

(a) Je donne *aux invités* un souvenir. ....

(b) Les invités envoient les réponses *(à moi)*. ....

(c) Je raconte la fête d'anniversaire *à mes grands-parents*. ....

(d) Mes amis disent merci *à ma mère*. ....

(e) Ma mère demande *à mes amis* de baisser la musique. ....

(f) Mes parents téléphonent *aux parents de mes amis* avant la fête. ....

(g) Les parents de mes amis donnent la permission *aux garçons et aux filles* de venir. ....

(h) Donne *(à moi)* les bougies pour le gâteau. ....

(i) Mes parents donnent à manger *(à nous)* pendant la fête. ....

9.3 E Élodie fait une playlist pour la soirée. Relie les chansons aux chanteurs ou groupes. Cherche-les sur internet.

Élodie makes a playlist for the party. Match the songs to the singers or groups. Look them up online.

(a) Zaz	1 Non, je ne regrette rien
(b) Alizée	2 Starboy
(c) Stromae	3 Je pense à toi
(d) Edith Piaf	4 Je veux
(e) Julien Doré	5 Titanium
(f) Christine and the Queens	6 Moi… Lolita
(g) David Guetta	7 Tilted
(h) Daft Punk	8 Alors on danse
(i) Hornet La Frappe	9 Le lac

Alizée

Julian Doré

Edith Piaf

Stromae

Zaz

9.3 F Trouve cinq chansons en français que tu aimes et écris ta propre playlist dans ton Journal de bord.

Find five songs in French that you like and write your own playlist in your learning diary. Play one of the songs for your class.

9.3 G Les amis d'Élodie chantent *Joyeux anniversaire* ! Lis les paroles, écoute-la et chante-la.

Élodie's friends sing Happy Birthday! *Read the lyrics, listen and sing along.*

Joyeux anniversaire !
Joyeux anniversaire !
Joyeux anniversaire, Élodie !
Joyeux anniversaire !

Un petit rappel
C'est quand ton anniversaire ?
Mon anniversaire, c'est le vingt-sept août.

Next time it is a classmate's birthday, you can all sing Joyeux anniversaire !

Parlons ! Travaillez à deux. Pose la question « *C'est quand ton anniversaire ?* » à un/une camarade de classe pour lui souhaiter joyeux anniversaire.

Work in pairs. Ask a classmate the question 'When is your birthday?' so you can wish them a happy birthday.

9.3 H La chanson d'anniversaire québécoise.

The Québec birthday song.

In Québec, a version of the classic folk song *Gens du pays* is often sung to a person celebrating a birthday. The original song was written by Gaston Rochon and Gilles Vigneault (a songwriter, poet and Québec nationalist) and became an unofficial national anthem of Québec.

Mon cher ami (ma chère amie), C'est à ton tour
De te laisser parler d'amour
Mon cher ami (ma chère amie), C'est à ton tour
De te laisser parler d'amour

9.3 I La fête ! Décris l'image.

Describe the party scene.

Critères de réussite :

- Décris ce que tu vois à l'arrière-plan et au premier plan.
- Décris ce qu'il y a à gauche et à droite.
- Décris ce que les gens font.
- Décris les vêtements qu'ils portent.

9.3 J Après la fête, Élodie et ses amis ont fait le ménage. Qu'est-ce qu'ils ont fait exactement ? Écris des phrases au passé composé dans ton cahier.

After the party, Élodie and her friends tidy up. What exactly did they do? Write sentences using the passé composé in your copy.

Élodie : Balayer le plancher
Nicole et Christophe : Débarrasser la table
Maman : Passer l'aspirateur
Guillaume et Nicole : Mettre les gâteaux qui restent dans le Frigo
Élodie et Adrien : Remplir le lave-vaisselle
Maman et Adrien : Laver les pichets
Christophe : Mettre le papier cadeau dans la poubelle
Guillaume : Sortir la poubelle
Élodie : Ouvrir ses cadeaux !

Exemple : Élodie a balayé le plancher.

Tu as fini tôt ? Ecris les mêmes phrases en utilisant l'impératif.
Finished early? Write the same sentences using the imperative.

Écris les mots-clés 23–46 pour la section 9.3 dans ton Journal de bord.
Fill in the key words 23–46 for section 9.3 in your learning diary.

9.4 Bonne fête !

9.4 A Lis les cartes d'anniversaire d'Élodie.
Read Élodie's birthday cards.

Que ta journée spéciale soit remplie de souvenirs et d'heureux moments.

Joyeux anniversaire !

GROS BISOUS POUR UN JOUR SPÉCIAL.
JOYEUX ANNIVERSAIRE !

ON TE SOUHAITE UN SUPER ANNIVERSAIRE !

Que ce jour te remplisse de joie et de bonheur.
Bon anniversaire !

Comment dit-on en français ? Trouve les expressions dans les cartes d'anniversaire.

Find the following expressions in the cards.

(a) Happy Birthday! (Find 2 ways to say it) ....

(b) Best wishes for a special day. ....

(c) Hope your day is full of joy and happiness. ....

(d) We wish you a really great birthday! ....

(e) Hope your special day is filled with memories and happy moments. ....

115

9.4 B Dans ton Journal de bord, dessine une carte d'anniversaire pour un/e ami/e ou un membre de ta famille.

In your learning diary, make a birthday card for a friend or family member.

110

9.4 C Florian achète des cadeaux. Écoute et complète le tableau en anglais.

Florian talks about buying presents. Listen and fill in the table in English.

Le cadeaux offert	Pour qui ?	La fête
Perfume	His mother	Mother's Day

9.4 D Pour qui achèterais-tu ces cadeaux ? Classe les cadeaux dans les colonnes.

Who would you buy these gifts for? Classify the gifts into the columns.

un portefeuille en cuir | *un maillot de foot* | *une bouteille de parfum* | *une boîte de chocolats* | *un bouquet de fleurs* | *un ballon* | *une cravate* | *des produits de maquillage*

Ma tante	Mon oncle	Ma sœur aînée	Mon petit frère

9.4 E Lis le texte et réponds aux questions.

Read the text and answer the questions.

L'INCROYABLE ANNIVERSAIRE DE KEVIN, ENFANT AUTISTE

Son papa avait lancé un simple appel sur Facebook pour que le garçonnet autiste qui fête jeudi ses 11 ans reçoive « quelques cartes ». Mais ce sont des milliers de lettres et de cadeaux qui lui sont parvenus du monde entier.

Il y aura un lâcher de ballons, offert par une habitante de Guyane. Un gros gâteau, en forme de son héros, Hulk, livré par une pâtisserie parisienne. Et, surtout, des dizaines de cadeaux, des centaines de dessins, des milliers de « Gros bisous », « On pense à toi», « On te souhaite un joyeux anniversaire » couchés sur des cartes de toutes les couleurs. Ce jeudi, Kevin aura 11 ans.

Grâce à l'appel de ses parents installés à Grenoble (Isère), le garçonnet, diagnostiqué autiste à 18 mois, ne sera pas seul, mais porté par un incroyable élan populaire d'affection et de solidarité. « Jusqu'à présent, on n'a pu lui fêter son anniversaire qu'une seule fois dans sa classe, après avoir fait de la pédagogie. Kevin est très rarement invité aux anniversaires des autres enfants. Cela fait, j'imagine, peur aux parents. Il n'est ni débile ni bébé, comme on l'entend parfois. Il est lui, avec sa timidité et ses difficultés », confie Laurent, son papa cuisinier.

Pour conjurer le sort, le quadragénaire poste le dimanche 7 août un petit mot sur la page Facebook de l'association le Monde de Kevin. « Vous vous en doutez, quand on est autiste, on n'a pas beaucoup d'amis », écrit-il. Objectif : recevoir « quelques cartes » d'anniversaire pour Kevin, adopté en Éthiopie. Mais voilà, les réseaux sociaux s'enflamment. Quelques jours plus tard, des centaines de courriers arrivent à leur domicile. « Vous pouvez m'aider ? » leur a carrément demandé le facteur, hier matin, chargé des cinq caisses remplies de 2 000 lettres et colis, reçus pour la seule journée d'hier ! « La Poste a renforcé son personnel pour nous », racontent Laurent et sa femme, Myriam, qui n'en reviennent pas. Les plis viennent des quatre coins de France, de New York, de Belgique, d'Angleterre... « Je suis très content, bisous », dit Kevin de sa voix éraillée, sur une vidéo mise en ligne par ses parents.

(a) When is Kevin's birthday and what age will he be? ....

(b) Why did his father launch a Facebook appeal? ....

(c) What did a baker from Paris send him? ....

(d) Where do Kevin and his family live? ....

(e) How old was he when he was diagnosed with autism? ....

(f) What is Kevin's father's job? ....

(g) Where was Kevin adopted from? ....

(h) Why did the postman ask for help? ....

(i) Name four places that Kevin received post from. ....

(j) How do we know that Kevin is happy? ....

9.4 F Les faux amis

False friends

As we learn a new language it is a good idea to relate new words to similar words in our own language to figure out the meaning. However, sometimes we come across words that are 'false friends'. A 'false friend' is a word that looks and sounds like a word in English, but it actually has a very different meaning. In the previous exercise, the words in bold (*journée* and *coins*) are examples of 'false friends'. *Journée* looks like 'journey' but actually means 'day'. *Coins* looks exactly like 'coins' but actually means 'corners'. Let's take a look at some other *faux amis.*

FRANÇAIS	ANGLAIS		ANGLAIS	FRANÇAIS
CHIPS	*crisps*	→	*CHIPS*	les frites
UNE LIBRAIRIE	*a bookshop*	→	*A LIBRARY*	une bibliothèque
UNE PRUNE	*a plum*	→	*A PRUNE*	un pruneau
UN RAISIN	*a grape*	→	*A RAISIN*	un raisin sec
PASSER UN EXAMEN	*to sit an exam*	→	*TO PASS AN EXAM*	réussir à un examen
LOCATION	*rental*	→	*A LOCATION*	un endroit
BLESSER	*to injure*	→	*TO BLESS*	bénir
ATTENDRE	*to wait*	→	*TO ATTEND*	assister à
ASSISTER À	*to attend*	→	*TO ASSIST*	aider

9.4 G Écris la liste des faux amis dans ton Journal de bord.

Fill in the 'false friends' in your learning diary.

9.4 H Relie les vœux aux cartes.

Match the greetings to the cards.

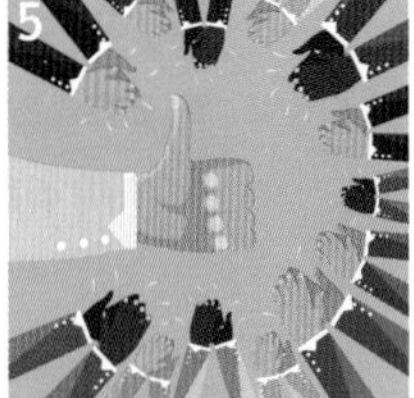

(a) Bonne année!
(b) Joyeuses Pâques!
(c) Bonne fête, cher Papa!
(d) Joyeux anniversaire!
(e) Joyeux Noël!
(f) Je t'aime!
(g) Bonne Fête Nationale!
(h) Bonne courage pour tes révisions!
(i) Félicitations!
(j) Bon voyage!

Joyeuses Pâques is only feminine plural in a greeting. Pâques is actually masculine singular, so for example, to say last Easter we say *Pâques dernier*, masculine singular. Similarly, next Easter is *Pâques prochain*.

9.4 Les jours fériés en France

Holidays in France

Il y a onze jours fériés dans le calendrier français :

Le jour de l'an	1er janvier
Le Lundi de Pâques	au mois de mars ou avril
La Fête du Travail	1 mai
8 mai 1945	8 mai
Le Jeudi de l'Ascension	au mois de mai
Le Lundi de la Pentecôte	au mois de mai ou juin
La Fête Nationale	14 juillet
L'Assomption	15 août
La Toussaint	1 novembre
L'Armistice	11 novembre
Noël	25 décembre

En France on fête ces autres jours, qui ne sont pas inclus dans les onze jours fériés officiels :

La Saint-Valentin	14 février
La fête des Mères	Le dernier dimanche de mai
La fête des Pères	Le troisième dimanche de juin

9.4 Dans ton Journal de bord, complète les cartes de vœux avec un message approprié.

Fill in an appropriate message on the greeting cards in your learning diary.

Écris les mots-clés 47–80 pour la section 9.4 dans ton Journal de bord.

Fill in the key words 47–80 for section 9.4 in your learning diary.

9.5 Noël en France

9.5 A Joyeux Noël !

Happy Christmas!

l'étoile (f)

le renne

le gui

le houx

les décorations

le sapin de Noël

utin

le Père Noël

la bougie

l'ange

la crèche

9.5 B Dessine une carte de Noël en français pour un/une camarade de classe. Décorez la salle de classe avec toutes vos cartes.

Make a Christmas card in French for a classmate. Decorate the classroom with the cards from your class.

Critères de réussite :

- Design your card with an appropriate image or images.
- Include a caption in French.
- Write a short message in French inside.

9.5 C Noël en France

Christmas in France

Au début du mois de décembre, les centres commerciaux en France sont ornés de toutes sortes de décorations festives. Les régions du Nord et de l'Est sont connues pour leurs marchés de Noël. Les plus beaux marchés de Noël ont lieu à Strasbourg, Mulhouse et Colmar. Sur les marchés de Noël, on voit des décorations lumineuses, on vend des marrons chauds dans la rue et on sent l'odeur du vin chaud.

Noël en France n'est pas très différent de Noël en Irlande. C'est une fête familiale. Les Français mettent de jolis sapins avec des guirlandes de Noël dans les maisons et on voit de belles couronnes en sapin sur les portes. Le 24 décembre, c'est le réveillon de Noël. Les Français se réunissent en famille pour boire un verre de champagne et manger du saumon fumé et des toasts de foie-gras. On chante des chansons de Noël et certaines familles vont à la messe de minuit. Cette dite « messe de minuit » est souvent avant minuit parce que les gens préfèrent rentrer chez eux pour faire la fête. Il y a souvent un grand repas le soir du 24 décembre qui ne se termine que tard dans la nuit. En Provence, on mange le Gros Souper – un repas avec sept plats (sans viande) et treize desserts !

Le soir du réveillon, tous les membres de la famille mettent leurs chassures au pied du sapin et ils attendent Papa Noël. C'est une des différences entre Noël en France et Noël en Irlande - le Père Noël laisse les jouets dans les chaussures au lieu de les laisser dans les chaussettes. En plus, en France on ne laisse ni nourriture ni boisson pour Papa Noël et ses rennes.

Le 25 décembre, les enfants reçoivent les jouets du Papa Noël et les Français font un grand repas de Noël avec une dinde ou un jambon. Comme dessert, on mange une bûche de Noël.

Le 31 décembre, c'est la Saint-Sylvestre. On la fête en famille ou avec des amis et à minuit, on se fait la bise sous le gui. Le 1er janvier, c'est le jour de l'An et c'est un jour férié en France.

Complète les phrases avec l'information du texte ci-dessus.

Complete the sentences with information from the text above.

(a) Strasbourg et Colmar sont connus pour leurs ....

(b) Comme en Irlande, en France on met une .... sur les portes.

(c) Le vingt-quatre décembre s'appelle le ....

(d) Les Français ne sont pas très religieux mais certains vont à ....

(e) On mange le Gros Souper en ....

(f) Le Gros Souper inclut .... desserts.

(g) En France, le Père Noël laisse les cadeaux dans ....

(h) Un dessert typique de Noël en France, c'est une ....

(i) La Saint-Sylvestre, c'est le .... décembre.

(j) Le 1er janvier s'appelle ....

Regarde le diaporama sur Noël en France.
Watch the PowerPoint presentation 'Unité 9.5 (C)' on Christmas in France.

Le saviez-vous ?

In Provence, *Le Gros Souper* is a large meal which family and friends eat together before going to midnight mass. The meal is traditionally eaten without meat on a table with three white tablecloths and three white candlesticks with three white candles. The number three symbolises Father, Son and Holy Spirit in the Catholic tradition. The meal finishes with thirteen desserts representing Christ and the twelve apostles.

9.5 D Dans ton Journal de bord, écris un mél à Christophe pour lui expliquer comment tu fêtes Noël chez-toi.

In your learning diary, write an email to Christophe. Explain to him how you celebrate Christmas in your home.

9.5 E Lis la recette de la bûche de Noël et réponds aux questions au verso.

Read the recipe for Bûche de Noël and answer the questions overleaf.

Bûche de Noël.

Recette facile.

Préparation :	30 minutes
Cuisson :	25 minutes
Temps total :	55 minutes

INGRÉDIENTS

Pour faire une bûche de Noël traditionnelle pour cinq personnes vous avez besoin des ingrédients suivants :

5 œufs	14g de levure
180g de sucre en poudre	310g de chocolat
130g de farine	250g de beurre

PRÉPARATION

1. Séparer les blancs des jaunes d'œufs. Fouetter les jaunes d'œufs avec le sucre et trois cuillères à soupe d'eau, pour faire mousser.
2. Ajouter, peu à peu, la farine et la levure.
3. Monter les blancs d'œufs en neige puis les incorporer délicatement au mélange précédent. Préchauffer le four à 180°C.
4. Étaler la pâte dans un moule long et plat recouvert d'un papier cuisson.
5. Enfourner pour 10 à 15 minutes de cuisson, le biscuit doit être légèrement doré.
6. À la sortie du four, poser sur le biscuit un torchon propre humide puis le démouler dessus et rouler. Laisser refroidir.
7. Briser le chocolat, et le faire fondre au bain-marie. Lorsqu'il est fondu, ajouter beurre mou et mélanger.
8. Dérouler le gâteau et y étaler les 2/3 du chocolat. Rouler ensuite à nouveau le biscuit sur lui-même. Recouvrir le biscuit du reste de chocolat puis, à l'aide d'une fourchette, strier le dessus.
9. Faire prendre au réfrigérateur.

Réponds en français.

Answer in French.

(a) Cite quatre ingrédients. ……………

(b) Est-ce une recette difficile? ……………

(c) C'est pour combien de personnes? ……………

(d) Trouve le mot dans la première instruction pour dire to *beat/whisk*. ……………

(e) Trouve le mot dans la deuxième instruction pour dire *flour*. ……………

(f) Trouve le mot dans la troisième instruction pour dire *oven*. ……………

(g) Trouve le mot dans la quatrième instruction pour dire *pastry*. ……………

(h) Trouve dix verbes en –ER à l'infinitif ……………

9.5 F Cherche le chant de Noël traditionnel 'Douce nuit' sur internet et complète les paroles.

Find the traditional carol 'Douce nuit' online. Listen to it and fill in the blanks with the missing words.

Douce nuit, sainte (1) ……………!
Dans les cieux! L'astre luit.
Le mystère annoncé s'accomplit
Cet (2) …………… sur la paille endormi,
C'est (3) …………… infini!
C'est l'amour infini!

Saint enfant, doux (4) ……………!
Qu'il est (5) ……………! Qu'il est
(6) ……………!
Entendez résonner les pipeaux
Des bergers conduisant leurs troupeaux
Vers son humble berceau!
Vers son humble berceau!

C'est vers (7) …………… qu'il accourt,
En un don sans retour!
De ce monde ignorant de l'amour,
Où (8) …………… aujourd'hui son
(9) ……………,
Qu'il soit Roi pour toujours!
Qu'il soit Roi pour toujours!

Quel accueil pour un (10) ……………!
Point d'abri, point de toit!
Dans sa (11) ……………, il grelotte de
(12) ……………
Ô pécheur, sans attendre la croix,
Jésus souffre pour toi!
Jésus souffre pour toi!

Paix à tous! Gloire au ciel!
Gloire au sein maternel,
Qui pour nous, en ce jour de Noël,
Enfanta le Sauveur éternel,
Qu'attendait Israël!
Qu'attendait Israël!

Relève dans le chant de Noël ...
Find in the Christmas carol ...

(a) A verb in the infinitive form. ....
(b) A possessive adjective. ....
(c) A feminine singular noun. ....
(d) A masculine singular noun. ....
(e) A plural noun. ....
(f) A word you can guess the meaning of, because of its similarlity to English. ....
(g) A word that you cannot guess the meaning of. ....

9.5 G Cherche un autre chant de Noël traditionnel sur internet, écoute-le avec tes camarades de classe.

Find another traditional French Christmas carol online and play it for your classmates.

9.5 H Lis l'information sur les soldes d'hiver en France et réponds aux questions en anglais.

Read the information about the Christmas sales in France and answer the questions in English.

À la suite de la loi de modernisation de l'économie du 5 août 2008, tous les commerçants français ont la même période de soldes fixe. Alors chaque année, sur la majorité du territoire français, les soldes d'hiver commencent le deuxième mercredi du mois de janvier. C'est une bonne occasion de faire des achats et de profiter des prix réduits. On trouve les promotions les plus exceptionnelles sur les vêtements, les articles d'hygiène et de beauté et sur les meubles. Les grands magasins proposent des horaires élargis et certains magasins ouvrent leurs portes également le dimanche pour éviter de grands embouteillages dans les rayons ! Les grands axes de shopping à Paris, tels que la rue de Rivoli, le boulevard Haussmann ou le Forum des Halles offrent les meilleures réductions. Mais faites attention, les grandes marques de luxe comme Louis Vuitton et Hermès ne font jamais de soldes en magasin. Ces marques n'offrent pas de réductions, sauf lors d'une grande vente privée.

(a) What was the result of the law passed in 2008? ....
(b) When do the winter sales start in most of France? ....
(c) Mention three products which have the best discounts. ....
(d) What is said about opening hours during the sales? ....
(e) Where are the best places to go shopping in Paris? ....
(f) What comment is made about luxury brands? ....

9.5 Écoute les annonces et réponds aux questions.

Listen to the advertisements and answer the questions.

Réponds en anglais.

Answer in English.

1

(a) When exactly does the Christmas market open? ....

(b) Identify one type of gift available at the market. ....

(c) Name two types of show taking place on the square. ....

2

(a) When do the flash sales begin online? ....

(b) Which electrical appliances have the following reductions:
50% off
25% off
15% off

(c) How much of a reduction is off the hair-dryer? ....

Réponds en français.

Answer in French.

3

(a) Combien de stations de ski sont mentionnées ? ....

(b) Cite trois choses qu'on peut louer à la station de ski. ....

(c) Qu'est-ce qu'il y a sur le site-web ? ....

4

(a) Le Père Noël arrivera avec quels animaux ? ....

(b) Qu'est-ce que les enfants reçoivent après la visite ? ....

(c) Quel est le prix d'une visite adulte ? ....

9.5 Noël en Haïti. Lis le texte.

Christmas in Haïti. Read the text.

Noël est une fête essentielle pour les Haïtiens. 80% des Haïtiens sont chrétiens et ils vont à la Messe le 24 au soir. Après la Messe, ils organisent des fêtes pour la famille et les amis. Les Haïtiens dansent, mangent et écoutent de la musique et les fêtes continuent jusqu'aux premières heures du matin. Ils boivent l'anisette – une boisson traditionnelle avec du rhum et de l'anis étoilé. Les enfants laissent leurs chaussures à la porte pour Tonton Nwèl (le Père Noël en Haïti). Le 25, pendant l'après-midi, c'est le grand repas de Noël. Le repas traditionnel est composé de différents plats typiques : du riz aux haricots rouges, des bananes, de la viande de chèvre, de la dinde ou du porc frit, des fruits de mer. Comme dessert, on mange une salade de fruits tropicaux (des mangues, des papayes, des fruits de la passion). Depuis le tremblement de terre catastrophique en 2010, la fête de Noël est plus modeste et plus simple qu'avant. 57% des Haïtiens vivent dans une grande pauvreté. Noël, c'est un des événements de l'année qui réunit tout le peuple.

Relie les chiffres aux descriptions.
Match the numbers to the descriptions.

(a) 80	1 Le pourcentage de la population qui est pauvre.
(b) 24	2 Le pourcentage de la population qui est chrétienne.
(c) 25	3 L'année pendant laquelle un tremblement de terre a frappé.
(d) 2010	4 Au mois de décembre, les Haïtiens font la fête ce soir-là.
(e) 57	5 La date de Noël.

Réponds en anglais.
Answer in English.

(a) What do children leave at the door on Christmas Eve? ....
(b) Who is Tonton Nwèl? ....
(c) Describe three dishes that might be eaten on Christmas Day in Haïti. ....
(d) What fruits make up a fruit salad in Haïti? ....
(e) Why is Christmas a modest celebration in Haïti nowadays? ....

Comment dit-on en français ? Trouve les mots dans le texte.
Find the words in the text.

(a) Christians ....
(b) Mass ....
(c) Turkey ....
(d) Poverty ....
(e) Earthquake ....

119

9.5 K Cherche sur internet les traditions de Noël d'un autre pays francophone et note les renseignements dans ton Journal de bord.
Research Christmas traditions in another French-speaking country and fill in the information in your learning diary.

9.5 Ⓛ Tous ensemble ! Parlez en groupes de trois ou quatre personnes. Quelles sont les similarités et les différences entre les traditions de Noël en Irlande et dans les pays francophones ?

In groups of three or four people, compare Christmas in French-speaking countries to Christmas in Ireland. What are the similarities and differences?

En France et en Haïti les enfants laissent leurs chaussures pour le Père Noël, mais en Irlande nous laissons des chaussettes.

Les Haïtiens mangent une salade de fruits comme dessert mais en Irlande on mange le gâteau de Noël.

En Haïti, Noël est une vraie fête de famille mais en Irlande, c'est une fête trop commerciale.

Notez vos idées dans vos Journaux de bord.
Note your ideas in your learning diaries.

Écris les mots-clés 81–100 pour la section 9.5 dans ton Journal de bord.
Fill in the key words 81–100 for section 9.5 in your learning diary.

9.6 La francophonie – Haïti

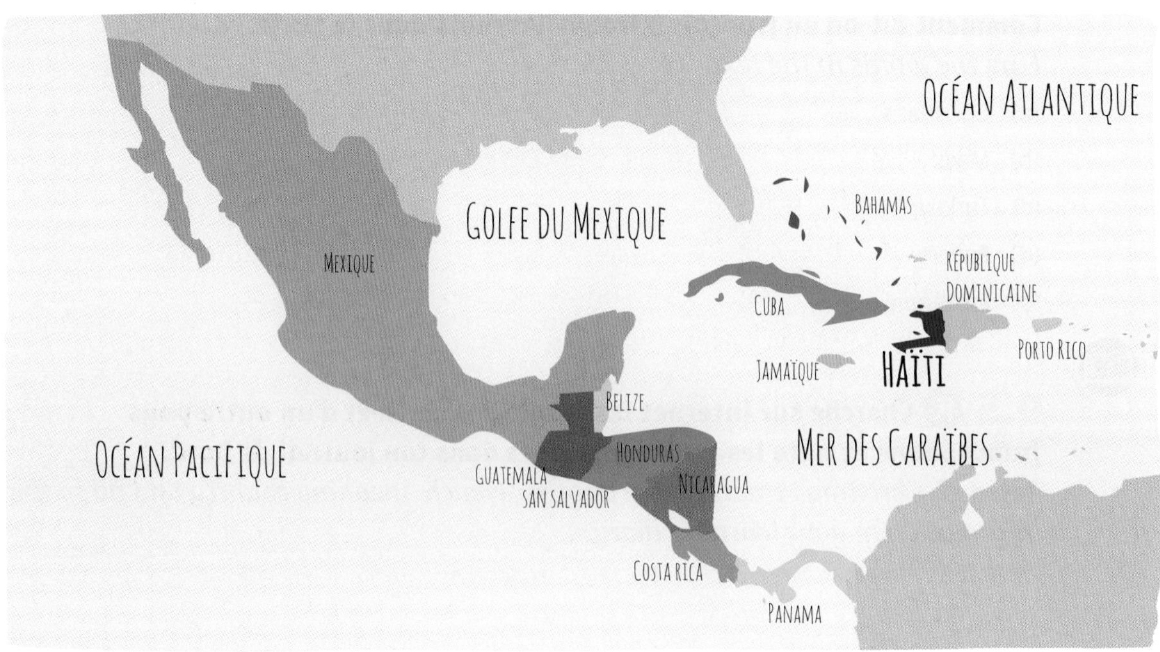

9.6 A Le saviez-vous ? Haïti

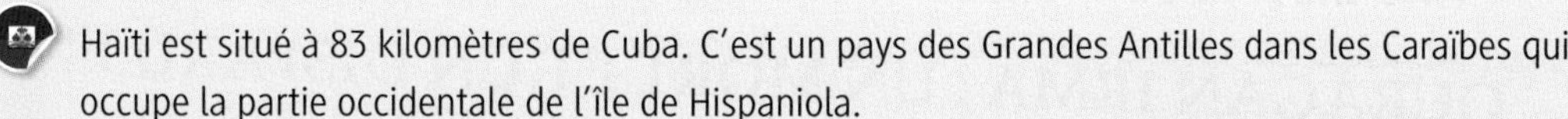

- Haïti est situé à 83 kilomètres de Cuba. C'est un pays des Grandes Antilles dans les Caraïbes qui occupe la partie occidentale de l'île de Hispaniola.

- Le climat à Haïti est tropical avec une saison des pluies d'avril à octobre. Les saison des ouragans dure de juin à novembre.
- Christophe Colomb est arrivé sur l'île d'Hispaniola le 5 décembre 1492. Il a laissé 39 Espagnols sur l'île et ils ont exploité l'or de l'île. Les colonisateurs français sont arrivés pendant le XVIe siècle. En 1697 les colonisateurs français et espagnols ont décidé de diviser l'île en deux et de la partager entre eux dans le traité de Ryswick. Les Français ont introduit des milliers d'esclaves africains pour travailler dans les plantations de sucre. En 1790, c'était la colonie française la plus riche de toute l'Amérique ! La colonie est devenue indépendante de la France en 1804, onze ans après l'abolition de l'esclavage.
- La monnaie en Haïti, c'est la gourde.
- Haïti est un des pays les plus pauvres du monde.
- L'agriculture est très importante en Haïti. Les produits destinés à l'exportation sont le café, le cacao, le coton et les mangues. Les Haïtiens cultivent aussi le maïs, le riz et les fruits pour le marché intérieur.

112

9.6 B Le tremblement de terre en Haïti. Écoute et réponds aux questions en anglais.

The earthquake in Haïti. Listen and answer the questions in English.

(a) Exactly when did the earthquake occur? ....

(b) Where exactly is Haïti? ....

(c) Approximately how many people were killed? ....

(d) Name a building that was destroyed in the earthquake. ....

(e) Name the capital city of Haïti. ....

(f) Name four countries that immediately sent aid to Haïti. ....

(g) What has hampered aid efforts in the years since the earthquake? ....

9.6 C Lis l'article et réponds aux questions.

Read the article and answer the questions.

OURAGAN IRMA : UN MORT ET UN DISPARU EN HAÏTI

PRÈS DE 5 000 MAISONS ONT ÉTÉ INONDÉES DANS CE PAYS LE PLUS PAUVRE DES CARAÏBES.

Un homme a été tué et un autre est toujours porté disparu en Haïti, suites aux inondations causées par le passage de l'ouragan Irma, indique le dernier bilan officiel publié lundi par les autorités haïtiennes. Un homme âgé qui tentait de traverser une rivière en crue, dans la ville de Mirebalais samedi, a été emporté par les eaux. Les quatre personnes qui se trouvaient en compagnie de la victime ont, elles, survécu à la traversée, précise le rapport émis par le ministère de l'Intérieur.

Le corps d'un conducteur de moto de 35 ans, emporté vendredi par les eaux d'une autre rivière en crue, dans le même département du Centre, n'a pas encore été retrouvé. Sur les six départements haïtiens affectés par les intempéries, les équipes d'urgence ont recensé 17 blessés.

Près de 5 000 maisons ont été inondées et 8 000 familles ont été déclarées sinistrées par les autorités du pays, précisant que l'habitat de ces personnes avait été fortement endommagé ou totalement détruit. Le premier ministre Jack Guy Lafontant s'est rendu samedi après-midi dans les zones les plus affectées par l'ouragan.

Réponds en français.

Answer in French.

(a) Quand est-ce que l'homme âgé est mort ? ....

(b) Combien de blessés y a-t-il ? ....

(c) Qui est Jack Guy Lafontant ? ....

(d) Quand est-ce qu'il est allé dans les zones affectées ? ....

Réponds en anglais.

Answer in English.

(a) What was the elderly man doing when he was killed? ....

(b) How many people were with him at the time? ....

(c) What information is given about the man who is still missing? ....

(d) What does the number 5000 refer to? ....

Écris les mots-clés 101–107 pour la section 9.6 dans ton Journal de bord.

Fill in the key words 101–107 for section 9.6 in your learning diary.

9.7 Tu es prêt(e) à pratiquer ? Allons-y !

9.7 A Un entretien avec Enzo. Écoute Enzo et vérifie tes réponses.

An interview with Enzo. Match the questions to the corresponding answers.

(a) Quelle est la date de ton anniversaire ?

(b) En quelle année es-tu né ?

(c) Comment fêtes-tu ton anniversaire ?

(d) Est-ce que tu as reçu des cadeaux d'anniversaire l'année dernière ? Lesquels ?

(e) Quel cadeau aimerais-tu recevoir ?

(f) Où est-ce que tu passes les vacances de Noël ?

(g) Qu'est-ce que tu fais pour le Réveillon et le Jour de Noël ?

(h) Qu'est-ce que tu manges chez toi le Jour de Noël ?

(i) Comment fêtes-tu le Nouvel An ?

1 J'invite tous mes amis à une fête chez moi. Nous jouons au foot dans un parc à côté de ma maison. Ensuite nous mangeons de la pizza et ma mère fait un gâteau. L'année dernière, je suis allé à un restaurant avec ma famille et trois copains. Je me suis super bien amusé.

2 Le cadeau de mes rêves, c'est une mobylette mais c'est trop cher. En France, on peut faire de la mobylette à quatorze ans.

3 Je suis né en deux mil huit.

4 Ma famille n'est pas chrétienne alors nous n'allons pas à la Messe. Le Réveillon, nous restons chez nous et nous échangeons des cadeaux. Le 25, mes grands-parents viennent chez nous et nous dînons ensemble.

5 Chaque année, nous allons à une soirée chez mes grands-parents. Tous mes oncles, mes tantes et mes cousins viennent aussi. Nous dînons et nous buvons un petit verre de champagne.

6 Ma mère aime cuisiner. Le 25, elle fait un grand repas avec de la dinde, des pommes de terre et des légumes. Elle fait une bûche de Noël pour le dessert. C'est délicieux ! Malheureusement mon père ne mange pas avec nous. Mes parents sont divorcés et mon père passe Noël avec la famille de ma belle-mère.

7 Mon anniversaire, c'est le seize juillet.

8 Je reste chez moi pendant les vacances de Noël. Ma famille n'est pas très religieuse mais j'aime bien être en congé pendant quelques jours.

9 Oui bien sûr. L'année dernière mes parents m'ont offert un téléphone portable. Mon frère aîné m'a acheté un maillot de Manchester United et mes grands-parents m'ont donné de l'argent.

Écoute Enzo et vérifie tes réponses.
Listen to Enzo and correct your answers.

9.7 (B) Écoute l'entretien avec Mathilde et écris ses réponses en français.
Listen to the interview with Mathilde and fill in her answers in French.

(a)	Quelle est la date de ton anniversaire ?	
(b)	En quelle année es-tu née ?	
(c)	Comment fêtes-tu ton anniversaire ?	
(d)	Est-ce que tu as reçu des cadeaux d'anniversaire l'année dernière ? Lesquels ?	
(e)	Quel cadeau aimerais-tu recevoir ?	
(f)	Où est-ce que tu passes les vacances de Noël ?	
(g)	Qu'est-ce que tu fais pour le Réveillon et le Jour de Noël ?	
(h)	Qu'est-ce que tu manges chez toi le Jour de Noël ?	
(i)	Comment fêtes-tu le Nouvel An ?	

9.7 (C) Parlons ! Prépare tes réponses aux questions de 9.7 (D) dans ton Journal de bord.
Let's talk! Prepare your answers in your learning diary.

9.7 D Mémorise les questions et ensuite interviewe un/une camarade de classe au sujet des fêtes et enregistre l'entretien.

Memorise the questions and then interview a classmate about celebrations and record the interview.

(a) Quelle est la date de ton anniversaire? ....

(b) En quelle année es-tu né(e)? ....

(c) Comment fêtes-tu ton anniversaire? ....

(d) Est-ce que tu as reçu des cadeaux d'anniversaire l'année dernière? Lesquels? ....

(e) Quel cadeau aimerais-tu recevoir? ....

(f) Où est-ce que tu passes les vacances de Noël? ....

(g) Qu'est-ce que tu fais pour le Réveillon et le Jour de Noël? ....

(h) Qu'est-ce que tu manges chez toi le Jour de Noël? ....

(i) Comment fêtes-tu le Nouvel An? ....

9.7 E En groupes de quatre personnes, écoutez les entretiens et identifiez les questions qui posent des difficultés et les questions auxquelles il est facile de répondre. Notez vos conclusions dans vos Journaux de bord.

In groups of four, listen to your interviews and identify the questions that posed difficulty and the questions that were easy to respond to. Note your conclusions in your learning diaries.

9.7 F Identifie l'objet direct dans chaque phrase. Ensuite, récris ces phrases en utilisant un pronom d'objet direct.

Identify the object in each sentence. Then rewrite the sentences using the direct object pronoun.

(a) J'adore les vêtements. ....

(b) Les parents entendent le bruit de la fête. ....

(c) L'équipe gagne le match. ....

(d) À la fin du cours, les élèves ferment les cahiers. ....

(e) Nous visitons les sites touristiques en ville. ....

(f) Écoute la musique à la radio. ....

(g) J'attends mes amis au parc. ....

(h) Je range ma chambre samedi. ....

(i) Mon père tond la pelouse. ....

(j) Mes amis rangent le salon après la fête. ....

(k) J'adore le week-end. ....

(l) Mangez les légumes. ....

9.7 G Identifie l'objet indirect dans chaque phrase. Ensuite, récris les phrases en utilisant les pronoms d'objet indirect.

Identify the indirect object in each sentence. Then rewrite the sentences using the indirect object pronoun.

(a) Les élèves écrivent aux correspondants français. ....

(b) Ce cahier appartient à Luc. ....

(c) Marie envoie une lettre à ses parents. ....

(d) Tu prêtes la guitare à Marie-Ange. ....

(e) Elle montre son nouvel appartement à Lise et moi. ....

(f) Vous téléphonez (à moi) cet après-midi ? ....

(g) Mes parents donnent des bonbons aux enfants. ....

(h) Est-ce que je ressemble à ma sœur ? ....

(i) J'offre un bouquet de fleurs à ma mère. ....

(j) Le petit fils raconte ses histoires à son père. ....

(k) Dis merci à la dame. ....

(l) Les élèves parlent poliment aux professeurs. ....

9.7 H Fais les mots-croisés.

Fill in the crossword.

1, 2, 3, 4, 5, 6, 7, 8, 9, 10, 11, 12

Across

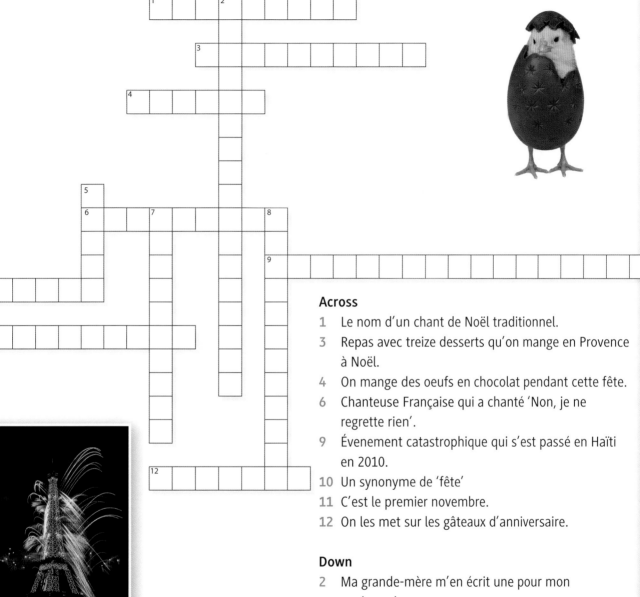

1 Le nom d'un chant de Noël traditionnel.
3 Repas avec treize desserts qu'on mange en Provence à Noël.
4 On mange des oeufs en chocolat pendant cette fête.
6 Chanteuse Française qui a chanté 'Non, je ne regrette rien'.
9 Évenement catastrophique qui s'est passé en Haïti en 2010.
10 Un synonyme de 'fête'
11 C'est le premier novembre.
12 On les met sur les gâteaux d'anniversaire.

Down

2 Ma grande-mère m'en écrit une pour mon anniversaire.
5 Animal qui acompagne le Père Noël.
7 Ce qu'on appelle le Père Noël en Haïti.
8 Je porte mon costume de monstre à ce type de fête.

Écris les mots-clés 108–113 pour la section 9.7 dans ton Journal de bord.

Fill in the key words 108–113 for section 9.7 in your learning diary.

126

Revision
Go to **www.edco.ie/caroule2** and try the interactive activities and quizzes.

Unité 9 Mets tes connaissances à l'épreuve

Coin grammaire !
Revise the grammar in Unit 9 in your learning diary.

Évalue-toi dans ton Journal de bord.
Use your learning diary to see how much you have learned in Unit 9.

Watch the video for Unité 9.

Que sais-je ?			
I can follow conversations inviting people to social occasions.			
I can recognise birthday songs from different French-speaking countries.			
I can recognise some traditional French Christmas carols.			
I can understand invitations to social events.			
I can read greeting cards.			
I can follow simple recipes, such as a recipe for a *Bûche de Noël*.			
I can name typical party food items with accurate pronunciation.			
I can describe a party scene.			
I can carry out an interview about how I celebrate my birthday and Christmas.			
I can compare and contrast Christmas traditions in Ireland with in French-speaking countries.			
I can write text messages inviting friends to social events.			
I can write an email inviting a friend to stay with me.			
I can write a shopping list of things to buy for a party.			
I can write greeting cards such as birthday cards.			
I can make a Christmas card.			
I can write an email describing how I spend Christmas.			
I can use object pronouns to avoid repeating nouns.			
I can identify 'false friends' in vocabulary lists.			
I have created a playlist of French songs that I like.			
I can carry out research online through French			
I can sing Happy Birthday in French.			
I recognise regional varieties of the Happy Birthday song			
I can recall five interesting facts about Haiti			
I can describe Christmas traditions in the French-speaking world			

Rendez-vous chez le médecin

Unité 10

By the end of this unit you will be able to...

- Name parts of the body and pronounce them accurately
- Make a presentation about one of *les DROM-COM*
- Call a doctor's office to make an appointment
- Explain symptoms of illness or injury to a doctor
- Perform a role-play set in a doctor's surgery
- Ask for items at a pharmacy
- Write an email to a travel agency to book a ski trip
- Write role-plays set in the doctor's surgery and in the pharmacy
- Write a narrative following a picture story
- Form adverbs and use them to describe actions
- Describe things in the past using *l'imparfait*
- Understand the basic difference between *le passé composé* and *l'imparfait*
- Understand telephone bookings with travel agencies and tourist accommodation
- Follow conversations at the doctor's surgery
- Follow conversations at the pharmacy
- Identify specific information in conversations about health
- Read brochures for ski trips
- Read blogs and newspaper articles about accidents and injuries
- Understand posters offering health or medical advice
- Understand posters advertising products in a pharmacy
- Research the ski resorts of the French-speaking world
- Create a set of online flashcards to learn vocabulary on the topic of health
- Prepare a slideshow presentation about one of *les DROM-COM*
- Identify some of the ski resorts in the French-speaking world
- Fill in your dossier francophone about one of *les DROM-COM*

Go to **www.edco.ie/caroule2** and try the interactive activities and quizzes.

Le saviez-vous ?!
Similar to the tradition of the tooth fairy in Ireland, in France and French-speaking Belgium, when a child loses a tooth a small mouse called *la petite souris* leaves a surprise under their pillow.

Note tes idées dans ton Journal de bord.
Note your ideas in your learning diary.

The title of this unit means *An appointment at the doctor's surgery.* In this unit, Nicole gets injured while skiing and Christophe is sick. What words or phrases do you know that might be useful if you had to go to a doctor or a pharmacy in a French-speaking country?

10.1 Allons faire du ski !

10.1 A Lis la BD et réponds aux questions en anglais.

Read the comic strip and answer the questions in English.

(a) When does Nicole's dad propose going skiing? ....

(b) What reason does he give for choosing to go to Saint-Lary Soulan? ....

(c) Why does Nicole want to travel there on Friday evening? ....

(d) How long are the family planning on staying there? ....

(e) What accommodation does Nicole's mother suggest? ....

(f) How far is the resort from the family home? ....

10.1 B Le père de Nicole envoie un mél à une maison d'hôte à Saint-Lary Soulan. Complète le mél avec les mots ci-dessous.

Nicole's father emails a guest-house in Saint-Lary Soulan. Read the email and fill in the blanks with the words below.

sommes	aurons	voudrais	veuillez	pourriez
le	votre	séjour	objet	impatience

De: claudedupont@gmail.com

À: info@residencelesarches.fr

(a) .... : Une réservation

Monsieur/Madame,

Je (b) .... réserver un appartement avec trois chambres pour (c) .... weekend du 22 au 24 janvier. Nous (d) .... une famille de cinq personnes. (e) ....-vous m'indiquer les tarifs d'un (f) .... de deux nuits, s'il vous plaît ? Nous (g) .... besoin d'une place de parking et du wifi aussi.

J'attends (h) .... réponse avec (i) ....

(j) .... agréer, Monsieur/Madame, l'expression de mes sentiments distingués.

Claude Dubois

10.1 C Claude téléphone à la maison d'hôte. Écoute et réponds aux questions.

Claude calls the guest-house. Listen and answer the questions.

Réponds en anglais.

Answer in English.

(a) How long is it since Claude emailed the residence? ....

(b) What explanation does the receptionist give for the delayed response? ....

(c) Mention four appliances with which the apartments are equipped. ....

(d) What does the receptionist suggest bringing? ....

Réponds en français.
Answer in French.

(a) La maison d'hôte se trouve à quelle distance du village? ....

(b) Combien coûte le parking et le wifi? ....

(c) Cite trois services que la réceptionniste offre. ....

(d) La famille va arriver à quelle heure? ....

10.1 D Lis la brochure et réponds aux questions en français au verso.
Read the brochure and answer the questions in French overleaf.

RÉSERVEZ

VOTRE WEEK-END AU SKI À SAINT-LARY-SOULAN

Envie d'un week-end ski à Saint-Lary Soulan dans les Hautes-Pyrénées ? Nous disposons d'hébergements disponibles seuls ou en formule ski. Vous pouvez opter pour la location d'un appartement au ski en pied de pistes, pour un chalet dans un quartier calme ou encore pour un grand logement en résidence tourisme. Partez 2 jours, 3 jours ou plus, en couple, entre amis, en famille avec vos enfants… Libre à vous de choisir. Parcourez nos formules et trouvez le week-end de vos envies. Faites vos valises et partez respirer l'air pur des montagnes pyrénéennes.

Pour les enfants, Saint-Lary Soulan offre des écoles de ski, un kidpark, un jardin des neiges, une patinoire, un cinéma et des clubs enfants.

Formule Hébergement + Skipass

- 2 nuits en studio de 23m2 pour 4 personnes au 6ème étage avec ascenseur.
- Forfait qui vous donne accès à toutes les remontées mécaniques de Saint-Lary-Soulan.
- 263€ par personne.

Formule Hébergement + Skipass + Matériel de ski

- 2 nuits en studio de 23m2 pour 4 personnes au 6ème étage avec ascenseur.
- Forfait qui vous donne accès à toutes les remontées mécaniques de Saint-Lary-Soulan.
- Location de skis ou snowboard, chaussures de ski, bâtons et casque.
- 379€ par personne.

Formule Hébergement + Skipass + Matériel de ski + Repas

- 2 nuits en studio de 23m2 pour 4 personnes au 6ème étage avec ascenseur.
- Forfait qui vous donne accès à toutes les remontées mécaniques de Saint-Lary-Soulan.
- Location de skis ou snowboard, chaussures de ski, bâtons et casque.
- 2 petits-déjeuners, 2 panier-repas, 2 repas chauds de trois plats.
- 428€ par personne.

Vrai ou faux?
True or false?

(a) Saint-Lary Soulan se trouve dans les Alpes. ....

(b) La station de ski ne convient pas aux enfants. ....

(c) La formule la plus chère coûte moins de cinq cents euros. ....

(d) La formule de 263€ inclut la location des skis. ....

Réponds en français.
Answer in French.

(a) Où se trouve Saint-Lary Soulan? ....

(b) Quelles sont les installations pour les enfants à Saint-Lary Soulan? ....

(c) Décris l'hébergement dans les différentes formules. ....

(d) Que comprend le prix de 428 €? ....

Comment dit-on en français?
How do you say it in French?

(a) Ski lifts ....

(b) Accommodation ....

(c) Ski lift pass ....

(d) A packed lunch ....

128

10.1 E Imagine que ta famille va faire du ski à Saint-Lary Soulan. Dans ton Journal de bord, écris un mél pour faire la réservation.

Imagine that your family is going on a ski holiday to Saint-Lary Soulan. In your learning diary, write an email to make the reservation.

117

10.1 F Écoute la conversation à l'agence de voyages et réponds aux questions en anglais.

Listen to the conversation at the travel agency and answer the questions in English.

(a) To where and with whom does the woman wish to travel? ....

(b) When would she like to travel? ....

(c) What does the travel agent suggest? ....

(d) Why is the woman not happy with that offer? ....

(e) What is included in the second package that the travel agent suggests? ....

(f) What is the price per person? ....

(g) What is the woman's name? ....

(h) What is her credit card number? ....

(i) What is the expiry date? ....

(j) What is her email address? ....

10.1 G Où sont ces stations de ski? Cherche en ligne et classe les stations de ski ci-dessous dans dans la colonne correspondante.

Where are these ski resorts? Look them up online and fill them into the correct columns below.

FRANCE	SUISSE	QUÉBEC

10.1 Ⓗ Allons faire du ski ! Identifie l'équipement avec les mots ci-dessous.

Label the equipment with the words below.

le fuseau de ski | *les bâtons de ski* | *la doudoune* | *le masque de ski* | *les chaussures de ski* | *les gants* | *la remontée mécanique* | *le snowboard* | *le bonnet* | *les skis*

(d) ______ (e) ______ (f) ______ (g) ______

(i) ______

(h) ______

(a) ______

(c) ______ (b) ______ (j) ______

Écris les mots-clés 1–15 pour la section 10.1 dans ton Journal de bord.

Fill in the key words 1–15 from section 10.1 in your learning diary.

10.2 Un accident

10.2 A Lis le billet de blog de Nicole et réponds aux questions.

Read Nicole's blog and answer the questions.

http://www.monblog.fr/nicolex

Salut à tous ! Me voici à Saint-Lary Soulan avec ma famille. Nous sommes venus en voiture ce soir après les cours et nous sommes arrivés sans problème vers huit heures. Le voyage n'était pas trop long et j'ai écouté de la musique dans la voiture. Nous avons loué un appartement dans un village de vacances. L'appartement est très confortable. Il y a trois chambres et un espace salon-cuisine avec tous le confort : télévision, accès Wifi, réfrigérateur, four à micro-ondes et cafetière. Ce soir, nous regardons un film d'horreur sur Netflix. Maman prépare des croque-monsieurs. Miam, miam ! Il y a une piscine avec un sauna et un solarium dans le village mais je n'aurai pas beaucoup le temps d'y aller parce que nous ferons du ski toute la journée demain. Je prendrai un cours de ski avec ma mère et Jérôme demain matin et l'après-midi je vais faire du ski avec Louise et notre père. C'est un skieur expérimenté donc il ne prendra pas de cours avec nous. Il neige maintenant mais la réceptionniste nous a dit qu'heureusement il y aura du soleil demain. J'ai hâte de faire du ski !

(a) How did the family travel to Saint Lary Soulan? ....

(b) Name two facilities in the holiday village. ....

(c) Why will Nicole not make use of the facilities tomorrow? ....

(d) Why will Nicole's dad not attend the ski lesson? ....

(e) What is the weather like now, according to Nicole? ....

Réponds en français.

Answer in French.

(a) À quelle heure sont-ils arrivés à Saint-Lary Soulan? ....

(b) Que fait la famille ce soir? ....

(c) Qu'est-ce qu'ils mangent? ....

(d) Que fera Nicole demain matin? ....

(e) Quel temps fera-t-il demain à Sant-Lary Soulan? ....

10.2 B Un court séjour avec ta famille. Écris le billet de blog dans ton Journal de bord.

You have just arrived at your destination for a weekend away with your family. Write a blog in your learning diary.

10.2 C Les adverbes

Adverbs

In Nicole's blog, she uses the adverb *heureusement* (happily). In English, adverbs usually end in *–ly*, for example slowly, happily, quietly. In French, they usually end in *–ment*.

Adverbs in French are formed from adjectives in the following ways:

★ If the masculine form of an adjective ends in a consonnant, change it to the feminine form and then add –ment.

dernier	➜	*dernière*	➜	*dernièrement*	finally/lately
heureux	➜	*heureuse*	➜	*heureusement*	happily/fortunately

★ If the masculine form of an adjective ends in a vowel, simply add –ment.

vrai	➜	*vraiment*	truly/really
absolu	➜	*absolument*	absolutely

★ If the adjective ends in –ent or –ant, change the ending to –emment or –ammant.

récent	➜	*récemment*	recently
constant	➜	*constamment*	constantly

★ The following adverbs are irregular:

bon (good)	➜	*bien*	well
gentil (kind)	➜	*gentiment*	kindly
mauvais (bad)	➜	*mal*	badly
meilleur (better)	➜	*mieux*	better
vite (fast)	➜	*vite*	quickly

10.2 D Forme les adverbes à partir des adjectifs ci-dessous.

Make adverbs from the adjectives below.

Exemple: sérieux **sérieusement**

(a) parfait ....

(b) grave ....

(c) généreux ....

(d) joyeux ....

(e) terrible ....

(f) vrai ....

(g) constant ....

(h) meilleur ....

(i) vite ....

10.2 E Trouve l'adjectif dans la première phrase. Ensuite, complète la deuxième phrase avec un adverbe.

Find the adjective in the first sentence. Then write the sentence with an adverb.

(a) Paul est sérieux. Il travaille .... à l'école.

(b) Elle est gentille. Elle s'occupe .... de ses enfants.

(c) La blessure est grave. L'homme est .... blessé.

(d) Le vent est violent. Il souffle ....

(e) Il est très prudent. Il traverse .... la rue.

(f) Ce garçon est courageux. Il a .... sauvé la fille.

10.2 F Lis la BD et réponds aux questions en français.

Read the comic strip and answer the questions in French.

Réponds en français.

Answer in French.

(a) Comment dit-on *you're going too fast* en français ? ....

(b) Comment dit-on *it's very slippy* en français ? ....

(c) Comment dit-on *Ouch!* en français ? ....

(d) Comment dit-on *you had a bad fall* en français ? ....

10.2 G Nicole arrive à l'hôpital. Lis le formulaire qu'elle complète.

Nicole arrives at the hospital. Read the form she has to fill in.

En France, comme dans tous les pays européens, pour appeler les urgences, il faut composer le 112.

HOSPITAL CENTER DE LOURDES

Nom:	Dubois
Prénom:	Nicole
Adresse:	20 Avenue Pasteur, 64000, Biarritz
Numéro de téléphone: 06 53 84 79 12	
Médecin:	Dr. Jean-Phillipe Berdet
Adresse:	25 Place Georges Clemenceau, Biarritz
Allergies:	Non
Maladies:	Non
Médicaments:	Non
Diagnostic:	Bras droit cassé
Traitement:	Plâtre pendant un mois. Analgésiques trois fois par jour pendant une semaine.

Signature: *Nicole Dubois*

Signature parent (pour patients mineurs): *Séverine Dubois*

Réponds en anglais.

Answer in English.

(a) Describe Nicole's injury. ....

(b) For how long will she have to wear a cast? ....

(c) For how long will she have to take painkillers? ....

(d) Find the words that mean plaster and painkillers. ....

10.2 H Dans ton Journal de bord, complète le formulaire de l'hôpital.

Fill in the form for the hospital in your learning diary.

10.2 Lis le mél de Nicole et réponds aux questions sur la page suivante.

Read Nicole's email and answer the questions on the next page.

SAMU is the French ambulance service. It stands for Service d'aide médicale urgente.

De: nicoledubois@yahoo.fr

À: ktkenny123@eir.ie

Objet: Quelle barbe !

Salut Katie,

Comment ça va ? Moi ça ne va pas du tout. J'ai mal au bras et j'en ai tellement marre !

Je suis allée faire du ski dans les Pyrénées le week-end dernier. Est-ce que tu as vu mon billet de blog et mes photos sur Instagram ? Samedi a commencé bien. Il faisait super beau et il faisait soleil. J'ai suivi un cours à l'école de ski avec maman et Jérôme. Après le cours, nous avons décidé de descendre au village pour manger, mais la piste était très glissante et soudain je suis tombée. Je me suis cassé le bras droit. Je n'ai pas de chance !

Maman a appelé le SAMU et ils m'ont emmenée à l'hôpital à Lourdes. C'était la première fois que je me trouvais aux urgences. J'avais très mal au bras et j'ai dû passer une radiographie qui a confirmé que c'était cassé. Quelle horreur ! Le pire de tout : je dois porter un plâtre au bras pendant un mois.

Le plâtre n'est pas confortable et je ne peux ni faire du surf ni jouer à la Playstation. Au collège, je ne peux pas écrire parce que je suis droitière. Heureusement, le prof de physique-chimie dit que je ne dois pas passer un examen demain matin. Après la pluie, le beau temps !

Je m'ennuie à mourir et j'ai mal au bras. Je n'en peux plus ! Écris-moi pour me donner toutes les nouvelles. Dis bonjour de ma part à tes parents.

Grosses bises,

Nicole

Réponds en anglais.
Answer in English.

(a) How does Nicole say she is feeling? ....

(b) Where was Nicole going when she fell? ....

(c) Has Nicole been in the emergency department of a hospital before? ....

(d) Is Nicole right-handed or left-handed? ....

(e) Give one positive outcome of having her arm in plaster. ....

(f) What do you think Nicole means by the expression *après la pluie, le beau temps*? ....

Comment dit-on en français ? Trouve les expressions dans le billet de blog.
Find the phrases in the blog.

(a) I'm so fed up! ....

(b) Suddenly... ....

(c) The worst thing of all is... ....

(d) I had to have an x-ray ....

(e) I'm bored to death. ....

(f) I've had it! ....

Écris les mots-clés 16–35 pour la section 10.2 dans ton Journal de bord.
Fill in the key words 16–35 from section 10.2 in your learning diary.

10.3 L'imparfait

10.3 A L'imparfait

The imperfect tense

You might have noticed some unusual verb forms in Nicole's email to Katie.

Il *faisait* soleil	It was sunny
C'*était* la première fois	It was the first time
J'*avais* très mal au bras	My arm was very sore

These verbs are all in a tense called *l'imparfait*, the imperfect. *L'imparfait* is a past tense. We form the *imparfait* of all verbs by following these steps:

1 Take the nous form of the present tense.

2 Drop the –ons to form the stem.

3 Add the following endings: –ais, –ais, –ait, –ions, –iez, –aient.

Infinitive	PARLER	FINIR	VENDRE	FAIRE	AVOIR
'Nous' form	parlons	finissons	vendons	faisons	avons
Stem	parl-	finiss-	vend-	fais-	av-
	je parlais	je finissais	je vendais	je faisais	j'avais
	tu parlais	tu finissais	tu vendais	tu faisais	tu avais
	il/elle parlait	il/elle finissait	il/elle vendait	il/elle/on faisait	il/elle/on avait
	nous parlions	nous finissions	nous vendions	nous faisions	nous avions
	vous parliez	vous finissiez	vous vendiez	vous faisiez	vous aviez
	ils/elles parlaient	ils/elles finissaient	ils/elles vendaient	ils/elles faisaient	ils/elles avaient

You can see in the table above, that l'imparfait is formed in exactly the same way for all types of verbs: –ER, –IR, –RE or irregular verbs.

! There is just one irregular verb in the imperfect: ÊTRE

ÊTRE	
j'	étais
tu	étais
il/elle/on	était
nous	étions
vous	étiez
ils/elles	étaient

! *Il y a* (there is/are) becomes *il y avait* (there was/were) in the imperfect.

10.3 B Écris les verbes à l'imparfait dans ton Journal de bord.
Fill in the imparfait of the verbs in your learning diary.

10.3 C Using l'imparfait

L'imparfait is used in the following ways:

1 **To describe actions that were carried out repeatedly or habitually in the past (things that you used to do).**

*Quand j'**étais** enfant, je **jouais** au foot.*	When I was a chid I used to play football.
*Les profs **donnaient** beaucoup de devoirs.*	The teachers used to give lots of homework.
*Mon père **parlait** bien français.*	My father used to speak French well.

2 **To describe someone or something in the past or to describe the weather in the past.**

*Il **faisait** beau.*	The weather was fine.
*La fille **avait** les yeux bleus.*	The girl had blue eyes.
*Le film **était** ennuyeux.*	The film was boring.

3 **To describe feelings or emotions in the past.**

*Nous **étions** très contents.*	We were very happy.
*J'**étais** triste.*	I was sad.
*Il **était** fatigué après le match.*	He was tired after the match.

4 **To give an opinion in the past.**

*C'**était** génial.*	It was brilliant.
*C'**était** magnifique.*	It was magnificent.
*C'**était** ridicule.*	It was ridiculous.

5 **To describe actions that were happening in the past when something else happened.**

*Je **finissais** l'exercice quand il est arrivé.*	I was finishing the exercise when he arrived.
*Il **jouait** au foot quand il est tombé.*	He was playing football when he fell.
*J'**allais** à une fête quand j'ai vu ton chat.*	I was going to a party when I saw your cat.

10.3 D Complète les phrases avec l'imparfait des verbes entre parenthèses.

Fill in the blanks with the imparfait of the verbs in brackets.

(a) Je .... (REGARDER) la télé quand j'ai entendu le téléphone.

(b) Nous .... (DÉJEUNER) souvent au restaurant.

(c) J' .... (AVOIR) les cheveux bruns il y a deux ans.

(d) Il .... (AIMER) jouer au rugby avec ses amis.

(e) Mon grand-père .... (DORMIR) dans le salon devant la télé.

(f) Chaque matin le garcon .... (SE DOUCHER).

(g) Tu .... (ne pas SAVOIR) comment jouer du violon.
(h) Il .... (FAIRE) beau en Espagne.
(i) Les élèves .... (ÉTUDIER) ensemble avant les examens.
(j) Il y .... (AVOIR) du vent fort la semaine dernière.

Regarde le diaporama sur l'imparfait.
Watch the PowerPoint presentation 'Unité 10.3' on the imparfait.

10.3 E Écris les phrases à l'imparfait.

Write the following sentences in the imparfait.

(a) J'habite à la campagne. ....
(b) C'est magnifique ! ....
(c) La famille est très gentille. ....
(d) Vous avez soif ? ....
(e) Luc et Claude vont à la piscine. ....
(f) Je prends mon vélo pour aller à l'école avant l'hiver. ....
(g) Les vagues sont magnifiques à la plage. ....
(h) Les parents sont furieux contre les enfants. ....
(i) Ma mère vient me chercher à la gare. ....
(j) Le dimanche, nous passons le soir chez ma tante. ....

10.3 F Écris les phrases en français.

Write the sentences in French.

(a) Alex and Michel used to speak to their grandmother every day. ....
(b) I used to go to matches every weekend. ....
(c) We were watching a film when the phone rang. ....
(d) You were doing your homework when I arrived. ....
(e) It was sunny and it was warm. ....
(f) She was tall and thin and she had blonde hair. ....
(g) The film was fantastic. ....
(h) I was very happy when I saw her results. ....

Écris les mots-clés 36–41 pour la section 10.3 dans ton Journal de bord.
Fill in the key words 36–41 from section 10.3 in your learning diary.

10.4 Le corps

Nicole s'est cassé le bras pendant ses vacances au ski. Si tu vas passer les vacances dans un pays francophone, c'est important de connaître le nom des parties du corps au cas où tu irais chez le médecin ou à l'hôpital.

10.4 A Le corps

The body

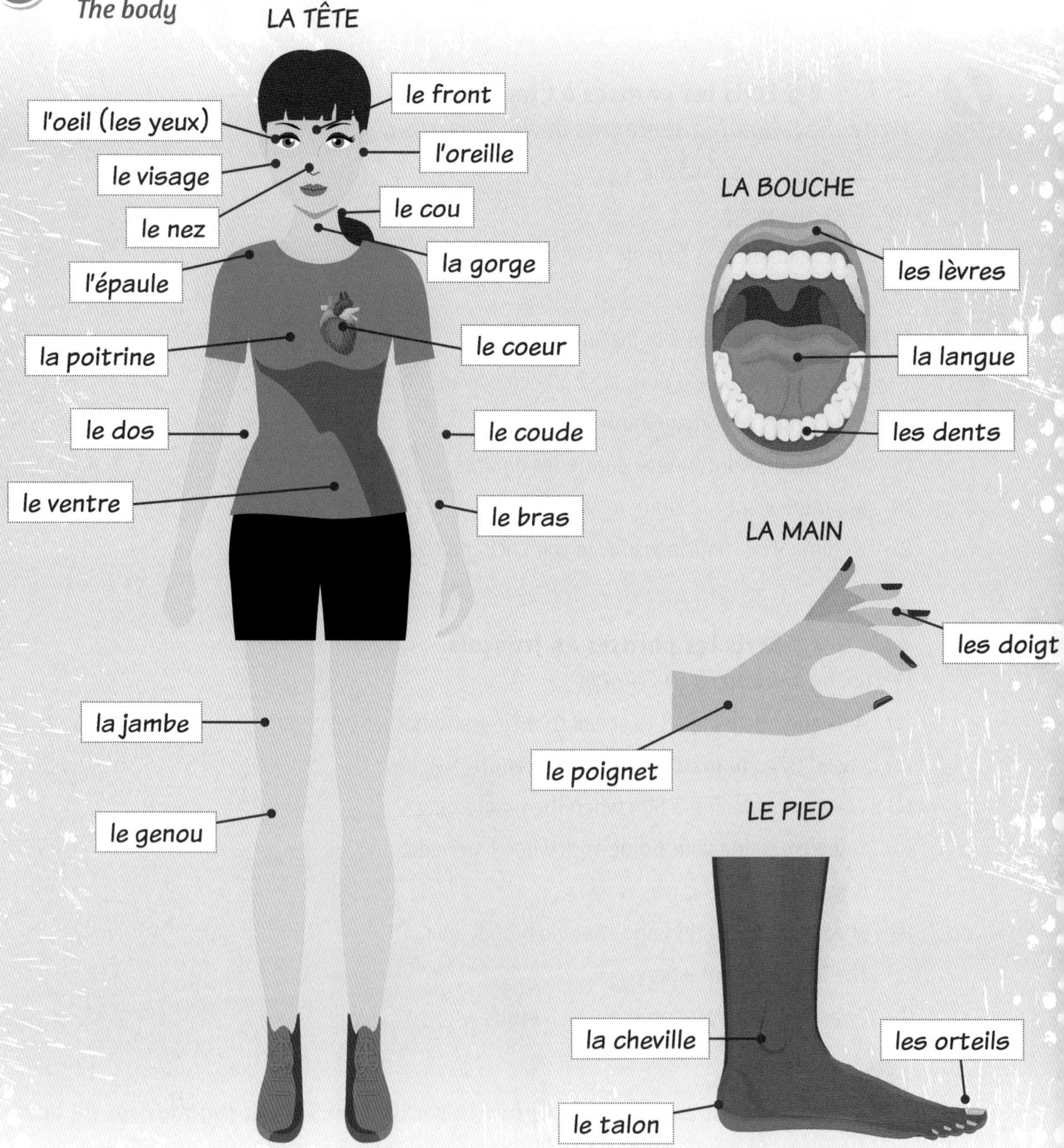

LA TÊTE

le front
l'oeil (les yeux)
l'oreille
le visage
le cou
le nez
la gorge
l'épaule
la poitrine
le coeur
le dos
le coude
le ventre
le bras
la jambe
le genou

LA BOUCHE

les lèvres
la langue
les dents

LA MAIN

les doigt
le poignet

LE PIED

la cheville
les orteils
le talon

10.4 B Écoute les parties du corps humain et répète.

Listen to the parts of the body and repeat.

- ★ On voit avec les yeux mais quand on ne peut pas voir, on est aveugle.
- ★ On entend avec les oreilles mais quand on ne peut pas entendre, on est sourd.
- ★ Quand on n'a pas de cheveux, on est chauve !

10.4 C Relie les vêtements aux parties du corps.

Match the ítems of clothing to the parts of the body.

(a) le chapeau	1 les yeux
(b) le pantalon	2 le poignet
(c) les chaussures	3 les jambes
(d) l'écharpe	4 le doigt
(e) les gants	5 la tête
(f) le bracelet	6 les pieds
(g) les lunettes	7 le cou
(h) la bague	8 les mains

10.4 D Fais les mots-croisés.

Fill in the crossword.

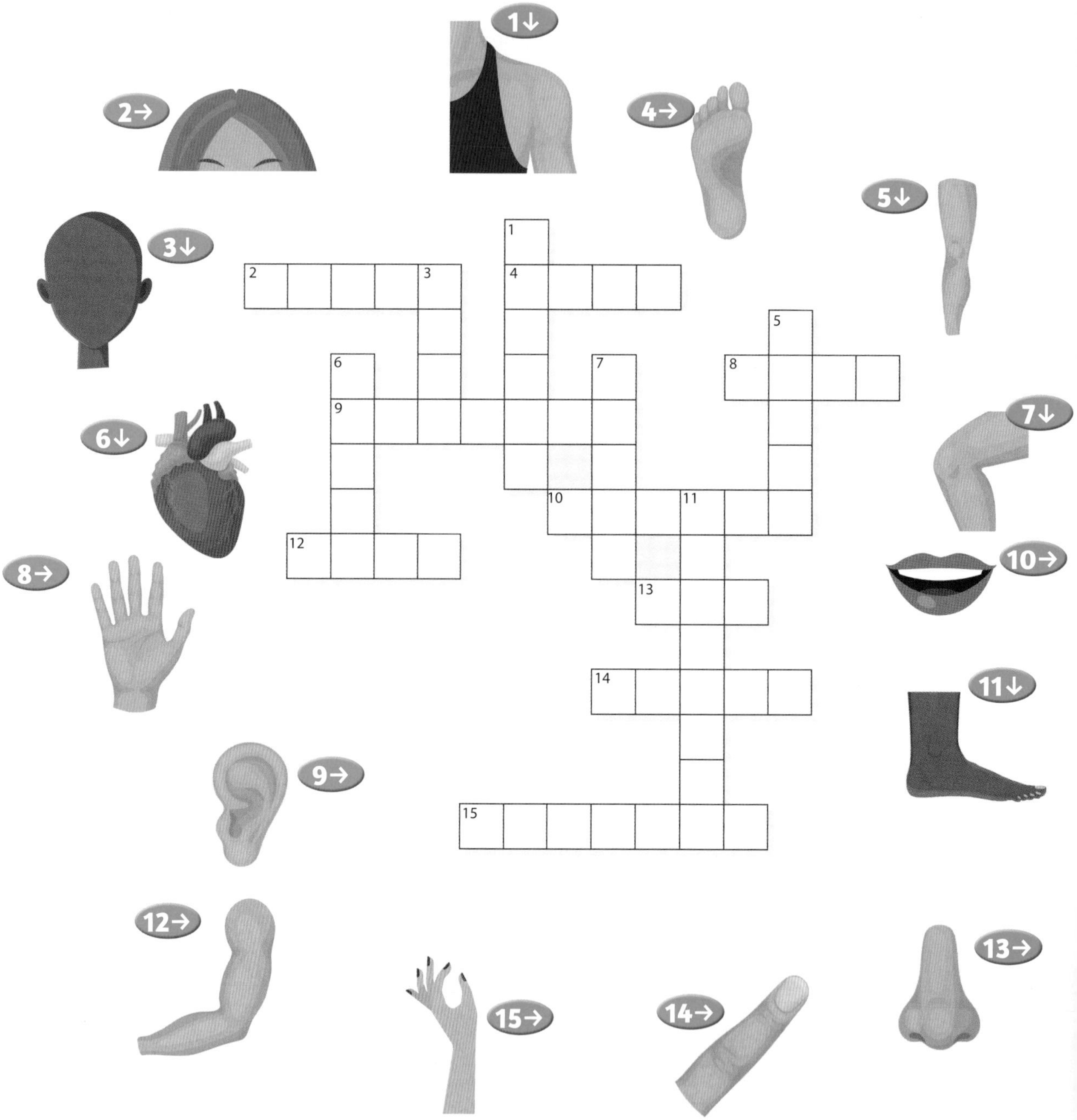

1↓ 2→ 3↓ 4→ 5↓ 6↓ 7↓ 8→ 9→ 10→ 11↓ 12→ 13→ 14→ 15→

10.4 E Qu'est-ce qu'il y a ?

What is the matter?

In Nicole's email to Katie on page 383, she tells Katie her arm is sore: *j'ai mal au bras.* We use this structure *avoir mal à* to indicate aches or pains.

J'ai mal au ventre.	*I've a stomach ache.*
J'ai mal à la tête.	*I've a headache.*
J'ai mal à l'oreille.	*I've an ear ache.*
J'ai mal aux pieds.	*My feet are sore.*

à + le = au

à + la = à la

à + l' = à l'

à + les = aux

10.4 F Complète les phrases avec au/à la/à l'/aux.

Fill in the sentences with au/à la/à l'/aux.

(a) J'ai mal .... épaule.

(b) La femme âgée a mal .... genoux.

(c) Le sportif a mal .... jambe.

(d) Le petit enfant a mal .... dents.

(e) Le chien a mal .... oreille.

(f) Le boxeur a mal .... nez.

(g) L'ado a mal .... ventre.

(h) Vous avez mal .... bras ?

(i) Le professeur a mal .... gorge.

(j) La fille a mal .... doigt.

Regarde le diaporama sur le corps.

Watch the PowerPoint presentation 'Unité 10.4' on the body.

10.4 G Qu'est-ce qu'il y a ? Écris une phrase pour décrire chaque image.

What's the matter? Write a sentence for each illustration to say what is hurting you.

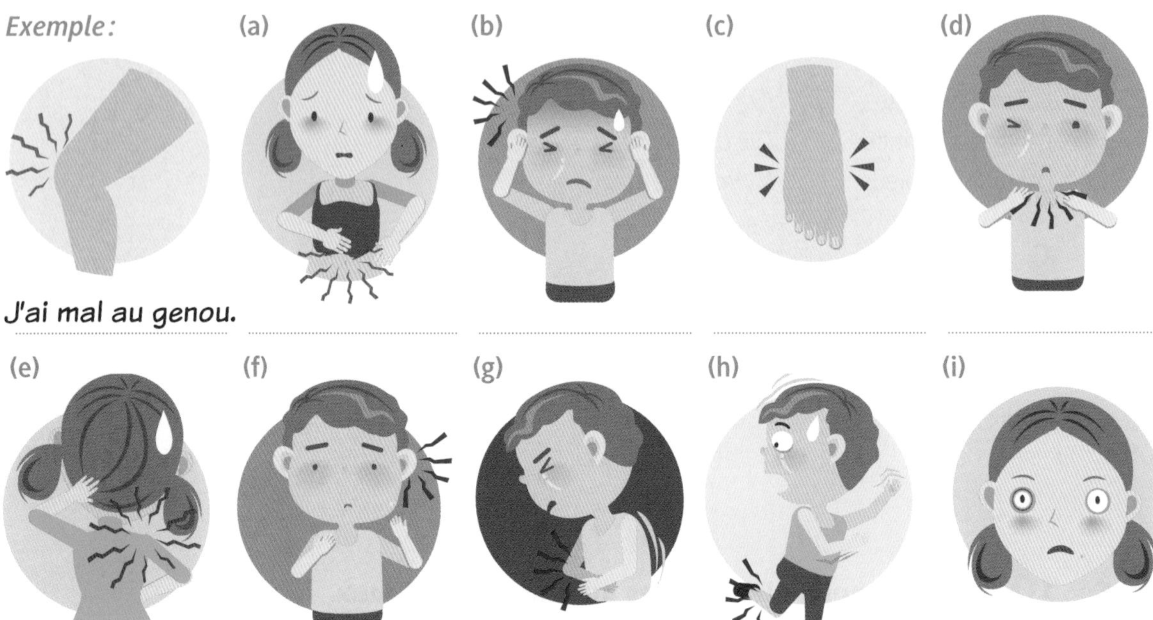

10.4 H Cherche en ligne la chanson pour enfants 'Tête, épaules, genoux et orteils' et écoute-la avec tes camarades de classe.

Find the children's song 'Tête, épaules, genoux et orteils' (Heads, shoulders, knees and toes) online and sing along with your classmates.

10.4 I Remets les lettres dans l'ordre pour retrouver les noms de parties du corps et cherche-les dans les mots-mêlés.

Unscramble the words for parts of the body and find them in the wordsearch.

(a) bamej ....

(b) hillveec ....

(c) tenver ....

(d) gonetip ....

(e) chobue ....

(f) gitdo ....

(g) liloree ....

(h) upélae ....

(i) asgive ....

(j) roteniip ....

(k) notal ....

(l) eggor ....

E	Z	T	Y	F	M	L	E	T	P	N	K	W	R	W
W	N	U	G	J	T	L	P	E	T	O	D	M	Q	E
G	C	I	R	I	L	X	C	N	É	L	W	S	G	C
S	N	H	R	I	O	B	F	G	P	A	E	R	D	F
B	T	N	E	T	G	D	L	I	A	T	O	L	T	F
Z	O	R	A	R	I	P	S	O	U	G	K	C	Z	T
U	O	U	N	Z	D	O	R	P	L	Z	N	X	O	G
L	H	G	C	C	K	G	P	I	E	C	T	H	X	K
E	M	K	X	H	V	X	Q	X	R	X	X	P	O	S
L	J	C	U	I	E	Q	Y	O	F	B	V	O	K	G
B	L	G	S	E	B	M	A	J	L	R	J	K	K	T
J	W	A	X	E	L	L	I	V	E	H	C	R	R	X
C	G	M	N	Z	I	P	W	E	G	U	S	R	X	K
E	G	U	J	W	U	W	L	E	L	O	U	B	H	Q
V	E	N	T	R	E	A	E	V	Q	J	K	Q	Z	I

10.4 J Quelques expressions autour des parties du corps

Some expressions having to do with parts of the body.

FRENCH IDIOM	LITERAL TRANSLATION	MEANING
Coûter les yeux de la tête	*To cost an eye from your head*	*To cost an arm and a leg*
Avoir les dents longues	*To have long teeth*	*To be ambitious*
Avoir un poil dans la main	*To have a hair in your hand*	*To be lazy/to avoid work*
Faire la tête	*To do the head*	*To sulk*
Donner un coup de main	*To give a hand*	*To lend a hand*

Exemples :

Cette robe coûte les yeux de la tête !

Brice a un poil dans la main !

Julien fait la tête.

10.4 Ⓚ Écoute les conversations et réponds aux questions.

Listen to the conversations and answer the questions.

1 Christophe ne se sent pas bien. Il appelle le médecin. Complète la conversation.

Christophe is not feeling well. He phones the doctor. Fill in the blanks.

Réceptionniste : Cabinet médical du Docteur Berdet. Bonjour.

Christophe : Bonjour. Je (a) .... prendre rendez-vous avec le médecin cet après-midi.

Réceptionniste : D'accord. Un instant… Vous pouvez passer à (b) .... ?

Christophe : À (c) ...., je ne peux pas. Ma mère me ramènera en (d) ...., mais elle sera toujours au travail. Elle reviendra chez nous à (e) ....

Réceptionniste : Alors, pouvez-vous (f) .... à 16h45 ?

Christophe : Oui. Ça (g) ....

Réceptionniste : Très bien. Comment vous appelez-vous ?

Christophe : Je m'appelle Christophe (h) ....

Réceptionniste : Quel est (i) .... numéro de téléphone ?

Christophe : C'est le (j) ....

Réceptionniste : Merci. À toute à l'heure.

Christophe : Je vous remercie. Au revoir, Madame.

2 Luc. Réponds en anglais.

Answer in English.

(a) Why does Luc need an appointment with the doctor? ....

(b) When can he get an appointment? ....

(c) Spell his surname. ....

(d) What is his mobile number? ....

3 Claire. Réponds en français.

Answer in French.

(a) Pourquoi a-t-elle besoin d'un rendez-vous ? ....

(b) Pourquoi est-ce qu'elle ne veut pas aller chez le médecin ? ....

(c) Quand aura-t-elle un rendez-vous ? ....

(d) Écris son numéro de téléphone. ....

4 Philippe. Réponds en français.

Answer in French.

(a) Pourquoi a-t-il besoin d'un rendez-vous ? ....

(b) Quand a-t-il rendez-vous ? ....

(c) Écris son nom. ....

(d) Écris son numéro de téléphone. ....

10.4 L Imagine que tu as besoin d'un rendez-vous chez le médecin. Travaillez à deux. Dans vos Journaux de bord, écrivez un jeu de rôle entre le/la réceptionniste et le patient/la patiente.

Imagine that you need a doctor's appointment. Work in pairs. In your learning diaries, write a role-play between the receptionist and the patient.

Parlons ! Travaillez à deux. Jouez votre jeu de rôle.
Work in pairs. Perform your role-play.

Écris les mots-clés 42–86 pour la section 10.4 dans ton Journal de bord.
Fill in the key words 42–86 from section 10.4 in your learning diary.

10.5 Chez le médecin

Christophe ne se sent pas bien. Il décide d'aller chez le médecin. Dans la salle d'attente, il rencontre Héloïse, sa voisine, qui attend le docteur aussi.

10.5 A Lis la BD.

Read the comic strip.

10.5 B Écoute et lis la conversation entre Héloïse et le médecin et réponds aux questions.

Listen and read the conversation between the doctor and Héloïse and answer the questions.

Le docteur : Bonjour, Héloïse.

Héloïse : Bonjour, docteur.

Le docteur : Qu'est-ce qui se passe ?

Héloïse : Je ne me sens pas bien. J'ai mal à la gorge et je tousse.

Le docteur : Vous avez chaud ? Vous avez aussi mal à la tête ?

Héloïse : Non. Je n'ai pas mal à la tête mais j'ai très chaud. Je pense que j'ai de la fièvre.

Le docteur : Vous avez peut-être une angine. Je peux regarder ? Ouvrez la bouche. Depuis quand est-ce que vous êtes malade ?

Héloïse : Depuis deux jours. J'ai vomi hier soir et ce matin. Maintenant je n'ai pas d'appétit et je suis très fatiguée. Je tousse et j'éternue souvent.

Le docteur : Vous avez la grippe. Allez à la pharmacie avec cette ordonnance pour des médicaments et restez au lit pendant trois jours.

Héloïse : D'accord.

Le docteur : Buvez beaucoup d'eau et prenez de l'aspirine pour la fièvre.

Héloïse : Merci beaucoup. Au revoir, docteur.

Le docteur : Je vous en prie. Au revoir.

Réponds en anglais.

Answer in English.

(a) What is wrong with Héloïse? Describe all her symptoms. ....

(b) When did she start to feel sick? ....

(c) Does the doctor give her a prescription? ....

(d) Find three pieces of advice the doctor gives her. ....

Trouve les expressions suivantes dans la conversation.

Find the following phrases in the conversation.

(a) I don't feel well ....

(b) I have a sore throat ....

(c) I have a temperature ....

(d) I vomited ....

(e) I haven't much appetite ....

(f) I'm very tired ....

(g) I cough and sneeze a lot ....

(h) the flu ....

(i) a prescription ....

(j) medicine ....

(k) aspirin ....

10.5 C Je suis malade !

I am sick!

J'ai de la fièvre.

J'ai des nausées.

Je tousse.

Je me sens mal.

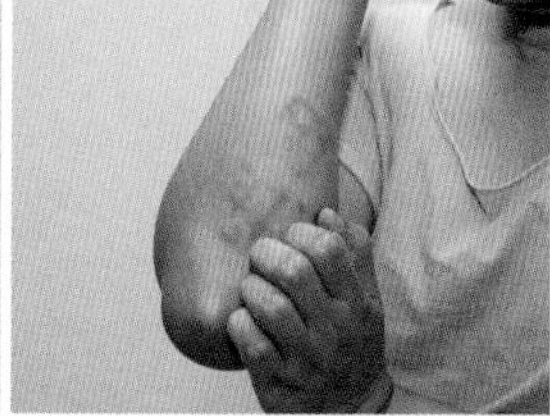
J'ai des rougeurs.

J'ai un rhume.

J'ai pris un coup de soleil.

J'ai la grippe.

J'ai chaud.

J'ai froid.

J'ai mal au ventre.

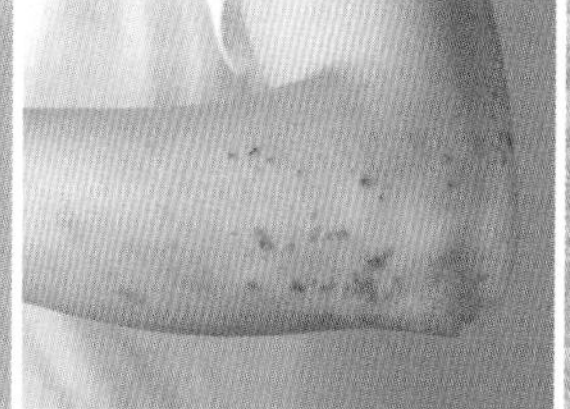
Je suis allergique au/ à la/aux…

Écoute et répète les expressions.
Listen and repeat the expressions.

10.5 D Dessine des flashcards en ligne pour apprendre le vocabulaire des sections 10.4 et 10.5 – le corps et chez le médecin.

Make a set of online flashcards to learn the vocabulary from sections 10.4 and 10.5.

10.5 E Écoute les conversations chez le médecin et complète le tableau.

Listen to the conversations at the doctor's surgery and fill in the chart in English.

		Symptoms	Treatment	Advice
(a)	CAROLINE			
(b)	PIERRE			
(c)	MANON			
(d)	YVES			
(e)	NADÈGE			

10.5 F Relie les expressions (a)–(h) aux réponses 1–8 pour faire une conversation.

Match the phrases (a)–(h) to the responses 1–8 to make a conversation.

(a) Qu'est-ce qu'il y a ?

(b) Depuis quand est-ce que vous êtes malade ?

(c) Avez-vous d'autres symptômes ?

(d) Vous avez la grippe. Est-ce que vous êtes allergique à quelque chose ?

(e) Je vous donnerai une ordonnance pour des antibiotiques. Est-ce que vous mangez bien ?

(f) Est-ce que vous buvez de l'eau ?

(g) Ne buvez pas de café. Les boissons caféinées ne sont pas bonnes pour la santé.

(h) Je vous donne cette ordonnance. Prenez des antibiotiques trois fois par jour pendant cinq jours.

1 Je tousse et j'éternue souvent.

2 Non, pas bien. Je n'ai pas d'appétit mais j'ai soif.

3 D'accord. Je boirai de l'eau.

4 Depuis trois jours.

5 D'accord. Merci docteur. Au revoir.

6 Non, pas beaucoup. Je préfère prendre du café.

7 J'ai mal au ventre et à la tête et j'ai de la fièvre. Je suis très fatigué.

8 Je ne suis allergique à rien du tout.

Écoute et vérifie tes réponses.

Listen to the dialogue and correct your answers.

10.5 G Imagine que tu es malade et que tu es chez le médecin. Travaillez à deux. Dans vos Journaux de bord, écrivez un jeu de rôle entre le médecin et le patient/la patiente.

Imagine that you are sick and you are at the doctor's surgery. Work in pairs. In your learning diaries, write a role-play between the doctor and patient.

Parlons ! Travaillez à deux. Jouez votre jeu de rôle.

Work in pairs. Perform your role-play.

10.5 H Christophe voit un poster dans le cabinet du médecin. Regarde le poster et réponds aux questions en anglais.

Christophe sees a poster in the doctor's surgery. Look at the poster and answer the questions in English.

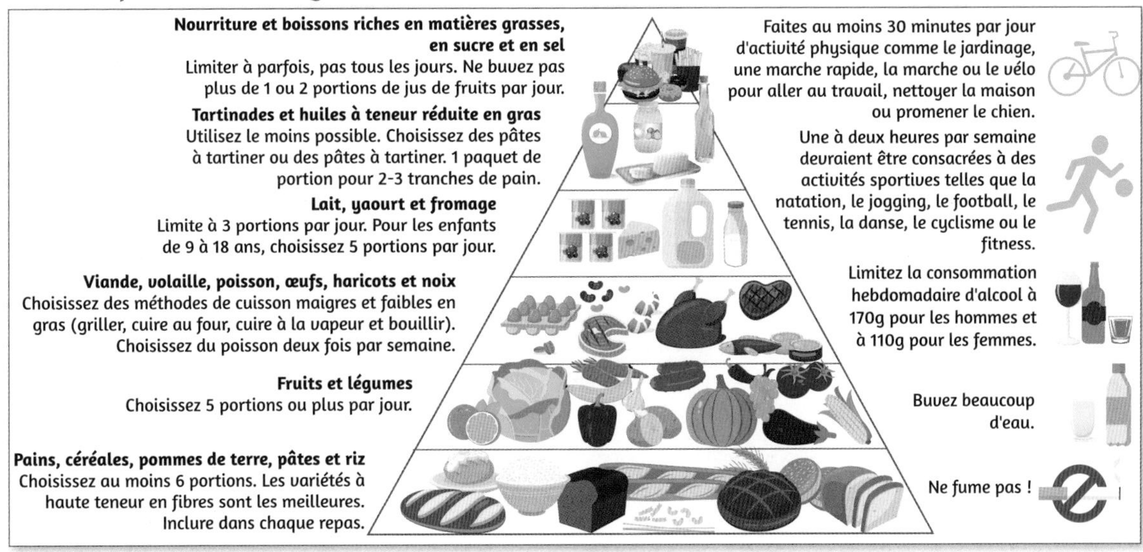

(a) Name two types of physical activity that you should spend 30 minutes per day doing. ....

(b) Name five sports that are mentioned on the poster. ....

(c) What advice is given about drinking fruit juice? ....

(d) What advice is given for the consumption of dairy products (give full details)? ....

(e) Name three things that you are advised to limit the consumption of. ....

(f) Name one thing that should be completely avoided. ....

Écris les mots-clés 87–105 pour la section 10.5 dans ton Journal de bord.

Fill in the key words 87–105 from section 10.5 in your learning diary.

10.6 À la pharmacie

10.6 A Écoute et écris le nom des objets de la liste ci-dessous.

Listen and label the image with the words below.

le sparadrap	les antibiotiques	le pansement	les gouttes pour les yeux
le sirop contre la toux	la crème solaire	un inhalateur	les pastilles
la brosse à cheveux	les comprimés	la pommade	une ordonnance

(a) ....

(b) ....

(c) ....

(d) ....

(e) ....

(f) ....

(g) ....

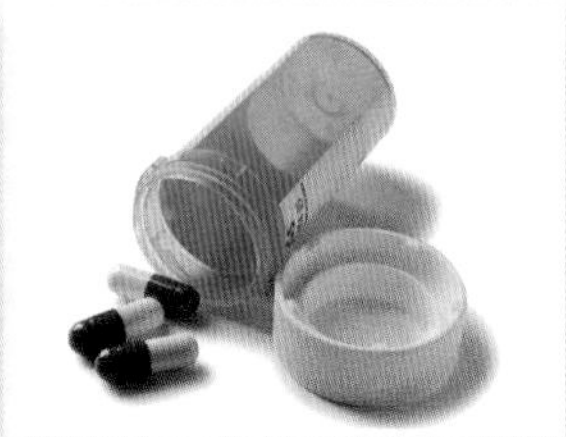

(h) ....

(i) ....

(j) ....

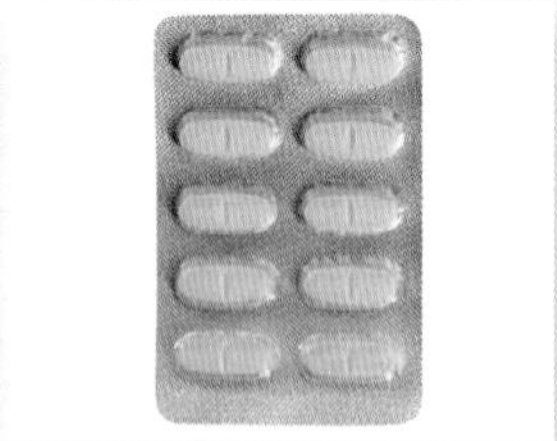

(k) ....

(l) ....

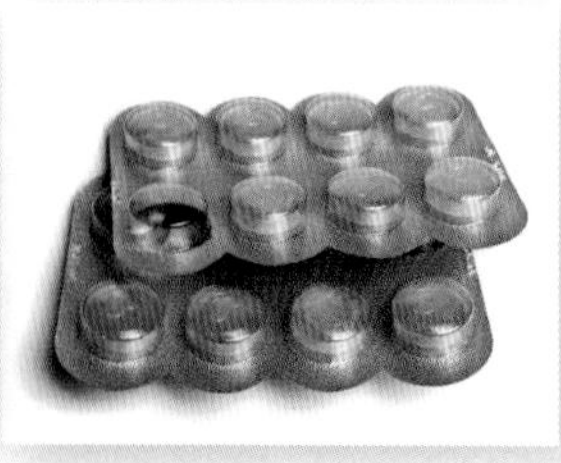

Réécoute et répète pour améliorer la prononciation.

Listen again and repeat to improve your pronunciation.

10.6 B Qu'est-ce qui se passe ?

What's happening?

Qu'est-ce qui se passe ?

Je me suis fait piquer par les moustiques.

Je me suis cassé la jambe.

Je me suis foulé la cheville.

Je me suis blessé(e) au cou.

Je me suis enrhumé(e).

Je me suis brûlé(e).

Je me suis coupé la main.

We use reflexive verbs to say we have hurt ourselves. Unlike English which uses the possessive adjective (mon, ma, mes etc) French uses the definite article (le, la, l', les) with parts of the body.

Je me suis cassé le bras.

se blesser	*to injure oneself*
se brûler	*to burn oneself*
se casser	*to break (a limb)*
se couper	*to cut oneself*
se fouler	*to sprain*

10.6 C Complète les phrases avec le vocabulaire ci-dessous.

Fill in the gaps with the vocabulary below.

pansement | *crème solaire* | *pommade* | *sirop* | *ordonnance* | *me suis enrhumé*

me suis fait piquer | *s'est cassé le bras* | *s'est foulé* | *s'est brûlé* | *se sont blessées*

(a) Je .... par les moustiques ! Je vais à la pharmacie acheter une ....

(b) Il .... pendant le match de rugby.

(c) Ma mère .... le doigt dans la cuisine hier soir.

(d) Le médecin m'a donné une .... parce que j'ai une angine.

(e) Elles .... pendant le match de hockey.

(f) J'ai besoin d'un .... car je me suis coupé le doigt.

(g) Papa a acheté un .... contre la toux.

(h) Manon met la .... dans son sac pour aller à la plage.

(i) Je prends des médicaments parce que je ....

(j) Pierre .... la cheville. Il n'est pas de bonne humeur !

10.6 D Nicolas est à la pharmacie. Écoute la conversation et réponds aux questions en français.

Nicolas is at the pharmacy. Listen and read the conversation and answer the questions in French.

Nicolas:	Bonjour, Madame.
La pharmacienne:	Bonjour. Puis-je vous aider?
Nicolas:	Oui. J'ai une ordonnance pour des médicaments et je voudrais du sparadrap aussi.
La pharmacienne:	D'accord. C'est tout?
Nicolas:	Non, ma sœur s'est fait piquer par une guêpe ce matin. Pouvez-vous recommander quelque chose pour la piqûre?
La pharmacienne:	Oui, voilà une pommade pour les piqûres d'insecte. Elle doit la mettre sur la piqûre deux fois par jour.
Nicolas:	D'accord, merci. Ça fait combien?
La pharmacienne:	Ça fait vingt-trois euros dix.
Nicolas:	Voilà. Merci Madame.
La pharmacienne:	Je vous en prie. Au revoir.

(a) Identifie les trois produits que Nicolas achète. ....

(b) Qu'est-ce qui est arrivé à sa sœur? ....

(c) Quel sont les conseils de la pharmacienne pour sa sœur? ....

(d) Quel est le prix total des trois produits? ....

10.6 E Écoute les conversations à la pharmacie et complète le tableau en anglais.

Listen to the conversations at the pharmacy and fill in the table in English.

	PRODUCTS BOUGHT	TOTAL PRICE
Claire	small box of plasters, cream	€9.75
(a) Théo		
(b) Marie		
(c) Yves		
(d) Lucie		

10.6 F Qu'est-ce qu'ils achètent ? Écris des phrases dans ton cahier.
What are they buying? Write sentences in your copy to describe what each person is buying.

Exemple :  Aurélie.
Aurélie achète des comprimés et un inhalateur.

(a) Luc

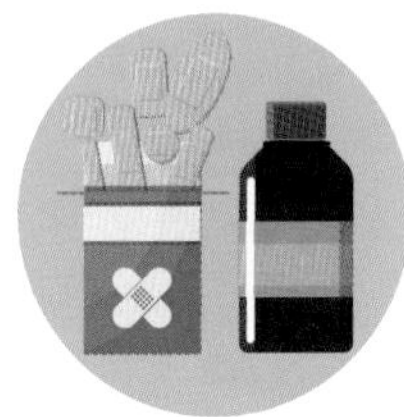

(b) Margaux

(c) Arthur

(d) Alice

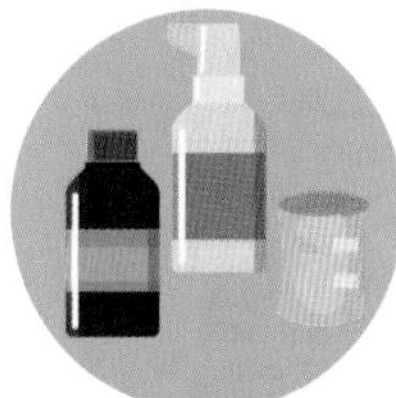

(e) Mathieu

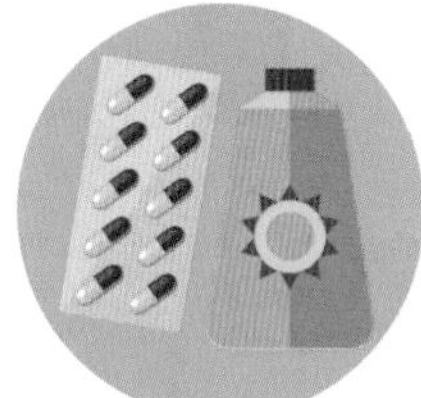

(f) Justine

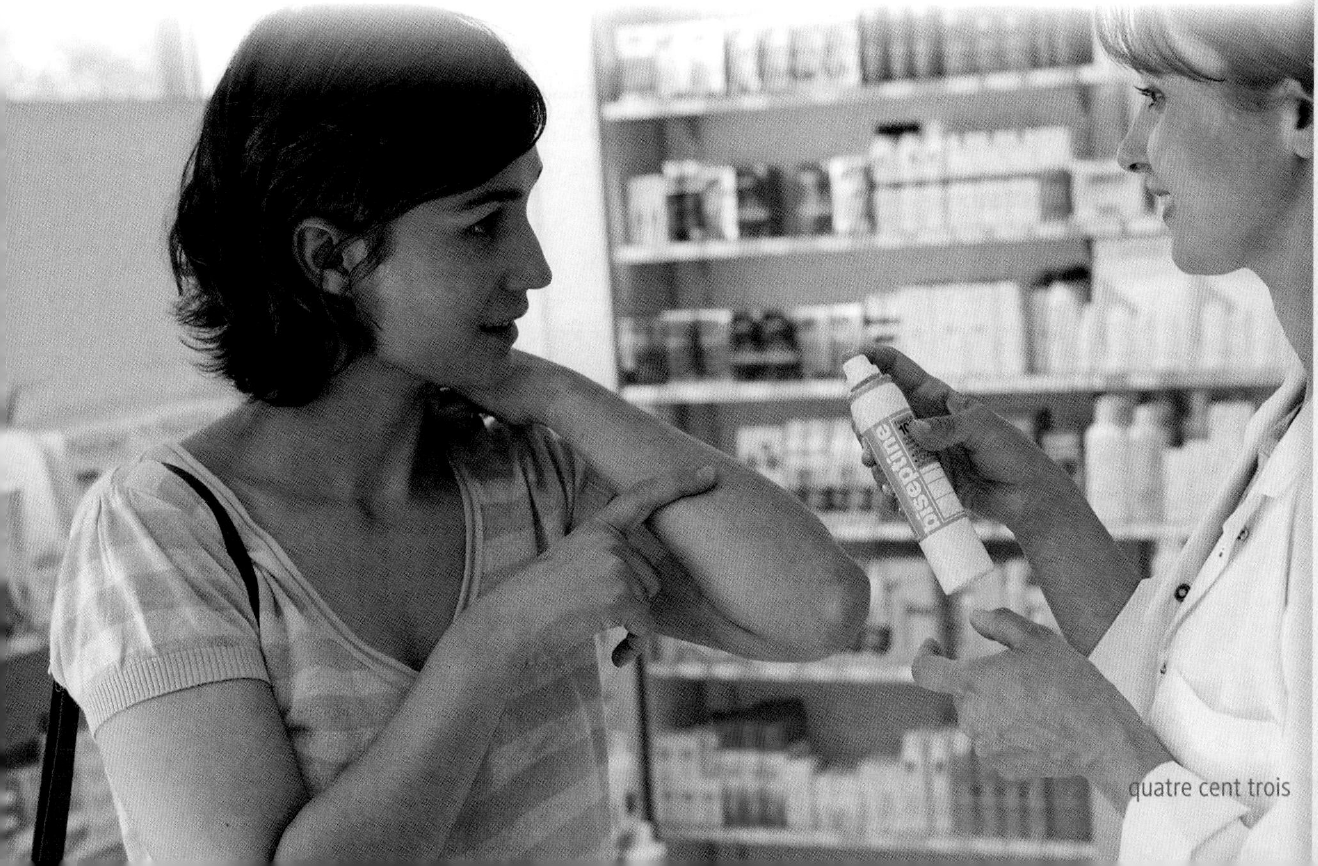

10.6 G Lis le poster et réponds aux questions.

Read the poster and answer the questions.

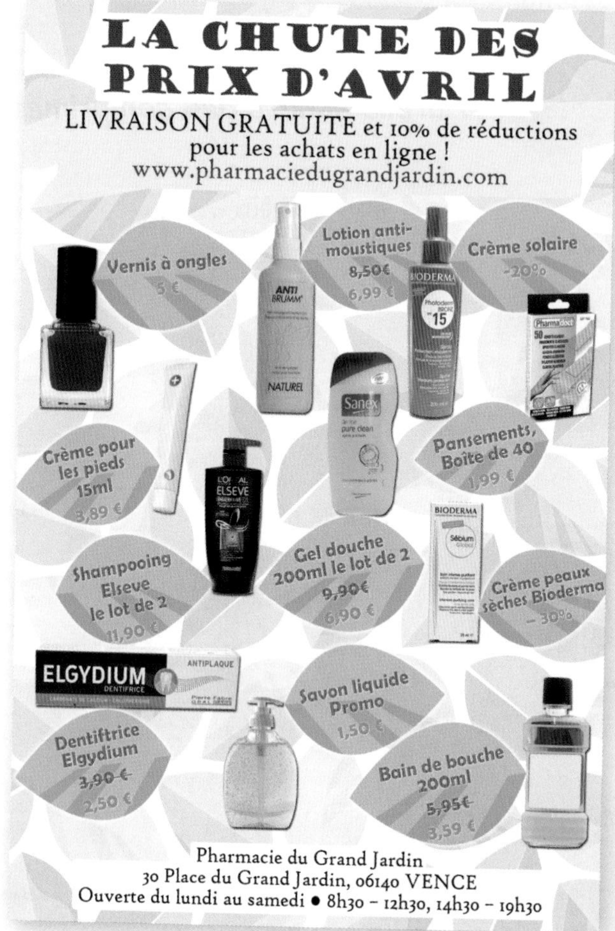

Vrai ou faux?

True or false?

(a) Le dentifrice coûte deux euros cinquante. ....

(b) Toutes les promotions sont pour le mois de mars. ....

(c) Un vernis à ongles et une boîte de pansements coûtent 6,99 €. ....

(d) La pharmacie ferme de 12h à 14h30. ....

(e) La crème pour les pieds est plus chère que le bain de bouche. ....

(f) C'est moins cher d'acheter en ligne que d'acheter dans le magasin. ....

(g) Si vous achetez en ligne, la livraison coûte 1 €. ....

(h) La pharmacie se trouve dans une ville qui s'appelle Vence. ....

(i) La pharmacie ouvre tous les jours de la semaine. ....

10.6 H Imagine que tu es à la pharmacie. Travaillez à deux. Dans vos Journaux de bord, écrivez un jeu de rôle entre le pharmacien/la pharmacienne et le client/la cliente.

Imagine that you are at the pharmacy. Work in pairs. In your learning diaries, write a role-play between the pharmacist and the customer.

Parlons ! Travaillez à deux. Jouez votre jeu de rôle.

Work in pairs. Perform your role-play.

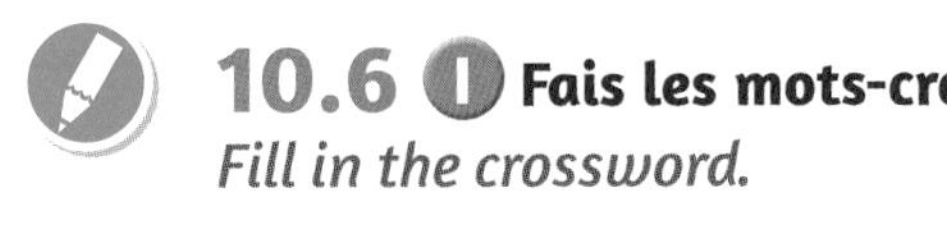

10.6 I Fais les mots-croisés.

Fill in the crossword.

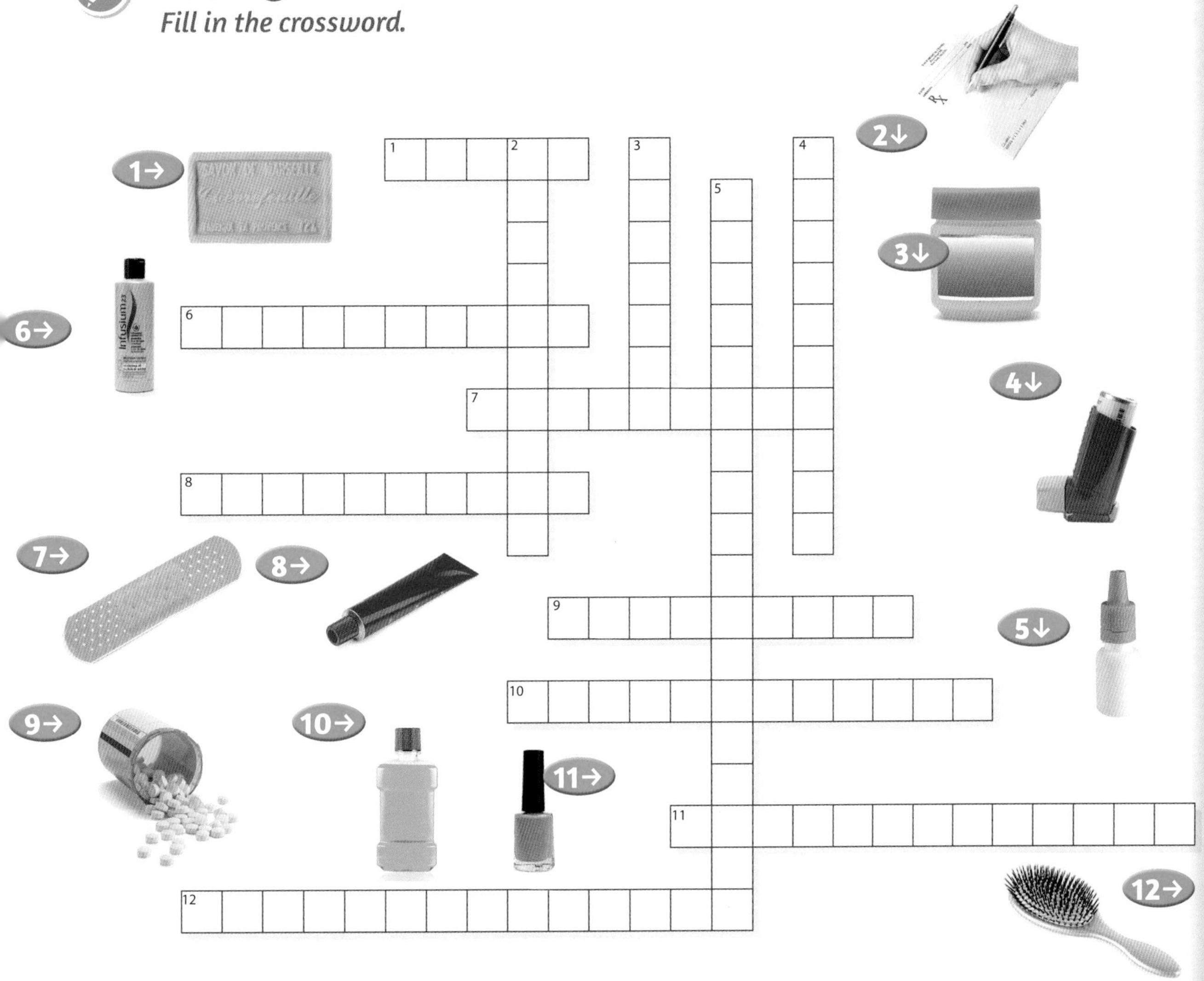

1→ 2↓ 3↓ 4↓ 5↓ 6→ 7→ 8→ 9→ 10→ 11→ 12→

Écris les mots-clés 106–129 pour la section 10.6 dans ton Journal de bord.

Fill in the key words 106–129 from section 10.6 in your learning diary.

10.7 Que savez-vous sur la francophonie ?

10.7 A Le quiz sur la francophonie !

A quiz on French-speaking countries!

This is a table quiz to see what you can remember about all the French-speaking countries you studied throughout *Ça Roule! 2*. Divide into teams of 3 or 4 and fill in the answers to the quiz without looking at your learning diary or checking back through your book! Every answer is the name of a francophone region, city or country.

1 L'histoire

(a) C'était une colonie française de 1608 à 1763 et une colonie britannique de 1763 à 1867. ....

(b) Ce pays africain était une colonie française jusqu'à son indépendance en 1962. ....

(c) En 1790, c'était la colonie française la plus riche de toute l'Amérique. ....

(d) Ce pays qui a des frontières avec la Libye, est devenu indépendant de la France en 1956. ....

(e) En 1886, ce pays a donné la Statue de la Liberté comme cadeau aux États-Unis. ....

2 La géographie

(a) Ce pays occupe la partie occidentale de l'île de Hispaniola. ....

(b) Pays francophone qui a des frontières avec le Rwanda et l'Ouganda. ....

(c) Il y a plus de 1500 lacs dans ce pays francophone. ....

(d) Ce pays francophone est le plus grand pays d'Afrique. ....

(e) Ce pays francophone est le pays le plus au nord de l'Afrique. ....

3 Les gens connus

(a) Le footballeur Anthony Vanden Borre est né dans ce pays francophone. ....

(b) Pays d'origine de Roger Federer. ....

(c) Le footballeur Anthony Vanden Borre joue pour l'équipe nationale de ce pays francophone. ....

(d) Le couturier français Yves Saint Laurent est né dans ce pays francophone. ....

(e) Le roi de ce pays francophone s'appelle Philippe. ....

4 Les villes

(a) La capitale de ce pays est Kinshasa. ....

(b) Cette ville est la capitale de la Suisse. ....

(c) Après Paris, cette ville est la ville francophone la plus grande du monde. ....

(d) Cette ville est la capitale de la Belgique. ....

(e) La capitale de ce pays est Port-au-Prince. ....

5 La nourriture

(a) Ce pays francophone est connu pour la bière, le chocolat, les gaufres et les frites. .....

(b) Les habitants de ce pays sont les plus grands consommateurs de chocolat au monde.

(c) Pays d'origine du boeuf bourguignon et de la salade niçoise. ....

(d) La raclette et la fondue sont des plats traditionnels de ce pays francophone. ....

(e) Pays où on mange la poutine. ....

6 Les drapeaux – identifie de quel pays francophone sont ces drapeaux !

(a) (b) (c) (d) (e)

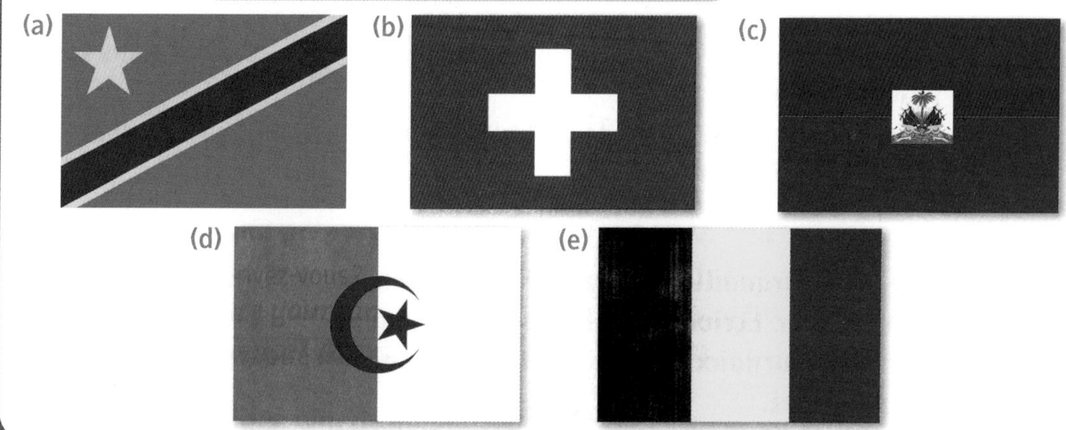

7 Culture générale

(a) La monnaie de ce pays francophone, c'est la gourde. ....

(b) Le dessinateur de la BD Tintin vient de ce pays francophone. ....

(c) Ce pays est un des plus grands producteurs de diamants et de cuivre du monde. ....

(d) La monnaie de ce pays francophone, c'est le franc. ....

(e) Le nom de cette ville vient d'un nom indigène qui veut dire *where the river narrows*. ....

10.7 B C'est quoi la France d'Outre-Mer ?

What is France Overseas?

La France d'Outre-Mer (ou DROM-COM), ce sont les **d**épartements et **r**égions et **c**ollectivités d'**O**utre-**M**er, en clair, des petits morceaux de France dispersés dans tous les océans de la planète. Ces territoires sont le résultat de la longue histoire de conquête de la France, du temps où elle cherchait des ports stratégiques pour ses navires…et à s'enrichir grâce au commerce de cultures comme le café et la canne à sucre.

Les DROM, ce sont surtout des îles : Saint-Pierre-et-Miquelon, la Martinique, la Guadeloupe dans l'océan Atlantique, ou bien la Réunion par exemple, dans l'océan Indien et plus loin encore dans l'océan Pacifique Wallis-et-Futuna et la Polynésie… Au total plus de 2,5 millions d'habitants qui ont une histoire, des langues et une culture très différentes. Mais quelles sont les points communs entre tous ces DROM-COM?

D'abord, on y parle français et chacun entretien un lien particulier avec la France qu'on appelle la métropole. Pour les Collectivités d'Outre-Mer, ce lien est de moins en moins fort. La Nouvelle-Calédonie se prépare ainsi à devenir un pays souverain. La Polynésie a son propre drapeau et peut créer ses propres lois. Mais pour les DROM, la Réunion, la Guadeloupe, Mayotte, la Guyane et la Martinique, le lien avec la métropole est très fort. Les habitants y votent aux mêmes élections nationales, ils bénéficient des mêmes services. C'est la France mais dans des décors de carte postale à 8 ou 12 heures d'avion de Paris.

C'est quoi la France d'Outre-Mer ? Éxplique-les en anglais dans ton Journal de bord.

What is la France d'Outre-Mer ? In your learning diary, write a short explanation in English.

10.7 C Travaillez à deux. Choisissez un des départements ou collectivités d'Outre-Mer. Écrivez tous les renseignements sur la région de votre choix dans vos Journaux de bord. Faites un diaporama avec les renseignements que vous trouvez.

Work in pairs. Choose one of les DROM-COM. Fill in all the information about the area of your choice in your learning diaries. Make a slideshow with the information you find.

10.7 D Travaillez à deux. Faites un exposé oral avec le diaporama que vous avez preparé sur un des DROM-COM

Work in pairs. Make an oral presentation with the slideshow you prepared on one of les DROM-COM.

10.8 Tu es prêt(e) à pratiquer ? Allons-y !

10.8 A Associie les mots aux phrases ci-dessous.

Match the words below to the sentences below.

le dentifrice | une radiographie | le casque | un inhalateur | le coude | une ordonnance | le sirop contre la toux | un rendez-vous | un bonne | la grippe

(a) On l'utilise pour laver les dents. ....

(b) Quand je tousse, j'achète ce produit. ....

(c) Mon frère a de l'asthme. Il a besoin de cet objet. ....

(d) Je le porte quand il fait très froid. ....

(e) Je le porte pour faire du ski. ....

(f) Pour voir le médecin, il faut en prendre ....

(g) Pour acheter des antibiotiques, il faut en avoir une. ....

(h) C'est une maladie. ....

(i) Pour voir une fracture, il faut en faire une. ....

(j) C'est une articulation entre le poignet et l'épaule. ....

10.8 B Identifie les parties du corps.

Label the parts of the body.

10.8 C Tu es dans une pharmacie à Nantes et il y a des touristes qui ne parlent pas français. Aide-les à traduire les phrases suivantes. Écris-les dans ton cahier.

You are in a pharmacy in Nantes and there are some tourists who don't speak French. Help them to translate the sentences. Write them in your copy.

(a) What is wrong?

(b) I have a temperature and a stomach-ache.

(c) Do you have a headache?

(d) She doesn't have a sore throat but her ears hurt.

(e) Do you have a prescription?

(f) My dad bought mouthwash and some plasters at the pharmacy.

(g) They vomited yesterday evening and they have no appetite today.

(h) My feet are sore and I'm very tired.

(i) Eric was bitten by mosquitoes and he wants to buy cream.

(j) I fell and I twisted my ankle.

10.8 D Lis le poster et réponds aux questions en anglais.

Read the poster and answer the questions in English.

(a) Describe three symptoms of the flu according to the poster. ....

(b) What do the numbers 2 and 7 on the poster refer to? ....

(c) Describe three things you should do to avoid getting the flu. ....

(d) Describe three things you should *not* do to avoid getting the flu. ....

10.8 E Lis le texte et réponds aux questions.

Read the text and answer the questions.

PRINCE HARRY : SON DISCOURS SUR L'IMPORTANCE DE LA SANTÉ MENTALE DANS L'ARMÉE

ANCIEN MEMBRE DE L'ARMÉE BRITANNIQUE, LE PRINCE HARRY A TENU UN DISCOURS SUR L'IMPORTANCE DE LA SANTÉ MENTALE AU SEIN DES FORCES ARMÉES AU MINISTÈRE DE LA DÉFENSE DU ROYAUME-UNI.

En tant qu'ancien officier et pilote d'hélicoptère de l'armée britannique, le Prince Harry sait de quoi il parle. Ce lundi, le compagnon de Meghan Markle a donné un discours au sein du ministère de la Défense britannique à propos de la santé mentale des soldats, mise à rude épreuve dans l'armée.

Le prince a expliqué que ses dix ans passés dans l'armée lui avaient appris tous « les sacrifices » que faisaient ses membres pour le pays, parfois au détriment de leur santé mentale.

Des sacrifices notamment liés à la réduction des effectifs de l'armée qui leur demande un investissement total. « Nous devons les considérer comme des athlètes de haut niveau (...) Les sportifs se concentrent beaucoup sur leur mental pour s'entraîner comme lors des compétitions » a-t-il expliqué. Une partie qui ne devrait pas être négligée chez les soldats d'après le prince : « Quand j'étais à l'armée, j'ai vu à quel point le conditionnement physique était important et comment nous nous échauffions avant chaque course ou marche chargée pour réduire le risque de blessure. Nous devons avoir la même approche pour notre santé mentale ». Harry a démissionné de l'armée en 2015 pour des questions de sécurité liées à son statut de prince. Aujourd'hui, il se consacre à ses obligations royales pour seconder la reine.

Réponds en français.

Answer in French.

(a) Quand est-ce que Harry a donné ce discours ? ....

(b) Combien de temps a-t-il passé dans l'armée ? ....

(c) Trouve quatre verbes au passé composé dans le texte. ....

(d) Trouve trois verbes à l'imparfait dans le texte. ....

Réponds en anglais.

Answer in English.

(a) What was the topic of Harry's speech? ....

(b) What role did Harry have in the British Army? ....

(c) What is said about sports players? ....

(d) Why did Harry leave the army? ....

10.8 F Lis l'article et réponds aux questions.

Read the article and answer the questions.

DEUX MORTS ET TROIS BLESSÉS DANS UN GRAVE ACCIDENT DE LA ROUTE EN BRETAGNE

Deux touristes anglais sont décédés ce vendredi en Bretagne dans un grave accident de la route. Le drame s'est déroulé vers 11h vendredi matin sur l'autoroute A84 près de Rennes. Deux véhicules se sont percutés pendant une tempête de neige.

Les victimes, un homme de 70 ans et une femme de 68 ans, conduisaient pour aller à Cherbourg où ils avaient l'intention de traverser la Manche en ferry. Suite à la collision frontale entre leur Peugot et une camionnette, l'homme a fait un arrêt cardiaque. La femme a été transportée à l'hôpital de Rennes par hélicoptère après avoir été soignée sur la route, mais elle est morte vendredi soir. Le conducteur de la camionnette, un homme de 35 ans, a été blessé au bras gauche. Sa fille de 6 ans a été sérieusement blessée à la tête, ainsi que son fils de 9 ans qui a été blessé à la jambe.

Pendant trois heures, la circulation a été interrompue dans les deux sens de circulation pour rechercher la cause de l'accident. La gendarmerie avertit qu'il y a toujours de dangereuses plaques de verglas sur les routes et recommande d'éviter l'autoroute A84 ce soir.

Réponds en anglais.

Answer in English.

(a) What vehicles were involved in the accident? ....

(b) What is known about the people who died? (give full details) ....

(c) Describe the injuries suffered by the injured man and children. ....

(d) What do you think is the most likely cause of the accident? ....

(e) What warning have the police issued? ....

Réponds en français.

Answer in French.

(a) Quand est-ce que l'accident a eu lieu ? ....

(b) Comment est-ce que la femme a été transportée à l'hôpital ? ....

(c) Pourquoi est-ce que la police a interrompu la circulation sur la route ? ....

(d) Trouve cinq verbes au passé composé. ....

(e) Trouve deux verbes à l'imparfait. ....

10.8 G Lis l'article et réponds aux questions.

Read the article and answer the questions.

MANCHESTER CITY : SERGIO AGÜERO BLESSÉ DANS UN ACCIDENT DE VOITURE AUX PAYS-BAS

L'attaquant international argentin de Manchester City Sergio Agüero a été blessé jeudi dans un accident de voiture, dans un taxi, aux Pays-Bas. Il doit rentrer ce vendredi à Manchester, en Angleterre, pour être examiné par les médecins du club, annonce son employeur.

Le prolifique attaquant de 29 ans « se trouvait en Hollande pour un jour de congé et a été blessé ». La police d'Amsterdam a, de son côté, indiqué être intervenue sur un accident de voiture jeudi soir aux environs de 23 heures après qu'un taxi ait « percuté un lampadaire ». « Aucun autre véhicule n'a été impliqué », a déclaré un porte-parole de la police, Frans Zuiderhoek, ajoutant que trois personnes présentes dans le taxi, dont les identités n'ont pas été dévoilées, ont été conduites à l'hôpital, mais qu'elles ne souffrent pas de « blessures graves ».

D'après le média argentin « Clarin », Agüero aurait une côte fracturée. Il pourrait manquer les deux prochains mois de compétition. Sa ceinture de sécurité lui aurait épargné de plus graves blessures.

Réponds en français.

Answer in French.

(a) Quelle est la nationalité de Sergio Agüero ? ....

(b) Où s'est passé l'accident ? ....

(c) Quand est-ce qu'il reviendra à Manchester ? ....

Réponds en anglais.

Answer in English.

(a) Explain what happened in this accident. ....

(b) What is the outcome of the accident? ....

(c) What saved Agüero from more serious injuries? ....

10.8 H Transforme l'adjectif en adverbe et puis, complète les phrases.

Make the adjective into an adverb and fill in the blanks.

(a) Les Thomas vont .... (régulier) en vacances.
(b) Parle plus .... (doux) s'il te plait.
(c) Ce cours passe très .... (lent).
(d) (Malheureux) .... l'équipe a perdu le match.
(e) Ils jouent .... (constant) aux jeux vidéo.
(f) Il se met .... (facile) en colère.
(g) Le prof explique .... (clair) la solution.
(h) Elle joue .... (bon) de la flûte.
(i) Tu parles .... (meilleur) français que moi.
(j) Il comprend .... (vite) ce qu'il doit faire.

10.8 I Complète les phrases avec l'imparfait des verbes entre parenthèses.

Fill in the blanks with the imparfait of the verbs in brackets.

(a) L'été dernier, je .... (PASSER) mes vacances en Provence.
(b) Il .... (ÊTRE) de bonne humeur hier.
(c) Mon grand-père .... (ACHETER) un journal tous les jours.
(d) Les joueurs .... (ESPÉRER) gagner.
(e) Avant l'accident, je .... (CONDUIRE) avec beaucoup de confiance.
(f) Le soleil .... (BRILLER) dans le ciel.
(g) Les infirmières .... (SOIGNER) les malades.
(h) Les usagers .... (ATTENDRE) le bus.
(i) D'habitude, ma mère et moi .... (FAIRE) les courses le matin.
(j) Ils .... (VOULOIR) traverser l'Atlantique avant les tempêtes.

10.8 Écris le roman-photo.

Write the photo story.

1. Write the story in the past tense.
2. Use the passé composé.
3. Write at least one sentence using l'imparfait.
4. Write at least two sentences per image.
5. Use at least one adverb.

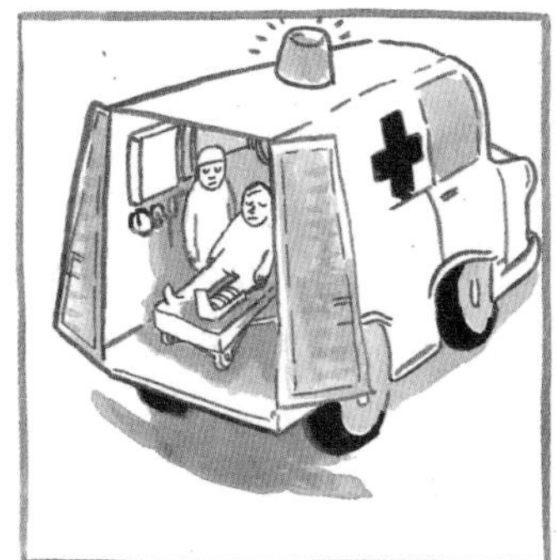

Écris les mots-clés 130–143 pour la section 10.8 dans ton Journal de bord.

Fill in the key words 130–143 for section 10.8 in your learning diary.

Revision
Go to **www.edco.ie/caroule2** and try the interactive activities and quizzes.

Unité 10 Mets tes connaissances à l'épreuve

Watch the video for Unité 10.

Coin grammaire !
Revise the grammar in Unit 10 in your learning diary.

Évalue-toi dans ton Journal de bord.
Use your learning diary to see how much you have learned in Unit 10.

Que sais-je ?			
I can follow conversations at the doctor's surgery.			
I can follow conversations at the pharmacy.			
I can identify specific information in conversations about health.			
I can read brochures for ski trips.			
I can read blogs and newspaper articles about accidents and injuries.			
I can understand posters offering health or medical advice.			
I can understand posters advertising products in a pharmacy.			
I can name parts of the body and pronounce them accurately.			
I can make a presentation about one of *les DROM-COM.*			
I can call a doctor's office to make an appointment.			
I can explain symptoms of illness or injury to a doctor.			
I can perform a role-play set in a doctor's surgery.			
I can ask for items at a pharmacy.			
I can write an email to a travel agency to book a ski trip.			
I can write role-plays set at the doctor's surgery and at the pharmacy.			
I can write a narrative following a picture story.			
I can use adverbs to describe actions.			
I can describe things in the past using *l'imparfait*.			
I can understand the basic difference between *le passé composé* and *l'imparfait.*			
I can create a set of online flashcards to learn vocabulary on the topic of health.			
I can create a slideshow with images and text in French			
I know how to call the emergency services if I am in France.			
I can identify some of the ski resorts in the French-speaking world.			
I can say five interesting facts about one of *les DROM-COM.*			

La pratique est la clé du succès!

Over the course of the Ça *Roule!* series, you have learned a lot about the French language and culture. Your knowledge will be evaluated in two classroom-based assessments: an Assessment Task and a Final Examination.

This unit gives you information about assessment of modern languages at Junior Cycle to help you to explore the knowledge you have gained, prepare you for different types of assessment and give you the strategies to cope with the unfamiliar in exam situations.

Section 11.1 gives an overview of assessment of Junior Cycle Modern Foreign Languages.

Section 11.2 looks at developing your spoken interaction and spoken production skills for the first classroom-based assessment (CBA) under the following categories:

- 11.2 (A) Preparing for an interview
- 11.2 (B) Performing a role-play
- 11.2 (C) Making a presentation
- 11.2 (D) Having a conversation

Section 11.3 concentrates on preparing your portfolio for the second CBA.

Section 11.4 gives tips on preparing for the Assessment Task.

Section 11.5 provides reading and listening comprehension practice and gives tips on developing your writing skills in preparation for the Final Examination through these skills:

- 11.5 (A) Reading comprehension
- 11.5 (B) Listening comprehension
- 11.5 (C) Writing practice

11.1 Assessment of Junior Cycle Modern Foreign Languages

The assessment of Junior Cycle Modern Foreign Languages consists of four elements:

1. Classroom-Based Assessment 1: Oral communication
2. Classroom-Based Assessment 2: The student language portfolio
3. Assessment Task linked to the Student Language Portfolio (Learning diary)
4. Final Examination

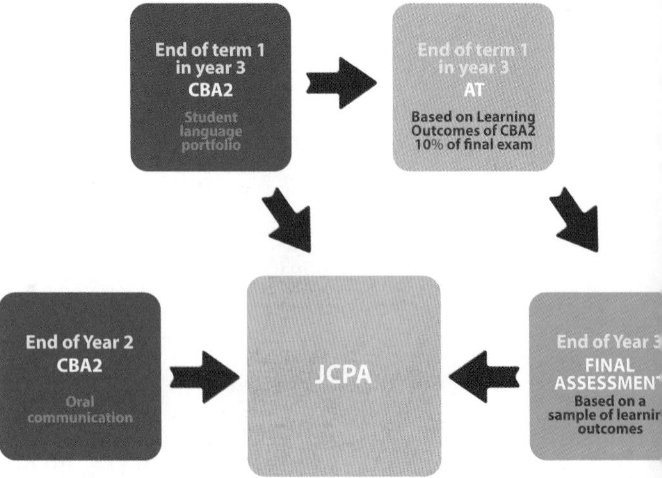

The Assessment Task and the Final Examination will be assessed by the State Examinations Commission.

11.2 Preparing for Classroom-Based Assessment 1: Oral Communication

You will complete CBA1 during class time at the end of year 2 The purpose of this classroom-based assessment is to demonstrate your skills of oral production and oral interaction. In completing the oral communication activity, you will have a choice of the following formats:

1. Interview
2. Role-play
3. Presentation
4. Conversation in response to stimulus material: e.g. visuals, written texts, aural texts or others

You may choose to work individually or to do the task in pairs or in groups. If you wish to work as part of a group, you need to ensure that each member of your group makes a meaningful individual contribution. The speaking time for each student – whether engaging in an individual or group task – is approximately 3 to 4 minutes.

The following tasks will help in your preparation for Classroom-Based Assessment 1 and give you the strategies to cope with spontaneous language production. Completing the tasks will prepare you for carrying out an interview, a role-play, a presentation and a question/answer session in French. It will also prepare you to respond to different stimulus and give your opinion. It is a good idea for you to practise reading French texts aloud and to listen to French on your own time as much as possible in preparation for Classroom-Based Assessment 1.

11.2 A Interview

Look back over the interviews that you did as you studied Ça *Roule! 1* and Ça *Roule! 2*. Think about which topics you found most difficult to talk about. These will be the most important ones for you to revise.

Interview about yourself	Ça *Roule! 1* page 80
Interview about your likes	Ça *Roule! 1* page 110
Interview about you and your family	Ça *Roule! 1* page 141
Interview about your school day	Ça *Roule! 1* page 165-166
Interview about your school	Ça *Roule! 1* page 184
Interview about your home	Ça *Roule! 1* page 198
Interview about chores	Ça *Roule! 1* page 213 & Ça *Roule! 2* page 301
Interview about the food you eat	Ça *Roule! 1* page 227
Interview about your hobbies	Ça *Roule! 1* page 277
Interview about your daily routine	Ça *Roule! 2* page 41
Interview about your town or city	Ça *Roule! 2* page 94
Interview about things you did in the past	Ça *Roule! 2* page 266
Interview about birthdays and celebrations	Ça *Roule! 2* page 367

Activity 1

Parlons ! Travaillez à trois. Choisissez un des thèmes ci-dessous et interviewe un/une camarade de classe.

Let's talk. Work in pairs. Choose from the topics below and interview a classmate.

Work in groups of three.

- *One person should ask the questions.*
- *The second person should answer the questions.*
- *The third group member acts as monitor, recording the interview and filling in the *Interview Feedback* page in the learning diary of the person who answers the questions.*

Moi même

1 Comment tu t'appelles ?
2 Comment ça s'écrit ?
3 Quel âge as-tu ?
4 C'est quand ton anniversaire ?
5 Quel est ton numéro de téléphone ?
6 Qu'est-ce que tu fais le samedi ?
7 Qu'est-ce que tu fais le dimanche ?
8 De quelle couleur sont tes yeux ?
9 De quelle couleur sont tes cheveux ?
10 Décris ton caractère.

Revise Ça *Roule ! 1* Journal de bord pages 21, 30 & 39

Mon école

1 Comment s'appelle ton école ?
2 Où se trouve l'école ?
3 Combien d'élèves y a-t-il dans ton école ?
4 Quelles sont les matières que tu étudies ?
5 Quelle est ta matière préférée ? Pourquoi ?
6 Comment sont les professeurs ?
7 Quelles sont les installations sportives dans ton école ?
8 Quells sont les installations éducatives dans ton école ?
9 Est-ce qu'il y a des activités extrascolaires ?
10 Décris ta salle de classe.

Chez moi

1 Il y a combien de personnes dans ta famille ?
2 Comment s'appellent-ils ?
3 Décris les membres de ta famille.
4 Où est-ce que tu habites ?
5 Tu habites un appartement ou une maison ?
6 Décris ta maison ou ton appartement.
7 Est-ce qu'il y a un jardin chez toi ?
8 Comment sont tes voisins ?
9 As-tu un animal domestique ?
10 Comment s'appelle-t-il ?

Revise *Ça Roule ! 1* Journal de bord pages 39 & 62

Ma routine

1 À quelle heure te lèves-tu en semaine ?
2 Que fais-tu avant d'aller à l'école ?
3 Comment vas-tu à l'école ?
4 À quelle heure commencent les cours ?
5 À quelle heure est la récréation à l'école ?
6 À quelle heure est-ce que tu déjeunes ?
7 À quelle heure est-ce que les cours se terminent ?
8 Est-ce que les profs donnent beaucoup de devoirs ?
9 Que fais-tu après les cours ?
10 À quelle heure te couches-tu ?

Revise *Ça Roule ! 1* Journal de bord page 50 & *Ça Roule 2* Journal de bord page 16.

Mes loisirs

1 Que fais-tu de ton temps libre ?
2 Est-ce que tu fais du sport ? Lequel ?
3 Est-ce que tu joues d'un instrument ?
4 Aimes-tu la musique ? Quel genre de musique aimes-tu ?
5 Est-ce que tu as un groupe ou un chanteur préféré ?
6 Aimes-tu les jeux vidéo ? As-tu un jeu préféré ?
7 Est-ce que tu aimes aller au cinéma ?
8 Est-ce que tu regardes la télévision ? Quand ?
9 Comment s'appelle ton émission préférée ?
10 Aimes-tu la lecture ? As-tu un livre préféré ?

Revise *Ça Roule ! 1* Journal de bord page 86

La nourriture !

1 À quelle heure prends-tu le petit-déjeuner ?
2 Qu'est-ce que tu manges pour le petit-déjeuner ?
3 Es-tu végétarien ou végétarienne ?
4 Qu'est-ce que tu manges pour le déjeuner ?
5 Quel est ton plat préféré ?
6 Est-ce que tu aimes les desserts ?
7 Qu'est-ce que tu manges pour le dîner ?
8 Vas-tu au restaurant ? Quand ?
9 Est-ce que tu aimes les fruits ?
10 Est-ce que tu manges des plats à emporter chez toi ?

Revise *Ça Roule ! 1* Journal de bord page 73

Faire le ménage

1 Est-ce que tu fais le ménage chez toi ?
2 Quelles tâches ménagères fais-tu ?
3 Quand est-ce que tu fais les tâches ménagères ?
4 Quelles sont les tâches ménagères que tu n'aimes pas faire ?
5 Est-ce que tu aimes cuisiner ?
6 Qui range ta chambre ?
7 Qui fait la plupart du ménage chez toi ?
8 Est-ce que tes parents te donnent de l'argent de poche ? Combien ?
9 Est-ce que tu économises de l'argent ?
10 En quoi dépenses-tu ton argent ?

Revise *Ça Roule ! 1* Journal de bord page 63 & *Ça Roule ! 2* Journal de bord page 97

Regarde l'enregistrement de ton entretien et complète l'auto-évaluation dans ton Journal de bord.
Watch the recording of your interview and fill in the self-assessment reflection in your learning diary.

11.2 B Role-play

It is worthwhile looking back over all of the role-plays you practised and performed as you studied Ça *Roule! 1* and Ça *Roule! 2.* You may not have completed all of these tasks, but for the ones you did, think about which ones you found most difficult – they are the most important ones for you to revise.

Introducing yourself	Ça *Roule! 1 Journal de bord* page 13
Meeting a new friend	Ça *Roule! 1 Journal de bord* page 31
Selling a house	Ça *Roule! 1 Journal de bord* page 65
Shopping for food	Ça *Roule! 1 Journal de bord* page 75
Arranging to meet up to go to a match	Ça *Roule! 1* page 285
Showing a new student around your school	Ça *Roule! 2* page 19
Shopping for school supplies	Ça *Roule! 2 Journal de bord* page 8
Checking in for a flight	Ça *Roule! 2 Journal de bord* page 40
Booking into a hotel	Ça *Roule! 2 Journal de bord* page 44
Shopping for clothes in a boutique	Ça *Roule! 2 Journal de bord* page 56
Buying train tickets	Ça *Roule! 2 Journal de bord* page 59
Asking for and giving directions	Ça *Roule! 2* page 183
Sending a package at the post office	Ça *Roule! 2 Journal de bord* page 71
Ordering food at a restaurant	Ça *Roule! 2 Journal de bord* page 73
Inviting a friend to a party	Ça *Roule! 2 Journal de bord* page 112
Making a medical appointment	Ça *Roule! 2 Journal de bord* page 132
At the doctor's surgery	Ça *Roule! 2 Journal de bord* page 133
Shopping at the pharmacy	Ça *Roule! 2 Journal de bord* page 134
Reporting a lost bag	Ça *Roule! 2* page 424

Activity 2

Lis l'étiquette à bagage et la conversation ci-dessous, et puis écoute la conversation et quand tu entends le bip, complète la conversation. La conversation continuera quinze secondes après le bip et tu pourras vérifier tes réponses.

Read the baggage tag and the dialogue below, then listen to the conversation and when you hear a beep, fill in the necessary information. The conversation will continue fifteen seconds after the beep and you can check your answers.

COUPON DE VOL
Sorcha O'Reilly
VOL : AF 1717
PORTE D'EMBARQUEMENT : 22
SIÈGE : 42A
DÉPART DE : Dublin 13:35
ARRIVÉE À : Paris 15:05
AIRFRANCE

Sorcha has just arrived at Nice airport with her family. They are at the baggage carousel.

Sorcha: We have everyone's bag except your black suitcase, Shane. It must be lost.

Shane: Ah no!

Mr O'Reilly: Right Sorcha, let's see if we can sort it out. Ask this person over here. They have a badge. Excuse me – Do you speak English?

Employé: Non, je ne comprends pas.

Mr O'Reilly: Ok Sorcha, tell him we're looking for a suitcase. Ask him what do we have to do?

Sorcha: Excusez-moi, Monsieur, ...

Employé: Si la valise n'est pas arrivée, vous devez compléter ce formulaire avec une description de la valise et tous les détails du vol. Je vous aiderai avec le formulaire. Alors, comment vous appelez-vous ?

Sorcha: ....

Employé: D'où arrivez-vous ?

Sorcha: ....

Employé: Quel est votre numéro de vol ?

Sorcha: ....

Employé: De quelle couleur est la valise ?

Sorcha: ....

Employé: Quel est votre numéro de téléphone ?

Sorcha: C'est le 083.264.73.03.

Mr O'Reilly: So when do they think we'll have the bag?

Sorcha: I'll ask… ....

Employé: Demain après-midi. Je vous téléphonerai dès qu'elle arrivere.

Sorcha: Merci beaucoup. Je vous remercie de votre aide.

Employé: Je vous en prie. Passez de bonnes vacances !

Sorcha: Merci. Au revoir Monsieur.

Activity 3

Parlons ! Travaillez à deux. Tu es en vacances à Nice et tu as perdu ton sac dans le train. Tu vas au poste de police pour signaler la perte de ton sac. Faites un jeu de rôle avec le policier / la policière. Utilisez les cartes ci-dessous pour vous aider.

You are on holidays in Nice and you have lost a bag on the train. You go to the police station to report the loss. Work with a partner. Perform a role-play of the conversation with the police. Use the cards below to help you.

Puis-je vous aider ?
Pouvez-vous décrire le sac ?
Qu'est-ce qu'il y avait dans le sac ?
Comment tu t'appelles ?
Comment ça s'écrit ?
Où est-ce que vous logez ?
Quel est ton numéro de téléphone ?

J'ai perdu mon sac dans le train de Nice à Antibes.
Rouge et noir, marque Nike
Portefeuille en cuir avec 40 €, lunettes de soleil, iPhone 6, billet de train
Je m'appelle...
Ça s'écrit...
Auberge de Jeunesse Nice Centre
085 3217214

Activity 4

Pierre achète des baskets dans un magasin de sport à Strasbourg. Complète la conversation avec les questions que vous entendez.
Pierre is buying runners in a sports shop in Strasbourg. Fill in the blanks in the conversation with the questions below.

Où est la caisse ? | *Quelle couleur voulez-vous ?* | *Quelle marque préférez-vous ?*

Je peux vous aider ? | *Quelle est votre taille ?* | *Quel est le prix ?*

Vendeuse : (a) ....

Pierre : Je cherche des baskets, s'il vous plaît.

Vendeuse : Alors, nous avons un grand choix des baskets. (b) ....

Pierre : Je voudrais des baskets blanches.

Vendeuse : (c) ....

Pierre : Quarante et un.

Vendeuse : (d) ....

Pierre : Ça m'est égal. J'en ai besoin pour la classe d'éducation physique alors la marque n'est pas importante pour moi.

Vendeuse : D'accord. Voilà une paire de baskets à prix réduit.

Pierre : (e) ....

Vendeuse : Cinquante-deux euros soixante-quinze.

Pierre : D'accord, merci. (f) ....

Vendeuse : Là-bas, à côté de la cabine d'essayage.

Pierre : Merci, Madame.

Écoute et vérifie tes réponses.
Listen and correct your answers above.

Activity 5

Choisis (au moins) un des jeux de rôle à la page suivante et prépare-le dans ton Journal de bord.
Choose (at least) one of the role-plays on the next page and prepare it in your learning diary.

In pairs, choose from the following situations. Go back through your book to revise the knowledge you need to perform the role-play or role-plays. For each role-play that you decide to perform, first fill out a *Role-Play Preparation* sheet in your learning diary.

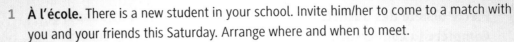

1 **À l'école.** There is a new student in your school. Invite him/her to come to a match with you and your friends this Saturday. Arrange where and when to meet.

2 **À la boutique.** You are in a clothing store in Geneva looking for a pair of trousers. Tell the shop assistant what colour and size you want. Ask about the prices, and find out where the changing rooms and the checkout are.

3 **À l'aéroport.** Your family has arrived at Charles de Gaulle airport to check-in for your flight to Cork. It is delayed by two hours because of bad weather.

4 **À l'auberge de jeunesse.** Your brother has lost (*a perdu*) his mobile phone in the dormitory (*le dortoir*) of your youth hostel. You go to the reception to see if they have it. Describe the phone (colour, size, brand).

5 **Demander son chemin.** You are with a classmate in Paris, trying to find the Louvre museum. Ask for directions and for how long it will take to walk there.

6 **À la librairie-papeterie.** You are shopping for the new school year and you go to the bookshop to buy a dictionary, a geography book, five copies, and a folder.

7 **Au marché.** You are at the market and want to buy a kilo of potatoes, a box of cherries and 5 peaches. The market trader tries to sell you some pears.

8 **À la poste.** You are at the counter at the post office to send a package to the UK. You are sending back a jacket that you bought from an online store because it is too big.

9 **À la boulangerie-pâtisserie.** You are at the bakery and want to buy bread, 4 chocolate eclairs and 6 croissants. There are no croissants left.

10 **Au restaurant.** You are at a restaurant in Brussels. Order onion soup, mussels with chips and apple tart. You would like water to drink.

11 **À la gare routière.** You are at the bus station in Bordeaux and you want to travel to Nantes this afternoon with your mother and younger sister. Buy three return tickets and find out about times and fares.

12 **Chez le médecin.** You bring your little brother to the doctor. He has a sore throat, a cough and a fever. The doctor diagnoses the flu and gives you a prescription.

13 **Faire une réservation.** You are going to La Rochelle with two family members. You would like a double room and a single room for five nights from the 2nd to the 7th of August. Make a phone call to a hotel enquiring about availability, prices, facilities, and ask what floor the available rooms are on.

14 **Mon idole!** You are a big fan of a famous French YouTube star and you have just won the opportunity to meet him/her. Act out the conversation you would have with him/her. What questions would you ask him/her?

Activity 6

Parlons ! Travaillez à deux. Jouez (au moins) un des jeux de rôle ci-dessus.

Perform (at least) one of the role-plays above.

The monitors listen to your conversation and use your *Role-Play Preparation* sheets to fill out your *Oral Feedback* sheets (found on page 144 of your learning diary). Each monitor should evaluate one of the students performing the role-play. The role of the monitor is to give feedback to you and your partner on the following aspects of your role-play:

- How clearly did the person speak?
- Did they use the correct vocabulary?
- How would you rate their pronunciation?
- Did you notice any mistakes in word order, verbs or grammar?
- Did you understand the conversation?

- Two pairs work together for the performance of the role-plays.
- One pair should performs a role-play, while the other pair acts as their Monitors.
- Before performing your role-play, you and your partner should show the monitors your Role-Play Preparation sheets in your learning diaries.

After each role-play you perform, fill in a Role-Play Reflection in your learning diary.

For further role-play practice, try the activities in Activity 17.

11.2 C Presentation

Activity 7

Lis les questions ci-dessous et dans ton Journal de bord, prépare un exposé sur un thème qui t'intéresse.

Read the questions below and in your learning diary, prepare a presentation on a topic of interest.

1 Choose a topic of interest to you that you would like to make a presentation about. It could be a hobby, a favourite sports star, your family pets, a favourite movie, a place you go on family holidays, a football team you support, a singer or band that you like, a club that you are a member of, etc.

2 Brainstorm all the vocabulary you might need to talk about your chosen topic, noting the words and phrases in your learning diary.

3 Use the *Preparing a Presentation* sheet in your learning diary to note down points for your presentation. Think of all the relevant information you would like to say about the topic you've chosen.

4 Think about the questions your teacher or classmates or an oral examiner might ask you about the topic. Note them down in your learning diary.

5 How might you answer these questions? Prepare answers to all these questions in your learning diary.

Fais un exposé sur un thème qui t'intéresse.
Make a presentation about a topic of interest.

Work in groups of three. The first group member should make their presentation on their chosen topic (via slideshow, poster or webpage using the points prepared in their learning diary). The second group member should prompt the speaker by asking some of the questions the presenter prepared in their learning diary or any other relevant question on the topic. The third member of the group is the monitor and fills in the *Presentation Feedback* sheet in the presenter's learning diary (found on page 147).

After making your presentation and reading your *Presentation Feedback* sheet, fill in a *Presentation Reflection* in your learning diary.

Activity 8

You may decide to make a presentation on a cultural topic. Look back over all the cultural presentations you made for your class as you worked through *Ça Roule ! 1* and *Ça Roule ! 2*.

The tourist attractions of a French city	Ça *Roule ! 1* page 61
A French artist	Ça *Roule ! 1* page 67
A French national holiday	Ça *Roule ! 1 Journal de bord* page 20
A French business	Ça *Roule ! 1* page 107
A French author	Ça *Roule ! 1* page 181
A region of France	Ça *Roule ! 1* page 199
Your favourite French recipe	Ça *Roule ! 1* page 246
A French speaking sports star	Ça *Roule ! 2* page 87
The climate and weather in a francophone country	Ça *Roule ! 2* page 144
One of *les DOM-COM*	Ça *Roule ! 2* page 408

Lis les questions ci-dessous et dans ton Journal de bord, prépare un exposé sur un thème culturel d'intêret.
Read the questions below and prepare a presentation on a cultural topic in your learning diary.

1 In your first year as a language learner, most of your cultural presentations may have been done in English. Look back at your presentations. Which ones can you now comfortably present in French?

2 Choose which cultural topic you would most like to make a presentation about? Which topics did you find most interesting as you were learning? Which topics can you say a lot about in French?

3 Brainstorm all the vocabulary you might need to talk about your chosen topic - note the words and phrases in your learning diary.

4 Use the *Preparing a presentation* sheet in your learning diary to note down points for your presentation (these might be points you made in your original presentation on the topic that now you can make in French instead of in English, or you might find new information to improve on your original presentation).

5 Think about what questions your teacher or classmates or an oral examiner might ask you about the topic. Note them down in your learning diary.

6 How might you answer these questions? Prepare answers for all the possible questions you have thought of in your learning diary.

Fais un exposé sur un thème culturel de la francophonie qui t'intéresse.
Make a presentation about something that interests you about the culture of the French speaking world.

Work in groups of three. The first group member should make their presentation (presenting a slideshow, poster or webpage, using the points prepared in their learning diary). The second group member should prompt the speaker by asking some of the questions the presenter prepared in their learning diary, or any other relevant question on the topic. The third member of the group is the Monitor and fills in the *Cultural Presentation Feedback* sheet in the presenter's learning diary on page 150.

After making your presentation and reading your *Cultural Presentation Feedback* sheet, fill in the *Cultural Presentation Reflection* sheet in your learning diary.

Activity 9

Prépare un exposé sur une image que tu aimes.

Prepare a 'show-and-tell' type presentation of an image that you like.

Choose an image to show your class. Prepare some notes in your learning diary on how to describe the image, the story behind the image and the vocabulary you will need to describe it. Think about the kinds of questions your teacher and classmates may ask you and think about how to formulate answers to those questions.

Ideas of what to show:

- A photograph from a holiday
- An image of you or your team playing a match
- A picture taken on a day out with friends or family
- A photograph from a family celebration (birthday party, Christmas etc)
- A printed image of your favourite singer, footballer or actor
- A photo of your pet, your family or your best friends
- An image taken at a concert, a festival or a match you went to
- A still from a movie or TV show that you watch
- A poster you made in French class
- A poster of a celebrity

Possible general questions:

- Qu'est-ce qu'il y a sur l'image ?
- Qu'est-ce qu'il y a au premier plan / à l'arrière-plan ?
- Qu'est-ce qu'il y a à droite / à gauche ?
- Qu'est-ce qui se passe sur l'image ?
- C'est où ?
- Qui est-ce qu'on voit sur l'image ?
- Décris les gens.
- Qu'est-ce qu'ils portent ?
- Pourquoi aimes-tu cette image ?

Choose a classmate to monitor and fill in the *Cultural Presentation Feedback* sheet in the presenter's learning diary on page 153. Once you've read the feedback, fill in the *Cultural Presentation Reflection* sheet on page 154.

Activity 10

Écoute les exposés de Ciara et de Josh.
Listen to Ciara and Josh's presentations.

Activity 11

Fais un exposé sur une image que tu aimes.
Show-and-tell.

Using the *Presentation Preparation* sheet in your learning diary, decide what you will tell the class about your image. Present your image to the class, describing the image and talking about the story behind it. Your teacher and classmates may wish to ask you some questions about your image, so choose wisely!
Choose one classmate to monitor and fill out the *Presentation Feedback* form in their learning diary on page 156.

After making your presentation and reading the feedback you received from your monitor, fill in a *Presentation Reflection* sheet in your learning diary.

Activity 12

Regarde les images ci-dessous et à la page suivante et décris les images pour un/une camarade de classe. Ton/ta camarade posera des questions sur l'image.
Look at the images and describe them to a classmate. Your classmate will ask you the questions about the images.

Les questions :
- Qu'est-ce que tu vois sur la photo ?
- C'est quel type de magasin ?
- Quel est le produit le plus cher qu'on voit ?
- Est-ce que tu aimes les pâtisseries ?
- Quel est ton plat préféré ?
- Est-ce que tu aimes la cuisine française ?
- Est-ce que tu aimes l'image ? Pourquoi / pourquoi pas ?

Les questions :

- Qu'est-ce que tu vois sur la photo ?
- Qu'est-ce qu'il y a à l'arrière-plan ?
- Où est-ce que la photo a été prise ?
- Décris les gens au premier plan.
- Est-ce que tu aimes voyager ?
- Pourquoi est-ce que beaucoup de touristes viennent en France ?
- Quelles sont les attractions touristiques les plus connues de la France ?
- Décris une des attractions touristiques de la France.

Les questions :

- Qu'est-ce que tu vois sur la photo ?
- Quel sport font-ils ?
- Décris les vêtements qu'ils portent.
- Qu'est-ce que tu vois à l'arrière plan ?
- L'image a été prise dans quelle ville ?
- Est-ce que tu aimes le cyclisme ?
- Quel sport préfères-tu ?

11.2 D Conversation

Activity 13

Conversations dans une langue étrangère.
Conversations in a foreign language.

1 It can sometimes be daunting to have a conversation with a native speaker in a language that is not your mother tongue. Which of the following do you think you might be nervous about? Number them from 1 (confident) to 5 (worried).

- Starting the conversation ....
- The language or vocabulary used ....
- The speed of the conversation ....
- The length of the conversation ....
- Ending the conversation ....

2 What do you find most challenging about having a conversation in French? Note your ideas in your learning diary.

3 When you speak or listen to French, what strategies do you use in order to help you to understand what is being said? Discuss in small groups. Note your ideas in your learning diary.

Activity 14

Écoute Ronan et écris ses conseils pour continuer une conversation dans ton Journal de bord.

Listen to Ronan and write down his advice for maintaining a conversation in your learning diary.

Ronan is an Irish student who first arrived in France after learning French for two years. In this interview he recalls his first experience speaking to French people. Write a list of tips for having a conversation in French based on Ronan's advice. Note them in your learning diary.

Activity 

La famille Doyle vient d'arriver dans un camping en Normandie. Lis les questions ci-dessous, écoute la conversation et réponds aux questions en anglais dans ton Journal de Bord.

The Doyle family has just arrived at a campsite in Normandy. Read the questions below, listen to the conversation and answer the questions in English in your learning diary.

(a) How does the conversation with the receptionist begin and end?

(b) Think of other conversations you might have in France or in French class, with your friends or with your teacher. Think of different ways to begin and end a conversation. Note your ideas in your learning diary.

(c) What phrases does Conor use to get a better understanding of what the receptionist is saying?

(d) The phrases Conor uses are ones that you can use in a conversation to clarify what is being said. When you are talking on the phone, you might need different phrases to clarify meaning. At the top of page 434, there is a list of phrases that you might need during a telephone or face-to-face conversation. Work with a partner and decide whether the phrases are useful for face-to-face conversations, or conversations on the phone or both types of conversation.

Categorise the phrases in your learning diary.

- Pardon, je ne comprends pas la question.
- Pouvez-vous répéter la question ?
- Au revoir.
- Je ne t'entends pas bien.
- Comment ça s'écrit ?
- J'ai un problème de reception.
- Pouvez-vous parler plus lentement, s'il vous plaît ?
- Peux-tu répéter, s'il te plaît ?
- Je ne te reçois pas bien.
- Je ne comprends pas le mot…
- Comment dit-on… en anglais ?
- Ça coupe !
- Je ne sais pas comment le dire en français.
- Je ne comprends pas.
- Allô !

Activity 16

Parlons ! Travaillez à deux. Jouez (au moins) un des jeux de rôle ci-dessous.

Perform (at least) one of the role-plays below

Perform these role-plays with a partner, but you must use at least two phrases to seek clarification of what is being said or to control the speed of the conversation.

As you perform these role-plays, work in groups of four so that one pair perform while the other pair use the *Oral Feedback – Seeking Clarification and Controlling Speed* sheet in your learning diary to give feedback.

After performing the role-play and reading your *Oral Feedback – Seeking Clarification and Controlling Speed* sheet, fill in a *Conversation Reflection* sheet in your learning diary (page 162).

1 Dans un hôtel. Le wifi ne marche pas alors tu téléphones à la réception

- The wifi doesn't work (*ne marche pas*).
- You are staying in room 311.
- Your brother has to send an email to his college.

- There is a problem with the signal (*le signal*) on the 3rd floor.
- An employee is repairing the wifi now.
- The wifi works (*fonctionne*) in the restaurant on the ground floor.

2 Une invitation. Tu téléphones à un ami/une amie.

- Invite your friend to come to see a horror film on Saturday at 7pm.
- Say that you can see the same film (*le même film*) at 9pm.
- Say that you will bring popcorn and drinks.

- Say that you can't go at 7pm and explain why. Suggest going later.
- Suggest meeting outside the cinema at 8:45pm.
- Say that you will reserve the tickets online tonight.

3 À la gare.

- Ask the ticket seller for two return tickets (*billets aller-retour*) from Paris to Lyon.
- Ask what time the next train leaves at and from what platform.
- Find out the price for the two tickets.

- Ask the passengers if they have student cards (*carte d'étudiant*).
- Explain what time the next train leaves at and what platform it goes from.
- Say how much the tickets cost and ask the passengers if they are going to pay in cash (*en espèces*) or by credit card (*par carte de crédit*).

4 Au camping. Tu téléphones à la réception.

- Ask the receptionist what facilities are available on the campsite.
- You would like a site/pitch (*un emplacement*) for a caravan for a family of five.
- You want to stay two weeks, until 8 July.

- There are two swimming pools, tennis courts, a gym and a restaurant on the site.
- Ask the family how long they would like to stay.
- Tell the family that they can stay for one week but that the campsite is full (*complet*) next week. Recommend another campsite in the area.

Activity 

Écoute la conversation et réponds aux questions en anglais.

Listen to the conversation and answer the questions in English.

Sometimes you need to direct the conversation away from what the person is going to talk about.

Listen to the following conversation. While listening, answer the following questions.

(a) Which topic does Christophe want to talk about?

(b) What topic does Élodie prefer to talk about?

(c) What phrases in the conversation show how Christophe and Élodie steer the conversation towards the different subjects they want to talk about? Underline them below.

Christophe: Est-ce que tu as les réponses pour les devoirs de biologie?
Élodie: Eh…je ne sais pas. La biologie m'ennuie! Tu vas à la fête de Bernard ce samedi?
Christophe: Peut-être, mais sais-tu qu'il y a un examen de biologie mercredi matin?
Élodie: Je ne savais même pas! J'ai hâte d'aller à la fête.

Activity 18

Travaillez à deux. Écrivez des phrases avec les expressions ci-dessous.
Work in pairs. Write sentences with the phrases below.

Here is a short list of other French phrases, which will allow you to steer a conversation. Work with a partner. Write sentences with these phrases by putting a statement or question before and/or after each phrase.

(a)	C'est intéressant, mais moi je préfère…	*That's interesting, but I prefer...*
(b)	Je ne savais même pas !	*I didn't even know!*
(c)	Génial ! Mais … est plus amusant(e).	*Cool! But … is more fun.*
(d)	Je ne sais pas.	*I don't know.*
(e)	Peut-être, mais…	*Perhaps, but...*
(f)	Ça ne m'intéresse pas. Je préfère…	*That doesn't interest me. I prefer...*

Un petit rappel

Donner mon avis

Je préfère…
J'aime…
J'aime beaucoup…
J'adore…
Je suis un(e) fana de…
Je suis un(e) fou/folle de…

Je n'aime pas…
Je déteste…
C'est barbant
C'est ennuyeux
C'est trop difficile

11.3 Preparing for Classroom-Based Assessment 2 – Student Language Portfolio

Over the three years of Junior Cycle, you will have used your learning diary to set personal learning goals, engage and reflect on your language learning, document your awareness of the cultures of the French-speaking world, and collect written work and project work. For CBA2 you must choose three pieces from those compiled over time and present them for assessment. The three pieces you select must reflect a variety of presentation modes. However, one must be in oral format and one must show awareness of the culture of the French-speaking world. Your portfolio can include written texts, projects, audio-visual materials, reflections or learning goals and may be presented in different formats.

Activity 19

Dans ton Journal de bord, fais une liste de tes meilleurs travaux.

Make a list of your best pieces of work in your learning diary.

Look back at your written pieces in your learning diary, your video interviews that you recorded with classmates, your reflections, your projects, presentations, posters and slideshows that you created as you worked through the Ça *Roule!* series. Choose pieces that best showcase your language ability, your awareness of the culture of France and the French-speaking world and your strengths in reflection and goal setting. Read back over your teacher's comments in the learning diary to help you to choose your best pieces to submit for assessment. In your Portfolio Shortlist, make a list of all those you liked and the reason why you liked them. You might like a project because it reminds you of something special, you liked the topic or it was something very new for you. Remember, you will have to narrow this list down to just three that you will submit for assessment.

Tips for choosing for your shortlist:

- How varied are my texts in choice of topic?
- Does my collection of texts show how well I can communicate in French?
- Are they visually appealing?
- Could I explain why I like them?
- Do they represent the main areas which I enjoyed learning in French?
- How would I rate these texts in terms of presentation, accuracy, interest and topic?
- Have I included at least one oral piece of work?

11.4 Preparing for the Assessment Task

At the end of the first term in year 3, you will complete a written Assessment Task to be submitted to the State Examinations Commission. The Assessment Task is allocated 10% of the marks used to determine the grade awarded by the State Examinations Commission. The Assessment Task is specified by the National Council for Curriculum Assessment (NCCA) and it is related to the learning outcomes on which your Student Language Portfolio (learning diary) is based. The Assessment Task will be written in the language of instruction of your school (i.e., English or Irish). The Assessment Task can include some or all of the following elements:

(a) A short stimulus in written, audio, audio-visual or multi-modal format to prepare for the written task.

(b) A written task that tests:

- your ability to outline and/or discuss your experience of creating a portfolio of language learning
- your understanding and evaluation of that experience
- your capacity to reflect on the skills you have developed
- your understanding of a cultural aspect of a French-speaking country about which there will be evidence of learning in the your portfolio.

Work through the different exercises in this section to be fully prepared for the Assessment Task.

Activity 20

Écoute Louise et réponds aux questions dans ton Journal de bord.
Listen to Louise and answer the questions in your learning diary.

Activity 21

Regarde le poster et réponds aux questions dans ton Journal de bord.
Look at the poster and answer the questions in your learning diary.

Activity 22

Comment est-ce que tu as préparé ton portfolio ? Est-ce que c'était facile ou difficile ? As-tu aimé préparer ton portfolio ? Réponds aux questions dans ton Journal de bord.
How did you prepare your language portfolio? Was it easy or difficult? How did you find the experience? Answer in your learning diary.

Questions to consider when completing this answer:

- Why did you choose the pieces you chose to submit in your portfolio?
- What did you enjoy about creating a portfolio?
- What did you find most difficult in making a portfolio?
- What did you learn from creating a portfolio? (think about language skills, cultural awareness, the language learning process, ICT skills, collaborative skills, awareness of your own culture and language)
- If you could give advice to first year students just beginning to learn French on how to create a portfolio, what would you say is most important?

Activity 23

Mon voyage linguistique. Réponds aux questions dans ton Journal de bord.
My language learning journey. Answer the questions in your learning diary.

Activity 24

Comment est-ce que tu as évolué en tant qu'étudiant(e) en langue française? Réponds aux questions dans ton Journal de bord.
How have you developed as a French language-learner? Answer the questions in your learning diary.

Activity 25

Lis le texte et réponds aux questions en anglais.
Read the text and answer the questions in English.

The following is an extract written by a student about her/his language learning experience.

When I first started to learn French I didn't understand anything. I was afraid I would never understand – it all seemed so different. I quickly realised that French has many words that are similar to English and so I could often figure out the meaning from knowing a few words that are like English, such as *restaurant, aéroport, télévision, musique, football*. I found the pronunciation a bit difficult to begin with but when I learned to relate the sounds to English sounds I found I could read aloud and speak with more confidence. So for example, I learned that *u* in French is pronounced like *oo* in English and that *i* in French is pronounced like *ee* in English. Drawing similarities to English in this way really helped me to learn.

To remember new words, I kept track of them in my learning diary and I tried to look out for words that looked similar to English or Irish to help me to expand my vocabulary. For example, when we were learning the numbers, I realised that *un, deux, trois, quatre, cinq* and so on are similar to *aon, dó, trí, ceathair, cúig*. It helped me to remember them. My classmates and I labelled everything in the classroom in French. For example, the clock is labelled *l'horloge,* the door is labelled *la porte* and the board is labelled *le tableau*, so that helped me to remember those words. I love all the different cultural aspects we learned about, like French food and French songs. I especially enjoyed learning about the different French-speaking countries around the world. The one that interested me the most was Haiti. We watched a short video on YouTube about life in Haiti. It's definitely very different from anything I've seen in Ireland!

(a) How would you rate this answer? Excellent? Very Good? Good? Why?

(b) What similarities are there in your learning experiences. Compare your answer to Activity 26 with the answer above.

Activity 26

Écris un discours pour convaincre un groupe d'élèves de sixième de choisir le français au collège.

Write a speech to convince a group of first-year students to choose French at school.

Imagine that you have been asked to come into a group of First Years. They have to choose between French and another European language. You have to try to convince them that French should be their choice. Prepare and present your reasons. You can make a slideshow or simply write a speech. Use the answers from the previous tasks in this section to inform your response. Once you have organised your speech, write it in your learning diary.

11.5 Preparing for the Final Exam

At the end of third year you will sit an examination paper (up to two hours long) at common level. The exam will be based on a selection of learning outcomes from the specifications for Junior Cycle French. You will be required to demonstrate comprehension of French and respond to stimulus material, including aural material. The breakdown of marks for this final exam is as follows:

Assessment Task:	10%
Final Exam:	90% (of which 35% is from the aural exam)

The tasks in this section (pages 442 to 445) provide practice in reading comprehension, listening comprehension and writing skills.

11.5 A Compréhension écrite

Reading comprehension

Activity 27

Lis le texte et réponds aux questions.

Read the text and answer the questions.

LES ACTIVITÉS :

POUR LES 7/9 ANS

Randonnées pédestres adaptées aux « petites » jambes, VTC sous forme de circuits et jeux, initiation à la grimpe, baignade, jeux collectifs, repas au feu de bois, observation des marmottes, isards, rapaces.

POUR LES 10/12 ANS

Randonnées pédestres, initiation à l'escalade, VTC, sensations sur un parcours aventure, bivouac, baignade, jeux collectifs, Hot dog (raft 2 places), sorties côté espagnol, villages typiques.

POUR LES 13/15 ANS

Randonnées pédestres avec ascension d'un « 3000 ». Canyoning dans les gorges espagnoles du Massif du Mont Perdu. Escalade, baignade, jeux collectifs, nuit à la belle étoile autour d'un feu de camp. Activités possibles en fonction des conditions météorologiques : parcours aventure, VTC, Hot dog, 3 jours de randonnée en autonomie.

LES DATES ET PRIX :

Départ d'Angoulême et Barbezieux
17 au 31 Juillet (15 jours)
1er au 16 Août (16 jours)

Les dates et prix :	7/12ans	13/15ans
Départ d'Angoulême et Barbezieux		
17 au 31 Juillet (15 jours)	746€	782 €
1er au 16 Août (16 jours)	795€	834€

L'AVENTURE PYRÉNÉENNE

Le centre est situé dans le village de St Lary, à 800 m d'altitude, aux portes du Parc National des Pyrénées, à proximité de la réserve du Néouvielle et de ses lacs.

Vrai ou faux?

True or false?

(a) Tous les programmes durent une semaine. ....

(b) La colonie de vacances se trouve dans les Pyrénées. ....

(c) C'est plus cher d'y aller au mois d'août qu'au mois de juillet. ....

(d) L'escalade est une des activités offertes pour tous les enfants. ....

(e) C'est moins cher pour les enfants âgés de 13 à 15 ans que pour les enfants plus jeunes. ....

Now fill out the *Auto-évaluation* sheet in your learning diary.

Activity 28

Lis le texte et réponds aux questions.
Read the text and answer the questions.

CINQ FRANÇAIS D'UNE MÊME FAMILLE TUÉS DANS UN ACCIDENT DE LA ROUTE EN ESPAGNE

Leur voiture roulait à contresens sur une nationale dans la province de Bilbao.

Cinq Français dont trois mineurs, tous d'une même famille, ont trouvé la mort mardi matin dans un choc frontal de leur voiture avec un camion dans le nord de l'Espagne, à environ 90 kilomètres de Bilbao.

« Décès de cinq citoyens français (3 mineurs) dans un accident de la circulation à Pancorbo (province de Burgos). Tous de la même famille », a annoncé sur son compte Twitter le directeur général de la circulation routière au ministère de l'Intérieur, Gregorio Serrano. Il s'agit de « la grand-mère, la mère et les enfants », a précisé une porte-parole de la direction de la circulation routière.

La voiture des Français circulait sur une nationale « en sens contraire, nous ne savons pas pourquoi » et est entrée en « choc frontal avec un camion », a expliqué un porte-parole des services d'urgence régionaux, alertés par un appel vers 7h40. Le conducteur du véhicule, un Français d'environ 35 ans, n'a été que « légèrement blessé » et a été hospitalisé, tout comme le conducteur du camion, âgé de 55 ans qui souffrait d'une « jambe cassée », a-t-il ajouté.

Réponds en français.
Answer in French.

(a) Combien de personnes sont mortes suite à l'accident? ....

(b) Où exactement s'est passé l'accident? ....

(c) Quels véhicules ont été impliqués dans l'accident? ....

(d) Qui conduisait le véhicule français? ....

Réponds en anglais.
Answer in English.

(a) In what way were the deceased related to each other? ....

(b) How did the accident occur? ....

(c) What happened at 7:40pm? ....

(d) What is the condition of both drivers? ....

Now fill out the *Auto-évaluation* in your learning diary.

Activity 29

Lis le texte.
Read the text.

Je m'appelle Sandrine et je suis chanteuse. La musique, c'est un travail à temps complet pour moi. Je chante dans une chorale et dans un groupe de musique jazz. La chorale donne des concerts à Paris quatre fois par an mais nous faisons beaucoup de petits concerts tout au long de l'année. Nous accompagnons le Président de la République française à l'étranger pendant ses visites d'État et nous donnons des concerts privés aussi pour des entreprises ou des associations caritatives. J'avais seulement six ans quand j'ai commencé à chanter. Mon père travaillait comme concierge dans un conservatoire à Paris et il m'a amenée au travail avec lui les samedis. Un jour, un professeur de musique m'a invitée à assister à un cours de chant et j'ai été captivée. Les cours étaient très chers et mon père n'avait pas beaucoup d'argent mais il a fait des sacrifices pour réaliser mon rêve. J'y suis allée tous les samedis jusqu'à l'âge de dix-huit ans quand j'ai reçu une bourse pour étudier la musique à l'université.

Vrai ou faux?
True or false?

(a) Sandrine has a part-time job as a singer. ....

(b) Sandrine's choir often accompanies the President of France on State visits. ....

(c) Sandrine's jazz group has four concerts per year in Paris. ....

(d) Sandrine started to learn to sing when she was six years old. ....

(e) Sandrine comes from a wealthy family. ....

(f) Sandrine's father didn't work on Saturdays. ....

(g) Sandrine's father was a music teacher in a music school in Paris. ....

(h) Sandrine went to university to study music when she was eighteen. ....

Réponds en français.
Answer in French.

(a) Aimes-tu cette histoire? Pourquoi ou pourquoi pas? ....

(b) Identifie un verbe régulier au passé composé. ....

(c) Identifie un participe passé irrégulier. ....

(d) Identifie un verbe à l'imparfait. ....

(e) Identifie un adverbe. ....

(f) Identifie un adjectif pluriel. ....

Now fill out the *Auto-évaluation* in your learning diary.

Activity 30

Lis les déscriptions.
Read the descriptions

For each of the descriptions, choose which item from the list below is being described.

une framboise	*une trousse*	*un singe*	*le canapé*
un manteau	*la confiture*	*un ours*	*le savon*
les chaussettes	*une veste*	*le grenier*	*me*
la morue	*un drapeau*	*le lycée*	*le maquillage*

1 Faite avec des fruits et du sucre cuits ensemble. ....

2 Un produit de lavage. ....

3 Un siège long qui peut supporter plusieurs personnes. ....

4 Vêtement à manches longues que l'on porte à l'extérieur quand il fait froid. ....

5 C'est l'étage supérieur d'une maison. ....

6 C'est un type de poisson blanc de l'Atlantique nord. ....

Now fill out the *Auto-évaluation* in your learning diary.

11.5 B Compréhension orale
Listening comprehension

Activity 31

Yolaine parle de son emploi. Écoute et réponds aux questions en français.
Yolaine talks about her job. Listen and answer the questions in French.

(a) Où habite Yolaine ? ....

(b) Quel est son métier ? ....

(c) Quel âge a-t-elle ? ....

(d) Quels sont les avantages de son emploi ? ....

(e) Quel aspect de son emploi n'aime-t-elle pas ? ....

(f) Décris son chef. ....

(g) Qu'est-ce qu'elle fera l'année prochaine ? ....

Activity 32

Luc parle de ses passe-temps. Écoute et choisis la bonne réponse.
Luc talks about his hobbies. Listen and choose the correct answer.

1 Quel est le passe-temps préféré de Luc ?
(a) faire du cyclisme
(b) nager
(c) lire
(d) jouer au basket

2 Quels jours s'entraine-t-il avec son club ?
(a) lundi et vendredi
(b) lundi ou vendredi
(c) de lundi à vendredi
(d) sept jours sur sept

3 Quel âge avait-il quand il a commencé ?
(a) deux ans
(b) trois ans
(c) cinq ans
(d) huit ans

4 Combien de médailles d'or a-t-il gagné ?
(a) deux
(b) quatre
(c) cinq
(d) onze

5 Qui est Jean ?
(a) le voisin de Luc
(b) le père de Luc
(c) un membre du club de Luc
(d) l'entraîneur de Luc

6 Pourquoi est-ce qu'il n'est pas allé à l'entraînement la semaine dernière ?
(a) Il était malade.
(b) Il a eu un accident.
(c) Il avait un examen important.
(d) Il avait un rendez-vous.

7 Où ira l'équipe l'année prochaine ?
(a) en Espagne
(b) au Royame-Uni
(c) aux États-Unis
(d) en Allemagne

Activity 33

Bruno et Aurélie parlent. Écoute la conversation et réponds aux questions en anglais.
Listen and answer the questions in English.

(a) What celebration is happening next week? ....
(b) When does Bruno want to go shopping? ....
(c) What two items does Aurélie suggest buying? ....
(d) What did Bruno already buy online? ....
(e) When is the party? (Day, date, time) ....
(f) What will Aurélie bring to the party? ....
(g) Why is Bruno worried? ....

11.5 C Écrit
Writing

Activity 34

Fais attention aux erreurs que tu fais.
Be aware of the mistakes you make.

When you are writing in French, it is easy to make mistakes, but you can easily correct your mistakes and get better marks. It is simply a matter of being on guard and watching out for the common errors you make.

Look at the following categories of mistakes. How would you rate yourself from 1 to 12 (12= I hardly ever make this mistake.) Fill out the full *Checklist* in your learning diary.

Type of mistake	Rating	Example	Correct the example
Using *tu* instead of *vous*		Bonjour, Madame. Comment vas-tu ?	
Incorrect use of accents		Je preféreles pommes rouges.	
Using definite or indefinite articles incorrectly		Le homme a vu un souris dans les cave.	
Incorrect spellings		Mon proffeseur a des chausseures noires.	
Mixing up the *passé composé* and the *imparfait*		J'allais chez le médecin une fois.	
Mixing up AVOIR and ÊTRE in the *passé composé*		J'ai allé au cinéma avec Pierre.	
Mixing up verb endings		Tu est triste ?	
Leaving out auxiliary verbs		Je parti à neuf heures.	
Incorrect choice of verb		Je suis treize ans.	
Confusing CONNAÎTRE and SAVOIR		Est-ce que vous savez mon frère Ian ?	
Using possessives with body parts		J'ai mes cheveux noirs.	
Adjective agreement with the noun		Lucie est gentil et ambitieux.	
Incorrect order of adjectives		J'ai acheté une bleue chemise.	

Activity 35

Lis le texte écrit par un étudiant de français et souligne les erreurs que tu vois.

Read this text written by a student learning French and underline the errors you see.

Salut! Je m'apelle Emma Sweeney. Je suis irlandais. Je suis quinze ans. Ma anniversaire c'est le huits avril. J'ai mes chevaux bruns et mes yeux bleu. Je suis grand et sportif. J'ai deuxs frères. Oisín et Zack s'appelle mes frères. Nous habite une maison individuelle en Midleton. Nous adorons le musique. Je joue au piano et Oisín joue à la guitare. Quand je suis grande je serai proffeseur de musique.

Activity 36

Examine les erreurs dans une production écrite que ton prof a récemment corrigée. Complète les phrases dans ton Journal de bord.

Examine a piece of written work, which you have completed recently and which has been corrected by your teacher. Study the types of mistakes you have made. Then complete the statements in My Personal Writing Checklist *in your learning diary.*

Expressions pour raconter des histoires.

tout d'abord…	first of all	*c'est pourquoi*	this is why
alors	then	*cependant*	however
donc	then / so / therefore	*mais*	but
de plus	also	*en fait*	in fact
par exemple	for example	*malheureusement*	unfortunately
parce que	because	*enfin*	finally
car	because		

Quelques expressions pour écrire un mél.

Cher Pierre/Chère Claire,	*Dear Peter, / Dear Claire,*
Merci de ton mél que j'ai reçu hier.	*Thanks for your email that I received yesterday.*
Désolé(e) de ne pas avoir écrit plus tôt mais j'ai été très occupé(e).	*Sorry for not writing sooner but I have been very busy.*
Merci mille fois pour ta carte d'anniversaire.	*Thanks a million for the birthday card.*
Je me suis bien amusé(e).	*I had a great time.*
J'adore les photos que tu as publiées sur Instagram.	*I love the photos that you posted on Instagram.*
Je serais ravi(e) d'accepter ton invitation en France.	*I'd be delighted to accept your invitation to France*
J'aimerais beaucoup passer une semaine chez toi.	*I would love to spend a week at your house.*
Je voudrais aller à la plage et visiter le marché.	*I'd love to go to the beach and visit the market.*
Désolé(e), je ne peux pas accepter ton invitation.	*Sorry, I can't accept your invitiation.*
Ça te dit de venir en Irlande cet été ?	*Would you like to come to Ireland this summer?*
Je t'invite à passer un mois chez nous en Irlande.	*I'm inviting you to spend a month in our house in Ireland.*
Nous pourrions jouer au football gaélique et aller en ville.	*We could play gaelic football and go into town.*
Publie les photos sur Instagram. J'ai hâte de les voir.	*Post the photos on Instagram. I can't wait to see them!*
Je t'enverrai un texto plus tard.	*I'll send you a message later.*
Je t'enverrai des photos sur Whatsapp.	*I'll send you some pictures on Whatsapp.*
Dis bonjour de ma part à ta famille.	*Say hi to your family for me.*
Écris-moi bientôt.	*Write back soon.*

Quelques expressions pour écrire des méls formels.

Monsieur, / Madame,	*Dear Sir, / Dear Madam,*
Nous avons l'intention de passer une semaine dans votre hôtel.	*We intend to spend one week in your hotel.*
Je voudrais réserver une chambre double / une chambre pour une personne.	*I would like to reserve a double room / a single room.*
Du lundi 15 au dimanche 21 juillet	*From Monday the 15th to Sunday the 21st of July.*
Pourriez-vous m'envoyer des renseignements sur les installations de l'hôtel ?	*Could you please send me information about the facilities in the hotel?*
Pourriez-vous m'indiquer le prix de mon séjour ?	*Can you tell me the price of my stay?*
Pourriez-vous confirmer la réservation par mél ?	*Can you please confirm the reservation by email?*
Veuillez agréer, Monsieur/Madame, l'expression de mes sentiments distingués.	*Yours sincerely.*
Ayant lu votre annonce sur Internet…	*Having read your ad on the internet…*
Je voudrais poser ma candidature pour le poste de vendeur/vendeuse.	*I'd like to apply for the position of salesperson.*
Je serai disponible à partir du premier juillet.	*I'll be free from the first of July.*
J'ai déjà travaillé comme serveur/serveuse.	*I have already worked as a waiter/waitress.*
Je cherche un emploi à temps partiel.	*I'm looking for a part-time job.*
Veuillez trouver ci-joint mon CV et une lettre de recommandation de mon professeur de français.	*I've enclosed my CV and a reference from my French teacher.*
Je parle bien français et je suis enthousiaste et responsable.	*I've a good level of French and I am enthusiastic and responsable.*
J'ai gardé des enfants pour mes voisins et j'aime ce genre de travail	*I minded children for my neighbours and I liked this type of work.*

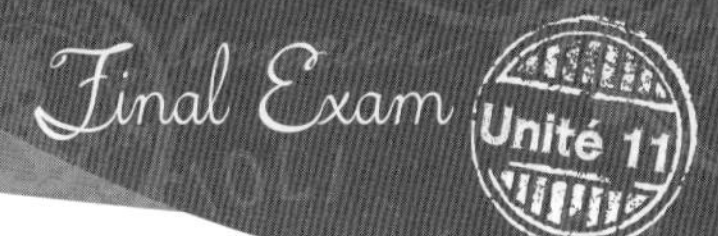

Activity 37

Productions écrites.
Written work exercises.

Choose from the following exercises to practise your writing skills. Write in French.

1 You are on an exchange with a family in France. You are meeting up with your friends in town. Leave a note for the family telling them where you went and who went with you. Explain what you are planning to do in town. Tell them when you will be back and how you plan to get home.

2 You are going to stay with your aunt in Brussels for the summer but you would like to find a summer job to practise your French. Write out your CV in French.

3 Write a review on Tripadvisor about a campsite you stayed in on your family holiday to St Jean de Monts. Describe the campsite, the facilities, the food in the restaurant and the activities available. Say whether or not you enjoyed the holiday.

4 A new restaurant is opening in your area but the owners don't speak French! They ask you to design a French menu including two options for starters, main courses and desserts. They would also like you to write a short article advertising the restaurant for the local newspaper. Include information about the type of food available, the opening hours, the location of the restaurant and how to get there.

5 Your best friend Siobhán is turning 15 this weekend and you are planning a party. Write an email to your French friend Inès. Tell her about the party, describe the food you will eat, the music you will listen to and what you will do at the party. Describe the gift you bought for Siobhán. Tell Inès that you will take some photos of the party and post them on Instagram later.

6 A group from France is coming to your area on a school tour. Write a short guide for them about your area. Describe at least two activities they could do here, describe at least two tourist attractions, suggest places they could stay and explain the public transport options in your area.

7 You are on a school tour in Switzerland. Write a diary entry about your trip. Explain where you are staying, who you are with, and how long you are staying. Describe what the weather is like, mention three things you did today and explain your plans for tomorrow.

8 Veux-tu venir chez moi au mois de juillet ? Il fera chaud à Nice et il y a tant de choses à faire.
Envoie-moi un message sur Snapchat si tu peux venir.
Bisous,
Louise

Write an email back to your French penpal Louise. Thank her for the invitation to go to her apartment in Nice. Explain that you cannot go this summer because you have a part-time job. Describe your job. Invite Louise to come and stay with you for a week. Suggest some activities you could do while she is in Ireland.

9 You went to a Drake concert in Dublin last weekend. Write a blog about it including the following details – how you got to the concert, who you went with, how you bought the ticket and how much it cost, why you like Drake, describe what you did at the concert, something you bought at the concert and what you thought of the concert.

10 A French exchange group is coming to visit your school. Write a short guide for them about the school. Describe the school, the number of students, the facilities available and the extracurricular activities. Give information about the subjects you can study, the school rules and the timetable. Tell them what you like and dislike about the school.

Activity 38

Lis l'exemple de réponse.
Read the sample answer.

You are on an exchange with a family in France. You are meeting up with your friends in town. Leave a note for one of the family telling them where you went and who went with you. Explain what you are planning to do in town. Say when you will be back and how you plan to get home.

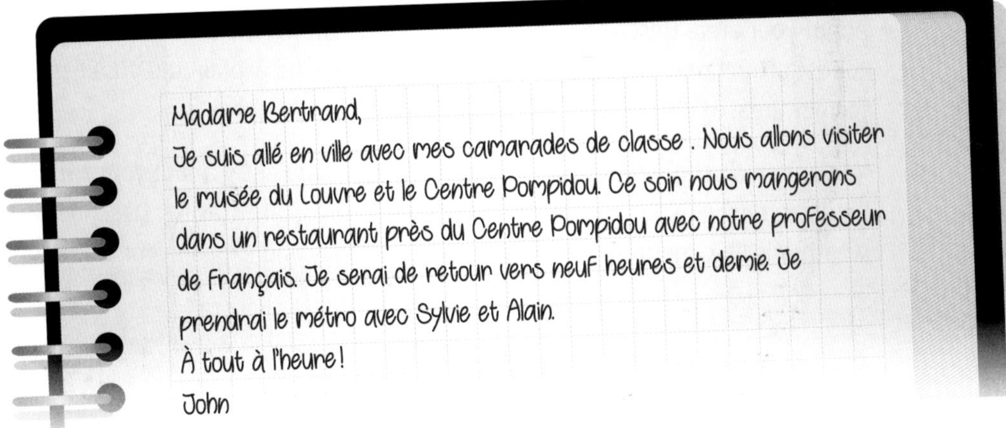

Madame Bertrand,
Je suis allé en ville avec mes camarades de classe . Nous allons visiter le musée du Louvre et le Centre Pompidou. Ce soir nous mangerons dans un restaurant près du Centre Pompidou avec notre professeur de Français. Je serai de retour vers neuf heures et demie. Je prendrai le métro avec Sylvie et Alain.
À tout à l'heure !
John

Discuss in groups why this would be considered a good answer.

Revision
Go to **www.edco.ie/caroule2** and try the interactive activities and quizzes.

Unité 11 Mets tes connaissances à l'épreuve

Watch the video for Unité 11.

Que sais-je ?			
I can confidently carry out an interview on topics related to me			
I can perform a role-play on topics I have prepared			
I can hold my own in a conversation on a topic I am familiar with			
I can ask for clarification and change the speed of a conversation			
I can make a presentation on an aspect of the culture of the French-speaking world			
I can make a presentation on a topic of interest to me			
I can recognise frequently used words and phrases and understand the general sense of texts on familiar topics			
I can identify specific information in a range of texts on familiar topics			
I can identify the general topic of a conversation on familiar topics			
I can recognise frequently used words and phrases related to areas of immediate relevance and experience			
I can identify specific information in announcements, conversations and simple news items			
I can write emails, letters, blogs and cards on everyday topics with accuracy			
I can create texts about my life and topics of interest to me, such as family, friends, school, holidays, leisure activities, fashion, sport and celebrities			
I can write short descriptions of present, past and future events, activities and personal experience and imaginative texts			
I can fill out forms and write my CV			
I know what will be required of me for CBA 1 and I am ready to confidently carry out the task			
I have put together a portfolio with three pieces of work that I am proud to submit for CBA 2			
I know what will be required of me for the Assessment Task and I am ready to confidently carry out the task			
I am confident that I am well prepared for the final exam			

CDs : La liste des pistes

Unité 2: La rentrée

2.1 E	CDA Track 2
2.2 A	CDA Track 3
2.2 B	CDA Track 4
2.2 E	CDA Track 5
2.3 G	CDA Track 6
2.3 J	CDA Track 7
2.5 E	CDA Track 8
2.5 H	CDA Track 9
2.6 I	CDA Track 10
2.7 E	CDA Track 11
2.8 C	CDA Track 12
2.9 C	CDA Track 13
2.10 F	CDA Track 14

Unité 3: Faire le pont

3.1 F	CDA Track 16
3.1 I	CDA Track 17
3.1 L	CDA Track 18
3.1 O	CDA Track 19
3.2 A	CDA Track 20
3.3 A	CDA Track 21
3.3 B	CDA Track 22
3.3 J	CDA Track 23
3.4 F	CDA Track 24
3.5 B	CDA Track 25
3.6 A	CDA Track 26
3.6 B	CDA Track 27
3.6 E	CDA Track 28
3.6 H	CDA Track 29
3.7 E	CDA Track 30

Unité 4: Faire des projets

4.1 C	CDA Track 32
4.1 F	CDA Track 33
4.1 G	CDA Track 34
4.2 C	CDA Track 35
4.2 F	CDA Track 36
4.3 C	CDA Track 37
4.3 I	CDA Track 38
4.4 E	CDA Track 39
4.4 G	CDA Track 40
4.4 I	CDA Track 41
4.4 K	CDA Track 42
4.5 C	CDA Track 43
4.6 B	CDA Track 44
4.6 E	CDA Track 45
4.7 I	CDA Track 46

Unité 5: En route!

5.1 D	CDA Track 48
5.1 E	CDA Track 49
5.1 H	CDA Track 50
5.1 J	CDA Track 51
5.2 B	CDA Track 52
5.3 D	CDA Track 53
5.3 F	CDA Track 54
5.3 K	CDA Track 55
5.4 B	CDA Track 56
5.4 D	CDA Track 57
5.4 E	CDA Track 58
5.5 C	CDA Track 59
5.5 D	CDA Track 60
5.5 F	CDA Track 61
5.7 F	CDA Track 62

Unité 6: En vacances

6.2 E	CDA Track 64
6.3 G	CDA Track 65
6.4 A	CDA Track 66
6.4 C	CDA Track 67
6.4 D	CDA Track 68
6.5 C	CDA Track 69
6.6 B	CDA Track 70
6.6 C	CDA Track 71
6.6 D	CDA Track 72
6.6 G	CDA Track 73
6.6 K	CDA Track 74
6.7 A	CDA Track 75
6.7 D	CDA Track 76
6.7 J	CDA Track 77
6.8 G	CDA Track 78

Unité 7: Que de souvenirs !

7.1 D	CDB Track 2
7.1 E	CDB Track 3
7.1 J	CDB Track 4
7.2 B	CDB Track 5
7.3 E	CDB Track 6
7.4 B	CDB Track 7
7.4 C	CDB Track 8
7.4 G	CDB Track 9
7.5 I	CDB Track 10

Unité 8: Mon petit boulot

8.1 C	CDB Track 12
8.1 E	CDB Track 13
8.1 I	CDB Track 14
8.2 B	CDB Track 15
8.2 F	CDB Track 16
8.3 C	CDB Track 17
8.4 C	CDB Track 18
8.4 G	CDB Track 19
8.4 H	CDB Track 20
8.5 B	CDB Track 21
8.6 I	CDB Track 22
8.6 K	CDB Track 23

Unité 9: Ça se fête!

9.1 B	CDB Track 25
9.1 H	CDB Track 26
9.2 B	CDB Track 27
9.2 C	CDB Track 28
9.2 D	CDB Track 29
9.2 H	CDB Track 30
9.3 G	CDB Track 31
9.4 C	CDB Track 32
9.5 I	CDB Track 33
9.6 B	CDB Track 34
9.7 A	CDB Track 35
9.7 B	CDB Track 36

Unité 10: Rendez-vous chez le médecin

10.1 C	CDB Track 38
10.1 F	CDB Track 39
10.4 B	CDB Track 40
10.4 K	CDB Track 41
10.5 B	CDB Track 42
10.5 C	CDB Track 43
10.5 E	CDB Track 44
10.5 F	CDB Track 45
10.6 A	CDB Track 46
10.6 D	CDB Track 47
10.6 E	CDB Track 48

Unité 11: La pratique est la clé de succès ! Preparing for Junior Cycle Assessment

Activité 2	CDB Track 49
Activité 4	CDB Track 50
Activité 10	CDB Track 51
Activité 14	CDB Track 52
Activité 15	CDB Track 53
Activité 17	CDB Track 54
Activité 20	CDB Track 55
Activité 31	CDB Track 56
Activité 32	CDB Track 57
Activité 33	CDB Track 58